존 웨슬리 설교 선집

STUP 서울신학대학교출판부

존 웨슬리 설교 선집

| 조종남 편역 · 해설 |

John Wesley's Sermons

edited and annotated by Cho Chongnahm, Ph.D., D.HL., D.D.

STUP 서울신학대학교출판부

【 편집자의 글 】

웨슬리의 중요한 설교에 대한 해설

존 웨슬리의 설교 선집을 처음 펴낸 것은 1960년 4월이다. 그 때는 내가 서울신학교에서 전임강사로 일하고 있을 때였다.

1960년 봄 학기에 미국 애즈버리신학교(Asbury Theological Seminary)의 윌리엄 아넷트(William Arnett) 교수님께서 서울신학교에 방문 교수로 오셔서 웨슬리 신학을 강의하시게 되었다.

아넷트 박사님은 웨슬리 신학을 강의하실 때에 학생들에게 웨슬리의 중요한 설교 12편을 필독할 것을 권유하셨다.

그런데 그 당시 설교전문이 한국말로(간추려 번역된 것은 몇 편 있었지만) 번역된 웨슬리의 설교 집은 한 편도 없었다. 그리하여 그 강의 시간에 강의 통역을 맡았던 나는 그가 요구하는 몇 편의 설교를 번역하여 출판하게 되었다. 그 당시 나에게는 힘겨운 일이었다. 그러나 학교 당국의 도움으로 겨울 방학 동안 장충단교회의 지하실에서 연탄 난로를 피워 놓고 이 작업을 시작하였다.

힘들고 지루한 과업이었다. 그러나 이 설교들을 번역하는 가운데 나는 은혜를 받았다. 젊은 신학도로서 지니고 있었던 신학적 고민, 특히 성화의 교리에 대한 고민을 해결하는 희열을 맛보게 되었다. 그 때부터 나는 웨슬리의 신학을 좋아하고 사랑하며 열심히 공부하게 되었다.

그 후 미국으로 유학을 가서 웨슬리 신학을 더 공부하면서 나는 웨슬리를 더 사랑하고 존경하게 되었다. 정말 웨슬리의 신학은 학문적으로 뿐만 아니라, 나의 신학과 신앙의 깊이를 더해 주었다. 웨슬리의 신학은 종교개혁자들의 신학에 피와 살을 붙여 산 신학을 만든 것으로 우리의 실제 생활과 교회 생활에 직결되는 신학이다.

웨슬리 신학의 형성과 개진은 그가 설교하는 광장에서 이루어졌다. 따라서 웨슬리 신학의 주요 자료는 그의 설교이기에 웨슬리를 공부하고자 하는 사람은 그의 설교를 꼭 읽어야 한다. 그래서 나는 웨슬리 신학을 수강하는 학생들에게 웨슬리의 중요한 설교를 늘 필독하게 한다. 그런데 학생들이 손쉽게 접할 수 있는 웨슬리의 설교 선집이 없음을 늘 애석하게 생각해 왔다. 그리하여 이번에 그런 사람, 특히 학생들을 위하여 옛날에 출판했던 것에 몇 편을 첨가하여 20편의 설교집을 새로이 출판하기로 했다. 특히, 이 책은 내용을 이해하는데 도움을 주기 위해 각 설교에 대한 설명을 첨부하였다.

끝으로 이 책의 출판을 격려하여 준 서울신학대학교 당국에 감사를 드린다. 바라기는 이 설교 선집을 읽는 사람들이 그 옛날 내가 받았던 은혜와 감격을 체험하게 되기를 바란다. 더 나아가 18세기에 웨슬리의 설교를 통하여 말씀하시던 하나님의 음성을 듣게 되기를 바란다.

엮은이 조종남

【 서문 】

웨슬리 설교에 대한 저자 자신의 서문

1. **본서의 설교들은 지난 8, 9년 동안** 내가 설교해 왔던 것의 골자를 담은 것입니다. 이 설교집에 수록된 주제들에 대해서 나는 그 동안 여러 번 공개적으로 설교해 왔습니다. 내가 늘 신자들 앞에서 언급하던 여러 교리들 가운데 이 설교집에 수록되지 않은 것은 거의 없을 것이라 생각됩니다. 그러므로 여러분이 이 설교들을 신중하게 읽어본다면 내가 참 신앙의 본질로 믿고 가르치고 있는 교리들이 무엇인지를 명확히 알게 될 것입니다.

2. **그러나 나는 일부 사람들이** 아마 기대하고 있을 그런 방식으로 참 신앙의 본질을 설명하려 하지 않았습니다. 나의 설교에는 섬세하고 고상하며 웅변적인 수식이 사용되지 않았습니다. 비록 내가 그렇게 쓰고 싶었고, 또한 그렇게 할 계획이 있었다고 할지라도 그럴 만한 시간적인 여지가 없었습니다. 사실, 나는 현재까지도 그런 것을 전혀 계획하고 있지 않습니다. 나는 지금 대중에게(ad populum) 말하듯이 일상적인 용어로 이 설교를 쓰고 있습니다. 왜냐하면 대중들은 기교를 즐기지도 이해하지도 못하기 때문입니다. 그러나 그럼에도 불구하고 그들은 현재와 미래의 행복에 필요불가결한 이 진리들에 대해서 충분히 판단할 수 있는 사람들입니다. 여기에서 나는 호기심 많은 독자들이 스스로 찾지도 못할 것들을 찾으려고 애쓸까 봐 미리 말씀드리는 것입니다.

3. **나는 이 설교를 통하여** 평범한 사람들에게 평이하게 진리를 설명하려

합니다. 이러한 뚜렷한 목적을 가지고 쓰기 때문에 될 수 있는 대로 나는 모든 정교한 철학적인 사변과 혼란하고 복잡한 추리를 피하고, 가능한 한 성서의 본문을 인용할 때를 제외하고는 학식이 있다는 것조차 드러내지 않으려고 합니다. 일상생활에서 사용되지 않는 말이나 이해하기 어려운 말들은 피하려고 합니다. 특별히 신학에서 자주 언급되는 전문 용어들과 식자층에는 친숙하지만 일반 대중에게는 낯선 술어들을 피하려고 노력했습니다.

그러나 때때로 나도 모르게 그런 술어들을 사용했을지도 모르기 때문에 감히 장담하지는 못하겠습니다. 그것은 내가 그 말들이 우리에게 너무 익숙한 말들이어서 세상 사람들에게도 익숙하리라 생각했을지도 모르기 때문입니다.

4. 나는 마치 내가 고금의 책들을 전혀 읽지 않았던 것처럼 평범하게 말하고자 합니다(영감 받은 책들은 제외하고). 이것은 한 편으로 다른 사람의 사상에 말려들지 않고 내 자신의 사상에 충실하여 마음속의 생각을 보다 분명하게 표현할 수 있으리라는 확신이 들기 때문이며, 다른 한 편으로는 이렇게 하는 것이 복음의 분명한 진리를 스스로 탐구하는 데 있어서나, 또는 그 진리를 다른 사람에게 설명하는데 있어서 이미 가지고 있는 선입관이나 편견에 덜 사로잡히게 될 것이라 생각되기 때문입니다.

5. 정직하고 분별력 있는 사람들에게 나는 내 속마음 깊은 곳에 자리 잡고 있는 생각을 드러내기를 주저하지 않습니다. 나는 내가 공중으로 날아가는 화살과 같이 인생을 살다가 사라지는 한 낱 피조물에 불과하다고 생각해 왔습니다. 나는 하나님께로부터 왔다가 다시 하나님께로 돌아가는 영혼입니다. 나는 거대한 바다 위를 배회하다가 마침내 사라져 버리는 존재, 그리하여 결국에는 불변의 영원으로 돌아가게 될 영혼입니다.

여기에서 나는 한 가지, 곧 '하늘로 가는 길'을 알기 원합니다. 어떻게 저 행복한 피안에 안전하게 도달할 수 있는지를 알기 원합니다. 하나님께서는 그 길을 가르쳐 주기 위해서 스스로를 낮추셨으며, 바로 이 목적을 위해서 하늘에서 내려오신 것입니다. 그리고 하나님께서는 이것을 한 권의 책에 기록하셨습니다. 오, 주여! 그 책을 나에게 주십시오! 어떤 대가를 치르더라도 '하나님의 책'을 나는 가져야겠습니다. 그 책을 나에게 주십시오. 자, 이제 나는 그 책을 가졌습니다. 이 속에 나에게 충족을 주는 지식이 담겨 있습니다. 주여, 나로 하여금 한 책의 사람(homo unius libri)이 되게 해 주십시오!

이제 나는 사람들의 복잡한 길을 피해 여기 홀로 앉아 있습니다. 그리고 이곳에는 오직 하나님만이 계십니다. 하나님의 현존 앞에서 하늘로 가는 길을 발견하려는 목적으로 나는 그 책을 펴서 읽습니다. 내가 읽은 것의 의미에 대해서 어떤 의혹이 생깁니까? 혹 어둡고 복잡하게 보이는 어떤 것이 있습니까? 나는 빛의 아버지(Father of lights)에게로 내 마음을 엽니다.

주여! "만일 저희 중에 누구든지 지혜가 부족하거든 하나님께 구하라"는 말이 당신의 말씀이 아닙니까? 당신은 "후히 주시고 꾸짖지 않는다"고 하셨으며, "누구든지 나의 뜻을 행하기 원한다면 그는 나의 뜻을 알리라"고 말씀하셨습니다. 하나님의 뜻을 행하기를 원하오니 당신의 뜻을 알려 주십시오!

그리고서 나는 성서의 병행 구절들을 찾아 영적인 일은 영적인 것으로 비교하면서 잘 분별해 봅니다. 그 다음엔, 거기에 대해 할 수 있는 대로 내 마음을 집중시켜 진지하게 명상합니다. 그래도 의혹이 가시지 않는다면 나는 하나님의 역사를 경험했던 사람들과 상의합니다. 그러면 죽은 듯이 잠잠하던 그 기록된 말씀이 말을 하게 됩니다. 그래서 나는 배우게 되고 그것을 가르칩니다.

6. 나는 내가 성서 속에서 **발견한** 하늘로 가는 길에 관해서 이 설교에 적절히 기록했습니다. 그리고 이 설교에서 나는 하나님께서 알려주신 구원의 길과 인간이 꾸며낸 길이 어떻게 다른가를 보여주었습니다. 나는 참되고, 성서적이며 경험적인 신앙을 설명하려고 노력했습니다. 그 설명에 있어서 신앙의 참된 부분은 조금도 삭제하지 않고 또 거짓된 것을 덧붙이지도 않으려 했습니다. 이렇게 하면서 내가 특별히 바라는 것은 이런 것들입니다.

첫째는, 이제 방금 천국을 향하여 발걸음을 내딛는 사람들(곧 하나님의 역사를 잘 알지 못하기 때문에 천국 가는 길에서 돌이키게 될 가능성이 많은 사람들)을 형식주의와 단순한 외적 종교(mere outside religion)에서 보호하려는 것입니다. 이 같은 외적인 종교는 마음의 종교(heart religion)를 세상 밖으로 축출시켜 왔습니다. 그리고 두 번째는, 마음의 종교, 곧 사랑으로 역사 하는 믿음(the faith which worked by love)을 가진 사람들에게 믿음으로 말미암는 율법(the law through faith)을 포기하지 않도록 하여 악마의 올가미에 빠지지 않도록 경고하려는 것입니다.

7. **몇 몇 친구들의 충고와 요청으로** 나는 이 책에 실린 설교들 앞에 옥스퍼드대학에서 설교한 내 설교 세 편과 동생의 설교 한 편을 실었습니다. 그것은 우리들이 주장하는 교리가 변화되었으며, 지금은 우리가 몇 년 전에 주장하던 것을 설교하지 않는다고 가끔 비난하는 사람들에게 대답하기 위한 것입니다. 지각 있는 사람이라면 누구든지 뒤에 실린 설교와 앞에 실린 설교를 비교하여 스스로 바른 판단을 하게 될 것입니다.

8. **내가 이 교리를 잘 알아서** 다른 사람들에게 가르친다고 하지만, 내가 잘못 생각하고 있다고 말하는 사람들도 있을지 모르겠습니다. 아마 많은 사람들이 그렇게 생각할 것입니다. 또 내가 그렇게 실수를 범했을 가능성도 있습니다. 그렇다면 내가 실수한 것에 대해 언제나 지적하십시오. 그 말에 승복할 작정입니다. 그렇게 해주시기를 진심으로 원합니다. 나는 하나님과 사람에게 말합니다. "내가 모르는 것을 당신께서 가르쳐 주

십시오."

9. 당신이 나보다 더 분명하게 이해하고 있다고 생각하십니까? 아마 당신이 나보다 더 잘 알고 계실지도 모르겠습니다. 그렇다면, 다른 사람이 당신을 어떻게 대해 주기를 바라는 대로 나를 대해주십시오, 내가 알고 있는 것보다 더 나은 길이 있으면 그것을 지적해 주시되 단 성서의 명백한 증거를 가지고 가르쳐 주십시오. 그리고 만일 내가 익히 걸어온 길에서 우물쭈물 거리고, 그 길을 떠나기를 더디 한다면 좀 더 인내를 가지고 노력해 주십시오. 그래서 나의 손을 잡고 내가 감당 할 수 있도록 나를 이끌어 주십시오.

그러나, 만약 당신이 나를 향하여 너무 서두르시면 내가 넘어질지 모르니 그렇게 하지 말아 달라고 부탁한다고 해서 기분 나빠하지는 마십시오. 나는 부족하지만 최선을 다해 나갈 수 있습니다. 그리고 나를 곤란하게 하면서까지 선한 길로 인도한다고 하지는 말아주십시오. 내게 잘못이 있다고 해서 그렇게 나를 다루신다면 그 방법은 나를 바로 잡아줄 것 같지 않습니다. 그런 방법은 도리어 나와 당신 사이를 멀어지게 하며 더욱더 그 길에서 나를 벗어나게 할지도 모릅니다.

10. 아닙니다. 아마도 당신이 화를 낸다면 나 역시 화가 날 것입니다. 그 때에는 진리를 발견할 수 있는 가능성이 희박해지겠지요. 만일 화를 낸다면 (*ἥυτε καπος* : 호머가 어디선가 표현한 대로) 이 같은 화로 말미암아 내 영혼의 눈

이 아주 어두워져서 나는 아무것도 분명하게 바라볼 수 없을 것입니다.

제발 우리들이 이런 일을 피할 수만 있다면, 서로 자각해서 노를 발하지 않도록 합시다. 서로 이 같은 지옥 불을 붙이지 않도록 합시다. 더구나 화를 내어 불길에 휩싸이지 않도록 합시다. 우리가 저 무시무시한 방법으로 진리를 깨닫는다고 해도 얻는 것보다 잃는 것이 더 많지 않겠습니까? 그릇된 의견들이 많을지라도 사랑이 있다면 차라리 그것이 사랑이 없는 냉랭한 진리보다 더 바람직하지 않겠습니까? 우리가 많은 진리에 대한 지식이 없이 죽을지라도 아마 우리는 아브라함의 품으로 인도될 것입니다. 그러나 우리가 만일 사랑이 없이 죽게 된다면 지식이 무슨 소용이 있겠습니까? 이것은 악마와 그 추종자들이 이런 지식을 가졌다고 하여도 소용없는 것과 마찬가지입니다. 단연코, 서로 시험하는 일이 있어서는 안 되겠습니다!

"하나님, 우리로 모든 진리에 대한 지식을 알게 하시며 우리 마음이 당신의 사랑과 믿음 안에서 누리는 모든 기쁨과 화평으로 채워지게 하여 주시옵소서!"

John Wesley's Sermons

CONTENTS

- 편집자의 글 ··· 4
- 저자 웨슬리의 서문 ··· 6

| 1 | 성서적 기독교 (Scriptural Christianity, 1744) ···17
| 2 | 우리 구원을 성취함에 있어 (On Working Out Our Own Salvation, 1785) ···47
| 3 | 값없이 주시는 하나님의 은혜 (Free Grace, 1739) 05
| 4 | 믿음으로 말미암는 구원 (Salvation by Faith, 1738) ···103
| 5 | 신생 (The New Birth, 1760) ···125
| 6 | 신생의 표적 (The Marks of the New Birth, 1748) ···149
| 7 | 하나님께로부터 난 자의 특권 (The Great Privilege of those that are Born of God, 1748) ···173
| 8 | 원죄 (Original Sin, 1759) ···193
| 9 | 신자 안에 있는 죄 (On Sin in Believers, 1763) ···217
| 10 | 신자의 회개 (The Repentance of Believers, 1767) ···243
| 11 | 성서적 구원의 길 (The Scripture Way of Salvation, 1765) ···271

| 12 | 그리스도인의 완전 (Christian Perfection, 1741) ···295

| 13 | 방황하는 생각들 (Wandering Thoughts, 1762) ···331

| 14 | 성령의 증거(1) (The Witness of the Spirit, Discourse Ⅰ, 1746) ···351

| 15 | 성령의 증거(2) (The Witness of the Spirit, Discourse Ⅱ, 1767) ···375

| 16 | 우리 자신의 영의 증거 (The Witness of Our Own Spirit, 1746) ···397

| 17 | 광야의 상태 (The Wilderness State, 1760) ··· 417

| 18 | 은혜의 수단 (The Means of Grace, 1746) ···443

| 19 | 돈의 사용에 대하여 (The Use of Money, 1760) ···473

| 20 | 관용의 정신 (Catholic Spirit, 1750) ···497

| 부록 | 웨슬리의 설교 목록 ···525

1

성서적 기독교
Scriptural Christianity

주여 구원하소서.
그렇지 않으면 우리는 멸망합니다.
우리가 이 수렁에 빠지지 않도록 도와주옵소서.
오, 이 원수들로부터 우리를 보호해 주옵소서,
인간의 도움은 헛되기 때문입니다.
당신에게 있어서는 모든 것이 가능합니다.
당신의 능력의 위대함으로 죽도록 정해져 있는 자들을 보호해 주옵소서.
당신께서 선하게 여기시는 방식으로 우리를 보호하여 주옵소서.
우리의 원하는 대로가 아니요,
당신의 원하시는 대로 하옵소서.

1 성서적 기독교
Scriptural Christianity

【 해설 】

이 설교는 존 웨슬리가 1744년 8월 24일 옥스퍼드대학의 성 마리아 예배당에서 마지막으로 설교한 것이다. 웨슬리는 그 날의 일기에서 이렇게 적고 있다. "나는 이것이 성 마리아 예배당에서 마지막으로 하는 설교가 되리라고 생각한다. 아마 그렇게 될 것이다 … 설교 후에 직원이 와서 학감이 설교 노트를 제출하기 바란다고 말했다. 하나님의 지혜로 우신 손길을 바라면서 나는 지체없이 그것을 보냈다."(Works, vol. 1. p.470).

그 후 1781년에 웨슬리는 '감리교 약사'(A Short History of the Methodists)에서 이렇게 적고 있다. "다음 번 내가 설교할 차례가 왔을 때(옥스포드대학에서 웨슬리는 3년마다 한 번씩 설교할 수 있는 기회를 갖고 있었다. cf. 일지 1741년 7월 25일) 대학 당국자들은 나 대신 다른 사람으로 하여금 설교하도록 결정했다. 내가 나의 강사직(fellowship)을 사임할 때까지 그들은 그러기를 두 번씩이나 계속했다." 그리하여 웨슬리는 1751년에 강사직을 사임했다.

그러면 웨슬리가 그렇게 옥스퍼드에서 설교하지 못하게 된 이유는 무엇인가? 여러 가지 이유를 생각할 수 있겠지만 무엇보다도 직접적인 이유는 과격한 표현때문인 것 같다. 웨슬리는 이 설교에서 옥스퍼드대학과 당시의 영국 사회에 대해서 신랄한 비판을 했다. "이 도시는 기독교적인 도시입니까? … 이 곳에 기독교, 성서의 기독교가 있습니까?"(Ⅳ, 3).

이 말이 옥스퍼드 대학 당국자들을 긴장하게 했다. 이것은 그 당시에 옥스퍼드대학의 학생이었던 케니코트(Kennicott, 후에 영국 최고의 히브리어 학자가 되었다)가 말하고 있듯이 (Methodist magazine, January 1866) 이곳에서 기독교 운동이 꽃을 피웠고 영광을 받았다는 사실을 고려한다면, 웨슬리의 비판이 숭고하기는 하지만 너무 격렬했으며 또한 너무 매몰찼다고 말할 수 있을 것이다. 이와 같이 옥스퍼드대학과 영국 사회에 대한 격렬한 비판이 웨슬리로 하여금 다시는 옥스퍼드에서 설교하지 못하게끔 만든 결정적인 이유이다.

웨슬리 자신도 이 사실을 인식했다. 그래서 이 설교의 마지막 부분을 출판하지 않으려고 했다. 하지만 이 설교에 대한 사실 이상의 비난이 전국 각지에서 들려왔기 때문에 웨슬리는 이 설교의 원래의 모습 그대로 출판했다. 그는 사람들에게 정당한 평가를 받기를 원했던 것이다(Sugden, The standard Sermons of John Wesley, vol. 1. p.91).

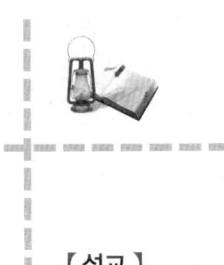

【설교】

"무리가 다 성령이 충만하여"(행 4:31)

1 같은 표현이 제 2장에도 나타나 있습니다. 거기에는 다음과 같이 쓰여 있습니다. "오순절 날이 이미 이르매 저희가 다 (여인들과 예수의 어머니 그리고 그의 형제들이 사도들과 함께 있었다) 한 곳에 모여 있더니 홀연히 하늘로부터 급하고 강한 바람같은 소리가 있어 저희 앉은 집에 가득하며 불의 혀같이 갈라지는 것이 저희에게 보여 각 사람 위에 임하여 있더니 저희가 다 성령의 충만함을 받고…"(행 2:1~4).

성령이 임한 결과 중 하나는 그들이 다른 방언으로 말하기를 시작한 것이었습니다. 이것은 바대 사람, 메대 사람, 엘람 사람, 그 밖의 외국인들이 "이 소리가 들리자 그들이 각각 자기 나라말로 하나님의 놀라운 역사를 말하는 것을 들었다"(행 2:6~11)고 할 정도였습니다.

2 이 장에는 사도들이나 형제들이 하나님께 기도하고 하나님을 찬미하고 있을 때 "모인 곳이 진동하더니 무리가 다 성령이 충만하여"(행 4:31)라고 기록되어 있습니다. 물론 여기에는 앞에서의 경우와 같은 가시적인 현상이 나타나 있지 않을 뿐만 아니라 성령의 특별한 은사가 그 때 모인 사람 모두에게나, 혹은 그들 중 몇 몇 사람에게도 주어졌다고 기록되어 있지 않습니다.

특별한 은사라는 것은 신유와 그 밖의 기적을 행하는 능력, 예언, 영분

별의 능력, 여러 가지 방언을 말하는 능력, 그 방언을 통역하는 능력(고전 12:9~10) 등을 말합니다.

3 이러한 성령의 은사가 모든 시대를 거쳐 교회 내에 머물러 있도록 의도된 것인지 또는 "만유를 회복하실 때"(행 3:21)가 가까워지면 다시 한 번 생겨날 것인지에 대한 의문은 논의할 필요가 없다고 봅니다.

그러나 다음의 사실은 유의할 필요가 있습니다. 하나님은 초대교회때에도 그러한 은사를 이따금씩밖에 나누어 주지 않으셨다는 것입니다. 그 모든 사람들이 예언자였습니까? 모두가 기적을 행하는 자였습니까? 모든 사람이 병 고치는 은사를 가지고 있었습니까? 모든 사람이 방언을 말했습니까? 결코 그렇지 않았습니다. 천에 한 사람도 아니었을것입니다. 아마도 교회의 교사들이나 그들 중에도 몇 사람만 그랬을 것입니다(고전 12:28~30). 그러므로 "사람들이 모두 성령으로 충만하게 되었다"(행 4:31)는 것은 이렇게 특별한 은사를 받는 것보다 더 훌륭한 목적을 위해서였습니다.

4 그것은 그들에게 그리스도 안에 있는 마음과 (이것은 모든 시대, 모든 크리스천에게 필수적인 것임을 아무도 부정할 수 없다) 그것을 가지지 않은 자는 그리스도에게 속한 자가 아니라고 말할 수 있는 그 성령의 열매를 주기 위한 것이었습니다.

즉, 그들은 '사랑과 희락과 화평과 오래 참음과 자비와 양선'(갈 5:22~24)으로 채우고, 그들에게 믿음(충실이라고 번역될 수도 있다)과 온유와 절제를 부여하며, 정욕과 욕망과 함께 육신을 십자가에 못박히게 하기 위함이었습니다. 그리고 그 내적 변화의 결과로 모든 외적인 의를 성취하고 '믿음의 역사와 소망의 인내와 사랑의 수고'(살전 1:3)를 하는 중에 '그리스도가 행하신 것과 같이'(요일 2:6) 행할 것을 그들에게 가능케 하기 위함이었습니다

5 이제 이러한 성령의 특별한 은사에 관한 문제로 호기심에 찬 필요없는 논의에 몰두하지 말고 성령의 일반적인 열매에 대해서 좀 더 자세하게 살펴봅시다.

우리는 이 열매가 모든 시대를 통하여 존속할 것임을 확신합니다. 이 일반적인 열매란 하나님이 자녀들 가운데에서 행하시는 위대한 역사를 말하는 것으로, 우리는 그것을 '기독교'라는 한마디로 표현할 수 있습니다. 물론 여기서 말하는 기독교란 일군(一群)의 견해나 교리의 한 체계가 아닌, 인간의 마음과 생활에 관한 것을 말하는 것입니다. 우리는 이 기독교를 다음의 세 가지 관점에서 생각하려고 합니다.

Ⅰ. 개인 안에 존재하기 시작하는 것으로
Ⅱ. 한 사람으로부터 다른 사람에게로 퍼져가는 것으로
Ⅲ. 땅을 덮는 것으로

나는 이러한 고찰을 그것들이 어떤 모양으로 적용되는가에 대한 설명을 함으로써 이 설교를 끝내볼까 합니다.

❶ 그러면 우선 기독교를 그 기원에서부터, 즉 개인 안에 존재하기 시작한 때로부터 고찰해 봅시다.

사도 베드로의 회개와 죄사함의 설교를 들은 사람들 중에 한 사람이 죄를 깨닫고 회개하여 예수를 믿었다고 가정합시다. 하나님의 역사에 의한 신앙에 의하여 – 신앙이란 바라는 것들의 실상, 혹은 실체요 또 보이지 않는 것들의 명백한 증거인데(히 11:1) – 이 사람은 양자의 영을 받고 그 영에 의해서 하나님을 "아바 아버지"(롬 8:15)라고 부르게 되었습니다. 이제 비로소 그는 성령으로 인하여 예수를 주라고 말할 수 있게 되었고(고전 12:3), 또한 성령이 친히 그의 영과 더불어 그가 하나님의 자녀됨을 증거해 주셨습니다(롬 8:16). 그러므로 이제 그는 참으로 말할 수 있게 되었습니다.

"그런즉 이제는 내가 산 것이 아니요 오직 내 안에 그리스도께서 사신 것이라 이제 내가 육체 가운데 사는 것은 나를 사랑하사 나를 위하여 자기 몸을 버리신 하나님의 아들을 믿는 믿음 안에서 사는 것이라"(갈 2:20).

* * *

❷ 이것이 그의 신앙의 본질이었습니다. 즉 그것은 아버지되시는 하나님의 사랑의 ἔλεγχος (증거 혹은 확신)요, 죄인인 그에게 하나님 아버지께서 사랑하는 아들을 통하여 주신 것으로써 이제 그는 그 사랑하는 아들 안에서 받아들여진 것입니다.

그리고 "그는 믿음으로 의롭다함을 얻었으므로 하나님과 화평하게 되었습니다"(롬 5:1), 아니, 그뿐만이 아니라 "하나님의 평화가 그의 마음을 주장하게"(골 3:15)된 것입니다. 이 평화는 인간의 모든 지혜(πάντα νουν – 단순히 합리적인 모든 개념)로는 도저히 측량할 수 없는 것으로 그리스도의 지식을 통하여 모든 의혹이나 공포에서 그의 마음과 생각을 지키는 것이었습니다.

그러므로 그는 "흉한 소식을 두려워할"(시 112:7) 까닭이 없었습니다. 그것은 그의 마음이 여호와를 의뢰하고 흔들리지 않았기 때문입니다. 그는 하나님께서 자신의 머리터럭까지도 다 헤아리신다고 알고 있기 때문에 인간이 그에게 행할 수 있는 일은 두려워하지 않았습니다. 그는 흑암의 권세를 전혀 두려워하지 않았습니다. 그것은 하나님이 흑암의 권세를 날마다 발 밑에서 깨트려 주시기 때문입니다. 무엇보다도 그는 죽음을 두려워하지 않았습니다.

아니, 그는 "세상을 떠나 그리스도와 함께 있는 것"(빌 1:23)을 원했습니다. 그리스도는 죽음을 통해서 죽음의 세력을 잡은 자, 곧 악마를 없이

하고 또 일생동안 죽음에 대한 공포 때문에 노예가 된 사람들을 해방시켜 주신(히 2:14,15) 것입니다.

* * *

❸ 그러므로 그의 영혼은 주를 찬양하며 그의 영은 구주되신 하나님으로 인하여 기뻐했습니다. 자기를 아버지이신 하나님과 화해케 하신 그리스도 안에서 그는 말로 다 표현할 수 없는 기쁨으로 즐거워했습니다(벧전 1:8). 즉 그리스도 안에서 그의 피로 속죄함을 받아 죄과의 용서를 받은 것입니다(엡 1:7). 그는 하나님의 영이 그의 영과 함께 그가 하나님의 아들임을 증거해 주시는 것을 기뻐했습니다. 더욱이 "하나님의 영광에 참여하는 희망을 가지고"(롬 5:2) 크게 기뻐했습니다.

그 희망은 하나님의 빛나는 형상을 자신의 마음 속에 영상하는 일이요, 자신의 영혼이 의와 참된 거룩함으로 완전히 새로워지는 일입니다. 영광의 면류관, 썩지 않고 더럽지 않고 쇠하지 않는 분깃을 바라는 것입니다.

* * *

❹ "그에게 주신 성령으로 말미암아 하나님의 사랑이 그의 마음에 부은 바 되었습니다."(롬 5:5). 그가 아들인고로 하나님이 그 아들의 영을 그의 마음 가운데 보내사 '아바 아버지' 라 부르게 하셨습니다(갈 4:6). 그리고 하나님께 대한 이 아들의 사랑은 그가 자기 안에 가지고 있는 증거 곧 그에 대한 하나님의 용서하시는 사랑에 대한 증거로(요일 5:10), 그가 하나님의 자녀라고 불리게 되기 위해서 얼마나 큰 사랑을 아버지께서 베푸셨는가를 잘 생각해 봄으로써(요일 3:1) 끊임없이 증가하는 것입니다. 그러므로 하나님은 그가 보고자 하는 대상이었고 마음의 기쁨이었으며 시간과 영원에서 그의 분깃이었습니다.

* * *

❺ 이처럼 하나님을 사랑한 자는 그의 형제도 사랑하지 않을 수 없습니다. 그것도 말로만의 사랑이 아니요 행함과 진실함으로 사랑하는(요일 3:18) 것입니다. 그는 말했습니다. "하나님이 이같이 우리를 사랑하셨으니 우리

도 서로 사랑하는 것이 마땅하도다"(요일 4:11).

그뿐 아니라 하나님의 긍휼은 그 지으신 모든 것에 베풀어지는 것(시 145:9)이므로 모든 사람의 영혼을 사랑해야 합니다. 따라서 이 하나님을 사랑하는 자는 하나님을 사랑하는 마음으로 전 인류를 사랑하는 것입니다. 이 전 인류 안에는 그가 본 적도 없는 사람들, 혹은 하나님의 아들이 자기들의 영혼을 위해서 죽으셨고 자신들은 하나님의 자손이라는 것 외에는 아무 것도 알지 못하는 사람들도 포함되어 있습니다. 또 '악한 사람' 도, '은혜를 모르는 사람' 도, 더구나 주를 인하여 그를 미워하고 박해하고 잔인한 방법으로 대한 사람들도 포함됩니다.

이러한 사람들은 그의 마음과 기도 속에서 특별한 자리를 차지하고 있는 것입니다. 그는 이러한 사람들을 "그리스도께서 우리를 사랑해주신 것처럼"(엡 5:25) 사랑했습니다.

* * *

❻ 또 "사랑은 교만하지 않습니다"(고전 13:4). 사랑은 그것을 소유하고 있는 모든 영혼으로 하여금 자기는 티끌과 같은 가치밖에 없다고 생각하게 할 정도로 그 사람을 겸손하게 만듭니다. 따라서 그의 마음이 겸손해져 자신을 작은 자요, 비천한 자요, 빈약한 자로 여기는 것입니다.

그는 인간의 칭찬이 아니라 다만 하나님의 칭찬만을 구하고 받아들였습니다. 그는 온유하고 오래 참으며 모든 사람을 대할 때 친절했습니다. 성실과 진실을 결코 버리지 않았습니다. 그것들을 "그의 목에 매며 그의 마음판에 새겼습니다"(잠 3:3). 그는 자신의 영혼을 마치 젖을 뗀 어린 아이처럼 억제하여 모든 일에서 중용을 지킬 수가 있었습니다.

그는 십자가에 달려 이 세상에 대하여 죽고 이 세상도 그에 대하여 죽어버린 것입니다(갈 6:14). 그는 "육신의 정욕과 안목의 정욕과 이생의 자랑"(요일 2:16)에 초연하고 있었습니다. 동일한 전능의 사랑으로 그는 격정과 교만, 육욕과 허영, 야심과 탐욕, 그리스도와 닮지 않은 모든 성품에서 구원받았습니다.

❼ 이 사랑을 마음에 가지고 있는 자가 그 이웃에게 악을 행하지 않았을 것이라는 사실은 쉽게 믿어지는 일입니다. 그는 누구한테도 고의로 해를 끼치지 않습니다. 그는 잔학과 부정, 여하한 불공정, 혹은 불친절과도 무관합니다. 항상 조심하여 그 입 앞에 파수꾼을 세우고 그 입술의 문을 지켰습니다(시 141:3). 그것은 혀를 조심하여 정의나 자비 혹은 진실에 어긋나는 말을 하지 않기 위해서였습니다. 그는 거짓말, 허위, 사기를 모두 털어버렸습니다. 그의 입에서는 궤사도 찾아볼 수 없었습니다. 그는 아무도 비방하지 않았으며 불친절한 말도 전혀 하지 않았습니다.

* * *

❽ 그리고 "나를 떠나서는 너희가 아무 것도 할 수 없다"(요 15:5)고 하신 말씀의 진실성, 따라서 끊임없이 하나님의 물주심을 받을 필요가 있다는 사실의 진실성에 대해서 철저하게 느끼고 있었습니다.

그러므로 그는 날마다 하나님의 정하신 모든 의식, 곧 인간을 향한 하나님의 은혜의 정해진 수로(水路)를 계속 지켰습니다. '사도들의 교리' 혹은 가르침을 아주 기쁜 마음으로 영혼의 양식으로 받아들였으며, 떡을 떼면서 그리스도의 몸에 동참하였고, 무리와 함께 기도하고 찬미하는 일을 계속했습니다. 이렇게 해서 그는 힘에서, 그리고 하나님의 지식과 사랑에서 강해지고 풍성해졌으며 날마다 은혜 안에서 더욱 성장했습니다(벧후 3:18).

* * *

❾ 그러나 단순히 악을 행하는 일을 그만둔 것만으로는 그를 만족시키지 못했습니다. 그의 영혼은 선을 행하는 일을 갈망했습니다. 그의 마음의 언어는 언제나 "내 아버지께서 이제까지 일하시니 나도 일한다"(요 5:17)라고 말하는 것이었습니다. 주님께서는 선을 행하시느라고 항상 돌아다니셨습니다. 우리도 그의 발자취를 따라야 하지 않겠습니까?

그러므로 하나님을 사랑하는 자는 만일 더 숭고한 종류의 선을 행할 수 없다 하더라도 기회가 있을 때마다 굶주린 사람들에게 먹을 것을 주고, 헐벗은 사람들을 입히고, 아버지를 잃은 사람들 혹은 외국인을 돕고, 병든 사람들과 감옥에 갇힌 사람들을 방문하여 도운 것입니다.

그는 가난한 사람들에게 먹을 것을 주기 위해 자기가 가진 모든 것을 내놓았습니다. 그는 그들을 위하여 수고했고 그로 인한 고통을 달게 여겼습니다. 남을 유익하게 하는 일이라면 어떤 경우에라도 '자기를 버리는'(마 16:24) 일을 특히 기뻐했습니다. 그는 그들을 위한 일이라면 어떤 희생도 감수했습니다. 물론 "내 형제 중에 지극히 작은 자 하나에게 한 것이 곧 내게 한 것이다"(마 25:40)라고 하신 주님의 말씀을 기억하면서 한 것입니다.

***

❿ 이러한 것이 발생 당시의 기독교의 모습입니다. 이런 사람이 초대교회의 크리스천이었습니다. 제사장이나 장로들의 위협을 받았을 때 "다같이 한 마음과 한 뜻이 되어 모든 것을 공동으로 사용하는"(행 4:24, 31,32) 무리의 한 사람 한 사람이 모두 이런 사람이었습니다. 그들이 믿은 하나님의 사랑이 그들로 하여금 서로를 사랑하게 한 것입니다.

모든 물건을 서로 통용하고 제 물건을 조금이라도 제 것이라 하는 이가 하나도 없을 정도로 그들은 십자가에 달려 세상에 대하여 죽은 자요, 세상도 또한 그들에게 대해서 죽은 것이었습니다. 그리고 그들은 사도의 가르침을 받아 서로 교제하며 떡을 떼고 기도하기를 언제나 힘썼습니다(행 2:42).

"무리가 큰 은혜를 얻어 그 중에 가난한 사람이 하나도 없으니 이는 밭과 집 있는 자는 팔아 그 판 것의 값을 가져다가 사도들의 발 앞에 두매 저희가 각 사람의 필요를 따라 나눠줌이러라"(행 4:33~35)

❶ 이 기독교가 한 사람에게서 다른 사람에게로 전해져 어떻게 해서 점점 이 세상에 전파되었는지 고찰해 봅시다. 이 전파야말로 기독교에 대한 하나님의 의지였던 것입니다.

하나님은 "등불을 켜서 발 아래 두지 않으시고 등경 위에 두어 집 안에 있는 모든 사람에게 비취게 하셨습니다"(마 5:15). 그리고 주님께서는 다음의 사실을 최초의 제자들에게 언명하셨습니다. "너희는 세상의 소금이요 세상의 빛이다"(마 5:13,14). 동시에 주님은 일반적인 명령을 주셨습니다. "너희 빛을 사람 앞에 비취게 하여 저희로 너희 착한 행실을 보고 하늘에 계신 너희 아버지께 영광을 돌리게 하라"(마 5:16)

* * *

❷ 그리고 만일 이렇게 인류를 사랑하는 사람들 중의 소수라도 전 세계가 악 속에 놓여 있는 것을 발견한다면 그들이 이 광경, 곧 주께서 대신 죽으신 그들의 참상에 대해서 무관심할 수 있을 것이라고 우리가 믿을 수 있겠습니까? 그러한 사람들을 동정하고 그들에 대해 염려하지 않겠습니까?

그들이 사랑하는 하나님으로부터 명령이 없었다고 해서 종일 하는 일 없이 서 있을 수 있겠습니까? 차라리 그들은 모든 수단을 다 동원해서 타오르는 불 속에 있는 타다 남은 나무토막이라도 꺼내려고 힘쓸 것입니다. 의심없이 그들은 그렇게 할 것입니다. 길 잃은 자들과 가엾은 양을 영혼의 목자와 감독이 되신 주님에게로 돌아오게(벧전 2:25)하기 위하여 분골쇄신할 것입니다.

* * *

❸ 옛날의 크리스천들은 그렇게 했습니다. 그들은 닥쳐올 진노에서 피하도록, 그리고 바로 지금 지옥의 영원한 형벌을 면하도록 경고하면서 '기회가 있는대로 모든 사람에게 선한 일을 행하려고' 힘썼습니다(갈 6:10). 그

들은 "알지 못하던 시대에는 하나님이 허물치 아니하셨거니와 이제는 어디든지 사람을 다 명하사 회개하라 하셨으니"(행 17:30)라고 선언했습니다. 그들은 큰 소리로 "악한 길에서 떠나라 그렇지 않으면 악이 너희를 패망케 하리라"(겔 18:30)고 부르짖었습니다.

그들은 사람들과 '절제', '의' 혹은 '정의'에 대해서 강론했으나 그것들을 풍미하고 있는 죄악과는 반대의 미덕이었습니다. 또 '장차 올 심판'에 대해서 논했는데 그것은 하나님께서 세상을 심판하실 그 날에 악을 행하는 자들에게 확실히 시행하실 하나님의 진노였습니다(행 24:25).

***

❹ 그래서 그들은 모든 사람에게 각각 여러 방면으로 적절하게 말하려고 노력했습니다. 무심한 사람들, 흑암과 죽음의 그늘 속에 무관심하게 누워 있는 사람들에게 "잠자는 자여 깨어서 죽은 자들 가운데서 일어나라 그리스도께서 네게 비취시리라 하셨느니라"(엡 5:14)고 큰 소리로 외쳤습니다.

그러나 이미 잠에서 깨어나서 하나님의 진노를 느끼며 탄식하고 있는 사람들에게는 "아버지 앞에서 우리에게 대언자(변호자)가 있으니 공의로우신 예수 그리스도시라 저는 우리 죄를 위한 화목 제물이니 우리만 위할 뿐 아니요 온 세상의 죄를 위하심이라"(요일 2:1,2)고 말했습니다.

다른 한편, 이미 믿은 사람들에게는 사랑과 선행을 끈기있게 계속 하도록 자극하여 아무도 그것이 없이는 하나님을 볼 수 없는 그 정결함에 있어서 더욱더 풍부해지도록 적극 권장했습니다(히 12:14).

***

❺ 그리고 그들의 수고는 주 안에서 헛된 것이 아니었습니다. 주의 말씀은 전파되었고 또 영광을 받았으며 강력한 지배력을 가지게 되었습니다. 그러나 복음에 대한 장애물 역시 팽배했는데 일반적으로 이 세상은 거침돌이 되었습니다. 그것은 그들이 "세상의 행사가 악하다는 것을 증거했기 때문"(요 7:7)입니다. 비단 쾌락을 사랑하는 사람들을 비난했기 때문만

은 아니었습니다. 쾌락을 사랑하는 사람들은 말했습니다.

"그는 하나님의 지식을 가지고 있다고 공언하며 자신을 주되신 하나님의 자녀라고 부른다. 그 생활도 다른 사람들과 다르다. 그의 행동은 다른 유형에 속한다. 그는 우리의 행동을 마치 불가결한 것처럼 피하고 있고 하나님이 자기 아버지라고 자만하고 있다"(솔로몬의 지혜서 2:13~16). 그러나 이 이유보다는 그들의 많은 동료들이 다 떨어져 나가고 이제는 그런 지나친 방종에 끼어들지 않기(벧전 4:4) 때문이라는 이유가 강했습니다.

명성이 있는 사람들의 감정이 상한 이유는 복음이 퍼져감에 따라 사람들로부터 존경받지 못하게 되고, 많은 사람들이 더 이상 아첨하는 칭호를 주지 않고, 또한 하나님께만 허용된 경의를 감히 표시하지 않게 되었기 때문입니다. 장사꾼들은 함께 모여서 이렇게 말했습니다.

"여러분, 여러분이 아시는 바와 같이 우리는 이 사업으로 잘 살고 있습니다. 그런데 여러분들이 보고 듣는 대로 이 무리들이 많은 사람들을 설복하여 마음을 변하게 했습니다. 그러니 우리의 직업이 신용을 잃을 위험이 있는 것입니다"(행 19:25).

특히 이른바 종교인, 외면적인 종교의 신봉자, '이 세상의 성인들'은 그 감정이 몹시 상했습니다. 그리고 그들은 기회가 올 때마다 소리쳤습니다. "이스라엘 사람들이여, 우리 편에 서시오. 이 사람들은 염병같은 인간들로서 온 천하에 있는 사람들을 소란케 하고 있는 자들임을 알았습니다(행 24:25)." "이들은 어디를 가나 우리 백성과 율법과 성전을 공박하면서 자기의 교리를 전파하는 사람들입니다"(행 21:28).

***

❻ 이렇게 해서 하늘은 구름으로 캄캄해지고 폭풍이 세차게 불어온 것입니다. 왜냐하면 기독교가 퍼져가면 갈수록 그것을 받아들이지 않는 사람들의 말에 의해 그로 인한 해독도 더욱 커졌기 때문입니다.

그래서 '천하를 어지럽게 하던 이 사람들'(행 17:6)에게 더욱 분격하는 사람들의 수가 늘어났습니다. 점점 더 많은 사람들이 소리를 질렀습니다.

"이런 놈은 세상에서 없애자. 살려 둘 자가 아니다"(행 22:22). 어디 그뿐입니까? 그들은 이 사람들을 죽이는 일이 모두 하나님께 봉사하는 것이라고 진지하게 믿은 것입니다.

* * *

❼ 다른 한편, 그리스도인들은 그들의 이름이 악하다 하여 버림을 받았습니다(눅 6:22). 그러므로 이 종파에 대해서는 가는 곳마다 반대가 있었습니다. 사람들은 그들에 대해서 심하게 욕을 했습니다. 그것은 전에 사람들이 선지자들에게 한 것과 같았습니다. 그리고 누군가가 확언하는 것이 있으면 무엇이나 믿는 것이 보통이었습니다.

그래서 서로 대적하는 일들이 하늘의 별처럼 증대해 갔고, 그 때문에 하나님 아버지께서 미리 정하신 때에 모든 종류의 박해가 일어났습니다. 어떤 사람들은 얼마동안 다만 치욕과 비난을 받았고, 자기 소유를 빼앗긴 자들도 있었으며, 조롱을 받고 채찍으로 맞고 결박을 당하고 감옥에 갇히기도 한 자들이었습니다. 한편 또 다른 사람들은 "피흘리기까지 저항했습니다"(히 10:34, 11:36, 12:4).

* * *

❽ 이제 지옥의 기둥은 흔들리고 하나님의 나라는 더욱 멀리까지 퍼져 나갔습니다. 도처에서 죄인이 "어두움에서 빛으로 돌아서고 사탄의 세력에서 하나님께로 돌아섰습니다"(행 26:18). 하나님은 당신의 자녀들에게 "모든 대적이 능히 대항하거나 변박할 수 없는 구변과 지혜를"(눅 21:15) 주셨습니다. 그리고 그들의 생활은 그들의 말과 마찬가지로 힘 있는 것이었지만 그보다도 그들이 당한 수난이 온 세상에 그 무엇인가를 말해 주었습니다.

그들은 모든 일에 있어서 하나님의 일꾼이라는 것을 생활로 보여주었습니다. 즉 극심한 환난과 어려움 속에서도 변함없이 인내했습니다. 매를 맞고 옥에 갇히고 폭동을 겪고 괴로운 노동을 하고 바다 위의 위험과 빈 들의 위험과 고역에 시달리며 주리고 목말랐고 추위에 떨며 헐벗었지만 자신들이 하나님의 종인 것을 나타냈습니다(고후 6:4,5, 11:26,27). 선한 싸움을 싸운 후에 도살 당할 양처럼 끌려가고 신앙을 위해 희생되었을 때에는 그들 한 사람 한 사람의 핏소리가 들렸고, 그리하여 이교도들도 "그는 죽었으나 믿음을 통하여 지금도 말하고 있다"(히 11:4)고 인정한 것입니다.

* * *

❾ 이렇게 해서 기독교는 땅위에 퍼졌습니다. 그러나 어떻게 그렇게도 빨리 밀과 함께 가라지가 생겨난 것입니까? 신앙심의 신비와 함께 사악의 신비가 활동한 것입니까? 어떻게 그렇게도 빨리 하나님의 전에서까지 사탄이 자기를 찾아낸 것입니까? 마침내 "여자는 광야로"(계 12:6) 도피해 갔으며 "충실한 자가 인생 중에 없어졌습니다"(시 12:1).

우리는 밟아서 굳어진 길을 걷고 있는 것입니다. 다음 시대에 더욱 증가해져 간 부패는 때때로 하나님께서 일으키신 증인들에 의하여 서술되어져 왔습니다. 증인들은 그렇게 함으로써 하나님이 "그 교회를 반석 위에 세우셨기 때문에 음부의 권세가 그것을 완전히는 이기지 못할 것이라"(마 16:18)는 사실을 보이려고 한 것입니다.

❶ 그러나 우리는 이보다 더 위대한 것들을 볼 수 없을까요? 아니, 그뿐 아니라 세상의 시초부터 일찍이 없었던 위대한 것들을 볼 것입니다. 사탄이 하나님의 진리를 실패로 돌리고 하나님의 약속을 효과 없는 것으로 만들 수 있겠습니까?

그렇게 할 수 없다면 기독교가 모든 것을 극복하고 땅을 덮을 때가 올 것입니다. 잠시 동안 멈춰서서(이것이야말로 제안된 세 번째 사항이지만) 기독교적 세계라는 그 미지의 광경을 관찰해 봅시다. 이에 대하여 구약 시대의 예언자들은 부지런히 연구하고 살폈습니다(벧전 1:10,11). 그들 안에 있었던 하나님의 영은 이에 대하여 증거해 주었습니다.

"말일에 여호와의 전의 산이 모든 산 꼭대기에 굳게 설 것이요 모든 산은 산 위에 뛰어나리니 만방이 그리로 모여들 것이라… 그리하여 그들은 그 칼을 쳐서 보습을 만들고 그 창을 쳐서 낫을 만들 것이며 이 나라와 저 나라가 다시는 칼을 들고 서로 치지 아니하며 다시는 전쟁을 연습치 아니하리라"(사 2:2, 4).

"그 날에 이새의 뿌리에서 한 싹이 나서 만민의 기호로 설 것이요 열방이 그에게로 돌아오리니 그 거한 곳이 영화로우리라 그 날에 주께서 다시 손을 펴사 그 남은 백성을 속량하실 것이다. 여호와께서 열방을 향하여 기호를 세우시고 이스라엘의 쫓긴 자를 모으시며 땅 사방에서 유다의 이산한 자를 모으시리라"(사 11:10~12).

"이 때에 이리가 어린 양과 함께 거하며 표범이 어린 염소와 함께 누우며 송아지와 어린 사자와 살찐 짐승이 함께 있어 어린 아이에게 끌리며 … 그들은 나의 거룩한 산 모든 곳에서 해됨도 없고 상함도 없을 것이니 이는 물이 바다를 덮음같이 여호와를 아는 지식이 세상에 충만할 것임이라"(사 11:6~9).

***

❷ 이와 똑같은 의미를 저 위대한 사도가 증거해 주고 있습니다. 그것이 아직까지 성취된 적이 없다는 것은 분명합니다.

"그러므로 내가 말하노니 하나님이 자기 백성을 버리셨느뇨 그럴수 없느니라 … 그러므로 내가 말하노니 저희가 넘어지기까지 실족하였느뇨 그럴 수 없느니라 저희의 넘어짐으로 구원이 이방인에게 이르러 이스라엘로 시기나게 함이니라 저희의 넘어짐이 세상의 부요함이 되며 저희의 실패가 이방인의 부요함이 되거든 하물며 저희의 충만함이리요 … 형제들아 너희가 스스로 지혜있다함을 면키 위하여 이 비밀을 너희가 모르기를 내가 원치 아니하노니 이 비밀은 이방인의 충만한 수가 들어오기까지 이스라엘의 더러는 완악하게 된 것이라 그리하여 온 이스라엘이 구원을 얻으리라"(롬 11:1, 11, 12, 25, 26).

***

❸ 이제 때가 차서 이러한 예언이 성취되었다고 가정해 봅시다. 얼마나 멋진 전망입니까! 모든 것은 평화, '영원한 평안과 확신' 입니다(사 32:17). 여기에는 무기의 시끄러운 소리나 '어지러운 소음' 이나 '피묻은 복장' (사 9:5)이 없습니다. 멸망은 영원의 끝에 서고 전쟁은 땅 위에서 그칩니다. 또 나라 안에서의 충돌도 없어지고 형제가 형제를 반대하여 맞서는 일도 없습니다.

어느 나라도, 도시도 자기 분열을 일으켜 자신의 폐부를 찢지 않습니다. 사회의 분열은 영원히 종지부를 찍고 이웃을 멸한다거나 해치는 사람은 아무도 없게 됩니다. '어진 사람' 을 어리석게 만드는(전 7:7) 압력도 없고 가난한 자의 얼굴에 맷돌질하는(사 3:15) 착취도 전혀 없습니다. 강도나 부정, 강탈이나 불공평도 없습니다.

왜냐하면 모든 사람이 자기가 가지고 있는 것으로 만족하고 있기(히 13:5) 때문입니다. 그리하여 의와 화평이 서로 입맞추었습니다(시 85:10). 그것들은 땅에 뿌리를 내리고 가득해졌습니다. 의는 땅에서 솟아나고 평화는 하늘에서 굽어살필 것입니다.

***

❹ 그리고 의와 정의와 함께 자비가 발견됩니다. 이 땅은 잔혹한 주민들로 가득한 것이 아닙니다. 주님은 피에 목마른 인간과 악의의 인간, 질투가 많은 인간과 복수의 집념에 가득찬 인간을 함께 멸하셨습니다. 비록 도발이 있다해도 이제는 악으로 악을 갚는 일을 알고 있는 자는 없습니다. 그뿐 아니라 악을 행하는 자는 한 사람도 실제로 존재하지 않습니다. 모든 사람이 비둘기처럼 순결하기 때문입니다.

그리고 신앙에 의한 평화와 기쁨이 충만해져서 성령에 의해 한 몸으로 결합되고 모두가 형제처럼 사랑하며 한 마음 한 뜻이 되었습니다. "누구하나도 자기 소유를 자기 것이라고 말하는 사람이 없습니다"(행 4:32). 그들 중에 부족을 느끼는 사람은 아무도 없습니다. 모든 사람이 이웃을 자기 자신처럼 사랑하기 때문입니다. 그리고 모든 사람이 한 규칙에 따라 걸어갑니다. "너희는 남에게 대접을 받고자 하는 대로 남을 대접하라"(눅 6:31).

* * *

❺ 따라서 어떤 불친절한 말도, 입씨름도, 언쟁도, 폭언이나 욕설도 그들 간에는 존재하지 않습니다. 오히려 모든 사람은 "입을 열어 지혜를 베풀며 그 혀로 인애의 법을 말하는"(잠 31:26) 것입니다.

동시에 그들은 사기나, 간계를 하지 못합니다. 그들의 사랑에는 거짓이 없습니다. 그들은 말로 흉금을 털어놓고 그들의 생각을 바로 표현합니다. 그러므로 누구나 원하는 사람은 그들의 마음을 들여다 볼 수 있으며 오직 사랑과 하나님만이 거기 있는 것을 보게 될 것입니다.

* * *

❻ 이처럼 전능하신 주가 그 강한 능력을 가지고 친히 통치하시는 곳에서는 하나님께서 "만물을 자기에게 복종시키며"(빌 3:21) 모든 마음에 사랑이 넘치게 하고 모든 입으로 찬양하게 하는 것입니다. "이러한 백성은 복이 있나니 여호와를 자기 하나님으로 삼는 백성은 복이 있도다"(시 144:15).

주님은 말씀하십니다.

"일어나라 빛을 발하라 이는 네 빛이 이르렀고 여호와의 영광이 네 위에 임하였음이니라 네가 나 여호와는 네 구원자 네 구속자 야곱의 전능자인 줄 알리라 화평을 세워 관원을 삼으며 의를 세워 감독을 삼으니 다시는 강포한 일이 네 땅에 들리지 않을 것이요 황폐와 파멸이 네 경내에 다시 없을 것이며 네가 네 성벽을 구원이라 네 성문을 찬송이라 칭할 것이라 네 백성이 다 의롭게 되어 영영히 땅을 차지하리니 그들은 나의 심은 가지요 나의 손으로 만든 것으로써 나의 영광을 나타낼 것인즉 다시는 낮에 해가 네 빛이 되지 아니하며 달도 네게 빛을 비취지 않을 것이요 오직 여호와가 네게 영영한 빛이 되며 네 하나님이 네 영광이 되리라"(사 60:1, 16~18, 21, 19).

이상으로 기독교를 그 발단에서부터 세상에 전파되는 과정과 온 땅에 편만해진 일들은 간단하게나마 고찰했습니다. 이제 내게 남아 있는 과제는 이 전체를 어떻게 평범한 실제적인 여러 문제에 적용할 것인가를 설명하는 일뿐입니다

* * *

❶ 먼저 나는 묻고 싶습니다. 기독교는 지금 어디에 존재합니까? 어디에 이런 크리스천들이 살고 있는가를 말해 주기를 간청합니다. 주민들이 모두 이처럼 성령으로 충만해 있는 나라는 어느 나라입니까? 주민들이 모두 한 마음 한 뜻이며 그 가운데 한 사람이라도 무엇인가에 부족을 느끼도록 방치되어 있지 않고, 필요한 사람에게는 모든 것이 끊임없이 주어지는 나라는 어디에 있습니까?

주민들의 마음이 모두 하나같이 하나님의 사랑으로 채워져 있고, 그 하나님의 사랑이 자기 자신처럼 이웃을 사랑하도록 그들을 촉구하고 있는 나라는 어디에 있습니까? 주민들이 모두 자비로운 마음과 친절한 겸손과 온유와 인내를 몸에 지닌(골 3:12) 나라, 어떠한 방식으로든지 말 혹은 행위로라도 정의, 자비, 진리를 거역하지 않고 모든 점에서 자기들이 사람들에게 바라는 대로 그렇게 모든 사람을 대해주는 나라는 어느 나라입니까?

지금까지 서술한 내용과 합치하지 않는다면 우리가 무슨 타당성을 가지고 그 나라를 기독교 국가라고 부를 수가 있겠습니까? 그렇다면 지상에는 이제까지 한 번도 기독교국가는 존재하지 않았다고 고백해야 하지 않겠습니까?

***

❷ 형제들이여, 나는 당신들에게 하나님의 자비하심으로 간청합니다. 당신들이 나를 미치광이 혹은 바보로 간주한다 해도 어쩔 수 없습니다. 당신들을 향하여 누군가가 매우 솔직하게 말해야 합니다. 특히 이 시간에 해야 합니다.

왜냐하면 지금이 마지막 기회일지 누가 알겠습니까? 언제, 어느 때 의로우신 재판장이신 하나님께서 "나는 더 이상 이 백성을 위한 탄원을 듣지 않겠다"라고 말씀하실지 누가 알겠습니까? "비록 노아나 다니엘이나 욥이 이 나라에 있다고 해도 그들은 자기들의 영혼을 구원받기만 해도 좋다"라고 말씀하실는지 누가 알겠습니까? 그리고 만일 내가 하지 않으면 누가 이처럼 솔직하게 이야기할 것입니까?

그러므로 나같은 사람이 감히 말하는 것입니다. 그리고 살아계신 하나님의 이름으로 간원컨대 내 손에서 축복을 받아들이는 것을 반대하여 당신들의 가슴에 강철을 붙이지 않았으면 합니다. 당신들은 마음속으로 "Non persuadebis, etiamsi persuaseris"(당신이 나를 설득한다 해도 당신은 나를 믿게 하지 못할 것이다)라고 말하지 마십시오. 다시 말해서 "주여, 당신이 원하시는 그 사람에 의하여 구원을 보내지 마소서. 이 사람에 의하여 구원을 받기보다는 차라리 내 피 속에서 멸망하도록 나를 내버려 두십시오" 라고 말하지 마십시오.

***

❸ 형제들이여, 우리가 이렇게 말하지만 여러분은 형편이 더 낫다는 것을 확신합니다(히 6:9). 그러므로 부드러운 사랑과 온유한 정신으로 나는 당신들에게 묻고 싶습니다.

이 도시는 기독교적인 도시입니까? 이 곳에는 기독교가 존재합니까? 우리는 "성령으로 충만함을 받고"(행 2:4) 성령의 진정한 열매를 마음 속으로 기뻐하며 우리의 생활 가운데 나타내고 있습니까? 모든 장관들, 대학이나 학원들 또는 여러 학회의 학장이나 회장들(거리의 주민들에 대해서는 말하지 않지만)은 한 마음 한 뜻(행 4:32)입니까? "하나님의 사랑이 우리 마음에 부은 바 되어"(롬 5:5) 있습니까? 우리의 기질이 하나님의 그것과 같습니까? 우리의 생활은 그 기질과 일치하고 있습니까? 우리는 "우리를 부르신 그 거룩하신 분처럼 모든 행실에 거룩한 자"(벧전 1:15)입니까?

* * *

❹ 나는 당신들에게 특히 주의를 요청하고 싶습니다. 지금 여기서 무슨 특수한 의견이 고려되고 있는 것은 아닙니다. 여기에 제기된 문제는 이러저러한 종류의 의심할 수 있는 의견에 관해서가 아닙니다.

만일 그런 것이 있다면 오히려 그것은 기독교의 의심할 수 없는 근본적인 문제에 관해서입니다. 그리고 그것에 대한 결단을 내리기 위해서 나는 하나님의 말씀에 의하여 인도함을 받고 있는 당신들의 양심에 호소합니다. 그럼으로써 자신의 마음에 의하여 비난 받지 않는 자는 자유롭게 나아가게 합니다.

* * *

❺ 나는 위대한 하나님을 두려워하는 마음으로 하나님 앞에 서서 – 당신들도, 나도 곧 이 하나님 앞에 나아가겠지만 – 우리에 대한 권위를 가지고 있는 당신들에게 간청합니다. 나는 당신들을 그 직책 때문에 존경합니다(하나님에 대해서 위선자인 자들의 방식을 모방해서가 아닙니다).

생각해 보시기를 바랍니다. 당신들은 "성령으로 충만해"(행 2:4) 있습니까? 당신들은 사람들에게 하나님의 생생한 모습을 보여 주는 하나님의 초상화로서의 역할을 다하고 있습니까? 당신들, 장관들과 위정자들이여, 나는 말합니다. 당신들은 신(神)입니다(요 10:34). 당신들은 각각의 입장과 지위에서 우리에게 "우리의 통치자이신 주님"(딤전 1:17)을 보여주어야 합니다.

당신들의 마음의 모든 생각, 당신들의 모든 기질이나 욕망은 당신들의 높은 천직에 부합합니까? 당신들의 모든 말은 하나님의 입에서 나오는 그것과 같은 것입니까? 당신들의 모든 행위 가운데 고결함과 사랑이 존재하고 있습니까? 그것은 말로 표현할 수 없는 위대함이요, 오직 '하나님으로 충만한'(엡 3:19) 마음에서만 넘쳐 나오는 것이지만 그렇다고 해서 '벌레인 사람, 구더기 같은 인생'의 성질을 초월한 것은 아닙니다.

* * *

❻ 당신들 존경할 만한 이들이여, 당신들은 특히 젊은이들로 하여금 부드러운 마음을 갖게 하고 무지나 오류의 그늘을 없애버려서 구원에 이르는 지혜를 얻도록 양성하기 위해 특별히 부르심을 받은 사람들입니다.

당신들은 충만해(행 2:4) 있습니까? 당신의 중요한 직무가 그처럼 절대적으로 요구하고 있는 저 모든 "성령의 열매"(갈 5:22)로 가득 차 있습니까? 당신의 마음은 온전히 하나님과 함께 합니까? 땅 위에 하나님의 나라를 확립하려는 사랑과 열심으로 충만해 있습니까? 당신이 끊임없이 관심을 갖고 있는 사람들에게 우리의 모든 연구 목적이 "유일하신 참하나님과 그의 보내신 자 예수 그리스도"(요 17:3)를 알고 사랑하고 섬기는 일이라고 생각하게 합니까?

당신은 그들에게 날마다 사랑만이 결코 실패하지 않는 것이요(여기에 반대하는 이론이 있을지라도 그 이론은 실패할 것이며 철학적 지식이 있다고 해도 그것은 사라질 것이다), 사랑이 없으면 모든 학식은 단순히 빛나는 무지, 거만한 우둔, 정신의 번뇌에 불과하다고 가르치고 있습니까? 당신이 가르치는 모든 것은 실제로 하나님을 사랑하고 하나님으로 인하여 전 인류를 사랑하게 하는 경향을 가지고 있습니까?

당신은 저들의 연구의 종류, 방식, 한도에 대해서 언급할 때 이 목적을 유념합니까? 그리스도의 젊은 군사들은 운명이 어디에 던져지든지 모든 일에서 그리스도의 복음을 장식하도록 불타고 빛나는 많은 빛들이 되기를 바라면서 그렇게 되기 위해 노력하고 있습니까?

몇 가지 더 질문하겠습니다. 당신의 말은 그 거창한 일에 모든 힘을 기울이고 있습니까? 당신의 힘을 모두 쏟고 있습니까? 당신의 영혼의 모든 능력을 발휘하고, 하나님이 당신에게 대여하신 모든 재능을 사용하여 최선을 다하고 있습니까?

* * *

❼ 내가 여기서 마치 당신들의 돌봄 아래 있는 자들이 모두 성직자가 되기를 지망하고 있는 사람들인 것처럼 말하고 있다고 여기지 않기를 바랍니다. 그렇지 않습니다. 나는 다만 그들이 모두 크리스천이 되기를 바라고 있는 사람들로 여기고 말하는 데 불과합니다.

그러나 조상들의 은혜를 누리고 있는 우리들을 통해서 어떤 실례가 그들에게 보여지고 있습니까? 형제들이여, 당신들은 성령의 열매나 마음의 겸손이나 자기 부정과 금욕과 정신의 진지성과 침착성, 인내, 온유, 근실, 절제나 모든 사람에게 모든 종류의 선을 행하기 위해서, 또는 그들의 외적인 결함을 구하거나 그들의 영혼을 하나님의 참된 지식과 사랑으로 인도하기 위해서 지치지 않는 부단의 노력을 다하고 있습니까? 이것이 여러 대학의 특별 연구원들의 일반적인 특징입니까?

나는 그렇지 않다고 생각합니다. 오히려 마음의 교만과 거만, 조급과 괴팍, 나태와 태만, 탐식과 육욕, 더욱이 쓸모없는 뇌까리는 말들이 이러한 비난을 가져오게 합니다. 그렇지만 이러한 비난은 아마도 우리의 적들에 의해서만 가능한 것이 아닐 것이며 또한 전혀 근거가 없는 것은 아닌 것 같습니다. 하나님께서 우리에게로부터 이 비난을 옮겨 주시고 그 기억까지도 영원히 소멸시켜 주셨으면 합니다.

* * *

❽ 우리 중 많은 사람은 더 직접적으로 하나님께 대해 성별되어 있고 거룩한 일들을 통해 봉사하도록 부르심을 받고 있습니다. 그렇다면 우리들은 다른 사람들에 대해서 '말과 행실과 사랑과 믿음과 정절에 있어서'(딤전 4:12) 모범이 되고 있습니까? 우리의 이마와 마음에 '여호와께 성결'(출 28:36)이라고 씌어 있습니까?

어떠한 동기로 우리는 이 사명을 감당하게 된 것입니까? 하나님의 영광을 촉진하고 그 백성을 교화하기 위하여 성령의 내적인 감동으로 직분을 감당하도록 위탁받아 하나님을 섬기려고 하는 성실한 눈을 가진 것입니까? 그리고 하나님의 은혜로 말미암아 우리 자신을 전적으로 그 직무에 바치도록 분명하게 결의한 것입니까?

우리는 우리의 힘이 미치는 한, 모든 세상적인 관심과 연구를 파기했습니까? 우리는 이 한가지 일에만 전적으로 몰두하고 우리의 관심이나 연구를 파기했습니까? 우리는 가르치는 일에 적격입니까? 우리가 남을 가르칠 수 있도록 하나님께 가르침을 받고 있습니까? 우리는 하나님을 알고 있습니까? 예수 그리스도를 알고 있습니까?

하나님은 그 아들을 우리 안에 나타냈습니까? (갈 1:16) 하나님은 "우리로 하여금 새 언약의 유능한 일꾼들이 되게하신 분"(고후 3:6)이십니까? 만일 그렇다면 어디에 우리의 사도된 표식이 있습니까? 허물과 죄 가운데서 죽은 자가 우리의 말에 의하여 다시 살아났습니까? 죽음에서 영혼을 구하려는 불타는 열심 때문에 우리가 가끔 떡을 먹는 일까지도 잊어버릴 정도입니까? "진리를 밝히 드러냄으로써 하나님 앞에서 우리 자신들을 모든 사람의 양심에 대하여 천거하여"(고후 4:2) 솔직히 말하고 있습니까? "우리의 모든 보물을 하늘에 쌓아두어"(마 6:20) 이 세상이나 세상의 일에 대해서 죽고 있습니까?

우리는 하나님으로부터의 상속 재산에 대하여 주인입니까? 혹 우리는 모든 사람들 중 가장 작은 자요 그들의 종입니까? 우리가 그리스도를 위한 비난을 받았을 때 그것이 우리에게 무거운 짐이 됩니까, 그렇지 않으면 우리는 그것을 기뻐합니까? 한 쪽 뺨을 맞았을 때 그것을 분하게 여깁니까? 모욕감 때문에 성이 납니까? 혹은 악에 대항하는 일 없이 선으로써 악을 이기고 또 한 쪽 뺨까지 맞으려고 돌려댑니까? 길을 벗어나고 있는 사람들과 격하게, 그리고 감정적으로 다투도록 우리를 자극하는 독한 열심을 가지고 있습니까? 혹 우리의 열심을 사랑의 불꽃으로, 우리의 모든 말을 감미(甘味)와 겸손과 지혜의 온유함으로 인도하려고 하는 것은 아닙니까?

❾ 나는 반복하고 싶습니다. 이 곳에 있는 젊은이에 대하여 우리는 무엇을 말해야 하겠습니까? 당신들은 기독교적 경건의 외형이나 능력을 가지고 있습니까? 당신들은 겸손하고 충고를 받아들입니까? 아니면 완강하고 제 맘대로 하며 고집스럽고 거만합니까? 혹 가장 공손히 존경해야 할 사람들을 경멸하고 있지는 않습니까?

당신들은 전력을 다하여 연구에 힘쓰며 평이한 일에서도 근면합니까? 날마다 하루에 할 수 있는 일을 깨끗이 처리함으로써 시간을 헛되지 않게 사용하고 있습니까? 좀 더 정확하게 말한다면 기독교적인 경향이 전혀 들어있지 않은 것을 읽는다든지 도박을 한다든지 그 밖의 무수한 일들을 해서 당신들이 매일 매일을 낭비하고 있다는 사실을 자각하고 있지는 않습니까?

당신들은 자신의 시간보다는 부에 대해서 더 좋은 지배자입니까? 원칙적으로 아무에게 아무 빚도 지지 않도록 유의하고 있습니까? 안식일을 기억하여 거룩히(출 20:9) 지킵니까? 안식일을 하나님께 예배드리는 일로 지내고 있습니까? 보이지 않는 하나님을 보는 것 같이(히 11:28) 행동합니까?

자신의 몸을 깨끗하고 존귀하게 보존하고(살전 4:4) 있습니까? 당신들 가운데 술취한 모습과 불결함이 발견되지는 않습니까? 아니, 그뿐만이 아니라 당신들 중에 부끄러움을 영광으로 삼는 자(빌 3:19)는 없습니까? 당신들 중 대부분은 습관적으로 양심의 가책이나 아무 두려움도 없이 하나님의 이름을 망녕되이 일컫지(출 20:7) 않습니까?

아니, 그뿐만 아니라 거짓 증거하는 자가 당신들 중에 많이 있는 것은 아닙니까? 나는 그런 사람의 수효가 급속히 증가하고 있을까봐 두렵습니다. 형제들이여 놀라지 마십시오. 하나님과 회중 앞에서 나는 고백합니다. 나는 그 때 이 곳의 모든 관습(당시 이것에 대해서 전혀 몰랐다)이나 규약(이것을 그 때도, 수년이 지난 후에도 한 번도 읽지 않았다)을 지킨다고 엄숙하게 선서했던 사람들 중에 한 사람이었습니다. 만일 이 모든 질문에 그렇지 않다고 대답한다면 무엇이 위증입니까? 그러나 만일 그렇다면 죄의 짐이 그 얼마나 큽니까?

그렇습니다. 독소가 있는 빛깔의 죄의 짐이 그 얼마나 무겁게 우리 위에 놓여 있는 것입니까? 그리고 지극히 높으신 하나님은 그것을 마음에 두지 않으시겠습니까?

* * *

❿ 당신들 중 매우 많은 사람들이 경박한 한 세대인 것은 여기에서 나온 결과 중 하나가 아니겠습니까? 하나님께 대하여 경박하고 서로간에 경박하며 자신의 영혼에 대해서 경박한 것입니다. 왜냐하면 당신들 중에는 매주 당 한 시간이라도 은밀한 기도를 위하여 힘쓰고 있는 사람은 거의 없지 않습니까? 보통 당신들의 대화가 진행되고 있을 때 하나님에 대하여 생각하는 사람은 거의 없지 않습니까?

당신들 중 누가 조금이라도 하나님의 영의 활동, 인간의 영혼 안에서의 하나님의 초자연적인 활동에 대해서 알고 있습니까? 교회에서 때때로 행해지는 때를 제외하고 당신들은 성령에 관한 이야기를 감당할 수 있습니까? 만일 누군가가 어느 쪽일 거라고 미리부터 생각해 버리는 것은 아닙니까?

전능하신 주 하나님의 이름으로 나는 묻습니다. 당신들은 어떤 종교에 속해 있습니까? 기독교에 대한 이야기사시노 당신들은 감당하지 못하고 있으며 감당하려고도 하지 않습니다. 아, 나의 형제들이여, 이것이 무슨 기독교 도시입니까? "주여, 이제야말로 당신이 그 능력을 발휘하실 때입니다"(시 80:2 참조).

* * *

⓫ 실제로(인간의 관습을 따라 말한다면) 기독교, 즉 성서의 기독교가 다시 이곳의 종교가 된다는 어떤 개연성이나 가능성이 존재합니까? 우리 가운데 모든 계급의 사람들이 '성령에 충만해' 있는 것처럼 말하고 생활한다는 가능성을 이야기하고 있는 것입니다.

누구로 인해 이 기독교가 재건되는 것입니까? 당신들 가운데 권위있는 지위에 있는 사람들에 의해서입니까? 그렇다면 당신들은 그것이 성서의 기독교라고 확신합니까? 당신들은 기독교가 재건되기를 바라고 있습니까? 당신들은 자신이 그 재건을 위한 수단이 되기 위해 부와 자유와 생명 곧 자신에게 소중한 것들을 귀중한 것으로 여기지 않고 있습니까? 가령 당신들이 그 욕구를 가지고 있다고 하더라도 그 결과를 끌어내기에 충분한 힘을 누가 가지고 있습니까? 아마도 당신들 중 어떤 이들은 두세 번 아무 힘없는 시도를 해보았을지도 모르지만 그 결과는 대단치 않았을 것입니다.

그렇다면 기독교는 젊고 알려지지 않은 그리 대단치 않은 사람들(여기서 웨슬리는 신성클럽의 자기 친구들을 생각하고 있다)에 의하여 재건됩니까? 당신들 자신이 그 일을 감당해 낼 수 있을지 없을지 나는 알지 못합니다. 당신들 중 어떤 이들은 부르짖지 않습니까? "젊은이여, 그렇게 함으로써 당신은 나를 배반하고 있는 것이오."

그러나 당신들이 시험대 위에 올려졌다고 해도 전혀 위험스럽지 않습니다. 그만큼 죄악은 홍수처럼 우리를 뒤덮고 있습니다. 그러면 하나님은 누구를 보내시겠습니까? 우리를 우리의 처음 사랑으로 돌아가게 하기 위하여 기근, 온역(전염병 – 죄 많은 나라에 대한 하나님의 최후의 사자들)을 보내시겠습니까? 혹 칼과 로마의 외국 군대를 보내시겠습니까? "오! 주여, 차라리 우리를 당신의 손에 빠지게 하소서. 그래서 사람의 손에 빠지지 않게 하소서"(삼하 24:14).

주여 구원하소서. 그렇지 않으면 우리는 멸망합니다. 우리가 이 수렁에 빠지지 않도록 도와주옵소서. 오, 이 원수들로부터 우리를 보호해 주옵소서, 인간의 도움은 헛되기 때문입니다. 당신에게 있어서는 모든 것이 가능합니다. 당신의 능력의 위대함으로 죽도록 정해져 있는 자들을 보호해 주옵소서. 당신께서 선하게 여기시는 방식으로 우리를 보호하여 주옵소서. 우리의 원하는 대로가 아니요, 당신의 원하시는 대로 하옵소서.

2

우리 구원을 성취함에 있어

On Working Out Our Own Salvation

형제 여러분!
썩는 양식을 위하여 일하지 말고 영생하도록
있는 양식을 위하여 일합시다(요 6:27).
다소 뜻은 다르지만 우리들의 은혜로우신 주님과 함께 말합시다.
"내 아버지께서 이제까지 일하시니 나도 일한다"(요 5:17).
하나님께서 여러분 안에서 지금도 일하고 계심을 생각하고
선을 행하다가 결코 낙심하지 맙시다.
여러분보다 앞서 행하시고 여러분과 동행하시며 뒤따르시는
하나님의 은총을 인하여 "믿음의 역사와 소망이 인내와
사랑의 수고"(살전 1:3)를 계속합시다.
"주의 일을 함에 견고하며 흔들리지 말고
항상 풍성하도록"(고전 15:58) 합시다.

2 우리 구원을 성취함에 있어
On Working Out Our Own Salvation

【해설】

　이 설교는 1785년에 쓰여져서 출판한 설교집 속에 포함되어 있다. 이 설교는 표준설교집에는 실리지 않았지만, 웨슬리의 핵심적인 사상을 다루고 있기 때문에 이 설교집에 수록하였다.
　신학은 근본적으로 하나님과 인간의 관계를 다루는 학문이다. 보다 더 구체적으로 말하자면 인간의 구원을 위하여 하나님과 인간이 어떻게 역사하느냐를 다루는 학문이라고 말할 수 있다. 이 문제를 다룸에 있어서 전통적으로 두 가지 상반되는 흐름이 있다. 첫째는 극단적인 개혁주의 신학의 견해로서, 인간은 타락했고 따라서 전적으로 무능력하기 때문에 구원은 오로지 하나님의 손에 달려 있다고 보는 입장이다. 이 입장에 의하면 인간이 자신의 구원을 위해서 할 수 있는 일이란 전혀 없다.
　두 번째는 자유주의 신학의 견해이다. 이 견해에 의하면 인간은 전적으로 타락하지는 않았다고 본다. 따라서 능력과 책임이 있는 존재이며 구원은 인간의 노력에 의하여 가능하다고 본다. 이 입장에 의하면 하나님께서 하시는 일은 단지 인간의 행위에 대한 보조 역할밖에 안 되는 것이다.
　이와 같은 두 가지 양극되는 입장을 성서적인 바탕에서 바로 정립한 사람이 존 웨슬리이다. 웨슬리는 이 설교의 본문인 빌립보서 2장 13절을 정확하게 강해하면서 '복음적 신인협동설'을 주장했다.

웨슬리는 이 설교에서 첫째로, 구원에 있어서 하나님께서 하시는 일이 무엇인가를 살피고 있다. 웨슬리는 "인간의 공로로 구원이 이루어진다는 생각은 사라지게 되고 하나님의 역사에 모든 영광을 돌리게 됩니다(I, 1)"라고 말하며, "인간이 만약 그가 가진 모든 것을 하나님께로부터 받았다는 사실을 깊이 깨닫는다면, 어찌 그가 하나님으로부터 아무것도 받지 않은 것처럼 자신에게 영광을 돌릴 수 있겠습니까?"라고 질문하고 있다. 이렇게 볼 때 웨슬리 역시 정통주의자들과 같이 구원에 있어서 하나님의 역사가 절대적이라고 말한다.

둘째로, 웨슬리는 구원에 있어서 인간이 하는 일이 무엇인가를 살피고 있다. 웨슬리는 본문의 말씀대로 "두렵고 떨림으로 너희 구원을 이루라"고 한다. 웨슬리에 의하면 이 말은 첫째로는 "모든 일에 가장 열심있는 마음으로, 모든 조심과 주의력을 다하여야 한다는 뜻"이며, 둘째로는 "모든 일은 가장 부지런함과 최대의 속력, 그리고 그 꼼꼼함과 정확성을 가지고 행하여야 한다는 뜻"(II, 2)이다. 이같이 웨슬리는 구원을 위하여 인간은 최선의 노력을 다해야 한다고 주장하고 있다.

구원에 있어서, 한편으로는 하나님의 수권적인 역할이 결정적이며, 또 다른 한편으로는 인간도 최선의 노력을 다해야 한다고 주장한다면 이것은 서로 모순되는 주장이 아닌가? 이 질문을 해결하고자 하는 것이 이 설교의 세 번째 내용이다.

웨슬리는 이에 대해 두 가지 측면에서 해결책을 제시한다. 첫째로는 "하나님께서 일하시니 그러므로 너희도 일해야 한다는 것"이다(III,2). 그러므로 우리가 우리의 구원을 이루기 위해서 노력할 수 있고 또한 노력해야만 하는 것은 하나님께서 먼저 역사하시기 때문이라는 것이다. 이와 같은 웨슬리의 주장은 인간의 노력을 배제시켜 버리고 하나님의 역사만을 강조하는 정통적 칼빈주의자의 잘못이나, 또한 하나님의 주권적 역사를 배제하고 인간의 책임만을 강조하는 펠라기우스적인 자유주의 신학의 잘못에도 빠지지 않고, 구원에 있어서 하나님과 인간이 서로 협력하는 관계를 잘 정립해 주었다.

웨슬리에 의하면 하나님의 주권적인 역사는 구원에 있어서 인간이 노력할 수 있는 가능성을 제시해 준다. 또한 구원을 위해서 인간이 노력하는 것은 하나님의 주권적인 역사에 순종하는 것이 된다. 여기에서 우리는 웨슬리가 either/or의 이분법적인 신학이 아니라, both/and의 창조적인 종합의 신학으로 그의 신학을 전개해나감을 본다.

웨슬리의 이와 같은 신학적 입장은 그의 선행적 은총(Prevenisnting Grace)에 대한 개념에서 더욱 분명해진다. 웨슬리는 구원을 넓은 의미에서 선행적 은총으로부터 영화에 이르는 전 과정으로 보며, 좁은 의미에서는 구원을 칭의와 성결로 나누어서 보고 있다. 이 선행적 은총이란 하나님께서 모든 타락한 자연인에게 값없이 주시는 은총으로서 보통 우리가 말하는 양심을 가리킨다.

이 은총은 인간의 결과에 의해서 하나님이 주시는 것이 아니라 모든 인간에게 값없이 주시는 것이다. 따라서 웨슬리는 실존적인 인간치고 전혀 은총을 받지 못한 자연상태에 머물러 있는 인간(a stateof mere nature)은 없다고 말한다. 하나님께서 이와 같이 먼저 인간에게 은총을 주시기 때문에 인간은 선악이 무엇인지 분별하게 되고, 더 나아가서는 깨닫게 하는 은혜(Convincing Grace)를 주시기 때문에 회개할 수 있는 것이다.

이와 같은 점으로 볼때 웨슬리에게는 하나님의 은총과 인간의 노력이 서로 배타적으로 취급되지 않고 긴장을 지니면서 결국 하나님의 주권적인 은총의 역사 아래서 인간의 노력이 거기에 응답해 나가는 것으로 설명되고 있다. 그러므로 이와 같은 웨슬리의 입장은 인간의 노력과 하나님의 은총과의 혼합된 형태를 주장하는 Semi-Pelagion과는 달리, 레오 콕소(Leo Cox)의 말대로 신단동설의 테두리 안에서의 협동설(Synergism in the framework of monergism)이라고 부르는 것이 합당할 것 같다. 이것이 '복음적 협동설'(Evangelical Synergism)이다.

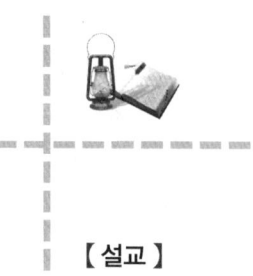

【 설교 】

"두렵고 떨림으로 너희(자신의) 구원을
이루라 너희 안에서 행하시는 이는
하나님이시니 자기의 기쁘신 뜻을 위하여
너희로 소원을 두고 행하게 하시나니"(빌 2:12,13)

■1 하나님의 존재나 성품이라든가 혹은 도덕적인 선악의 구별같은 큰 진리들은 이방인의 세계에도 어느정도 알려져 있습니다. 그 증거는 어디서나 볼 수 있습니다. 그러므로 우리는 모든 사람에게, "사람아 주께서 선한 것이 무엇임을 네게 보이셨나니 곧 공의를 행하며 인자를 사랑하며 겸손히 네 하나님과 함께 행하는 것이 아니냐"(미 6:8)라고 말할 수 있습니다. 하나님께서 이 세상에 태어난 모든 사람들을 어느정도 깨우쳐 주셨다고 하는 까닭이 바로 여기 있습니다.

그래서 '율법이 없는 자' 곧 기록된 율법을 가지지 않은 자들에게는 그 자신이 바로 법이 된 것입니다. 그들에게 율법은 역사(役事)-이는 글자로 적지 아니한 것이라 해도 그 율법의 실체를 말함-를 가리키는데 이 율법은 돌비에 기록된 율법임을 말해 줍니다. 사람들이 이러한 진리를 따르거나 따르지 않거나 그들의 양심이 그들에게 증거하고 있는 것입니다.

2 그런데 참으로 중대한 두 가지 진리-가장 중요시 되는 많은 진리들을 내포하고 있는 진리-가 있는데 이 진리는 동서고금의 지성인들도 전혀 알지 못했습니다. 그것은 바로 하나님의 영원하신 아들에 관한 진리와 하나님의 영에 관한 진리입니다. 아들에 관한 것이란 바로 하나님께서 자기를 내어주사 세상 죄를 위한 화목 제물이 되심을 가리키는 것이요, 영에 관하여란 인간이 창조될 당시의 하나님의 형상으로 새롭게 됨을 뜻합니다.

재치있고 박식한 사람들이(예를 들면 쉐발리에 람제이 같은 위인) 이런 진리를 일반 연구서적에서도 찾아내려고 무진 애를 썼지만 그러한 생생한 상상력만으로는 도저히 이 진리를 발견할 수 없었습니다. 더구나 이런 일반 연구서적 속에는 이런 진리가 대단히 희귀합니다. 있다고 하면 몇 세대에 걸쳐서 가장 잘 교육되어 가장 깊이 생각하는 사람들에게서나 발견될 정도입니다. 이런 사려 깊은 사람들 주변에 있는, 그들의 지식보다도 별로 신통할 게 없는 수많은 군중들은 아직도 썩어가는 짐승의 시체처럼 이 중대한 진리들을 완전히 도외시하고 있습니다.

3 이 진리는 복음에 의하여 밝혀질 때까지는 온 세계의 인류와 온 세기의 사람들에게 알려지지 않았습니다. 여기저기서 지식의 불꽃이 튀어도 의의 태양이 떠올라 어두움의 그림자를 내어몰기까지는 온 천하가 암흑으로 뒤덮여 있었습니다. 저 높은 곳에서 새벽이 오매 그 때까지 어두움과 사망의 그늘에 누웠던 자들이 큰 빛을 보았습니다.

그래서 어느 시대이건 무수한 사람들이 "하나님이 세상을 이처럼 사랑하사 독생자를 주셨으니 이는 저를 믿는 자마다 멸망치 않고 영생을 얻게 하려 하심이니라"(요 3:16)는 말씀을 알게 되었습니다. 이와 함께 만약 우리가 하나님의 말씀을 믿는다면 성령께서 "우리 안에서 행하시사 하나님의 기뻐하시는 뜻을 따라 우리에게 의욕을 일으키시고 그것을 실행하시는 것"을 알게 됩니다.

4 이 구절 앞에 있는 사도 바울의 말씀은 얼마나 귀중합니까? "너희 안에 이 마음을 품으라, 곧 그리스도 예수의 마음이니 그는 근본 하나님의 본체-영원 전부터 변치 아니하시는 하나님-이시나 하나님과 동등됨을 취하려 하지 않으셨다"고 했습니다(정확한 의미로는 이 동등됨을 노략질하지 않으셨다는 뜻으로, 이는 다른 사람의 지시로 인함이 아니요 스스로가 동등됨을 취하지 않으신 것입니다).

이 말씀은 하나님의 충만하심과 가장 높으심의 두 가지 사실을 잘 드러내고 있습니다. 또 이 말들은 반대적인 두 말과 함께 쓰여졌는데 곧 그의 충만하시다함은 자기를 비우셨다는 말과 반대되고, 하나님이 높으시다는 뜻이 본문에서 자기를 낮추셨다는 말에 반대가 됩니다. 그런데 예수님은 그 충만한 신성에서 자기를 비우셨습니다. 곧 사람과 천사의 눈이 볼 수 없도록 자기 자신의 충만하심을 가리우신 것입니다. 그리고 이렇게 자신을 비우시는 그 행위에 의하여 종의 모습을 취하셨다는 것입니다. 곧 보통 사람과 똑같은 '사람의 형상'을 입으셨다는 것입니다.

"사람의 형상으로 나타나셨다"는 말씀은 그분이 사람 – 보통사람, 더 아름답지도 월등하지도 아니한 사람 – 의 형태로 나타나사 자기를 낮추시어 하나님과 동등하심에도 불구하고 하나님께 복종하셨으니 죽기까지, 십자가 위에서 죽기까지 복종하셨다는 말씀입니다. 이것이야말로 겸손과 복종의 가장 위대한 본보기라고 하겠습니다.

이와 같이 사도 바울은 그리스도의 본을 설명하고 나서 그리스도께서 성취해 놓으신 구원을 얻도록 다음과 같이 전하고 있는 것입니다. "그러므로 두렵고 떨림으로 너의 구원을 이루라 너희 안에서 행하시는 이는 하나님이시니 자기의 기쁘신 뜻을 위하여 너희로 소원을 두고 행하게 하시느니라."

이 뜻깊은 말씀에서 우리는 다음과 같은 점을 관찰할 수 있을 것입니다.

1. 첫째로 우리가 잊어서는 안 될 중요한 진리는 "우리 안에서 행하시는 이는 하나님이시니 자기의 기쁘신 뜻을 위하여 너희로 소원을 두고 행하게 하신다"는 것입니다.
2. 우리 인간이 해야 하는 노력은 "두렵고 떨림으로 너희 구원을 이루라"는 것입니다.
3. 앞의 두 가지 연결에서 얻어지는 결론으로 "너희 안에서 행하시는 이는 하나님이시니" 그러므로 "너희 자신의 구원을 성취하라"는 것입니다.

❶ 첫째로 우리가 결코 잊어서는 안되는 중요한 진리를 살펴보고자 합니다. "우리 안에서 행하시는 이는 하나님이시니 자기의 기쁘신 뜻을 위하여 우리로 소원을 두고 행하게 하시느니라" 이 말씀에서 말의 순서를 조금 바꾸어 보면 그 뜻이 좀 더 분명해질 것 같습니다. "하나님의 기뻐하심을 따라 너희 안에서 소원하시고 행하시는 이는 하나님이시니라." '하나님의 기뻐하심을 따라' 라는 어구를 '하시는' 이라는 말에 연결시켜 보면, 인간의 공로로 구원이 이루어진다는 생각은 사라지게 되고 하나님의 역사에 모든 영광을 돌리게 됩니다.

그렇지 않다면 하나님의 먼저 행하시게 된 것이 마치 인간의 공로나 우리 안에 어떤 선한 것이 있어서이거나 또는 그것이 인간의 선행인 것처럼 인간들 스스로 자랑했을지도 모릅니다. 그러나 위의 성경 말씀은 그와 같은 헛된 생각을 송두리째 없애버리고, 홀로 하나님 자신이 단순한 은총 곧 값없이 주시는 은총에서 이를 행하시는 것임을 분명히 드러냅니다.

***

❷ 하나님께서 인간 안에서 소원하시고 행사하시도록 되었다함은 위에서 말한 것만으로도 설명이 됩니다. 이것은 두 가지 해석이 가능합니다.

첫째로 '소원하시다'(to will)는 말은 내적 종교 전체를 의미하는 것이고, '행하시다'(to do)라는 말은 외적 종교 전체를 뜻하는 것입니다. 이와 같이 이해될 때 이 말씀을 곧 내적 성결과 외적 성결을 이룩하시는 분이 바로 하나님이신 것을 뜻합니다.

둘째로 '소원하시다'(to will)는 말은 모든 선한 의욕을 뜻합니다. 그리고 '행하시다'(to do)는 말은 그 선한 의욕으로부터 생겨난 모든 결과입니다. 그러므로 이 성경 구절은, 하나님께서 인간에게 모든 선한 의욕으로 하여금 선한 결과를 가져오게 하신다는 의미입니다.

* * *

❸ '소원하시다'와 '행하시다'의 원어인 '토 델레인(το θελειν)'과 '토 에네르게인(το ενεργειν)'은 두 번째 해석을 뒷받침하는 것으로 보입니다. 즉 '소원하시다'(to will)로 번역된 이 단어는 간단히 말해서 모든 선한 의욕을 포함합니다. 그 의욕이 우리 인간의 기질이나 말이나 행동과 관계되거나 관계되지 않건 간에 그것은 모든 선한 동기를 포함하는 것입니다. 곧 내적 성결과 외적 성결을 의미하는 것입니다. 그리고 '행하시다'로 번역된 το ενεργειν은 분명히 위로부터 오는 모든 능력, 모든 의를 행하는 능력, 곧 선한 말과 행실을 하도록 준비시키는 에너지(energy) 전부를 말합니다.

* * *

❹ 이상의 해석을 깊이, 그리고 계속적으로 확신하는 것이야말로 인간의 교만을 소멸시키는 가장 직접적인 방법이라고 하겠습니다. 인간이 만약 그가 가진 모든 것이 하나님께로부터 받은 것이라고 하는 사실을 깊이 깨닫는다면 어찌 그가 하나님으로부터 아무 것도 받지 않은 것처럼 자신에게 영광을 돌릴 수 있겠습니까?

만일 인간이 선을 이루는 시동(始動)이 위로부터 오는 것이고 아울러 그

선을 행할 바로 그 생각과 선한 의욕을 끝까지 이끄시는 그 힘도 위로부터 오는 것임을 알고 느낀다면, 또한 하나님께서 모든 의욕을 불어넣으실 뿐 아니라 그것과 함께 하시고 그 뒤를 따라 계속 역사하신다는 것을 깨닫는다면 더 말할 것도 없이 우리의 결론은 "자랑하는 자는 주 안에서 자랑하라"(고전 1:31)가 됩니다.

❶ 두 번째로 넘어갑시다. 만약 하나님께서 너희 안에서 일하신다면 "너희 자신의 구원을 이루라." 여기서 '이루다'는 말의 원뜻은 어떤 일을 철저히 하라는 의미입니다. '너희 자신'이라는 말은 너희 자신이 이 일을 수행하지 아니하면 그 일은 언제까지나 해결되지 않는다는 뜻입니다. 그리고 '너희 자신의 구원'이라는 것은 선행적 은총으로 시작됩니다. 사람이 자기의 범죄에 대하여 일시적으로나마 어느정도의 깨달음이 있다든가 혹은 하나님의 뜻에 대한 깨달음이 순간적으로 생긴다면 이것은 선행적 은총에 의한 것입니다.

이 모든 것은 생명을 향한 어떤 행진을 암시합니다. 어떤 면에서는 구원에 시작이요 눈멀고 무딘 마음, 즉 하나님과 그 하신 일을 전혀 모르는 마음으로부터 검진을 받는 초기 단계입니다. 이 구원은 흔히 성경에 '회개'하고 말하는 '깨닫게 하는 은혜'(Convincing Grace)로 인하여 계속해서 이루어집니다. 그러므로 좀 더 자기 자신을 알게 되고 한 걸음 한 걸음 더 건짐을 받게 됩니다. 그런 후에 우리는 진정한 의미에서의 그리스도인의 구원을 체험하게 되는 것입니다.

이 구원은 인간이 "은혜로 인하여 믿음으로 말미암아"(엡 2:8) 얻는 것입니다. 그리고 이 구원은 두 가지 중요한 부분 곧 '의인'(義認)과 '성결'(聖

潔)로 설명됩니다. '의인'이라 함은 우리가 죄책(罪責)(guilt of sin)으로부터 구원을 받아 하나님의 사랑 안에 거하게 됨을 말하며, '성결'이라 함은 우리가 죄악의 권세와 뿌리로부터 구원받아 하나님의 형상으로까지 회복됨을 의미합니다.

성경에서 보여 주는 것처럼 우리의 경험도 이 구원은 순간적이며 동시에 점진적인 것임을 나타냅니다. 구원은 우리가 하나님과 사람에 대하여 거룩하고 겸손하며 고상하고 오래 참는 사람 가운데서 의롭다 함을 받는 그 순간에 시작됩니다. 그리고 그 순간부터 구원은 점진적으로 성장하여 마치 "겨자씨 한 알이 모든 씨보다 작은 것이지만 나중에는 많은 가지들을 내어 큰 나무가 되는 것처럼"(마 13:31)됩니다.

마찬가지로 구원은 우리의 마음이 모든 죄로부터 씻김을 받고 하나님과 인간을 향한 순전한 사랑으로 가득할 때까지 자라는 것입니다. 그리고 사랑은 더욱 성장하여 마침내 "우리의 머리이신 그리스도께 모든 일에 있어 자랄 때까지"(엡 4:15)되는 것입니다. 인간이 "그리스도의 장성한 분량이 충만한 데까지"(13절) 도달하도록 커나가는 것입니다.

***

❷ 그러나 우리가 어떻게 이 구원을 이룩할 수 있습니까? 바울 사도는 '두렵고 떨림으로' 구원을 이루라고 하였습니다. 이 말씀과 똑같은 표현이 있습니다. 어떤 의미에서는 이 말씀의 이해를 돕는 다른 말씀입니다. "종들아 육체의 상전들에게 복종하기를 두렵고 떨림으로 하라" 비록 상전으로부터 곧 놓임을 받는다는 것을 알더라도 현재 있는 그 상태에 따라서 '두렵고 떨림으로' 복종하라는 것입니다. 이 말씀은 속담식 표현입니다. 따라서 문자 그대로만 해석할 수 없는 표현입니다. 무엇 때문에 상전들은 종들을 벌벌 떨게 내버려 두며 더구나 그렇게 하도록 명령할 수 있습니까? 다음 말씀을 보아도 그런 뜻이 없는 것을 알 수 있습니다. 곧 하나님의 뜻과 섭리에 대하여 "한 마음을 가지고" 그리고 한 눈으로 곧 "사람을 기쁘게 하는 자처럼 눈가림만 하지 말고, 그리스도의 종들이 마음으

로부터 하나님의 뜻을 행하는 것처럼 상전에게 하라"는 것입니다. 그러므로 힘써 할 것입니다(엡 6:5 이하).

이와 같은 바울 사도의 말씀에 두 가지 의미가 있다는 것은 쉽게 발견됩니다. 첫째는 모든 일에 가장 열심있는 마음으로 모든 조심과 주의력을 다하여야 한다는 뜻입니다(특히 앞에 있는 μετα φοβου 즉 '두려움으로'라는 뜻을 강하게 나타내고 있습니다). 그리고 둘째는, 모든 일은 가장 부지런함과 최대의 속력 그리고 꼼꼼함과 정확성을 가지고 행해져야 한다는 것입니다(이것은 뒤에 있는 μετα τρομου 즉 '떨림으로'라는 어구를 연관시켜 보면 잘 알 수 있습니다).

***

❸ 위에서 밝힌 점들을 우리 자신의 구원을 이룩해야 하는 영적인 일에 쉽게 연결시켜 이해할 수 있습니다. 즉 그리스도인된 종들이 이 땅 위에 있는 상전을 섬기는 것과 똑같은 성품과 방법으로 하늘에 계신 우리의 주인을 섬기는 일에 전력을 다하여야 한다는 뜻입니다. 첫째로는 가장 열심 있는 마음과 온갖 조심과 두려움으로 섬길 것이요, 둘째로는 가장 부지런함과 최대의 속력 그리고 꼼꼼함과 정확성을 가지고 섬겨야 하는 것입니다.

***

❹ 그렇다면 우리 인간 자신의 구원을 이룩함에 있어서 성서가 요구하는 단계들은 무엇입니까? 선지자 이사야는 우리가 취하여야 할 첫 단계에 대해 다음과 같이 대답하였습니다. 즉 "악행을 그치고 선행을 하도록 하라"(사 1:16).

만약 하나님께서 여러분 안에서 역사하셔서 이미 주어진 은총으로 인하여 믿음으로 말미암아 현재의 구원과 그리고 영원한 구원에 이르기를 여러분이 희망한다면 여러분을 유혹하는 악마(뱀)를 피하여야 합니다. 그렇습니다. 모든 악은 모양이라도 버려야 합니다(살전 5:22). 그리고 선을 행하십시오, 선한 일과 경건한 일에 열심을 다하십시오. 가족 기도와 은밀히 하나님께 부르짖는 일에서 노력하십시오. 은밀히 금식하십시오. 그러면 "은밀히 보시는 아버지께서 보이는 상급으로 갚으실 것입니다"(마 6:18).

"성경을 상고하십시오"(요 5:39). 성경 말씀을 우리들과 함께 들으며, 또 홀로 읽으며 그리고 그 읽는 말씀을 명상하십시오. 기회가 있을때마다 성만찬에 참석하여 "주를 기념하십시오"(고전 11:24,25). 그러면 하나님께서 그 성만찬석에서 여러분을 만나실 것입니다. 하나님 자녀들과의 사귐을 즐기십시오.

그리고 모든 하는 일은 "은혜 가운데서 절제하도록"(골 4:6) 하십시오. 틈 있는 대로 모든 사람들에게 그들의 영육을 위하여 선을 행하도록 하십시오. 주의 일을 함에 견고하며 흔들리지 말며 항상 풍성히 하여야 합니다(고전 15:58). 곧 자기를 부인하고 자기 십자가를 매일 지라는 말씀입니다. 하나님께 기쁨을 드리는 게 소용이 없는 것이면 여러분의 모든 기쁨을 버려야 합니다. 비록 그것이 여러분에게 십자가가 되어도, 비록 육체에는 쓰라린 것이라 하여도 하나님께로 나아가는 수단이 된다면 사양치 말고 택해야 합니다. 여러분이 그리스도의 보혈로 속량함을 받았습니까? 그러면 여러분은 완전한 데 나아가(히 6:2) 마침내는 "그가 빛 가운데 계신 것같이 여러분도 빛 가운데 행하여"(요일 1:7) "저는 미쁘시고 의로우사 우리 죄를 사하시며 우리를 모든 불의에서 깨끗케 하시느니라"(요일 1:9)라고 증거하게 될 것입니다.

❶ 그러면 이 구절의 전반부, 후반부와 무슨 관계가 있는 것이냐고 반문하시는 분이 있을 줄 압니다. 앞뒤 구절 사이에 오히려 노골적인 모순이 있지 않습니까? 만약 우리 인간 안에서 소원하고 행하도록 역사하시는

분이 하나님이시라면 우리들이 일할 필요가 어디 있습니까? 하나님의 역사하심이 인간의 하는 일을 훨씬 능가하는 것이 아니겠습니까? 그렇게 되면 하나님의 역사하심이 인간의 노력을 불필요하게 할뿐 아니라 실상 필요하지도 않게 만드는 것이 아닙니까? 만일 하나님께서 모든 것을 다 하신다고 인정한다면 인간이 해야 될 일은 무엇이란 말입니까?

＊＊＊

❷ 위와 같은 생각은 육적으로나 혈통에서 나는 추리입니다. 처음 들을 때는 대단히 그럴 듯 하여도 좀 깊이 생각하여 보면 그것은 진실한 생각이 아닙니다. "하나님께서 일하시니"(요 5:17)

그러므로 너희도 일하라"는 말씀에는 아무 모순이 없으며, 오히려 밀접한 관계가 있음을 알게 될 것입니다. 즉 이것은 다음과 같은 두 가지 면에서 연결되는 말씀입니다. 첫째로는 하나님께서 일하시니 그러므로 너희도 일할 수 있다는 것이요, 둘째로는 하나님께서 일하시니 그러므로 너희도 일해야만 한다는 것입니다.

＊＊＊

❸ 첫째로 하나님께서 여러분 안에서 일하시므로 여러분이 일할 수 있다는 것입니다. 그렇지 않으면 여러분은 아무것도 할 수 없습니다. 만약 하나님께서 일하시지 않으시면 인간이 자신의 구원을 이룩한다는 것은 불가능한 것입니다. 주님께서 말씀하시기를 "부자가 천국에 들어가는 것이 사람으로는 할 수 없느니라"(막 10:27) 하신 것과 같습니다. 그렇습니다. 하나님께서 역사하시지 않으시면 사람으로서는 즉 '여인에게서 난 자' 로서는 도저히 이룰 수 없는 것입니다.

모든 인간이 본래 병들었을 뿐 아니라 죄와 허물로 죽은 자이기 때문에 하나님께서 그 죽음으로부터 인간을 살리시기 전에는 인간은 어떤 일이고 선을 행할 수 없습니다. 나사로가 우리 주님께서 생명을 주시기 전까지 걸어 나올 수 없었던 것이 바로 그것입니다. 맞습니다. 어느 인간이든 하늘과 땅의 모든 권세를 가지신 분께서 그 죽은 영혼을 살리시기 전까지는 죄악에서 헤어날 수 없으며 조금도 움직일 수 없습니다.

***

❹ 그렇다고 하여 사람이 계속 죄에 거하면서 핑계만 댈 수는 없는 것입니다. "우리를 불러 일으키실 분은 오직 하나님뿐이시니 우리는 우리의 영혼을 되살릴 수가 없습니다"라고 변명하면서 그 책임을 창조주께 전가할 수는 없습니다. 영혼이 자연적으로 죄악에서 죽었다는 것을 인정한다고 하더라도 그런 변명은 성립되지 않습니다. 왜냐하면 단순히 자연 상태에 머물러 있는 인간(a state of mere nature)이란 하나도 없기 때문입니다.

인간이 하나님의 영을 꺼버리지 않는 한 하나님의 은총이 역사 밖에서 홀로 있는 사람은 아무도 없기 때문입니다. 살고 있는 사람치고 우리가 보통 말하는 자연적 양심을 안 가지고 있는 사람은 없습니다. 그러나 양심이란 것은 자연적인 것이 아닙니다. 좀 더 정확히 말하면 그것은 선행적 은총입니다.

모든 사람들은 많건 적건 이 선행적 은총을 지니고 있습니다. 이 은총은 인간이 원하든 원하지 않든 관계없습니다. 시간의 차이는 있지만 인간은 누구든지 선행의 의욕을 가지고 있는 것입니다. 비록 이 선행의 의욕이 인간의 심층을 찌르기 전에, 그리고 좋은 열매를 맺기 전에 이것을 없애버리는 사람이 많다 하여도 이 선행이 의욕이 모든 인간에게 있는 것은 불변의 사실입니다.

누구나 이 세상에 태어난 사람은 어느정도 자기를 비추어 주는 빛, 즉 희미하기는 하여도 반짝이는 불꽃을 가지고 있습니다. 그리고 인간은 만약 귀가 화저(火箸)로 지져져 마비된 양심을 가진 극소수의 사람이 아니라면 양심의 빛을 거역할 때 다소 불안을 느끼게 됩니다. 그러므로 사람은 은총이 없어서 범죄하는 것이 아니라 그가 가지고 있는 은총을 활용하지 않는 까닭에 범죄하는 것입니다.

***

❺ 따라서 하나님께서 여러분 안에서 일하시는 한 여러분은 자신의 구

원을 이룩할 수 있습니다. 여러분의 공로가 없어도 하나님께서 자기의 기쁘신 뜻을 따라 여러분 안에서 소원하시고 행하시므로 여러분은 모든 의를 성취할 수 있습니다. 하나님께서 먼저 우리를 사랑하셨으므로 여러분은 하나님을 사랑할 수 있으며(요일 4:19), 우리의 대스승의 형상을 따라 사랑 안에서 거닐 수 있습니다(엡 5:21).

우리가 알거니와 주님의 말씀은 참되십니다. " 내가 없이는 너희는 아무것도 할 수 없느니라." 그러나 동시에 성도는 이렇게 대답할 수 있습니다. "내게 능력주시는 자 안에서 내가 모든 것을 할 수 있느니라"(빌 4:13).

* * *

❻ 한편 우리는 하나님께서 모든 성도의 체험을 통하여 이 두 가지를 결합시키고 계시다는 사실을 잊지 말아야 합니다. 이 두 가지를 언제나 동떨어져 있는 것으로 오해해서는 안 됩니다. 고의로 저지른 불순종을 변명할 속셈으로 "오, 나는 아무것도 할 수 없습니다"라고 말하며 하나님의 은총이라는 이름을 부르짖지도 않은 채 인간의 무능력에만 집착해 있어서도 안 됩니다. 이것은 거짓 겸손입니다.

다시금 기도하고 생각해 봅시다. 여러분의 그런 변명을 숙고하여 봅시다. 나는 여러분이 책망하기를 바랍니다. 정말 여러분이 아무것도 할 능력이 없다면 그것은 여러분에게 믿음이 없기 때입니다. 그리고 믿음이 없다면 여러분은 처절한 상태에 머물러 있어서 곧 구원의 자리에 있지 않다는 말입니다. 정말로 그렇습니다. 그러나 여러분은 능력 주시는 그리스도를 통하여 무엇이든지 할 수 있습니다. 지금 여러분 안에 거하는 은총의 불꽃을 북돋웁시다. 그러면 하나님께서 더욱 크신 은총을 허락하실 것입니다.

* * *

❼ 둘째로, 하나님께서 여러분 안에서 일하시니 그러므로 여러분들도 일해야만 합니다. 여러분은 "하나님과 함께 일하는 동역자"(고후 6:1)가 되어야 합니다(이것이 사도 바울이 말한 그대로입니다). 그렇지 않으면 하나님께

서 일하시기를 그만두실 것입니다. 하나님께서 은총을 주시되 "무릇 있는 자는 더 받게 되고 없는 자 – 이미 있는 은총을 키우지 않는자 – 는 있는 것도 빼앗기게 됩니다"(마 26:29 참조). 이것이 하나님께서 일하시는 원칙입니다.

이러한 교리와는 반대되는 쪽으로 기울기를 좋아하였던 성 어거스틴도 심지어 "Qui fecit nos sine salvabit nos sine nobis"라고 하였는데, 이 말은 "인간 없이 인간을 만드신 분께서는 인간 없이 인간을 구원하시지 않는다"라는 뜻입니다. 하나님께서는 인간이 "이 패역한 세대로부터 그 자신을 구원하지 아니하면"(행 2:40) 인간을 구원하시지 않을 것입니다. "믿음의 선한 싸움을 싸워 영생을 취하지 않으면"(딤전 6:12). "인간이 좁은 문으로 들어가기를 힘쓰지 않으면", "자기를 부인하고 매일 자기의 십자가를 지지 않으면", 그리고 "부르심과 택하심을 굳게 하기 위하여(벧후 1:10) 모든 수단을 기울이지 않으면" 하나님은 인간을 구원하지 않으실 것입니다.

* * *

❽ 그러므로 형제 여러분! 썩는 양식을 위하여 일하지 말고 영생하도록 있는 양식을 위하여 일합시다(요 6:27). 다소 뜻은 다르지만 우리들의 은혜로우신 주님과 함께 말합시다. "내 아버지께서 이제까지 일하시니 나도 일하다"(요 5:17) 하나님께서 여러분 안에서 지금도 일하고 계심을 생각하고 선을 행하다가 결코 낙심하지 맙시다. 여러분보다 앞서 행하시고 여러분과 동행하시며 뒤따르시는 하나님의 은총을 인하여 "믿음의 역사와 소망이 인내와 사랑의 수고"(살전 1:3)를 계속합시다. "주의 일을 함에 견고하며 흔들리지 말고 항상 풍성하도록"(고전 15:58) 합시다.

그렇게 하면 양의 큰 목자이신 우리 주 예수를 영원한 언약의 피로 죽은 자 가운데서 이끌어내신 평강의 하나님이 모든 선한 일에 우리를 온전하게 하사 자기의 뜻을 행하게 하시고 그 앞에 즐거운 것을 예수 그리스도로 말미암아 우리 속에 이루실 것입니다. 영광이 주님께 세세토록 있기를 빕니다(히 13:20,21).

3

값 없이 주시는 하나님의 은혜
Free Grace

오, 하나님을 잊어버린 그대들이여, 이 말씀을 들으십시오!
그대들은 자신의 사망을 하나님 탓으로 돌릴 수 없습니다.
'주 하나님의 말씀이니라. 내가 어찌 악인이 죽는 것을 조금인들 기뻐하랴?
너희는 돌이켜 회개하고, 모든 죄에서 떠날지어다.
그러한즉 그것이 너희에게 죄악의 걸림돌이 되지 아니하리라.
너희는 너희가 범한 모든 죄악을 버릴지어다….
이스라엘 족속아, 너희가 어찌하여 죽고자 하느냐?
주 하나님의 말씀이니라. 죽을 자가 죽는 것도 내가 기뻐하지 아니하노니,
너희는 스스로 돌이키고, 살지니라'(겔 18:23, 30-32).

3 값없이 주시는 하나님의 은혜
Free Grace

【 해설 】

웨슬리는 당시의 칼빈주의자들이 주장하는 이중예정론이 전도에 방해가 된다고 인식하였다. 그래서 그는 이 설교에서 하나님의 은혜는 값없이 모두를 위한 것이라고 주장하면서 칼빈주의자들의 이중예정론을 비판하며 거부하고 있다.

당시의 이중예정론(Double Predestination)은 하나님께서 미리 어떤 이는 구원으로, 어떤 이는 유기(멸망)로 예정하였기에 구원으로 예정된 자만이 은혜에 접하여 구원을 받으며 그에 따른 하나님의 은혜는 불가항력적이라고 주장한다. 그리고 이는 모두 하나님의 절대주권에 따라 정하여진 것이라고 한다.

이에 대하여 웨슬리는 신학적인 논쟁보다는 전도 현장에서 부닥치는 문제를 열거하면서 이중예정론을 비판하며 거부하였다. 웨슬리는 "만약에 이중예정론이 사실이라면, 모든 설교가 헛된 것이 되지 않겠는가? 그러기에 이는 하나님에 대한 바른 교리가 아니다"라고 하면서 다음 사항들을 열거하였다.

1. 이중예정론은 하나님의 모든 규례를 지킬 필요가 없게 만든다. 그러므로

하나님의 규례를 지키라는 하나님의 뜻과 어긋나는 것이다.
2. 이 교리는 신자들이 거룩함에 이루고자 하는 의욕과 성결의 열매를 맺고자 하는 의욕을 잃게 한다. 그리고 천당과 지옥, 형벌과 보상에 대한 관심을 갖지 않게 한다.
3. 이 교리는 선한 일을 하고자 하는 열심을 잃게 한다.
4. 이 교리는 복음의 메시지를 모든 사람에게 전하여야 한다는 명제를 흐리게 만든다. 구원이 예정된 사람에게 국한 되어 있다면 모든 사람에게 전도할 필요가 어디에 있겠는가?
5. 이 교리는 하나님에 관한 성경의 말씀에 모순을 갖게 한다. 하나님은 자비로우신 사랑의 아버지이신데, 어떻게 하나님이 뭇 사람을 영원한 지옥으로 미리 정죄하시겠는가?

이런 점을 생각할 때, 이 교리는 궁극적으로는 하나님을 훼방하는 것이 된다. 즉, 이 교리가 사실이라면 예수님은 미리 아시었을 터인데 어찌 예수님이 모든 사람의 구원을 말하셨단 말인가? 예수님이 미리 아시면서 그리 말씀하셨다면 예수님이 사람들을 속였다는 말이 아닌가? 따라서 이 교리는 신성 모독의 교리이다.

이렇게 웨슬리가 이중예정론을 비판하며 거부하였기 때문에 칼빈주의자들은 웨슬리가 자신들의 가르침에 담긴 문자와 정신들을 고의적으로 왜곡시켰다고 분노했던 것이다. 특히 실질적인 동역자였던 죠지 휫필드의 반발을 샀다.

휫필드는 웨슬리와 1734년부터 1735년까지 실질적인 동역 관계에 있었고, 이후 1739년에는 웨슬리를 부흥운동으로 인도하기도 하였다. 그는 웨슬리보다 10년이나 젊었으나, 이미 대담하고도 고무적인 설교자였다. 그는 불가항력적인 은총의 교리를 전제하는가의 여부에 따라 믿음에 의한 칭의(稱義)의 교리가 설 수도 있고 넘어질 수도 있음을 당연시하였다.

그러하였기 때문에 이 설교가 출판됨으로서 두 사람의 사이는 갈라지고 말았다.

그러나 아름다운 것은, 휫필드가 사망하자 웨슬리가 '조지휫필드의 서거에 대해'라는 설교를 써서 그의 표준 설교집에 실은 일이다. 거기에서 그는 이중예정론은 반대하지만 휫필드에 대한 사랑과 존경을 피력하고 있다. 웨슬리는 휫필드를 하나님의 위대한 종이라고 말하면서, 교리의 세부사항(Circumstance of the Doctrine)에 있어서는 교회에서 전부터 의견 차이가 있어왔으므로 그런 점에서는 견해를 달리하는 것으로 합의하자고(Agree to Disagree) 말하고 있다. 이것이 웨슬리가 말하는 관용의 정신(Catholic Spirit)인가 보다.

참고로, 여기에서 웨슬리의 입장을 칼빈의 입장과 비교하여 볼 때, 그들은 동일한 신학적 출발점에서 구원론을 전개한다는 것을 알게 된다. 즉 칼빈과 웨슬리는 동일하게 아담의 죄로 인하여 후손들이 전적으로 타락하였으며, 따라서 인간의 구원은 오로지 하나님의 은총에 의존한다고 주장하는 것이다.

그러나 그 하나님의 은총이 어떻게 역사하느냐 하는 데 있어 두 사람의 입장이 달라진다. 이 점에 있어 칼빈은 불가항력적인 하나님의 은총(Irresistible Grace)을 말하여 하나님의 예정 곧 이중예정론을 주장하였다. 따라서 칼빈에 의하면 구원은 예정된 자(the Elect)에 제한된 것이라고 주장한다.

그러나 웨슬리는 아담의 죄로 인한 인간의 전적 타락을 말하지만 동시에 하나님의 선행적 은총(Prevenient Grace of God)을 주장한다. 곧 모든 사람에게 값없이 선행적으로 주어진 이 은혜로 인하여 세상에 태어나는 사람은 전가된 원죄의 죄책에서 용서를 받았으며, 동시에 자유의지(Free Will)가 가냘프나마 부분적으로 초자연적으로 회복되었다고 주장한다. 따라서 선행적 은총으로 인하여 인간은 하나님의 계속적인 은총의 역사에 호응할 수 있게 되었다는 것이다. 곧 복음적 협동설(Evangelical Synergism)을 주장한다.

여기에서 우리는 웨슬리가 말하는 선행적 은총이 칼빈이 말하는 일반은총(Common Grace)과 아주 흡사한 것을 본다. 그러나 칼빈이 일반적 은총과 특별 은총(Saving Grace)을 구분하여, 일반은총이 특별 은총에 연결되는 것으로 보지 않고 특별은총(곧 구원의 은총)은 오로지 예정된 자에게 주어진다고 주장하는 데 반하여, 웨슬리는 선행적 은총을 모든 사람을 구원하기를 원하시는 하나님의 구원 사역의 시작으로 보며 하나님의 은총의 계속성을 주장한다. 이런 차이는 웨슬리가 말한 대로 그 시작에서는 머리카락 하나 차이이지만, 이 차이가 구원론의 전개에서는 큰 영향을 끼치고 있다는 것을 알 수 있다.

【 설교 】

*"자기 아들을 아끼지 아니하시고,
우리 모든 사람을 위하여 내어주신 이가,
어찌 그 아들과 함께 모든 것을 우리에게
값없이 주시지 아니하시겠느뇨?"* (롬 8:32)

독자에게 당부하는 말(To the Reader)

다른 무엇도 아니요, 오직 다음과 같은 강한 확신, 즉 여기서 내가 말하는 바는 바로 '예수 안에 있는 진리'일 뿐 아니라(엡 4:21 참고), 나는 또한 반드시 이 진리를 온 세상을 향해 선포해야만 한다는 사실에 대한 확신때문에, 나는, 내가 보기에도 그 행실로 인해 높이 존경받는 이들, 우리 주 예수의 날에 나 정도는 그들의 발꿈치쯤에 지나지 않음에도 불구하고(고후 1:14), 그러한 분들의 정서에 공개적으로 반하는 도전장을 내어 놓게 되었습니다.

만일 어떤 분이 이 글을 읽고 반드시 답변을 해야겠다는 생각이 드신다면, 내가 한가지 부탁하는 것은, 무슨 말을 하든, 사랑과 자비와 온유한 마음으로 해 달라는 것입니다(고전 4:21). 반론을 펴게 될 경우에도 '하나님의 택하신 자처럼, 긍휼과 자비와 온유와 오래 참음을 옷입고' 있음을 보여주십시오(골 3:12 참고). 그리하여 이 경우에도 '이들 그리스도인들이 어떻게 서로 사랑하는지 보라'는 말이 들리게끔 해 주십시오.1)

* * *

❶ 하나님께서 이 세상을 어찌나 값없이 사랑하시는지요! 우리가 아직 죄인 되었을 때에(롬 5:8), '그리스도께서 경건치 않은 자를 위하여 죽으셨습니다'(롬 5:6). 우리가 '죄 가운데 죽었을 때에'(엡 2:5 참고), 하나님은 '자기 아들을 아끼지 아니하시고, 우리 모든 사람을 위하여 내어주셨습니다.' 그러니 '그 아들과 함께 모든 것을 우리에게 어찌나 값없이 주시는지요!' 진실로, 값없는 은총은 가장 소중한 것입니다.

* * *

❷ 우리 구원의 근원인 바, 하나님의 은총 또는 사랑은 모든 이에게 값없이 주어지는 것이며, 또한 모든 이에게 값없이 역사하는 것입니다.

---

1) (Tertullian, Appology, 39. 참고; No 22, 'Sermon on the Mount, II', III. 8).

❸ 첫째로, 그 은총은 그것을 받은 모든 이에게 값없이 주어지는 것입니다. 사람에게 있는 여하한 능력이나 공로에 달린 것이 아닙니다. 전체적이건 부분적이건, 그런 것에 달려 있는 것이 전혀 아닙니다. 어떤 식으로든, 은총을 받는 사람의 선행이나 의로움에 달린 것이 아니며, 그가 이룩한 어떤 것이나, 그의 사람됨에 달린 것도 아닙니다. 그의 노력 여하에 달린 것이 아니며, 그의 기질이나, 그의 선한 바램이나, 그의 선한 목적과 의도에 달린 것도 아닙니다. 방금 말한 이런 것들은 모두 하나님이 값없이 주시는 은총으로부터 말미암는 것입니다. 이런 것들은 은총으로부터 흘러나오는 것이지 결코 은총의 원천이 되지 못 합니다. 이런 것들은 값없는 은총으로부터 말미암는 열매이지, 뿌리가 아닌 것입니다. 그것들은 은총의 원인이 아니요, 단지 그 결과라는 말입니다.

사람 안에 무슨 선한 것이 있든, 혹은 사람이 무슨 선한 일을 하든 간에, 그것을 지으시고 행하시는 이는 하나님이라는 사실입니다. 따라서 하나님의 은총은 모든 이에게 값없이 주어지는 것, 다시말해서 결단코 사람에게 있는 여하한 능력이나 공로에 달린 것이 아니며, 오로지 하나님께만, 우리를 위해 그 아들을 값없이 내어 주시고, '그 아들과 함께 모든 것을 우리에게 값없이 주시는' 그런 하나님께만 달려 있는 것입니다(롬 8:32 참고).

***

❹ 하지만, 그 은총은 모든 이에게 값없이 주어지는 것인 만큼, 또한 모든 이에게 값없이 역사하는 것일까요? 이에 대해 어떤 이들은 다음과 같이 말합니다. "아니오. 그것은 하나님께서 영생을 얻도록 예정하신 사람들에게만 값없이 역사하는 것이며, 그런 사람들은 단지 적은 무리의 양떼에 불과합니다. 인류의 대다수는 하나님께서 사망으로 예정하셨으며, 그런 사람들에게 은총은 값없이 역사하는 것이 아닙니다. 하나님은 그들을 미워하시며, 따라서 그들은 태어나기도 전부터 영원한 사망으로 예정되었습니다. 하나님은 이것을 절대적으로 예정하셨습니다. 그것은 그렇게

하는 것이 하나님께는 기쁜 일이며, 또한 그것이 하나님의 지고하신 뜻이기 때문입니다. 그러므로 그들은 그 육신과 영혼이 함께 지옥에서 멸망당하도록 태어났습니다. 그리고 그들은 여하한 구속의 가능성도 갖지 못한 채, 하나님의 취소할 수 없는 저주 하에서 자라납니다. 이 경우에 하나님께서 주시는 은총이란, 그들이 멸망당하는 것을 막아주는 것이 아니라, 오히려 늘려주는 것입니다."2)

***

❺ 이것이 바로 예정에 관한 교리입니다. 그런데 이렇게 말하는 사람이 있으리라는 생각이 듭니다. "이것은 내가 이해하는 예정론이 아닙니다. 내가 말하는 것은 오로지 '은총에 따른 선택'일 뿐입니다(롬 11:5). 내가 믿고 있는 것은 다름 아닌 바로 이것입니다. 곧 하나님은 이 세상을 조성하시기 전에 일정한 수의 사람들을 선택하셔서 그들이 의롭게 되고, 거룩하게 되고, 영화롭게 되도록 정하셨습니다. 그러므로 이러한 사람들은 모두 구원받을 것이나, 나머지는 그렇지 못합니다. 나머지 인류는 하나님께서 그대로 내버려 두시는 까닭입니다. 그리하여, 그들은 자기들의 마음 속에 떠오르는 생각대로 행하는 바(렘 23:17; 눅 1:52; 창 6:5 참고), 그것은 계속해서 악한 것이 될 뿐이며, 더욱 더 악으로 치달아서, 마침내 영원한 멸망의 형벌을 마땅히 받게 될 따름입니다."

***

❻ 이것이 당신이 이해하는 예정론의 전부입니까? 생각해 보십시오. 아마도 이것이 전부는 아닐 것입니다. 하나님께서는 그들이 바로 이렇게 멸망당하도록 정하셨다고 믿지 않으십니까? 그렇게 믿으신다면, 당신은 예

---

2) 웨슬리가 영원한 멸망에 관한 칼빈주의 교리를 희화적으로 표현하는 데 참조한 자료는 Elisha Coles, *Pratical Discourse of God's Sovereignty*(1673) – 이것은 조지 휫필드(George Whitefield)에게 영향을 줌; 익명의 저작, *A Vindication of the Doctrine of Predestination*(1709); 그 밖에도 웨슬리는 The Lambeth Articles(1595)의 9개의 준공식 조항과 William Perkins의 *Golden Chaine*(1591)을 알고 있었음.

정론 전체를 믿는 것입니다. 즉 앞에서 설명한 것과 같은 예정론을 그 의미 그대로 이해하고 있는 것입니다. 그러나 아마도 당신 자신은 그렇지 않다고 하시겠지요. 그렇다면 당신은 하나님께서 멸망할 자들의 마음을 강퍅하게 하신다고 믿지 않으십니까? 하나님께서(말 그대로) 바로의 마음을 강퍅하게 하셨으며,3) 바로 이 목적을 위해 바로를 세우셨다고(혹은 창조하셨다고) 믿지 않으십니까? 어쨌든 이것은 정확히 같은 이야기로 귀결됩니다.

만약 당신이 바로이든 이 세상의 누구이든 이러한 목적을 위해 – 즉 멸망당하도록 – 창조되었다고 믿는다면, 당신은 바로 예정론이 말하는 전부를 믿는 것입니다. 당신은 하나님께서 멸하기로 준비된 진노의 그릇들에 속한 마음을 강퍅하게 함으로써,4) 하나님이 예정한 것을 확증하신다고 말할 필요가 없습니다. 하나님의 예정은 그 자체가 불변적이며 불가항력적인 것으로 간주되기 때문입니다.

***

❼ 그런데, 아마도 당신은 이것조차도 믿지 않는다고 하시겠지요. 영원한 멸망의 예정에 관해서는 조금도 믿지 않는다고, 하나님께서는 어느 누구도 멸망당하도록 예정하거나, 그를 강퍅하게 해서 멸망으로 이끌어 가신다고는 생각지 않노라고 말하시겠지요. 단지 이렇게 말하시겠지요. '하나님께서는, 모든 사람이 죄 가운데 죽었으므로, 몸소 그 마른 뼈들에게 "살아나라"고 말씀하실 것이나(요일 3:14), 다른 자들에 대해서는 그런 말씀을 하지 않으실 것이며, 그 결과, 어느 뼈들은 살아날 것이나, 다른 뼈들은 그대로 사망 가운데 거할 것(겔 37:2-6 참고) – 즉 어느 뼈들은 구원받음으로 하나님을 영화롭게 할 것이나, 다른 뼈들은 멸망당함으로 하나님을 영화롭게 하리라는 것 – 만을 영원히 예정하셨다'고 말하시겠지

---

3) 출 7:13. 이 구절에 대한 존 칼빈의 허심탄회한 의견은 그의 *Commentaries on the Four Last Books of Moses, Arranged in the Form of a Harmony*(Eng. tr. by C. W. Bingham, 1852)에 나타나 있다.
4) 롬 9:22; 이 부분 전체에 대해서는 Poole, Annotations, 참고할 것

요.5)

＊＊＊

❽ 이것이 당신이 말하는 '은총에 의한 선택'이 아닙니까? 그렇다면 한 두 개쯤 질문을 드리겠습니다. 그런 선택을 받지 못한 사람도 구원받습니까? 혹은 창세 때부터 그렇게 구원받은 사람이 있습니까? 어떤 사람이 그런 선택을 받지 못하고도 구원 받는 것이 가능합니까?

만약 당신이 '아니'라고 말한다면, 당신은 그 자리에 그대로 머물러 있는 셈입니다. 손톱만큼도 더 나가지 않은 채로 말입니다. 당신은 여전히 이렇게 믿고 있습니다. 즉 하나님의 불변적이고 불가항력적인 예정에 따른 결론은 대다수의 인류가 여하한 구원의 가능성도 없이 사망 가운데 머물러 있는 것이며, 하나님 외에는 아무도 그들을 구원할 수 없으나, 하나님도 그들을 구원하려하지 않으신다는 것입니다. 당신이 믿기로는 하나님께서 그들을 구원하지 않기로 절대적으로 예정하셨다는 것입니다. 그렇다면 그것이 그들을 멸망당하도록 예정한 것이 아니고 무엇이겠습니까? 사실 그것은 더도 덜도 아니고, 바로 똑같은 이야기가 되는 것입니다.

가령 당신이 죽었다고 합시다. 그 상태에서 당신은 전혀 스스로를 소생시킬 수 없습니다. 그런데 하나님께서 다른 사람들을 살려내기로 절대적으로 결정하셨지만, 당신은 제외되었다고 합시다. 그렇다면 하나님은 당신을 영원한 사망으로 절대적으로 예정하신 것입니다. 즉 당신은 절대적으로 멸망당하도록 내맡겨진 것입니다. 따라서 당신이 보다 부드러운 말을 사용한다 하더라도, 당신이 말하고자 하는 것은 동일한 내용인 것입니다. 그러므로 은총의 선택에 관한 예정이란, 당신의 설명에 따르자면, 더도 덜도 아니고 바로 다른 이들이 '하나님이 영원한 멸망으로 예정하심 (God's decree of reprobation)'이라고 일컫는 것입니다.

---

5) 본 인용문은 영원한 멸망과 누락에 관한 개혁주의 신학자들의 사상을 요약한 것으로 Heinrich Heppe, *Reformed Dogmatics*, ch. viii, §§ 22-32, pp.178-89.에 들어있다.

❾ 이것을 두고 당신이 부르고 싶은 대로 – '선택(election)'이든, '탈락(preterition)'이든, '예정(predestination)'이든 '영원한 멸망(reprobation)'이든 – 무엇이라 부르건 간에, 그것은 결국 같은 말입니다.

이 모든 술어들이 뜻하는 것은 분명히 '하나님의 영원하고 불변적이며 불가항력적인 결정에 의하여, 인류의 일부는 틀림없이 구원받는 반면에, 나머지는 틀림없이 저주받는 바, 구원으로 예정된 사람 중의 누구라도 저주받게 된다거나, 반대로 저주받기로 예정된 사람 중의 누구라도 구원받게 되는 일은 불가능하다'는 것입니다.6)

* * *

❿ 그런데, 만약 이것이 사실이라면, 설교하는 것이 모두 다 헛된 일이 됩니다. 이미 택함받은 사람들에게는 설교가 필요없습니다. 설교를 듣게 되건 아니건 간에, 틀림없이 구원받을 것이기 때문입니다. 따라서 '영혼을 구원하기 위함'7)이라는 설교의 목적이 그들에게는 공허한 것이 됩니다. 또한 택함받지 못한 사람들에게는 설교가 소용없습니다. 그들이 구원받는 것은 불가능하기 때문입니다.

설교를 듣게 되건 아니건 간에, 그들은 틀림없이 저주받을 것입니다. 따라서 설교의 목적이 그들에게도 마찬가지로 공허한 것이 됩니다. 그렇다면 당신이 설교를 듣는 것이 헛된 것만큼이나, 우리가 설교를 하는 것도 헛된 일인 것입니다(고전 15:14).

* * *

⓫ 이것이 바로 예정의 교리가 하나님이 세우신 교리가 아니라는 명백한 증거가 됩니다. 그것은 하나님의 규례를 헛된 것으로 만드는 까닭입니

---

6) *Free Grace Indeed* 라는 제목의 팜플렛(p.4)을 참조할 것. 아울러 본설교의 1740년, 1741년, 1754년 판에 있는 각주를 참조할 것
7) 약 5:19-20 참고. 또한 No. 142, 'The Wisdom of Winning Souls,' II 를 볼 것. 웨슬리는 Christopher Hopper 앞으로 보낸 편지(1755년 10월 8일)와 찰스 웨슬리에게 보낸 편지(1772년 3월 25일, 1772년 4월 26일) 등에서 목회직에 있어 "영혼구령(cura animarum)"의 소명이 가진 중요성을 역설하고 있다.

다. 하나님이 하나님 스스로에게 대적하여 나누실 수는 없는 일입니다. 둘째로 그것은 하나님 정하신 규례의 목적이라 할 수 있는 성결을 직접적으로 소멸시킵니다. 내가 말하는 것은 '그 교리를 믿는 자는 거룩하게 되지 못한다'는 것이 아니라(왜냐하면 하나님은 여하한 실수에 불가피하게 말려드는 사람에게도 인자함을 보여주시기 때문입니다), 그 교리 자체가, - 즉 모든 사람은 영원전부터 택함을 받거나 택함받지 못한 상태에 있으므로, 택함받은 자는 필연적으로 구원받고, 그렇지 못한 자는 필연적으로 저주받는다는 교리가 - 성결함 일반을 소멸시키는 뚜렷한 경향을 띠고 있다는 말입니다. 왜냐하면 그 교리는 성결함을 따르고자 하는 맨 처음 동기들을 전적으로 없애버리기 때문입니다. 그 동기들은 성서에 자주 나타나는 바, 장래의 상급을 바라고 심판을 두려워하는 것, 즉 천국의 소망과 지옥에 대한 두려움인 것입니다. 즉, '그들은 영벌에 의인들은 영생에 들어가리라'는 말씀도(마 25:46 참고) 자기 운명이 이미 정해졌다고 믿는 자에게는 인생의 싸움을 경주하게 할 아무런 동기가 되지 못합니다.

 자기가 영생이든 사망이든 둘 중의 하나로 이미 판결이 났다고 믿는다면 성결을 이루기 위해 애쓴다는 것이 불합리한 일이 될 것입니다. 당신은 이렇게 말씀하시겠지요. '하지만 그 사람은 자기가 영생으로 예정되었는지 사망으로 예정되었는지 모릅니다.' 그래서 어쨌다는 말입니까? 그것이 문제에 도움이 되지 않습니다. 가령, 병든 사람이 자기가 반드시 죽게 되거나 반드시 다시 회복되거나 둘중에 하나로 정해진 것을 안다고 합시다. 그렇다면, 그 두가지 경우 중에 실제로 어느 것으로 정해져 있는지는 모른다고 해도, 그가 여하한 의료조치를 받는다는 것은 불합리한 일이 될 것입니다. 그는 아마도 이렇게 말하겠지요(저는 육적으로나 영적으로 병에 걸린 사람이 이렇게 말하는 것을 들은 적이 있습니다). '내가 살아나도록 정해져 있다면, 살게 될 것이고, 죽도록 정해져 있다면, 죽게 되겠지요. 그러니 그것에 대해 내 자신을 닥달할 필요가 없습니다.' 이렇듯 예정론은 성결함으로 들어가는 입구를 닫아버리고, 경건치 못한 자들로 하여금 여태껏 해

오던 것을 그만두고서, 성결함으로 들어가도록 분투하는 일을 막아버리는 경향이 명백합니다.

***

❷ 이러한 예정의 교리는 성결함의 여러 개별적인 덕목들을 소멸되게 하는 경향이 있는 바, 그것은 온유함이나 사랑과 같은 덕목입니다. 여기서 내가 말하는 사랑이란 원수들에 대한 사랑, 감사할 줄 모드는 악한 자들에 대한 사랑을 가리킵니다. 내가 말하는 것은 그 교리를 믿는 자는 온유함과 사랑의 덕목을 지니지 못한다는 것이 아니라, 그 교리가 자연스럽게 '그리스도의 온유함'에(고후 10:1) 반대되는 기질을 불러일으키거나 북돋아 준다는 것입니다. 특히나 그 덕목과 기질이 서로 대조적일 경우에 그렇게 나타납니다. 따라서 그것은 자연스럽게 우리가 보기에 하나님께로부터 버림받은 자들에 대한 경멸과 냉정함을 불러일으킵니다(하지만 당신은 이렇게 말하겠지요). '나는 어떤 특정한 사람을 두고 그가 영벌로 예정되었다고 생각하지는 않습니다.'

당신의 말은 그렇게 생각하지 않는 게 가능하다면 굳이 그러지 않겠다는 말로 들립니다. 하지만 당신이 믿는 예정에 관한 일반적인 교리를 특정한 사람들에게 적용하지 않을 수 없습니다. 영혼의 대적자가 그 교리를 당신에 대해 적용합니다. 그 원수가 얼마나 자주 그러는지 잘 앎고 계실 겁니다.

그렇지만 당신은 그 끔찍한 생각을 물리치셨겠지요. 할 수 있는 한 빨리 그 생각을 물리치셨을 겁니다. 하지만 그러는 사이에 그 생각이 당신의 마음을 얼마나 거슬리고 쓰리게 하였는지요. 만약 그러한 생각을, 의도적이건 아니건, 당신이 보기에, 영원 전부터 하나님께 미움 받았다고 여겨지는 불쌍한 죄인들에게 투영할 경우, 그 생각은 사랑의 마음에서 우러나는 것이 아님을 당신도 잘 알고 계실 것입니다.

***

❸ 셋째로, 이 교리는 기독교가 주는 행복이라 할 수 있는 신앙의 위로

를 소멸시키는 경향이 있습니다. 이 사실은 자신이 영벌로 예정되었다고 믿거나, 혹은 그것을 의심하고 두려워하는 이들 모두에게 있어 자명한 것입니다. 그들은 위대하고 고귀한 약속을 모두 잃어버립니다. 그 약속의 말씀들이 그들에게는 어떠한 위안의 빛도 가져다 주지 못합니다. '그것은 그들이 하나님의 택함받은 자들이 아니며, 따라서 그들에게는 그 약속에 대한 어떠한 몫도 분깃도 없는 까닭입니다.' 이렇듯 이 교리는 '그 길은 즐거운 길이요, 그 지름길은 다 평강'으로 인도하는 그 종교 안에서조차 그들이 어떠한 위로나 행복도 발견하지 못하도록 막아버리는 실제적인 장애가 됩니다(잠 3:17).

* * *

❹ 그런데 자신은 하나님의 택함을 받았노라고 믿는 당신은 어떤 행복을 누리십니까? 바라건대, 그것이 어떤 관념이나, 사변적인 믿음이나, 일종의 그저 그런 의견이 아니라, 성령이 당신 안에 불어넣으신, 당신의 마음 속에 계신 하나님의 내주하심에 대한 느낌, 또는 "성령이 친히 당신의 영과 더불어, 당신이 하나님의 자녀인 것을 증언하는 것"이길 바랍니다.8) 이 말은 다른 말로 '온전한 믿음의 확신'이라고 일컫는 것으로,9) 바로 그리스도인의 행복의 참된 기초인 것입니다. 이것은 실로 당신의 과거의 모든 죄가 용서받은 것과, 당신은 이제 하나님의 자녀인 것에 대한 온전한 확신을 뜻합니다. 하지만 이것이 반드시 우리의 장래의 견인에 대한 확신까지 포함하는 것은 아닙니다.

내가 말하는 것은 '이 확신이 견인에 대한 확신과 전혀 결부되지 않는다'는 것이 아니라, 그것이 반드시 그것까지 의미하는 것은 아니라는 말입니다. 왜냐하면 전자의 확신은 갖고 있으면서도 후자의 확신은 갖지 못

---

8) 롬 8:16 참고. 또한 웨슬리의 후기 설교 No 10, 'The Witness of the Spirit, I' (1746), No 11, *The Witness of the Spirit, II*(Apr. 4, 1767)을 볼 것
9) 히 10:22. 또한 웨슬리 설교, No. 117 'On the Doscoveries of Faith,' §15 및 No.3 'Awake, Thou That Sleepest,' III. 6 and n. 참고할 것.

한 사람들이 많이 있기 때문입니다.

***

⓯ 성령의 체험에 대한 이러한 증거는 이 예정의 교리에 의해 크게 훼방받는 것으로 보입니다. 그것은 단지 자신이 영벌로 예정되었다고 믿기에, 이러한 믿음 때문에 성령의 체험으로부터 멀어지는 사람들뿐만 아니라, '선한 은사를 맛보고도'(히 6:4,5. 참고) 이내 그것을 다시 잃어 버리고, 의심과 두려움, 그리고 흑암 – '손으로 더듬어야만 할 짙은 흑암'(출 10:21 참고) – 속으로 떨어진 사람들에게도 해당됩니다. 따라서 나는 이 교리를 신봉하는 여러분들 중에 아무에게라도, 하나님과 당신의 마음 사이에서, 종종 자신의 선택과 견인의 여부에 대하여 의심과 두려움에 빠진 적은 없는지 말해 보라고 요청합니다. '그렇지 않은 사람이 누가 있겠느냐'고 물으신다면, 나는 '이 예정의 교리를 신봉하는 사람치고 그렇지 않은 사람은 극소수'라고 대답하겠습니다. 그러나 세상 도처에서 이 교리를 믿지 않는 사람들 중에는 그렇지 않은 사람이 많다고, 그것도 아주 많다고 말씀드리겠습니다. 그들은 자신들이 오늘 그리스도 안에 거하고 있음을 알고 또 느끼고 있으며, '내일 일을 위하여 염려하지' 않습니다(마 6:34). 그들은 매 시간, 아니 매 순간마다 믿음을 통하여, '주 안에 거하고' 있습니다(요일 2:27,28). 이들 중 많은 이들이 처음 믿었던 그 순간부터 오늘날까지, 여러 달, 여러 해가 지나도록, 계속적인 성령의 증거를 지니며, 주께서 그 얼굴을 들어 비춰주시는 빛을 끊임없이 누리고 있습니다(시 4:6을 볼 것).

***

⓰ 이들이 누리는 믿음의 확신은 모든 의심과 두려움을 쫓아냅니다. 이 확신은 그들의 장래의 견인에 대한 모든 의심과 두려움을 쫓아내는 것입니다. 비록 그것이 정확히(앞에서 말한 것과 같은) 장래에 관한 확신이 아니라, 단지 '지금'에 관한 확신에 지나지 않는다해도 말입니다. 이러한 확신은 어떤 사변적인 믿음, 즉 한 번 영생으로 정해진 사람은 누구든 반드시 영생을 누린다는 그러한 믿음에 따른 지원이 필요하지도 않습니다. 왜냐

하면 이 확신은 매 시간마다 하나님의 전능하신 능력과 "그들에게 주신 성령으로 말미암아"(롬 5:5) 생겨나는 것이기 때문입니다. 따라서 그 예정의 교리는 하나님께로 부터 말미암는 것이 아닙니다. 왜냐하면 그것은 신앙의 첫째가는 위안과 기독교적인 행복의 원천이 되는, 성령의 위대한 역사를 비록 소멸시키지는 않는다 해도 그것을 훼방하는 경향이 현저하기 때문입니다.

* * *

⓱ 다시 말하지만, 수천 수백만의 사람들이 스스로 어떤 죄악이나 허물을 범하지도 않았으나, '영영히 불타는 것' 으로(사 33:14) 불변하게 예정되어 있다는 이러한 내용의 교리는 얼마나 불유쾌한 생각인지요! 특히나 '그리스도로 옷 입은'(갈 3:27) 이들, '긍휼과 자비와 온유함' 을 옷입고,(골 3:12 참고) 심지어 '형제들을 위하여 자신이 저주 받기까지 원할'(롬 9:3 참고) 용의가 있는 이들에게는 이것이 몹시도 불유쾌한 것임에 틀림없습니다.

* * *

⓲ 넷째로, 이 불유쾌한 교리는 선한 행위를 향한 우리의 열심을 직접적으로 소멸시키는 경향이 있습니다. 이는 첫째 이 교리가 (앞에서 살펴본 것과 같이) 대다수의 인류, 즉 감사할 줄 모르는 악한 자들을 향한 우리의 사랑을 당연히 소멸시키는 경향이 있는 까닭입니다. 왜냐하면 무엇이든 우리의 사랑을 약화시키는 것은 그들에게 선하게 대하고자 하는 우리의 마음도 약화시키기 때문입니다. 둘째로 이 교리는 육적인 자비에 속한 모든 행위들, 예컨대 배고픈 자를 먹이고, 헐벗은 자를 입히고, 그들의 목숨을 죽음에서 구하는 것과 같은 그러한 행위들을 향한 우리의 강력한 동기들을 파괴하는 까닭입니다. '영원한 불의 형벌' 로(유 7) 떨어질 자들의 일시적인 필요를 채워주는 것이 무엇에 소용이 되겠습니까? '글쎄요, 달려가서 그들을 구해보았자, 불에서 꺼낸 그슬린 나무에 불과하겠지요.' 10)

---

10) 슥 3:2 을 볼 것. ; No. 4, Scriptural Christianity, II.2 and n. 참고.

그렇습니다. 당신은 그것이 소용없다고 생각합니다. 게다가 그들은 영원 전부터, 자신들이 선한 일이건 악한 일이건 행하기도 전에, 이미 그렇게 되도록 정해진 자들입니다. 따라서 그들이 죽어야 하는 것은 하나님의 뜻이라고 당신은 믿으시겠지요. 그러니 '누가 그 뜻을 대적합니까?' (롬 9:19) 그렇지만 '이들이 택함을 받았는지 그렇지 않은지' 당신은 알지 못한다고 말하시겠지요. 그래서 어쨌다는 말입니까? 그들이 이러하거나 저러하다고, 즉 택함을 받았거나 그렇지 못한 것을 안다고 해도, 당신의 모든 수고는 헛되고 공허한 것이 됩니다.

두 가지 중 어떤 경우에도 당신의 충고와 견책과 권고는 우리가 하는 설교만큼이나 불필요하고 소용없는 것이 됩니다. 그것은, 이미 택함받은 자들은 그것없이도 틀림없이 구원될 것이니, 그들에게는 불필요한 것이요, 택함받지 못한 자들에게는 그것이 있건 없건 틀림없이 저주받을 것이니, 그들에게는 소용없는 것이 될 것입니다. 그러니 당신이 당신의 원칙들에 충실하다면, 그들의 구원을 위해 애 쓸 필요가 없는 것입니다. 따라서 이러한 예정론의 원칙들은 선한 행실을 향한 당신의 열심을 – 모든 선한 행실들, 특히나 그 중에서도 가장 위대한 행위인 바, 영혼들을 사망에서 구원해내고자 하는 열심을(약 5:20을 볼 것) – 직접적으로 소멸시키는 경향이 현저합니다.

***

⓳ 다섯째로, 이 교리는 그리스도인의 성결과 행복과 선한 행실을 소멸시키는 경향이 있을 뿐 아니라, 기독교의 계시 전체를 전복시키는 경향이 직접적이고도 현저합니다. 오늘날의 불신자들 중에서도 현명하다는 자들이 최고의 열심을 내어 증명하고자 하는 사항은 바로 기독교의 계시가 불필요하다는 점입니다. 그들이 만약 이것을 증명해낸다면, 그에 따른 결론은 부인할 수 없을 정도로 자명한 것임을 그들도 잘 알고 있는 바, 그것은 바로 '그것이 불필요하다면, 그것은 비진리' 라는 명제입니다. 바로 이 근본적인 사항을 당신은 포기하고 있습니다. 왜냐하면, 그러한 영원

하고도 불변하는 결정에 대한 교리가 전제로 삼고 있는 것은, 기독교의 계시가 존재하지 않는다 해도, 인류의 일부분은 반드시 구원되는 반면에, 계시의 여부와 상관없이, 인류의 나머지 부분은 반드시 저주받을 것이라는 논제입니다.

불신자들에게 더 바랄 게 무엇이 있겠습니까? 당신은 바로 그들이 구하는 것을 주고 있는 것입니다. 그러한 온갖 부류의 사람들에게 복음을 무용한 것으로 만듦으로써 당신은 기독교적인 대의를 저버리고 있는 것입니다. '오, 이 일을 가드에도 알리지 말며 아스글론 거리에도 전파하지 말지어다. 할례받지 못한 자의 딸들이 개가를 부를까 염려로다'(삼하 1:20 참고).

* * *

❷⓪ 이 교리가 기독교의 계시 전체를 직접적이고도 현저하게 전복시키는 경향이 있는 만큼, 그 교리는, 그 명백한 결과에 따라, 기독교의 계시가 자체적으로 상충되게 함으로써, 그와 동일한 작용을 하고 있는 것입니다. 이는 그 교리가 다른 성서 본문들이나 성서 전체의 내용과 논지와 완전히 상충되는 몇몇 본문들에 근거하고 있는데서 기인하는 까닭입니다. 예를 들어, 이 교리를 주장하는 사람들은 '내가 야곱은 사랑하고 에서는 미워하였다' 는[11] 내용의 성서본문을 그 문자적인 의미대로 하나님이 에서와 모든 영벌에 처해진 자들을 영원전부터 미워하신다는 뜻으로 해석합니다.

성서 전체의 내용과 논지에서 뿐만 아니라, '하나님은 사랑이시라' 고(요일 4:16) 선포하는 그러한 모든 특정한 본문들에 있어서, 이것보다 더 상충되는 내용이 무엇이 있을 수 있겠습니까? 다시 말하지만, 그들은 '내가 긍휼히 여길 자를 긍휼히 여기고'(롬 9:15)라는 구절을 하나님은 오로지 몇몇

---

[11] 롬 9:13. 루터의 로마서 강해(Lectures on Romans)나 칼빈의 주석(Commentary), 푸울(Poole)의 주해(Annotations)도 이 본문에 대해 이런 식의 문자적 해석을 하고 있지는 않다.

사람들, 즉 택함받은 자들에게만 사랑이시고, 오로지 그들에게만 긍휼을 베푸신다는 뜻으로 추론하는 바, 그것은 성서의 전체적인 논지와 완전히 상충되는 것입니다. 성서 전체의 논지는 다음과 같은 말씀에 명백히 선언되어 있습니다. '주께서는 모든 사람을 선대하시며, 그 지으신 모든 것에 긍휼을 베푸시는도다'(시 145:9).

재차 말하지만, 그들은 '원하는 자로 말미암음도 아니요, 달음박질하는 자로 말미암음도 아니요, 오직 긍휼히 여기시는 하나님으로 말미암음이니라'는(롬 9:16 참고) 말씀과 같은, 이러 저러한 성서 본문들로부터, 하나님은 오로지 영원전부터 그가 소중히 여기는 사람들에게만 긍휼을 베푸신다는 해석을 추론해내는 것입니다. '이 사람아, 네가 누구이기에 감히 하나님께 반문하느냐?'(롬 9:20) 당신은 이제 '하나님은 사람의 외모를 보지 아니하시고' 라든가 '하나님께서 외모로 사람을 취하지 아니하심이라' 는 구절에 선포되어 있는 것과 같은, 하나님의 말씀 전체와 맞서고 있는 셈입니다. 다시 말하지만, 당신은 '그 자식들이 아직 나지도 아니하고, 무슨 선이나 악을 행하지 아니한 때에, 택하심을 따라 되는 하나님의 뜻이 행위로 말미암지 않고, 오직 부르시는 이로 말미암아 서게 하려하사, 리브가에게 이르시되, 큰 자가 어린 자를 섬기리라 하셨나니' 라는(롬 9:11-12) 내용의 본문으로부터 우리가 예정되거나 택함받는 것은 전혀 하나님의 예지하심에 따른 것이 아님을 추론하는 것입니다. 그러나 성서 전체는 이것에 명백히 반대되며, 또한 다음과 같은 특정한 구절들과도 상충되는 것입니다. '하나님의 미리 아심을 따라 택하심을 받은 자들'(벧전 1:2); '하나님이 미리 아신 자들을 또한 미리 정하셨으니'(롬 8:29).

***

㉑ 또한 '한 분이신 주께서 모든 사람의 주가 되사 그를 부르는 모든 사람에게 부요하시도다'(롬 10:12)는 말씀도 있습니다. 하지만 당신은 이렇게 말씀하시겠지요. '아니오, 하나님은 그리스도께서 대신하여 죽으신 이들에 대해서만 그리하십니다. "하나님이 세상에서 택하여 내신"(요 15:19) 자

들은 모든 사람이 아니라 다만 소수에 불과할 뿐입니다. 왜냐하면 그리스도는 모든 사람을 위하여 죽은 것이 아니라, "창세 전에 그리스도 안에서 택하신"(엡 1:4) 자들만을 위하여 죽으신 까닭입니다.' 이러한 성서본문들에 대한 당신의 해석은 신약의 전반적인 논지에 상충될 뿐 아니라, 다음과 같은 특정한 본문들과도 상충됩니다. '그리스도께서 대신하여 죽으신 형제를 네 음식으로 망하게 하지 말라'(롬 14:15) – 이 말씀은 그리스도께서 구원받은 이들만을 위하여 죽으신 것이 아니라, 멸망당할 이들을 위해서도 죽으셨다는 명백한 증거가 됩니다. 그리스도는 '세상의 구주' 시며(요 4:42), 그는 또한 '세상 죄를 지고 가는 하나님의 어린 양'(요 1:29)이십니다. '그는 우리 죄를 위한 화목제물이니, 우리만 위할 뿐 아니요, 온 세상의 죄를 위하심이라'(요일 2:2). '그는(살아계신 하나님은) 모든 사람의 구주시라'(딤전 4:10). '그가 모든 사람을 위하여 자기를 대속물로 주셨으니'(딤전 2:6), '그가 모든 사람을 위하여 죽음을 맛보심이라'(히 2:9).

* * *

❷'그렇다면 왜 모든 사람이 다 구원받는 것은 아닙니까?' 라고 당신이 물으신다면, 율법 전체와 교훈에 따른 대답은 이렇습니다. 첫째로, 그들이 죽게 되는 것은 하나님의 정하심이나, 그 분이 기뻐하신는 뜻에 의한 것이 아닙니다. 이는 '주 하나님의 말씀이니라, 죽을 자가 죽는 것도 내가 기뻐하지 아니 하노니'(겔 18:32)라는 말씀이 있는 까닭입니다. 하나님의 말씀이 참되다면, 그들이 멸망당하는 이유가 무엇이든 간에, 그것은 그 분의 뜻이 될 수 없습니다. 이는 하나님의 말씀이 '주께서는 아무도 멸망하지 아니하고, 다 회개하기에 이르기를 원하노라'(벧후 3:9)고, '하나님은 모든 사람이 구원받기를 원하시느니라' 고(딤전 2:4 참고) 선포하는 까닭입니다.

둘째로 하나님의 말씀은 모든 사람이 다 구원받지 못하는 이유를 그들이 구원받기를 원치 않기 때문이라고 선포합니다. 우리 주님께서도 '너희가 영생을 얻기 위하여 내게 오기를 원하지 아니하는도다'(요 5:40)라고 분명히 말씀하십니다. '병을 고치는 능력이 주께 있으나'(눅 5:17 참고) 그들은 고침받기를 원치 않는 것입니다. 그들은 목이 곧은 그들의 조상들이 그러했듯이, '그들 자신을 위한 하나님의 뜻', 그 자비로운 뜻을 '저버리는 것'(눅 7:30 참고)입니다. 그러므로 그들은 핑계할 수 없습니다. 하나님께서 그들을 구원하고자 하심에도, 그들이 구원받기를 원치 않는 까닭입니다. 그 정죄는 이러합니다. 곧 '내가 너희들을 모으려고 한 일이 몇번이더냐, 그러나 너희가 원하지 아니하였도다'(마 23:37).

***

㉓이렇듯 이 예정의 교리는 기독교의 계시 전체를 전복시키는 경향이 현저합니다. 그것은 기독교의 계시가 자체적으로 상충되게 함으로써, 즉 성서의 다른 본문들과 성서 전체의 내용 및 논지에 명백히 상충되는 몇가지 본문들을 그런식으로 해석함으로써 이루어지는데, 이러한 해석이 하나님께로부터 말미암은 것이 아님을 보여주는 증거는 얼마든지 많이 있습니다.

그런데 이것만으로 끝나는 것이 아닙니다. 일곱 째로, 이 교리는 신성모독적인 내용으로 가득차 있는 까닭입니다. 이러한 신성모독은 입에 담기도 두려운 것이지만, 우리의 자비하신 하나님의 영예와 그 분의 진리를 수호하고자 하는 대의를 위해 나는 침묵하고 있을 수만은 없는 것입니다. 그러므로 하나님을 위한다는 뜻에서, 그리고 그 위대한 이름을 수호하고자 하는 진지한 관심에서, 나는 그 참람한 교리에 포함된 신성모독적인 참람한 내용들을 몇가지로 언급하고자 합니다. 우선 내가 이것을 듣고 있는 여러분 모두에게 반드시 경계해야 할 것은, 신성모독적인 말을 하고 있다고(다른 이들이 그리 하듯이) 나를 비난하지는 말아달라는 것입니다. 나는 다른 사람들이 말한 신성모독적인 내용들을 언급할 뿐입니다.12) 그리고 이

---

12) 웨슬리는 그의 글 "차후의 호소(A Farther Appeal)" Pt. I, V. 29(본200주년 기념 총서에서는 11:172-73)에서 자신은 절대로 휫필드를 파문한 적이 없으며, 오히려 그를 '하나님의 자녀이자 예수 그리스도의 참된 목회자'로 존경하고 있노라고 밝히고 있다. 또한 그가 래빙튼 감독에게 보낸 편지(1751년 12월, §32)에서 자신은 '예정의 교리를 반대하지만, 조금도 어떠한 원한이나 포악한 증오에서 말미암은 것이 아님'을 주장하고 있는 대목을 참고할 것.

렇듯 신성모독을 일삼는 이들이 통탄스럽게 느껴질수록, '당신의 사랑을 그들에게 나타내 달라' 는 것입니다(고후 2:8 참고). 그리할수록 더욱 당신이 마음으로 원하고 입으로는 하나님께 간단없이 간구할 것은 '아버지여, 저들을 사하여 주옵소서. 자기들이 하는 것을 알지 못함이니이다' 라는 기도일 것입니다(눅 23:34).

* * *

❷이 교리가 우리의 복되신 주님 - 의로우신 예수 그리스도,(요일 2:1) 아버지의 독생자요, 은혜와 진리가 충만하신 분(요 1:14) - 을 위선자요, 백성들을 속이는 자요, 신실함이 없는 사람으로 치부하고 있는 것에 주목해야 합니다. 예수께서는 모든 사람이 구원되기를 진정 원하시는 것으로 도처에서 말씀하고 계신 것은 부인할 수 없는 사실입니다. 따라서 예수께서 모든 사람이 구원되기를 진정 원하지는 않는 듯이 말하는 것은 그를 그저 위선자요, 외식하는 자로 치부하는 하는 것입니다.

주님의 입에서 나오는 은혜의 말씀들은 모든 죄인들을 향한 초대의 말씀임을 부인 할 수 없습니다. 그러므로 예수는 모든 죄인들이 구원받는 것을 의도하지 않았다고 말하는 것은 그를 백성들을 속이는 자로서 치부하는 것입니다. 예수께서 '수고하고 무거운 짐 진 자들아 다 내게로 오라' 고 (마 11:28 참고) 말씀하신 것을 당신도 부인할 수 없습니다. 그런데도 당신이, 예수는 올 수 없는 자들, 그가 보기에도 도저히 올 수 없는 자들, 그가 원하면 오도록 할 수도 있으나 굳이 그러길 원치 않으신 자들도 부르신다고 말한다면, 신실치 못함에 대한 묘사치고 이보다 더 심한 것이 있을 수 있겠습니까?

당신은 예수를 가련한 피조물들을 조롱하는 자로, 자신은 주고 싶어 하지 않으면서도, 줄 것처럼 말하는 그런 인물로 치부하고 있는 것입니다. 당신은 예수를 입으로는 이 말을 하면서도 속으로는 다른 것을 생각하는 자, 자기가 갖고 있지도 않은 사랑을 가진 양 가장하는 자쯤으로 묘사하고 있는 것입니다. '그 입에 거짓도 없으신'(벧전 2:22 참고) 이를 당신은 거짓이 가득한 자요, 신실함이 결여된 자로 만들고 있는 것입니다. 그런데 특히나 예수께서 예루살렘 도성으로 가까이 가실 때, '성을 보시고 우시며,' (눅 19:41) 말씀하시기를, "예루살렘아, 예루살렘아, 선지자들을 죽이고 네게 파송된 자들을 돌로 치는 자여, 내가 네 자녀를 모으길 원했던 일이 몇번이더냐. 그러나 너희가 원하지 아니하였도다"(ἠθέλησα ... καὶ οὐκ ἠθελήσατε)(마 23:37). 그런데 이제 당신이 '그들은 원했으나', '그가 원하지 않았다' 고 말한다면, 예수가 흘린 눈물을 악어의 눈물 같은 것으로, 즉 자신이 멸망으로 예정해 놓은 먹이감 앞에서 흘리는 눈물쯤으로 치부하고 있는 것입니다.13)

***

㉕이렇듯 신성모독적인 내용은 어떤 그리스도인의 귀를 흥분시킬 수도 있습니다. 그런데 그 배후에는 아직도 이보다 더 심한 것이 남아 있습니다. 이 교리는 아들을 공경하는 것 같이, 아버지를 공경합니다(요 5:23). 따라서 아버지 하나님의 모든 속성을 일거에 소멸시켜 버립니다. 그 교리는 하나님의 정의와 자비와 진실을 전복시켜 버립니다. 실로, 그것은 지극히 거룩하신 하나님을 악마보다 더 악한 존재로 치부하는 것입니다. 악마보다 더 거짓되고, 더 잔인하고, 더 불의한 것으로 만드는 것입니다. 악마보다 더 거짓되다는 것은, 악마는 비록 속이는 자이기는 하나, '모든 사람이 구원받기를 원한다고' 말한 적은 결코 없기 때문입니다. 악마보다 더 불의하다는 것은, 악마는 그러고 싶어도, 당신이 하나님께 돌리는 것과 같은 그러한 종류의 불의를 저지르고 있지않기 때문입니다. 당신이 하나님은 수백만의 영혼들을 악마와 그 사자들 위하여 예비된 영원한 불에(마 25:41) 들어가도록 하시는데, 그 이유인즉, 하나님께서 그들에게 은총을 베풀지 않는 까닭에, 그들 스스로는 피할 수 없는 그러한 죄악 가운데 그들

---

13) Shakespeare, *Henry VI, Part II*, iii. 1 및 Robert Burton, *Anatomy of Melancholy*(1621), Pt. III.2, §4 참고.

이 행하기 때문이라고 말한다면, 당신은 바로 그러한 불의를 하나님께 돌리는 셈입니다. 또한 악마보다 더 잔인하다는 것은, 그 불행한 영혼이 '쉬기를 구하되 쉴 곳을 얻지 못하여'(마 25:41), 그 자신의 비참한 상황이 그로 하여금 다른 영혼을 유혹하도록 부추기는 일종의 유혹이 되기 때문입니다. 그러나 하나님은 '높고 거룩한 곳에 계시므로'(사 57:15 참고) 당신이 하나님은 그 자신의 동기와, 그 자신이 뜻하시고 기뻐하시는 대로, 그의 피조물들을, 그들이 원하건 원하지 않건 간에, 영원한 불행에 처하게 하신다고 생각하는 것은 우리가 하나님과 사람의 큰 원수되는 자에게도 돌리지 않는 그러한 잔인성을 하나님께 돌리는 것입니다. 이것이 바로 지존하신 하나님을(귀있는 자는 들을지어다!)(마 11:15) 악마보다도 더 잔인하고, 거짓되고, 불의한 존재로 치부하는 것입니다.

* * *

❷❻ 이것이 바로 그 '가공할 만한 예정의 교리'에14) 분명히 담긴 신성모독적인 내용입니다. 여기서 내 입장은 확고합니다. 이 점에 관한 한 나는 이 교리를 주장하는 모든 사람들과 의견을 달리합니다. 당신은 하나님을 악마보다 악한 것으로 - 더 거짓되고, 더 잔인하고, 더 불의한 것으로 - 치부하는 것입니다. 하지만 당신은 그것을 성서로 증명해 보이겠다고 합니다. 잠깐 멈추십시오! 성서로 무엇을 증명하시겠다는 겁니까? 하나님이 악마보다 더 악하다는 것을? 그럴 수는 없습니다. 성서로 무엇을 증명하건 간에, 그것만은 결코 증명할 수 없습니다. 그것의 진정한 의미가 무엇이건 간에, 그것은 성서가 말하는 참다운 의미가 될 수 없습니다. '그렇다면, 성서가 말하는 참다운 의미가 무엇이냐'고 당신은 반문하시겠지요? 만약 내가 '나는 모르겠노라'고 말한다면, 당신은 아무것도 얻을 게 없을 것입니다.

---

14) 칼빈, 기독교 강요, III. xxiii. 7: '이러한 예정의 교리가 가공할 만한 것임은 나도 인정합니다'(Decretum quidem horribile fateor).

성서 안에는 당신이나 나나 사망을 삼키고 이길 때까지는(고전 15:54) 결코 알 수 없는 내용이 많이 있습니다. 하지만 이것 만큼은 내가 알거니와, 그 교리가 이러 저러한 의미가 있다고 말하는 것보다는 그것이 전혀 아무런 의미가 없다고 말하는 것이 더 낫다는 것입니다. 이 교리가 그밖에 무엇을 의미하건 간에, 진리의 하나님을 거짓말하는 자로 만들 수는 없는 것입니다. 그 교리가 무엇을 말하든 상관없지만, 그것이 온 세상의 심판주를 가리켜 불의하다고 할 수는 없는 노릇입니다. 성서가 하나님은 사랑이 아니시라거나, 하나님의 긍휼이 그 지으신 모든 것에 미치지 않는다고(시 145:9 · 영국교회 공동기도서) 말할 수는 없습니다. 이 교리가 그밖에 무엇을 증명하건 간에, 성서는 예정론을 증명해 주지 않습니다.

***

㉗ 바로 이러한 신성모독적인 내용 때문에 나는 예정의 교리를 혐오하는 것입니다(하지만 그 교리를 주장하는 사람들은 사랑합니다). 이 교리 – 이것을 가리켜 '선택(election)'이든, '영원한 멸망(reprobation)'이든, 혹 당신이 부르고 싶은 대로 무엇이라 부르건 간에, 모두 같은 말입니다 –에 대해서 잠시라도 가정해 보는 것이 가능하다면, 그 교리가 기초하고 있는 그와 같은 가정에 의거하여, 우리의 대적 마귀에게(벧전 5:8) 다음과 같이 말하는 것이 가능할 것입니다.

'그대 미련한 자여, 어찌하여 그대는 아직도 으르렁거리며 두루 다니느뇨? 그대가 뭇 영혼들을 노려 잠복함이 우리의 설교함만큼이나 불필요하고 무용하도다. 하나님께서 그대가 할 일을 그대의 손아귀로부터 취하셨음을 듣지 못하느뇨? 또한 그가 그 일을 훨씬 더 효과적으로 하심을 듣지 못하느뇨? 그대는 그대의 모든 통치자들과 권세들을(골 2:15) 갖고도, 우리가 능히 그대를 대적할 만큼만 침노하느니라. 하지만 그는 몸과 영혼을 능히 지옥에 멸하실 수 있도다.(마 10:28) 그대는 고작 유혹할 수 있을 뿐이나, 그는 수천의 영혼을 사망에 처하게 하는 그 불변하는 결정으로 말미암아 그 영혼들이 영원한 불못에 떨어지기까지 죄악 가운데 행케하시도다. 그대는 시험하나, 그는 우리로 저주받도록 강제하시나니, 이는 우리가 그 뜻을 거역할 수 없음을 인함이니라. 그대 미련한 자여, 어찌하여 그대는 아직도 삼킬 자를 찾아 두루 다니느뇨?(벧전 5:8을 볼 것) 하나님은 삼키는 사자요, 영혼을 파괴하는 이요, 사람들을 살해하는 이심을 그대는 듣지 못하느뇨? 몰렉은 자녀들을 불 가운데로 지나게 할 뿐이요(레 18:21; 렘 32:25을 볼 것), 그 불이 곧 소멸하거나, 부패할 육신 다 소진되면, 그 고난도 다 하려니와, 오직 하나님은, 그대도 들어서 알거니와, 사람이 선악 간에 행하기도 전에, 그의 영원한 결정을 인하여, "한 뼘 길이에 지나지 않는 자녀들" 뿐 아니라,(애 2:20) 그 부모들까지라도 지옥의 불 가운데로 지나게 하시나니, 그 불은 "결코 꺼지지 않는 불"이요,(막 9:43 참고) 거기 던져진 육신은, 능히 썩지 않고, 죽지 않을 몸이니, 항시 소진되고 또 결코 소신되지 않으므로, 그 "고난의 연기가 세세토록 올라 갈"(계 14:11) 것은, 하나님이 이를 선하고 기쁘게 여기심을 인함이라.'

* * *

㉘ 오, 하나님과 인간의 대적자가 이 같은 이야기를 들으면 어찌나 기뻐할런지요! 어찌나 마음껏 소리를 지르겠는지요! 어찌나 목소리를 높여서 이 같이 말하지 않겠는지요? '이스라엘아, 너희의 장막으로 돌아가라!(왕상 12:16) 이 같은 하나님의 낯을 피하여 도망하라(창 16:8; 출 14:25을 볼 것). 그리 않으면 너희가 정녕 전멸될 것이니(신 4:26을 볼 것). 그러나 네가 과연 어디로 도망하랴? 하늘로 도망하랴? 그는 거기에 계시도다. 땅밑의 스올로 도망하랴? 그는 거기에도 계시도다(시 139:7,8을 볼 것). 너희는 무소부재하고 전능한 전제자로부터 피할 수 없도다. 그러니 너희가 어디로 도망하며 어디에 거하랴? 하늘은 그의 보좌요, 땅은 그의 발판이니(사 66:1) 내가 그들을 불러 너를 대적하여 증거하게 하리라. 너는 정녕 멸망할 것이요, 영영히 죽게 되리라. 스올이여, 노래하라! 땅밑에 있는 너희들이여, 기뻐하라! 하나님, 그 능하신 하나님이 말씀하시거니와, 해 돋는 데에서부터 해 지는 데까지(시 133:3) 수천의 영혼들을 사망에 처하게 하셨도다. 사망아,

네가 쏘는 것이 여기 있도다!(고전 15:55을 볼 것) 그들은 정녕 피할 수 없으리니, 이는 주님의 입으로 하신 말씀임이니라(사 1:20). 사망아, 너의 승리가 여기 있도다!(고전 15:55을 볼 것) 아직 태어나지도 않은 백성들, 선악간에 행하지도 않은 그들이라도 결코 영생의 빛을 보지 못하도록 운명지어져 있도다. 그러니 너 사망은 그들을 영영히 갉아 먹으리라. 아침의 아들, 루시퍼와 더불어 떨어진15) 모든 새벽별들이여, 함께 노래할지어다(욥 38:7 을 볼 것). 모든 음부의 아들들이여, 기뻐 외칠지어다! 그 정하심은 이미 지나간 과거의 일이니, 누가 그것을 취소하랴?

* * *

㉙그렇습니다. 그 정하심은 이미 지나간 과거의 일이요, 창세 전에 일어난 일입니다(요 17:24 참고). 그런데 그것은 어떠한 결정입니까? 바로 이것입니다. '사람의 아들들 앞에 "내가 생명과 사망과 복과 저주를 두었은 즉"(신 30:19 참고), 생명을 택하는 영혼은 살 것이요, 사망을 택하는 영혼은 죽으리라.' '하나님이 미리 아신 자들을 미리 정하신'(롬 8:29 참고) 그 정하심은 정녕 영원전부터 말미암은 것입니다. 그리스도께서 살려내시고자 하실 때, 이에 응답하는 자들이 '하나님 아버지의 미리 아심을 따라 택하심을 받게'(벧전 1:2) 되는, 이 정하심은 이제 '궁창의 영원한 증인인 달 같이 견고하게 서 있는'(시 89:37 참고) 것입니다. 천지는 없어질지언정, 이 성하심은 없어지지 아니할 것입니다(마 24:35을 볼 것). 이는 그것이 그것을 정하신 하나님의 계심 만큼이나 불변하고도 영원한 것인 까닭입니다. 이 정하심에 관한 교리는 모든 선한 행실과 모든 성결함에 부요케하는 가장 확실한 권고의 말씀을 전해 줍니다.

그것은 기쁨과 행복의 원천이며, 우리에게 다함 없는, 커다란 위로가 되어 줍니다. 이 정하심은 하나님 보시기에 소중한 것이요, 모든 면에서 하

---

15) 사 14:12. Milton, *Paradise Lost* x. 410-30 참고; 또한 Tertullian, *Adv. Marc.* V.xi. 17; No. 72, 'Of Evil Angel', I.3. 을 볼 것

나님의 성품에 속한 모든 완전함에 부합합니다. 이것은 우리로 하여금 하나님의 정의와 자비와 진실하심을 가장 고결한 관점에서 바라보게 해 줍니다. 기독교 계시의 모든 부분뿐만 아니라 전영역이 이것과 일치합니다. 모세와 모든 선지자들이 이에 대해 증거하며, 우리의 복되신 주님과 그의 모든 사도들도 이에 대해 증거합니다. 모세가 주님의 이름으로 증거하는 바는, '내가 오늘 하늘과 땅을 불러 너희에게 증거를 삼노라. 내가 생명과 사망과 복과 저주를 네 앞에 두었은 즉 너와 네 자손이 살기 위하여 생명을 택하라' 는 것입니다(신 30:19). (모든 선지자들 중에서 굳이 한 사람을 인용하자면) 에스겔이 증거하는 바는, '범죄하는 그 영혼은 죽을지라. 아들은 아버지의 죄악을(영원히) 담당하지 아니할 것이니, 의인의 공의도 자기에게로 돌아가고 악인의 악도 자기에게로 돌아 가리라' (겔 18:20)는 말씀입니다.

우리의 복되신 주님께서 하신 말씀은, '누구든지 목마르거든 내게로 와서 마시라' (요 7:37)는 것입니다. 마찬가지로 주님의 위대한 사도 바울은 '하나님이 어디든지 모든 사람에게 다 명하사 회개하라 하셨다' (행 17:30)고 말하고 있습니다. 여기서 '어디든지 모든 사람에게' 라는 말씀은 장소이든 사람이든 어떠한 예외도 없이, 도처에 살고 있는 모든 사람을 가리킵니다. 또한 야고보는, '너희 중에 누구든지 지혜가 부족하거든, 모든 사람에게 후히 주시고 꾸짖지 아니하시는 하나님께 구하라. 그리하면 주시리라' (약 1:5)고 말하고 있습니다. 마찬가지로 베드로도, '주께서는… 아무도 멸망하지 아니하고, 다 회개하기에 이르기를 원하시느니라' (벧후 3:9)고 말하고 있으며, 요한도 '만일 누가 죄를 범하여도 아버지 앞에서 우리에게 대언자가 있으니… 그는 우리 죄를 위한 화목 제물이니, 우리만 위할 뿐 아니요, 온 세상의 죄를 위하심이라' (요일 2:1,2)고 말하고 있습니다.

***

㉚오, 하나님을 잊어버린 그대들이여, 이 말씀을 들으십시오! 그대들은 자신의 사망을 하나님 탓으로 돌릴 수 없습니다. '주 하나님의 말씀이니라. 내가 어찌 악인이 죽는 것을 조금인들 기뻐하랴? 너희는 돌이켜 회개

하고, 모든 죄에서 떠날지어다. 그러한즉 그것이 너희에게 죄악의 걸림돌이 되지 아니하리라. 너희는 너희가 범한 모든 죄악을 버릴지어다…. 이스라엘 족속아, 너희가 어찌하여 죽고자 하느냐? 주 하나님의 말씀이니라. 죽을 자가 죽는 것도 내가 기뻐하지 아니하노니, 너희는 스스로 돌이키고, 살지니라'(겔 18:23, 30-32). '주 하나님의 말씀이니라. 나의 삶을 두고 맹세하노니, 나는 악인이 죽는 것을 기뻐하지 아니하노니… 이스라엘 족속아, 돌이키고 돌이키라. 너희 악한 길에서 떠나라. 어찌 죽고자 하느냐?'(겔 33:11).

***

만민을 위한 구원(Universal Redemption)[16]

거룩, 거룩, 거룩하신 주님,
온 인류의 아버지,
사랑의 영이시며, 영원하신 말씀으로,
삼위일체 신비 가운데 하나되신 하나님.
나의 기도 들으시고, 내 둔한 혀 감화하사,
천한 생각 이끌어 주소서,
내 입 열어 주의 거룩한 찬송 부르게 하소서,
없는 데서 말씀으로 세상을 지으신 주여.

내가 찬양하기는 주님의 귀하신 성품,

---

[16] 이 찬송가는 본 설교(*Free Grace*)에 등장한 외에도, 약간의 수정을 거쳐 '찬송과 성시(*Hymns and Sacred Poems*, 1740)' 및 *AM*(May 1778: I. 235-40)에도 게재되었다. 이 찬송이 존 웨슬리의 작품이라고 추정하는 사람도 있으나, 그 문체와 언어로 보아 그러한 견해는 타당치 않은 것으로 여겨진다. 이 찬송의 저자는 찰스 웨슬리로 보는 것에 더 광범위한 합의를 보고 있다. No. 54, 'On Eternity', §14 이하를 볼 것.

그것이 다 한결같이 증거하기는,
무한하신 은총의 영화로움과,
만인에게 베푸시는 그 사랑.

그 자비하심 내가 찬양하오니,
놀라운 환희의 소리 온 땅과 하늘에!
그 자비하심 모든 죄인이 보고,
하나님의 주신 은혜 받아누리네.

그 자비하심 손수 만드신 만물과
행하신 모든 일들 가운데,
널리 널리 퍼져나가 막힘이 없고,
온 세상 모든 인류 품어주시네.

죄 가운데 빠진 인류 절망 가운데,
주의 은총 간구하나,
공의의 법이 길을 막을 제,
주님은 그 눈으로 굽어보시네.

그 자비하심 막힌 담을 허무심은,
주님의 외아들이 주신 은혜,
그토록 사랑하시는 이 세상을 구하시려,
죄로 물든 이 세상을 구하시려.

모든 사람 위해 죽음 당하고,
모든 인류 위해 고난 당하사,
숨있는 모든 영혼 불러주시니,

모든 이들 그 부르심 듣고 나오네.

선택할 힘과 순종의 의지,
값없이 은총으로 회복해 주시니,
우리 모두 생명의 길을 찾아서
주님을 우리 주라 고백 드리네.

주님이 영원 전에 예지한 자는,
허락하신 그 선택의 힘으로,
주님께 마땅히 영광 돌리고,
주님의 은총을 마다 않으리.

주님 뜻 가운데 그들만을 정하시고,
오로지 그들만을 선택하시사,
예수의 발걸음을 따라 걸으며,
그 아들의 형상따라 살게 하시네.

선택받은 이들은 극히 적으나,
내려주신 그 사랑에 내맡긴 자들,
이 땅에서 의로움입어 새롭게 되고,
저 천국에서 영화롭게 되리니.
아담 안에 죽었던 모든 이들은,
그리스도 안에 다 살아 나리니,
그 분의 의로우심 받아누리어
(온 세상 의롭다 하심 얻으리).

죄사함 믿고 하나님께 피하는 자마다,

그리스도 안에 용서함 얻으리니,
주님이 우리게 물으시는 말,
"천국길을 저버리고 어찌 죽으려느냐?"

아니로다! 십자가에 죽으신 그 죽음으로,
(그 아들의 생명 걸고 하나님 약속하신 바),
안타까운 마음으로, 늘 부르시는 말씀,
돌아오라, 죄있는 자여, 어서 돌아오라.

그가 바라시는 것은 모든 이가 그 진리를 얻어,
모든 이가 그 복음을 받고,
오직 믿음으로 의롭게 되어,
값없이 은총으로 구원받는 일.

주여, 내 어찌 당신 사랑을 제한하여,
다른 이들에게는 상관없는 것으로 하리이까?
내게 임한 그 은혜를
모든 죄인도 증거하지 않으리이까?

영원하신 분을 인하여 지금도 확실히
당신은 언제나 변함없으시니,
만민의 구세주이신 당신,
그 이름 예수시라.

자! 모든 목마른 이여, 오라!
영생을 택하고, 말씀이신 분께 순종하라;

너희의 마음을 열어 그 분께 자리를 내드리고,
네 주님의 잔치자리에 참예하라.

하나님의 초청하시는데, 사람이 거절하랴?
어찌 사람이 예외를 지으랴?
'오라, 원하는 자는 누구든 자유로이 오라,
와서 생명수를 마시라!'

우리를 구하려 않으신다면,
우리게 명하고 또 우리게 택하라 하시겠나이까?
당신이 결코 주신 적 없는 능력
우리더러 사용하라 명하시겠나이까?

당신은 인간의 자녀들을 멸시치 않고,
가까이 있도록 우리들을 불러주시어,
당신의 은총을 모두에게 주신 연후에,
당신의 은총을 다수에게 부인하시랴!

하나님의 미워하심이란 생각기도 두려운 일!
광포함이 하나님 안에 거하므로,
하나님은 하릴없는 이 세상을 만드시어,
지옥권세에 내맡기시다니!

영원한 사망에 처하도록 정하시고,
거기에서 피할 수 없게 하시니,
오 주여! 당신의 속깊은 긍휼이
그 참혹한 결정에 대항하여 외치나이다!

인간의 그 고통이 하나님의 기뻐하시는 바라고
믿고픈 자는 믿을지어다.
몰록은 죽임당한 제물을 즐길지라도,
우리가 알기로 하나님은 사랑이시라.

주여, 주님은 실로, 끝없고
무한하신 사랑이시니,
'두려운 결정'이란 참람한 것,
주님 백성의 마음을 열어 주소서.

아, 그 누가 그 종들마냥 눈이 어두워,
그들의 하나님을 그릇판단하랴!
그 마음의 어둠을 몰아내시고,
주님의 사랑을 널리 비추소서.

주님께 합당한 생각 그들에게 주시고,
예수의 얼굴로 그들에게 주소서,
주님의 자비로우신 뜻을,
만민 구속의 은총을 보게 하소서.

당신의 강하심을 일으켜, 우리를 도우소서, 주여,
(진리의) 설교자들을 크게 늘려주소서.
주님의 빛을 비추사 그 말씀을 내려주소서.
모든 그림자가 물러가게 하소서.

나 비록 무리 중에 가장 낮은 자이나

주 성령이 나를 보내시면,
주님의 값없이 주시는 은총을 노래하고
사람들에게 그 찬송을 가르치리이다.

예수의 이름으로 내가 찬양할 은총은
모든 인류에게 내려 주신 선물;
영원하신 진리로 선포하시고
그 피로 인쳐 주신 진리.

오소서, 그 넓으신 사랑이신 주여!
우리의 얼어붙은 마음을 녹이시고,
우리 안에 사랑의 불 널리 펼쳐주소서.
진실과 온유의 갑주를 입혀 주소서.

우리로 세상의 어떤 정복자들보다도
승리의 개가 부르며 나아가게 하소서.
온유함으로 대적자들을 누르고,
사랑의 끈으로 하나되게 하소서.

빛의 아버지시여, 우리 마음에 비춰소서.
예수여, 당신 빛살을 나누어 주소서.
진리의 영이시여, 우리 마음 하나되게 하소서.
우리로 한 마음으로 일치되게 하소서.

그제서야, 오로지 그제서야, 우리 눈이 뜨여
주님이 약속하신 그 나라가 임함을 보리니;
그 은혜로 놓여난 모든 심령이

구주를 그 마음 가운데 모시리이다.

그때에 모든 혀로 주님께 고백하고,
모든 무릎으로 그 앞에 조아리리니.
주여 어서 속히 오소서, 주님 은총을 기다리나이다.
오늘날 주님 만나뵙기를 우리가 고대하나이다.

4

믿음으로 말미암는 구원
Salvation by Faith

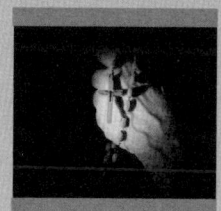

하나님께서는 흙으로 사람을 지으시고,
생기를 불어넣으사 생령(生靈)이 되게 하셨으며, 그 영혼으로
하나님의 형상을 닮게 하시고 만물을 그 발아래 복종하게 하신 것도
하나님께서 값없이 주시는 은총입니다.
그리고 오늘날 바로 우리에게 생명과 호흡과 만물을 주시는 것도
역시 값없이 주시는 은총에 의한 것입니다.
우리가 하는 모든 일은 바로 하나님 자신이 우리 안에서 하시는 일입니다.
그러므로 이러한 것들은 모두 그 자비의 표적들입니다.
사람 안에 어떤 의가 있다면 그것 또한 하나님의 선물입니다.

4 | 믿음으로 말미암는 구원
Salvation by Faith

【 해설 】

　　이 설교는 웨슬리가 올더스게이트의 체험을 한 지 18일 후인 1738년 6월 11일 옥스퍼드 대학의 성 마리아 교회당에서 한 설교이다.
　　웨슬리는 여러 해 동안 율법을 행함으로써 구원을 얻고자 노력했다. 그는 금식과 기도와 선행을 힘써 행했으나 그가 얻고자 하는 구원의 기쁨은 얻지 못했다. 이렇게 번민하던 중 모라비안 교도인 피터 뵐러(Peter Böhler)를 만나 구원은 믿음으로 말미암아 온다는 것을 알게 되었다. 하지만 이 모라비안의 가르침으로 그의 모든 문제가 해결되지는 못했다. 그는 여전히 번민 가운데 있었다.
　　드디어 결정적인 날이 왔다. 1738년 5월 24일 수요일 오후 친구의 권유로 성 바울 교회당에 갔다. 찬송가가 은은히 울려나오고 있어서 그의 무겁던 마음이 어느 정도 가벼워졌지만 아직도 만족할 만한 기쁨은 없었다. 해가 저물었다. 여전히 무거운 마음을 가지고 성 마리아 교회에서 그리 멀지 않은 올더스게이트의 모임에 내키지 않는 마음으로 참석했다. 이 모임은 성서 연구와 기도를 목적으로 하는 작은 집회였다. 어떤 사람이 자리에서 일어나 루터가 쓴 로마서 서문을 읽었다. 웨슬리는 이것을 듣고 있던 중 그의 마음이 이상하게도 뜨거워짐을 느꼈다. "오직 그리스도만을 나의 구주로 모시기로 작정하였다. 예수 그리스도를 구주로 믿음으로 말미암아 모든 죄로부터 용서받았다는 확신이 왔다." 이 확신을 웨슬리는 이 설교에서 외치고 있는 것이다.

웨슬리가 말하는 믿음이란 과연 무엇을 의미하는가? 올더스게이트 체험 이전의 웨슬리의 믿음은 다음의 두 가지로 말할 수 있다. 첫째는 그 당시의 영국 사회의 일반적인 생각을 따라 믿음을 지적인 동의, 특히 교회의 신조와 성서의 진리에 대한 지적인 동의로 보는 것이었고(Letters, 1. p.22), 두 번째는 토마스 아 캠피스의 영향을 받아 믿음을 그리스도를 본받는 것으로 보는 것이었다.(cf. Bihler's Diary, 3rd April 1738).

그런데 웨슬리의 이와 같은 믿음의 이해는 모라비안 교도들과의 만남으로 인해 그 밑바닥부터 흔들리게 되었다. 그가 조지아 선교를 포기하고 영국으로 돌아와서 모라비안파인 피터 뵐러를 만나게 되었을 때 뵐러는 믿음에 대해서 웨슬리에게 열심히 설명했다. 이 설명을 들은 웨슬리는 자신이 믿음을 가지지 못한 자라고 느꼈다. 그래서 그는 뵐러에게 자기는 믿음이 없으므로 설교할 수 없지 않겠느냐고 물었다. 이 때 뵐러는 이렇게 대답했다. "믿음을 갖게 되기까지 믿음에 관해서 설교하시오. 그리고 나서 믿음이 생기면 그 믿음을 설교하시오"(Journal, 5th March, 1738).

그러면 이 모라비안 교도들이 무엇이라고 말했기에 이처럼 웨슬리의 믿음의 이해가 근본적으로 흔들리게 되었는가? 이 모라비안 교도들이 웨슬리에게 설명한 믿음은 다음의 몇 가지로 설명할 수 있다.

첫째, 믿음은 그리스도를 신뢰하는 것이다. 즉 믿음은 내 노력으로 그리스도를 본받아 살려고 하는 것이 아니라, 그리스도 안에 내 자신을 맡겨 그 안에서 사는 것이다. 이것은 웨슬리 형제들에게 전혀 낯선 것이었다. 그래서 동생 찰스는 옥스퍼드에서 이렇게 그리스도를 아는 사람은 아무도 없다고 말했고, 형 존은 더 나아가서 이 같은 것을 경험한 사람은 영국사람 가운데서 한 사람도 없다고 말했다.

둘째, 믿음은 확신하는 것이다. 성령은 믿는 자에게 구원 받은 하나님의 자녀라는 것을 확신시켜 주시기 때문에 신앙인은 확신을 가진다고 뵐러는 가르쳤다. 그래서 그는 후에 형 사무엘에게 "모든 그리스도인은 만일 그가 하나님의 자녀라는 증거를 받지 않았다면 그것을 위하여 기도해야 한다고 생각합니다. 그리고 이런 증거는 나의 구원에 필요한 것입니다."라고 말했다(Basil Miller의 「존 웨슬리의 생애」 p.80에서 재인용).

셋째, 믿음은 기적이라고 하는 것이다. 믿음은 단순한 내적 도덕성의 함양이 아니라 완전하고 새로운 시작이며, 순간에 주어지는 것이라고 뵐러는 말하였다. 이것에 대해 웨슬리는 의심했다. 그러나 사도행전을 연구하는 동안 역시 뵐러의 주장이 맞다고 인정하게 되었다.

이와 같은 믿음의 이해는 지금까지 그가 추종했던 윌리엄 로(William Law)에 대한 회의로 표현되었다. 그는 1738년 5월 14일, 로에게 보낸 편지에서 율법을 따라서 우리는 구원 받을 수 없으며 구원은 하나님께서 주시는 선물이라고 말했다(Letters, 1. p.239).

하지만 웨슬리는 그때까지도 믿음에 대하여 지적으로만 알고 있을 뿐 그것을 체험하지는 못했었다. 그러던 그가 올더스게이트에서 비로소 이 믿음에 대한 체험을 하게 되었다. 올더스게이트 사건은 새로운 깨달음이 아니라 새로운 체험이었던 것이다.

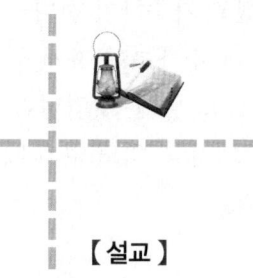

【설교】

"너희가 그 은혜를 인하여 믿음으로 말미암아 구원을 얻었나니…" (엡 2:8)

1 사람이 받는 모든 축복은 다 하나님의 그 부요하신 은혜, 곧 그의 사랑에서 오는 것입니다. 하나님의 이 사랑은 우리가 받을 자격이 없음에도 불구하고 값없이 주시는 사랑입니다. 사람은 하나님이 주시는 그 자비에 대하여 주장할 아무 권리가 없습니다.

하나님께서는 흙으로 사람을 지으시고, 생기를 불어놓으사 생령(生靈)이 되게 하셨으며, 그 영혼으로 하나님의 형상을 닮게 하시고 만물을 그 발 아래 복종하게 하신 것도 하나님께서 값없이 주시는 은총입니다. 그리고 오늘날 바로 우리에게 생명과 호흡과 만물을 주시는 것도 역시 값없이 주시는 은총에 의한 것입니다. 우리가 하는 모든 일은 바로 하나님 자신이 우리 안에서 하시는 일입니다. 그러므로 이러한 것들은 모두 그 자비의 표적들입니다. 사람 안에 어떤 의가 있다면 그것 또한 하나님의 선물입니다.

2 그러면 죄 지은 인간이 무엇으로써 죄에서 완전히 대속함을 받을 수 있겠습니까? 사람의 공로를 가지고 하겠습니까? 아닙니다. 인간에게 공로가 많고 또한 이와 같은 공로가 거룩하다면, 그것은 인간에게 속한 것이 아니고 하나님께 속한 것입니다. 진실로 인간의 모든 행위는 아주 불결하며 죄로 물들어 있습니다. 그러므로 이 같은 모든 행위는 새로운 대가를 요구합니다. 좋지 못한 나무에 좋은 열매가 맺힐 수 없습니다.

그와 같이 사람의 마음은 전적으로 부패했고 가증하여 하나님의 영광에 이르지 못하고 있는 것입니다. 즉 하나님께서 태초에 자기 형상을 따라 사람의 영혼에 주셨던 영광스런 의가 결여되고 있는 것입니다. 그러므로 사람에게는 하나님 앞에 내놓을 아무 공로도 없고 의도 없기 때문에 하나님 앞에서 입을 굳게 다물 수밖에 없습니다.

3 만일 이 죄인이 하나님의 은혜를 발견한다면 그것은 "은혜 위에 은혜인 것입니다!" 하나님께서 새로운 축복으로 가장 큰 은혜, 곧 구원을 우리에게 주신다면 우리는 하나님께 말로 다 할 수 없는 이 선물에 대하여

감사하다는 말밖에 할 수 없습니다.

　이것은 실로 '우리가 아직 죄인 되었을 때에 그리스도께서 우리를 구원하기 위하여 죽으심으로 우리에 대한 자기의 사랑을 확증하심'으로 된 것입니다. "은혜로 인하여 너희들이 믿음으로 말미암아 구원을 얻었느니라." 은혜는 구원의 원천이요, 믿음은 구원의 조건입니다.

　그러면 이제 하나님의 은혜를 받기 위하여 다음의 것들을 조심스럽게 고찰하여 봅시다.

Ⅰ. 우리를 구원에 이르게 하는 믿음은 어떤 믿음입니까?
Ⅱ. 믿음으로 말미암아 얻는 구원은 어떤 것입니까?
Ⅲ. 이에 대한 반대에 대하여 어떻게 답변할 것입니까?

우리를 구원에 이르게 하는 믿음은 어떤 믿음입니까?

　❶ 첫째로, 그 믿음은 이교도의 신앙과는 다릅니다.

　지금은 하나님께서 이방인에게 명하사 그들로 하여금 "하나님이 계시다는 것과 또한 자기를 진심으로 찾는 자에게 상 주시는 분이심을 믿으라."고 하십니다. 또한 하나님은 우리가 그에게 영광을 돌리며, 모든 일에 감사하고, 공의와 자비와 진실과 미덕을 모든 사람에게 행함으로써 충분히 찾을 수 있는 분이라는 것을 믿으라고 하십니다.

　그러므로 헬라 사람이나 로마 사람이나, 더 나아가서 시리아(서북아시아) 사람이나, 인도 사람들까지도 하나님이 계시다는 것과 하나님의 속성 또는 그들이 장차 받을 상벌이나 도덕적 책임의 성질마저도 믿지 않는다면 그들은 도저히 변명할 길이 없을 것입니다. 이것이 바로 이교도의 신앙이며, 그 이상은 나아갈 수 없는 이유입니다.

* * *

❷ 둘째, 우리로 하여금 구원을 얻게 하는 그 믿음은 마귀의 믿음과도 다릅니다. 마귀의 신앙은 이교도의 신앙보다는 훨씬 앞서 있습니다. 왜냐하면 마귀는 하나님이 그 은혜로 보상하시며, 의로우사 죄를 심판하시는 능력이 많으신 분임을 믿을 뿐 아니라, 또한 예수는 하나님의 아들로서 그리스도이신 것을 믿고 있기 때문입니다.

그러므로 마귀는 예수님을 만났을 때 "나는 당신이 누구인 줄 아노니 하나님의 거룩한 자니이다"(눅 4:34)라고 똑똑히 말했던 것입니다. 불행한 영들이기는 하지만 그들이 거룩한 분의 입에서 나오는 모든 말씀과 옛 사람들에 의하여 기록된 모든 말씀을 믿지 않는다고는 의심할 수도 없는 것입니다. 그렇습니다. 그렇기 때문에 마귀일지라도 두 사람의 거룩한 사도에 대하여 "이 사람들은 지극히 높으신 하나님의 종으로 구원의 길을 너희에게 전하는 자들이다"(행 16:17)라고 영광스러운 증거를 하지 않을 수 없었던 것입니다.

그러나 하나님과 인간의 큰 원수, 곧 마귀는 하나님이 육신으로 나타나셨고 그가 '그의 모든 원수를 자기 발 앞에 두시리라'는 것과 '모든 성경은 하나님의 영감으로 쓰여졌다' 는 것을 믿으며 또한 그렇게 믿고 있는 가운데 떨고 있습니다. 마귀의 신앙은 이 지경에까지 이르는 것입니다.

* * *

❸ 셋째로, 우리를 구원에 이르게 하는 믿음, 곧 지금 설명하고자 하는 그 믿음은 예수님이 이 세상에 계실 때 제자들이 가졌던 믿음과도 다른 것입니다. 제자들은 주님을 믿고서 모든 것을 버리고 그를 따랐으며, 이적을 행하는 능력을 갖게 되어 병자와 각종 질병을 고쳤고, 악마를 제어할 능력과 권위를 가지고 하나님의 나라를 전파하기 위하여 주님으로부터 파송을 받았던 것입니다. 그러나 그러한 믿음도 엄격한 의미에서 우리가 설

명하고자 하는 구원을 얻게 하는 믿음은 아닌 것입니다.

***

❹ 그러면 우리를 구원에 이르게 하는 믿음은 어떤 것입니까? 먼저, 일반적으로 말해서 이것은 그리스도를 믿는 신앙이라고 말할 수 있습니다. 그리스도와 그리스도를 통해 나타나신 하나님이 바로 이 신앙의 대상인 것입니다. 그러므로 이 신앙은 고금(古今)의 이교도들의 신앙과는 전혀 다를 뿐 아니라 절대적으로 구별되는 것입니다. 또한 이는 마귀의 신앙과도 전적으로 구분됩니다. 이 신앙은 합리적이요, 사변적(思辨的)이며 냉랭하고 생명 없는 동의(同意), 즉 어떤 관념의 연속에 그치는 것이 아니라 믿음으로 믿는 신앙인 것입니다. 그러므로 성경은 다음과 같이 말하고 있습니다. "사람이 마음으로 믿어 의에 이르고", "네가 만일 네 입으로 예수를 주로 시인하며 또 하나님께서 그를 죽은 자 가운데서 살리신 것을 네 마음에 믿으면 구원을 얻으리니"(롬 10:9,10)

***

❺ 이러한 점에 있어서 이 신앙은 예수님이 세상에 계실 때 제자들이 가졌던 그들의 신앙과도 구별되는 것입니다. 즉 이 신앙은 예수님의 죽으심의 필요성과 공로를, 그리고 예수님의 부활의 능력을 인정하는 것입니다. 이 신앙은 "예수는 우리 범죄함을 위하여 내어줌이 되고 또한 우리를 의롭다하심을 위하여 살아나셨느니라"(롬 4:25)고 한 바와 같이 예수님의 죽으심은 인간을 영원한 죽음에서 구속하시는 유일하고도 충족한 방법으로 보며, 또한 예수님의 부활을 생명과 썩지 않을 것으로 우리를 회복하시는 것으로 인정하는 것입니다.

이와 같이 그리스도인의 신앙이란 그리스도의 복음 전체에 대한 동의일 뿐 아니라 또한 그리스도의 보혈에 전적으로 의뢰하는 것, 즉 예수의 생명과 죽음과 부활의 공로를 신뢰하고 우리를 위하여 '자기를 버리고 또한 우리 안에 살아 역사하시는 우리의 대속이시요 생명이신' 그리스도를 전적으로 의존하는 것입니다(이것은 그리스도의 공로를 통하여 그의 죄가 용서받고, 하나님의 사랑으로 화해케 되었다는 확실한 자신입니다). 그리하여 결국은 우리가 우리의 '지혜와 의와 성결과 구속이신', 한마디로 말해 우리의 구원이신 그에게 접붙여지는 것을 말 합니다.

이 믿음을 통하여 오는 구원은 어떤 것인가?
이것이 두 번째로 생각하고자 하는 문제입니다.

❶ 첫째로, 무엇보다도 이는 현재의 구원입니다. 이것은 우리들이 얻을 수 있는 것이며, 참으로 이 땅 위에서 이 믿음을 가진 자는 실제로 구원을 얻은 것입니다. 그러므로 사도 바울은 에베소에 사는 신자들에게 아니, 모든 시대에 사는 신자들에게 말하기를 "너희는 구원을 받을 것이다"(이것도 진리이긴 하지만)라고 한 것이 아니라 "너희가 믿음으로 말미암아 구원을 얻었느니라"(엡 2:8)고 한 것입니다.

* * *

❷ 한마디로 말해 "너희들은 죄에서 구원을 받았느니라" 이것이 믿음으로 말미암는 구원입니다. 이것이 하나님께서 맏아들을 세상에 보내시기 전에 미리 천사를 통하여 "그 이름을 예수라 하라 이는 그가 자기 백성을 저희 죄에서 구원할 자이심이라"(마 1:21)고 예언한 바 그 큰 구원인 것입니다.

성경의 어디를 보나 어떤 제한이나 제약은 없습니다. 하나님께서는 모든 사람, 즉 성경에 표시된 대로 그를 믿는 모든 사람을 그들의 '모든 죄'에서 구원하실 것입니다. 다시 말하면 원죄, 자범죄(自犯罪), 또는 과거의 죄나 현재의 죄를 막론하고 육과 영의 모든 죄에서 우리를 구원하실 것입니다. 예수 안에 있으면 믿음으로 말미암아 우리는 죄책과 죄의 권세에서 구원을 받는 것입니다.

* * *

❸ 셋째로, 이는 과거의 죄의 죄책(guilt)에서의 구원입니다. 세상은 하나님 앞에서 모두 범죄하여 곁길로 나갔는데 만일 하나님께서 이것을 지적하시고 용서하지 않으신다면 그 앞에 설 자가 누구이겠습니까? 그리고 율법은 죄를 깨닫게 해주는 것뿐이지 구원을 가져다주지 못하기 때문에 율법의 행위로 하나님 앞에서 의롭다 함을 받을 육체는 하나도 없는 것입니다.

그러므로 하나님의 의는 예수 그리스도를 믿음으로 말미암아 모든 자에게 미치는 것입니다(롬 3:22). 그리하여 저들은 "그리스도 예수 안에 있는 구속으로 말미암아 하나님의 은혜로 값없이 의롭다하심을 얻은 자"(롬 3:24)가 되었습니다. "이 예수를 하나님이 그의 피로 인하여 믿음으로 말미암는 화목 제물로 세우셨으니 이는 하나님께서 길이 참으시는 중에 전에 지은 죄를 간과하심으로 자기의 의로우심을 나타내려 하심이니"(롬 3:25). 지금은 그리스도께서 우리를 위하여 저주를 받은 바 되사 율법의 저주에서 우리를 속량하셨으니(갈 3:13), 우리를 대적하는 의문(儀文)에 쓴 증서를 도말하시고 제하여 버리사 십자가에 못박으셨습니다(골 2:14).

그러므로 그리스도 예수를 믿는 자에게는 결코 정죄함이 없는 것입니다(롬 8:1).

* * *

❹ 죄책에서 구원받은 자는 또한 두려움에서도 구원을 받는 것입니다. 그렇다고 해서 이것은 불순종한 아들이 부모에 대하여 갖는 두려움에서의 구원이 아닙니다. 이것은 노예로서 갖는 두려움에서의 구원인 것입니다. 우리를 괴롭히는 두려움, 하나님의 형벌과 진노에 대한 두려움에서의 구원인 것입니다. 그리스도인은 하나님을 대할 때, 이제는 그분을 무서운 주(主)가 아니라 관대한 아버지로 여기게 될 것입니다.

저희는 무서워하는 종의 영을 받지 아니하였고 양자의 영을 다시 받았
으므로 하나님을 아바 아버지라 부르며 성령이 친히 저희 영으로 더불어
저희가 하나님의 자녀인 것을 증거하시는 것입니다. 저희들은 또한 그 가
능성이 없다고 할 수는 없지만 하나님의 은혜에서 떨어져 나간다는 두려
움, 그리하여 크고도 귀중한 하나님의 약속에 미치지 못하리라는 두려움
에서 구원받은 것입니다(그들은 우리의 기업에 보장이 되는 약속의 성령으로 인침
을 받았습니다.) (엡 1:13). 그러므로 저희들은 우리 주 예수 그리스도로 말미
암아 하나님과 더불어 화평을 누리고 있으며 하나님의 영광을 바라고 즐
거워하는 것입니다.

또한 저희에게 주신 성령으로 말미암아 하나님의 사랑이 저희 마음 속
에 부은 바 된 것입니다(롬 5:5). 그리하여 우리는 (아무도 늘 그런 충만한 확신
가운데 있는 것은 아닐지라도) 사망이나 생명이나 현재 일이나 장래 일이나 높
음이나 깊음이나 다른 아무 피조물이라도 우리를 우리 주 예수 그리스도
안에 있는 하나님의 사랑에서 끊을 수 없다고 확신하게 되는 것입니다.

***

❺ 또한 이 신앙에 의하여 저희들은 죄책에서 구원받은 동시에 죄의 세
력으로부터도 구원을 받은 것입니다. 그러므로 사도 요한은 "그가 우리 죄
를 없애려고 나타나신 바 된 것을 너희가 아나니 그에게는 죄가 없느니라.
그 안에 거하는 자마다 범죄하지 아니하느니라."(요일 3:5,6)고 외친 것입니
다.

또 말하기를 "자녀들아 아무도 너희를 미혹하지 못하게 하라 죄를 짓는
자마다 마귀에 속하나니 … 믿는 자마다 하나님께로서 난 자요 하나님께
로서 난 자마다 죄를 짓지 아니하나니 이는 하나님의 씨가 그의 속에 거
함이요 저도 범죄치 못하는 것은 하나님께로서 났음이라"(요일 3:7~9)하였
고, 또 요한일서 5장 18절에서는 "하나님께로서 난 자마다 범죄치 아니하
는 줄 우리가 아노라 하나님께로서 나신 자가 저를 지키시매 악한 자가 저
를 만지지도 못하느니라"하고 거듭 말씀하고 있는 것입니다.

❻ 믿음으로 말미암아 하나님께로부터 난 자는, ① 어떤 습관적인 죄로 인하여 범죄치 않습니다. 이 습관적인 죄는 모든 사람을 지배하는 것이지만 믿는 자의 마음은 그 죄가 지배할 수 없기 때문입니다. ② 어떤 고의적인 죄를 범하지 않습니다. 왜냐하면 믿음 안에 거하는 자의 의지는 모든 죄에 전적으로 반항하며 또한 이를 무서운 독과 같이 미워하는 까닭입니다. ③ 어떤 죄된 욕망에 의해 죄를 짓지 않습니다. 왜냐하면 그는 부단히 하나님의 거룩하시고 온전하신 뜻을 찾으며, 그리고 자기 마음 속에 조금이라도 불결한 욕망이 생기면 곧바로 하나님의 은혜로 인하여 그것을 죽이게 되는 까닭입니다. ④ 또한 그는 행동에 있어서나 생각에 있어서 인간의 연약성(infirmity)으로 인하여 죄를 짓지 않습니다. 왜냐하면 이 연약성과 죄를 짓고자 하는 의지는 별개의 것이며, 죄는 의지의 작용으로 범해지는 까닭입니다. 그러므로 의지의 작용이 없이 연약성만으로는 죄를 지을 수 없는 것입니다.

이와 같이 "하나님께로서 난 자마다 범죄치 아니하느니라" 그러므로 우리는 지금까지 범죄한 일이 없다고 말할 수는 없지만, 지금은 범죄치 않는다고 말할 수 있는 것입니다.

***

❼ 이것이야말로 믿음으로 말미암는 구원입니다. 이는 현세에서도 얻을 수 있는 구원입니다. 이렇게 죄로부터의 구원과 그 죄의 결과에서의 구원을 일컬어 종종 '칭의(Justification)'라고 표현합니다. 이 말은 광의(廣義)로는 그리스도의 대속으로 말미암아 지금 그를 믿는 죄인에게 이루어지는 죄책과 형벌에서의 해방을 뜻하며, 또한 그의 마음속에 계시는 그리스도로 말미암은 죄로부터의 해방을 의미합니다. 그러므로 이와 같이 의롭다함을 얻은 자, 곧 믿음으로 말미암아 구원을 받은 자는 진실로 거듭난 자인 것입니다. 그는 영으로 그리스도와 함께 하나님 안에 감추인(골 3:4) 새 생명으로 거듭난 것입니다. 그는 새로운 피조물이니 이전 것은 지나갔고 그 안에 있는 모든 것은 새 것이 되었습니다.

그리하여 새로 태어난 아기처럼 순전한 말씀의 젖을 즐겨 사모하며 이에 의하여 장성하는 것입니다. 주 하나님의 능력에 의하여 믿음에서 믿음으로, 은혜에서 은혜로 나아가 마침내는 온전한 사랑을 이루어 그리스도의 장성한 분량에까지 이르게 되는 것입니다.

이상에서 설명한 것에 대해 흔히 나오는 반대는 다음과 같습니다.

❶ 즉, "오직 믿음으로만 의롭다함을 얻으며 구원을 얻는다고 설교하는 것은 성결과 선행을 반대하는 것이 된다"고 하는 것입니다. 이에 대하여는 극히 간단한 답으로도 족하리라 생각합니다. 물론 우리가 어떤 사람과 같이 신앙을 성결과 선행에서 분리된 것으로 본다면 그 말은 당연할 것입니다. 그러나 우리는 그와 반대로 신앙은 선행과 모든 성결을 낳게 하는 것으로 봅니다.

* * *

❷ 이 문제에 대하여 더 충분히 생각한다는 것이 무익하다고는 할 수 없을 것입니다. 왜냐하면 이런 반대는 새로운 것이 아니라 사도 바울 때부터 있었던 것이기 때문입니다. "믿음으로 말미암아 율법을 폐하느뇨?"라는 반문은 그 때부터 있었습니다. 우리는 먼저 이렇게 답변합니다. 믿음을 외치지 않는 자가 곧 율법을 폐하는 자입니다. 즉 저들은 직접 성경 본문의 정신을 그대로 해석하지 않고 제한함으로써, 또한 간접적으로 율법을 이루게 하는 유일한 방법인 이 믿음을 지적하지 않음으로써 오히려 율법을 폐하는 것입니다.

그러므로 둘째로 우리는 믿음의 전체적인 이해와 그 성경 본문의 영적 의미를 제시하며 생명의 산 길로 만인을 부름으로써 '율법을 도리어 굳게' 하는 것입니다. 그럼으로써 율법의 의를 성취하게 되는 것입니다. 그리하여 저들은 그리스도의 보혈에만 의뢰하면서 하나님께서 지정하신 모든 규례를 지키며 하나님께서 저들이 걸어야 하도록 그 안에 미리 준비해 놓으신 모든 선행을 행하고 더 나아가 모든 거룩한 하늘의 성정, 곧 그리스도 예수 안에 있는 그 마음을 품으며 또한 나타내는 것입니다.

* * *

❸ 그러나 이런 신앙을 설교하는 것은 사람으로 하여금 자만하게 만들지 않느냐고 반대하는 사람이 있습니다. 우리는 이 질문에 답변합니다. 자칫하면 그렇게 될 수도 있습니다. 그렇기 때문에 모든 신자는 각별한 주의를 해야 합니다. 위대한 사도의 말 가운데 다음과 같은 경고가 있습니다. "믿지 아니하므로 첫 가지들은 꺾이우고 너는 믿음으로 섰느니라 높은 마음을 품지 말고 도리어 두려워하라 하나님이 원가지들도 아끼지 아니하셨은즉 너도 아끼지 아니할까 조심하라 그러므로 하나님의 인자와 엄위를 보라 넘어지는 자들에게는 엄위가 있으니 너희가 만일 하나님의 인자에 거하면 그 인자가 너희에게 있으리라 그렇지 않으면 너도 찍히는 바 되리라"(롬 11:20 이하 참조).

그러므로 그 안에 머물러 있을 동안에 사도 바울이 이미 예견하고 답변한 다음과 같은 반문을 기억하게 될 것입니다. "그런즉 자랑할 데가 있느뇨 있을 수 없느니라 무슨 법으로냐 행위로냐 아니라 오직 믿음의 법으로니라"(롬 3:27). 만약에 사람이 자기의 행위로 말미암아 의롭다함을 얻는다면 그로부터 영광을 받게 될 것입니다. 그러나 그렇다면 "일을 아니할지라도 경건치 아니한 자를 의롭다 하시는 이를 믿는 자에게는"(롬 4:5) 영광이 없게 됩니다. 같은 의미의 말씀이 에베소서 2장 4절을 전후하여 있습니다.

"긍휼이 풍성하신 하나님이⋯ 허물로 죽은 우리를 그리스도와 함께 살리셨고 너희가 은혜로 구원을 얻은 것이라⋯ 이는 그리스도 예수 안에서 우리에게 자비하심으로써 그 은혜의 지극히 풍성함을… 나타내려 하심이라 그러므로 너희가 그 은혜로 인하여 믿음으로 말미암아 구원을 얻었나니 이것이 너희에게서 난 것이 아니요 하나님의 선물이라" 이는 곧 값없이 받는 분수에 넘치는 선물입니다. 여러분이 구원받은 것은 바로 이 믿음으로 말미암은 것입니다. 따라서 이 구원은 하나님의 기뻐하시는 뜻, 곧 오직 그의 은총으로 인해 주어지는 것입니다. 여러분이 믿는다는 것도 하나님의 은총의 한 예요, 당신이 믿음으로 말미암아 구원을 얻었다는 것도 역시 하나님의 은총인 것입니다. "행위에서 난 것이 아니니 이는 누구든지 자랑치 못하게 함이니라"(엡 2:9).

우리가 믿기 이전의 모든 행위, 모든 의는 하나님 앞에서 상 받을 것이 못됩니다. 도리어 정죄함이 있습니다. 믿음에 합당한 선행이나 의는 인간의 행위에서 오는 것이 아닙니다. 우리가 믿을 때 얻어지는 구원도 우리가 행하는 일은 아닙니다. 그 때 우리 안에 이 일을 이루시는 분은 하나님이십니다. 그러므로 하나님께서 우리에게 주시는 보상도 결국은 하나님께서 스스로 행하신 일에 대한 보상입니다. 따라서 찬양할 것은 하나님의 풍부하신 자비뿐이요, 우리가 영광을 받을 것은 하나도 없습니다.

* * *

❹ 그러나 이와 같이 하나님의 자비에 대하여 말하는 것, 곧 단지 믿음으로만 구원(의롭다함)을 얻는다는 것은 사람들로 하여금 죄를 짓도록 장려하는 것이 되지 않느냐고 반대하는 이가 있을 것입니다. 사실 그렇게 될 수도 있을 것입니다. 많은 사람들이 은혜를 풍성케 하기 위하여 죄를 계속 지으려고 한다면 저희들의 피가 저들 머리 위에 머무를 것입니다. 하나님의 양선은 저들을 인도하여 회개케 합니다. 진실한 사람은 그렇게 회개합니다. 저들이 아직도 하나님께로부터 용서함을 받아야 할 줄을 알 때에, 하나님께서 그 죄를 도말하여 주시기를 바라며 예수 안에 있는 믿음으로 말미암아 크게 부르짖게 될 것입니다. 그리하여 저들이 간절히 부르짖고 낙심치 아니하여 하나님께서 정하신 바 모든 방법으로 그것을 얻을

때까지 하나님께 간구하면, 결코 지체치 않으시고 그분은 찾아오실 것입니다.

우리는 사도행전에서 하나님께서 이 믿음을 많은 사람들의 마음에 마치 하늘에서 번갯불이 번쩍이는 것과도 같이 부어주신 예를 볼 수 있습니다. 사도 바울과 실라가 설교하기 시작하는 그 시간에 옥사장이 회개하여 믿고 세례를 받았으며, 오순절 때에도 베드로의 첫 번 설교에 삼천 명이나 되는 사람들이 모두 회개하고 믿었던 것입니다. 하나님께 감사합시다. 아직도 하나님이 구원하시는 그 능력에 대한 많은 산증거가 있습니다.

* * *

❺ 바로 이 진리에 대하여 다른 각도에서 반대하는 이가 있습니다. 그들은 만약에 사람이 자기가 할 수 있는 모든 것을 다 행함으로써 구원을 받을 수 없다면 이것은 사람을 실망시키는 것이 아닌가 라고 말합니다. 사실 사람 자신의 행위나 공로나 의로 구원을 받는다면 실망뿐일 것입니다. 진실로 사람은 자기 자신의 것을 완전히 부정하지 않고서는 그리스도의 공로를 의지할 수 없습니다. 자기의 의를 세우려고 애쓰는 자는 결코 하나님의 의롭다하심을 얻을 수 없습니다. 믿음에서 오는 의는 율법에서 오는 의를 신뢰하고 있는 동안은 주어질 수 없는 것입니다.

* * *

❻ 어떤 이는 말하기를 이것은 불유쾌한 교리라고 합니다. 악마는 자기 생긴 대로, 즉 거짓되고 뻔뻔스럽게 사람들에게 감히 말하는 것입니다. 그러나 이 믿음으로 구원받는다는 것은 참된 위로의 말씀입니다. 다시 말하면 스스로 멸망길에 빠져 저주 받을 수밖에 없는 모든 사람에게 위로가 되는 말씀입니다. "누구든지 저를 믿는 자는 부끄러움을 당하지 아니하리라… 한 주께서 모든 사람의 주가 되사 저를 부르는 모든 사람에게 부요하시도다"(롬 10:11,12). 위안은 바로 여기에 있습니다. 하늘보다 높고 죽음보다 강한 위안입니다.

그러면 이것은 모든 사람에게 임하는 자비입니까? 공공연한 약탈자 삭

개오나 부정한 여인이었던 막달라 마리아도 이 자비의 대상입니까? 어떤 이가 "아, 그러면 나같은 사람도 하나님의 자비를 바랄 수 있겠구나"하고 말하는 것이 제 귀에 들리는 듯합니다. 그렇습니다. 당신도 그와 같이 기대할 수 있습니다. 고통을 당하고 있는 당신, 아무도 위로할 수 없는 당신도 그 자비를 기대할 수 있습니다. 하나님께서는 결코 당신의 기도를 물리치지 않으십니다. 도리어 하나님께서는 그 다음 순간에 말씀하실 것입니다. "기뻐하라 너의 죄는 용서함 받았느니라." 죄를 용서함 받았기에 그 죄는 이미 당신을 지배하지 못합니다. 그 후부터는 성령께서 당신의 영과 더불어 당신이 하나님의 자녀인 것을 증거하실 것입니다(롬 8:6 참조).

이것이야말로 좋은 소식, 대단히 기쁜소식, 만민에게 주어진 복음이 아니겠습니까? "목마른 자들아 나아오라 돈 없는 자도 오라 너희는 와서 먹되 돈없이 값없이 와서… 사라"(사 55:1). "너희 죄가 진홍같이 붉을지라도"(사 1:18). 또는 머리털보다 많을지라도 "여호와께로 돌아오라 그리하면 그가 긍휼히 여기시리라 우리 하나님께로 나아오라 그가 널리 용서하시리라"(사 55:7).

***

❼ 아무 반대도 일어나지 않으면 우리는 이 믿음으로 말미암아 얻는 구원의 도리를 가장 중요한 교리로 설교해야 하는 일을 손쉽게 잊어버리거나, 더 나아가서 이 교리를 모든 사람에게 전혀 설교할 필요가 없다고 생각하기가 쉽습니다. 그러나 성령께서는 무엇이라고 하십니까? "이 닦아 둔 것 외에 능히 다른 터를 닦아 둘 자가 없으니 이 터는 예수 그리스도라"(고전 3:11). 그러므로 "누구든지 저를 믿는 자는 구원을 얻으리라"는 것이 우리 설교의 기본이요, 또 기초가 되어야만 하는 것입니다. 이것을 맨 처음으로 설교해야만 합니다.

그런데 이 교리를 각계 각층에 있는 모든 사람들에게 설교할 필요는 없지 않은가 라고 반대하는 사람이 있습니다. 여러분! 그러면 누구에게 이것을 설교하지 말아야 하는 것입니까? 누가 제외되어야 합니까? 가난한 사람입니까? 아닙니다. 가난한 사람은 복음을 들을 권리를 가지고 있습니다. 무식한 사람입니까? 아닙니다. 하나님께서는 처음부터 이 모든 일들을 배우지 못한 무식한 사람들에게 나타내셨습니다. 어린이들입니까? 절대로 그렇지 않습니다. 주님께서는 어린 아이들이 그분에게 오는 것을 용납하고 금하지 말라고 하셨습니다.

그렇다면 죄인들입니까? 천만의 말씀입니다. 예수님께서는 "의인을 부르러 온 것이 아니요 죄인을 불러 회개케 하려고 왔노라"(마 9:13 참조)고 하셨습니다. 그러면 제외될 사람이 누구입니까? 부요하고 유식하고 평판이 높은 도덕가를 제외할 것입니까? 그들은 종종 자신들은 제외된 것으로 생각합니다. 그러나 우리는 그들에게도 우리 주님의 말씀을 외쳐야 합니다. 주님께서는 지상명령을 내리실 때 "너희는 가서 만민에게 복음을 전파하라"고 하셨습니다. 만약 어떤 사람이 그 말씀을 왜곡하여 멸망을 초래한다면 그 책임은 그 사람 스스로가 져야만 할 것입니다. 그러나 아직도 주님께서는 살아계시기에, 그분이 우리에게 분부하시는 것은 무엇이든지 외치고자 하는 것입니다.

* * *

❽ 여기에서 우리는 이 교리가 곧 은혜로 인하여 믿음으로 말미암아 얻는 구원이라고 똑똑히 밝혀 말합니다(엡 2:8). 왜냐하면 교회는 이 교리를 오늘날처럼 분명하게 주장하지 못해 왔기 때문입니다. 천주교회가 주고 있는 미혹을 방지할 수 있는 것은 바로 이 교리였습니다. 천주교회의 그릇된 점을 하나하나 지적하려면 한이 없습니다. 그러나 "믿음으로 말미암아 구원을 얻는다"는 이 교리는 그 근본을 공격한 것으로 이 교리가 성립될 때 천주교회의 모든 교리는 허물어지고 마는 것입니다.

그러므로 이 교리야말로 우리가 주장하는 바 기독교의 강한 반석이요, 기초인 것입니다. 이 교리가 교황을 여러 왕국에서 처음으로 내쫓았습니다. 이 교리만이 그렇게 할 수 있는 것입니다. 이 교리 외에 이 땅 위에 홍수처럼 퍼지고 있는 부도덕을 시정할 교리는 없습니다. 아주 깊은 대양(大

洋)을 한 방울 한 방울씩 비울 수가 있습니까? 그렇다면 여러분의 간언(諫言)으로 우리를 어떤 악한 습관에서 개혁시킬 수 있을지도 모릅니다.

그러나 '믿음으로 말미암아 하나님께로부터 오는 의(義)'를 얻도록 하십시오. 그렇게 될 때 그 자만의 파도는 멈출 것입니다. 이 교리 외에는 어느 것도 부끄러움을 자기 영광으로 삼고 자기를 값주고 사신 주님을 부인하는 저들의 입을 막을 수 없습니다.

저들은 율법에 대하여 그 율법을 자기 마음에 기록하고 있는 자와 마찬가지로 아주 고상하게 말할 수 있습니다. 그들이 이 제목에 대하여 말하는 것을 들으면 자신들은 하나님 나라에서 멀지 않다고 느끼게끔 됩니다. 그러나 저들을 율법에서 복음으로 인도하십시오. 믿음으로 말미암는 의로 시작하십시오. 믿는 자들을 위해 율법의 마지막이 되신 그리스도로부터 시작하십시오. 과연 그들이 우리 눈에 그리스도인이 거의 다 된 것처럼 보일지라도(Almost Christian), 그들이 온전한 그리스도인(Altogether Christian)이 아니면 결국 멸망의 자식이 될 것이며, 마치 지옥의 밑바닥이 천당 꼭대기와는 아주 멀리 떨어져 있는 것과도 같이 영생과 구원의 자리에서 아주 멀리 떨어져 있게 될 것입니다(하나님이시여, 이런 사람들을 불쌍히 여겨 주시옵소서!).

* * *

❾ 이런 이유 때문에 이 '믿음으로 말미암는 구원'이 선포될 때마다 그 반대자들은 성을 내는 것입니다. 이런 이유 때문에 이 교리를 처음으로 설교하는 자들을 파멸시키려고 그들은 땅과 지옥을 동원하여 흔들고 있는 것입니다. 또한 이같은 이유 때문에 저들은 이 신앙이 자기들 왕국의 기초들을 전복시킬 수 있는 것임을 알고 교리가 선포될 때부터 전력을 다해 온갖 거짓과 비방을 가하면서 만군의 여호와의 일꾼인 마틴 루터를 위협했던 것입니다. 이 위협이 얼마나 컸는지는 상상하기조차 어렵습니다. 하나님께서 돌보아 주시는 사람으로서 그는 기만하고 강하게 무장한 그 장사(壯士)를 분노케 하였으며, 그 장사는 결국 손에 갈대 하나를 쥐고 나오

는 한 어린 아이에 의해 정지되고 무시를 당하고 말았던 것입니다. 특히 그는 어린 아이가 분명히 자기를 능가하리라는 것을 알자 그 아이를 짓밟고야 말았던 것입니다. 예수님의 경우도 마찬가지입니다. 이와 같이 우리가 가장 약할 때 그 힘은 가장 강해지는 것입니다. 그러므로 주를 믿는 어린 아이와 같이 전진하십시오. 주의 오른팔이 놀라운 일을 가르쳐 주실 것입니다.

당신이 지금 어린 아이와 같이 약하고 무능할지라도 어떤 강한 자도 당신을 당해 내지 못할 것입니다. 분명히 당신은 그를 이기고, 정복하며, 그를 능가하여 마침내는 짓밟을 것입니다. 당신은 구원의 대장 밑에서 승리에 승리를 거듭하며 마침내는 모든 원수들을 다 넘어뜨리고 사망이 승리(생명) 안에 삼키워질 때까지 앞으로 나가야 합니다. 계속 전진해야 합니다.

지금은 우리 주 예수 그리스도를 통하여 승리를 주시는 하나님께 감사하십시다. 성부, 성자, 성령에게 은혜와 영광과 지혜와 존귀와 능력과 전능이 영원히 있을지어다. 아멘.

5

신생
The New Birth

"주님이시여, 이 모든 당신의 축복에 신생을 더하여 주시사
나를 다시 태어나게 하옵소서.
당신이 무엇을 거절하시기 원하시던지 간에 이것만은
거절하시지 마시고, 나로 하여금 '위로부터 태어나게' 하옵소서.
당신이 좋게 생각하시는 모든 것, 즉 명예, 재산, 친구, 건강을
내게서 빼앗아 가시더라도 오직 이것만은 허락하게 하옵소서.
성령으로 태어나게 해 주시고 하나님의 자녀로서 받아 주옵소서.
나를 '살아계시고 영원하신 하나님의 말씀으로 인해
썩어질 씨로서가 아니라 썩지 않을 씨로서' 다시 태어나게 하옵소서.
그리하여 나를 '우리의 주시요, 구세주이신 예수 그리스도의 은혜와
그를 아는 지식 안에서 매일 매일 성장하도록 하옵소서.'"

5 신생
The New Birth

【 해설 】

이 설교는 1740년대(1740년에 한 번)로부터 1750년대까지 요한복음 3장 7절을 본문으로 해서 60번 이상 행했던 구두설교를 요약한 것으로, 계속해서 여러 번 설교한 본문이다.

웨슬리는 이 설교에서, 신생(新生)은 순간적으로 이루어지는 은혜의 역사로써, 새로운 생의 시작을 의미하기 때문에 매우 중요한 교리라는 것을 강조한다.

하나님께서 사람을 하나님의 형상을 따라 창조하였기에, 애당초 사람은 의롭고 거룩한 존재였다. 그러나 인간의 시조 아담이 하나님께 대한 불순종으로 타락하여 하나님에 대해 죽은 자가 되었고, 그의 후손들도 모두 영적으로 죽은 상태에 이른 것이다. 다시 말해서, 아담의 후손은 모두 원죄의 부패성을 지니고 있게 되었다.

그러기에 사람은 그 상태에서 구원받기 위해, 성화와 현재와 영원한 행복을 위하여 거듭나야 할 필요가 있는 것이다. 이것이 신생의 목적이다. 그리하여 웨슬리는(설교집에서) 이 설교를 '원죄' 라는 설교 다음에 배치하였다.

웨슬리는 신생의 성격(Nature)을 설명함에 있어, 육신적인 신생아의 태어남에서 보듯이 사람이 죄로 인하여 무능해졌던 영적 감각이 회생한다고 말한다. 곧 신생함으로 사람은 신령한 것을 볼 수 있게 되고, 신령한 것을 들을 수 있게 되며, 내적인 큰 변화가 생기게 되는 것이다. 신생은 죄로 죽었던 것에서 의의 새 생명으로 변화되는 것, 다시 말해 그리스도 안에서 새롭게 창조되는 것으로, 성화의 시작이다.

웨슬리는 또한 이 설교에서 성례전에 관한 깊은 관심을 드러낸다. 그리하여 세례의 가치와 중요성을 언급한다. 그러나 세례를 받았지만 그 사람이 지금 죄를 범하고 있으면, 그 은혜는 소멸되는 것이다. 또한 세례가 사람을 거듭나게 하지 못한다. 그러기에 세례를 받았든지 안 받았든지 '당신은 거듭나야 한다.' 고 웨슬리는 주장한다. 거듭남이 없이는 성결해질 수가 없고, 성결 없이는 이 세상과 오는 세상에서 행복할 수가 없다. 그러므로 아직도 거듭남의 체험이 없으면, 다음과 같이 기도하라고 호소하고 있다.

"주님이시여, 이 모든 당신의 축복에 신생을 더하여 주시사 나를 다시 태어나게 하옵소서. 당신이 무엇을 거절하시기 원하시든지 간에 이것만은 거절하시지 마시고, 나로 하여금 '위로부터 태어나게' 하옵소서...."

【 설교 】

"내가 네게 다시 나야 한다는 말을 이상히 여기지 말라"(요 3:7)

1 만일 기독교의 전체적인 범위 안에서 어떤 교리든지 '근본적'이라고 적절히 규정할 수 있다면, 그것은 의심할 여지없이 다음의 두 가지, 즉 의롭다하심(義認化)의 교리와 거듭남(新生)의 교리입니다. 전자는 하나님께서 우리를 위해(for us) 우리의 죄를 사해 주신 위대한 역사(役事)와 관계되며, 후자는 하나님께서 우리 안에서(in us) 우리의 타락된 본성을 다시 새롭게 하시는 위대한 역사와 관계됩니다. 시간적인 순서로 본다면(in the order of time), 어느 것도 다른 것에 우선되지 않으며 우리가 예수 그리스도 안에 있는 구속하심을 통하여 하나님의 은총으로 말미암아 의롭게 된 순간(in the moment), 역시 우리는 성령으로 새로 태어나게 됩니다. 그러나 사고의 순서로 본다면(in the order of thinking), 그것이 의미하는 것처럼 의롭다하심이 거듭남에 앞서는 것입니다.

우리는 우선 먼저 하나님의 진노가 사라지고 난 다음에야 성령께서 우리의 심령 속에 역사하시는 것으로 생각합니다.

2 그렇다면, 모든 인간의 후예들에게 이와 같이 근본적인 교리들을 철저히 이해시켜야만 된다는 사실은 얼마나 중요한 일이겠습니까? 이러한 교리를 전적으로 확신함으로 인해 많은 탁월한 사람들은 이것과 관련된 요점들을 설명하며, 이에 대해 취급한 성경구절들을 밝히면서 의롭다하심에 관해 광범위한 글을 써왔습니다. 이와 마찬가지로 많은 사람들은 거듭남에 대해서 많은 저술을 했습니다. 그런데 그 중에는 아주 흡족할 만한 글을 썼던 사람들도 있었지만, 자신이 희망하였던 바와 같이 분명하고 심오하며 또한 정확하게 쓰지 못했고, 오히려 여기에 대해 모호하고 난해한 설명들을 하였으며, 천박하고 피상적인 설명에 그쳤던 것입니다. 따라서 거듭남에 대해서 충분하고도 분명한 설명은 아직까지는 부족한 것 같으며 그것은 다음의 세 가지 질문에 만족할 만한 답변을 줄 수 없는 정도입니다.

첫째, 우리는 왜 다시 태어나야만 하는가? 즉, 거듭남이라는 교리의 근거는 무엇인가? 둘째, 우리는 어떻게 해서 다시 태어날 수 있는가? 즉, 거듭남의 본질은 무엇인가? 셋째, 왜 우리는 다시 태어나지 않으면 안 된다는 것인가? 즉, 거듭남은 무슨 목적 때문에 필요한가? 저는 하나님의 도우심으로 이러한 질문들에 대해 간단명료한 대답을 하려고 합니다. 그런 다음, 여기에 자연히 뒤따라오게 될 몇 가지의 추론을 보충하고자 합니다.

I

❶ 그러면 첫째로, 우리는 왜 다시 태어나야만 합니까?

이 교리의 근거는 무엇입니까? 거듭남의 근거는 거의 이 세상의 창조만큼이나 심오한데 놓여 있습니다. 우리가 읽는 성경말씀의 설명에 따르면, 삼위일체 되신 '하나님께서' 말씀하시기를 '우리의 형상과 모습을 따라서 인간을 창조하자고 하시고' 이에 따라 하나님께서 '자신의 형상대로, 즉 하나님의 형상대로 인간을 창조하셨다'고 기록되어 있습니다(창 1:26, 27). 즉, 하나님 자신의 불멸성의 모습 즉 자연적인 형상(natural image)을 따라, 뿐만 아니라 이해력과 자유의지와 여러 가지 감정을 가진 영적인 존재로써, 또는 '바다의 고기와 땅 위의 만물을 지배하는' 이 세상의 지배자인 정치적인 형상(political image)으로서, 그 뿐만 아니라 사도 바울의 말과 같이 '의로움과 참 거룩함(엡 4:24)'을 지닌 도덕적인 형상(moral image)으로 인간을 지으셨습니다. 이러한 하나님의 형상(image of God) 속에서 인간이 창조된 것입니다. '하나님은 사랑이시다.'라는 말씀과 같이 인간이 창조되었을 때에는 사랑이 충만하였고, 사랑은 인간의 본성과 사고와 언어와 행동의 유일한 원리였습니다.

하나님은 정의와 자비와 진리가 충만하신 분이시며, 인간은 이러한 창조주의 솜씨에 의해 창조된 그러한 인간이었습니다. 하나님께서는 흠 없이 순수하신 분이시고 그래서 태초에 인간은 모든 죄악의 오점으로부터 순결하였습니다. 그렇지 않았다면 하나님께서 자신이 만드신 만물과 인간에 대해 '매우 좋다(창 1:31)'고 말씀하실 수 없었을 것입니다. 인간이 죄로부터 순수해 질 수 없었다거나 의로움과 참 거룩함으로 충만할 수 없었다면 하나님께서 매우 좋다고 어떻게 말씀하실 수 있었겠습니까? 왜냐하면 여기에는 중간적인 상태란 없는 것이기 때문입니다. 우리가 만일 하나님을 사랑하지도 않고, 의롭고 거룩하지도 않으며 단순히 지성적인 피조물이라고 생각한다면 필연적으로 인간은 전혀 선하다고 생각할 수 없으며 더구나 '매우 좋다'고 상상할 수는 없습니다.

***

❷ 그러나 인간이 비록 하나님의 형상대로 창조되어졌다고 할지라도 불변하게 창조된 것은 아닙니다. 이것은 하나님께서 인간을 두시기를 기뻐하신 시험의 상태와 불일치되었을 것입니다. 그러므로 인간은 시험에 견딜 수 있도록 창조되었지만 타락하기 쉬운 존재입니다. 하나님께서는 이 사실을 인간에게 깨우쳐 주시고 이에 대해 엄숙한 경고를 하셨습니다. 그럼에도 불구하고 '인간은 자신의 명예를 저버렸습니다.' 즉 고귀한 상태에서 타락한 것입니다.

인간은 주님께서 '먹지 말라고 명령하신 선악과 열매를 따 먹었습니다.' 이와 같이 창조주에 대한 고의적인 불순종 행위로, 즉 자신의 통치자에 대해 노골적인 반란을 함으로, "하나님은 인간을 더 이상 지배할 수 없었으며, 인간은 자신을 창조하신 하나님의 뜻에 따라서가 아니라 자신의 뜻에 따라 지배되어야 한다"고 공공연하게 주장을 했습니다. 그래서 인간은 하나님 안에서는 더 이상 행복을 구할 수 없고, 단지 세상과 자신의 솜씨로 만든 것 중에서 행복을 찾을 수 있다고 단정하였습니다. 그러나 하나님께서는 전에 "네가 그 열매를 먹으면 반드시 죽으리라"고 인간에게 말씀하셨습니다. 그리고 이러한 하나님의 말씀은 파기할 수 없는 것입니다. 따라서 인간이 죽는 날에는, 즉 하나님께 대하여 죽는 날에는 모든 죽음 가운데 가장 무서운 죽음을 당합니다.

　인간은 하나님의 생명을 상실하게 됩니다. 즉 자신의 영적인 생명과 결합되신 분인 하나님으로부터 분리됩니다. 육신은 영혼과 분리될 때 죽는 것이며, 영혼은 하나님과 분리될 때 죽는 것입니다. 인류의 조상 아담이 금단의 열매를 따먹었던 날, 그 시간부터 인간은 이와 같이 하나님으로부터 분리되었던 것입니다. 이제는 '하나님의 생명으로부터 소외되어 버린' 그의 영혼 속에 하나님의 사랑이 사라졌다는 사실을 행동으로 나타냄으로써 즉시 이 사실을 입증하였습니다. 그 대신 그는 이제 굴욕적인 공포의 힘에 짓눌리게 되었고, 그 결과 하나님의 면전으로부터 도망하게 되었습니다. 뿐만 아니라 하나님께서는 하늘과 땅에 충만해 계신 분이라는 하나님께 관한 지식을 거의 상실하고 말았기 때문에, 하나님께로부터 도피하여 동산의 나무 사이에 몸을 숨겼습니다(창 3:8). 그리하여 그는 하나님의 형상 없이는 지탱할 수 없는 하나님께 대한 지식과 사랑을 상실했습니다. 그러므로 그는 이와 동시에 하나님의 형상을 박탈당하고, 불행하게 됨과 동시에 거룩함을 잃어버리게 되었습니다. 또한 이로써, 바로 악마의 형상인(the very image of the devil) 교만과 아집에 빠지게 되었고 멸망할 짐승의 형상인(the image of beasts) 관능적 욕구와 정욕에 빠지게 되었습니다.

　　　＊＊＊

　❸ 만일 "네가 그것을 먹는 날에는 반드시 죽게 되리라"는 경고가 '단순한 위협일 뿐이고' 현세적인 죽음, 그리고 죽음 그 자체만을, 즉 육체의 죽음에 대해서만 언급한 것이라면 그 대답은 명백합니다. 이것을 긍정하는 것은 단호하고 명백하게 하나님을 거짓말쟁이로 만드는 것입니다. 하나님의 진리가 진리와 상반되는 것임을 명확하게 확인하는 것입니다. 왜냐하면 사람이 '네가 그것을 먹는 날에는 반드시 죽게 되리라' 는 의미에서 죽는 것이 아니라는 증거가 있기 때문입니다. 아담은 이런 죽음과는 오히려 반대로 그 후에도 900세 이상을 살았습니다. 결과적으로, 하나님의 진실을 거부하지 않고서는 단지 이 말을 육체의 죽음으로서만 이해하기

가 불가능합니다. 그러므로 우리는 이 말씀을 영적인 죽음, 즉 생명과 하나님의 형상을 상실했다는 사실로서 이해하지 않으면 안 됩니다.

* * *

❹ 그리하여 '아담 안에서 모든 사람이 죽었고', 즉 모든 인류들과 사람의 모든 자녀들이 죽었습니다. 이렇게 된 자연적인 결과로서, 아담의 후손이 된 모든 사람들은 하나님께 대한 죽음, 영적인 죽음, 죄 속에서의 전적인 죽음 속에서 이렇게 태어나게 되었고, 하나님의 형상과 하나님의 생명을 전적으로 상실하고, 아담이 창조되었을 때 가지고 있었던 의로움과 거룩함 대신 지금 이 세상에 태어나는 모든 사람은 교만과 아집에 사로잡힌 채 악마의 형상을 지니게 되었고, 관능적 욕구와 정욕 속에서 짐승의 형상을 지니고 태어나게 되었습니다. 다시 말해서 인간의 본성이 전적으로 타락하게 되었다는 점(the entire corruption of our nature), 바로 이것이 신생의 근거가 됩니다. 그러므로 '죄 가운데 태어났기' 때문에 우리는 '다시 태어나야만' 한다는 것입니다. 그러므로 여자에게서 태어난 모든 사람들은 하나님의 영으로 다시 태어나야만 하는 것입니다.

❶ 그러나 인간이 어떻게 다시 태어날 수 있는가? 신생의 본질은 무엇인가?

이것이 바로 두 번째 질문입니다. 그리고 이것은 생각해 볼 수 있는 가장 높은 차원의 질문입니다. 그러므로 우리는 이와 같이 중요한 관심을 너무 가볍게 취급한 채, 만족해서는 안 되며, 가능한 한 모든 관심을 기울여 검토해야 하고, 그리고 이렇게도 우리에게 중요한 사실을 충분히 이해해야 되며 어떻게 다시 태어날 수 있는가를 우리 마음속에 분명히 깨달을 때까지 이 문제를 골똘히 생각해 봐야 합니다.

* * *

❷ 이것이 어떻게 행해질 수 있는가 하는 방법에 대해서는, 한 순간이라도 철학적으로 설명되기를 기대해서는 안 됩니다. 우리 주님께서는 이와 같은 기대에 대비하여 바로 다음 구절의 말씀을 통하여 이 점을 충분히 알려 주셨습니다. 이 말씀 속에서 주님은, 해 아래 있는 어떤 현명한 자라도 설명하기 어려운 자연의 전체적인 영역에 대하여, 그럼에도 불구하고 누구보다 못지않게 분명한 사실로서 니고데모에게 일깨워 주셨습니다. 어떠한 힘이나 지혜로서가 아니라 '바람은 임의로 불고 있다.' 그리하여 '너희는 그 소리를 듣고' 의심할 여지없이 바람이 불고 있다는 사실을 확신한다. '그러나 너희는 바람이 어디로부터 왔다가 어디로 가는지 알 수 없다.' 즉, 어떤 방법으로 발생하여 어떻게 끝나고, 흥하고 쇠하게 되는 것인지 누구도 알 수 없다. '성령으로 난 사람(누구든지)은 다 이러하니라.' 여러분은 바람이 분다는 사실은 명백하게 확신할 것입니다만 인간의 영혼 속에서 성령께서 이 일을 어떻게 행하시는 것인지는 당신이나 또는 사람의 후예 중 가장 현명한 자라도 이 사실을 설명할 수는 없는 것입니다.

* * *

❸ 그러나 호기심이나 비판적인 탐구에 빠지지 않고서도 거듭남의 본질에 대해서 분명한 성서적 해답을 줄 수 있다는 사실은 모든 합리적인 목적과 기독교적인 목적을 위해서 흡족한 일일 것입니다. 이러한 사실이 자기 영혼의 구원만을 갈망하는 이성적인 모든 인간들을 만족시키게 할 것이기 때문입니다. '다시 태어난다.' 는 말은 주님께서 니고데모와 대화하시는 중에 최초로 사용된 표현은 아닙니다. 이것은 이러한 만남이 일어나기 전에도 이미 잘 알려진 사실이며, 구주께서 유대인들 가운데 살아계셨을 때에도 이미 일반적으로 사용되고 있었습니다. 성인이 된 이방인들이 유대종교야 말로 하나님께 속한 종교라는 사실을 확신하며, 입교하기를 원했을 때 이방인들은 할례를 받기 전에 먼저 세례를 받는 것이 관례로 되

어 있었습니다. 그리고 이방인이 세례를 받았을 때에 '다시 태어난다' 고 말하였습니다. 이렇게 함으로써 사람들은 이전에는 악마의 자녀였던 자가 지금은 하나님의 가족으로 입양되고, 하나님의 자녀의 한 사람으로 간주된다고 생각했습니다. 그러므로 '이스라엘의 선생' 이었던 니고데모가 잘 이해했어야 했던 것을 주님께서는 그와의 대화 중에 사용하신 것입니다. 단지 주님께서는 그가 익숙하게 알고 있었던 사실보다 더 강한 의미로서 이 말씀을 사용하셨을 뿐입니다. 이것이 바로 니고데모가 '어떻게 이런 일이 있을 수 있습니까?' 하고 물었던 질문의 이유일지도 모릅니다. '다시 태어난다.' 는 말은 문자 그대로는 일어날 수 없는 사건입니다. 사람은 어머니의 뱃속에서 다시 들어가 두 번 다시 태어날 수 없습니다. 그러나 영적으로는 이러한 일이 가능합니다. 즉 인간은 자연적인 탄생과 매우 가깝게 유비되는 방법으로 '위로부터', '하나님으로부터', '성령으로부터' 태어날 수 있습니다.

* * *

❹ 어린아이가 이 세상에 태어나기 전에는 눈을 가지고 있으나 보지 못하고, 귀를 가지고 있으나 듣지를 못합니다. 그는 다른 감각기관 조차도 아주 불완전하게 사용합니다. 그는 세상일에 대한 아무런 지식도 없고, 어떤 선천적인 이해력도 가지고 있지 않습니다. 그래서 어린아이가 가지고 있는 존재방법에 대해 우리가 진정한 생명이라고 일컬을 수가 없습니다.

그렇다면 사람이 출생한 다음에야 비로소 우리는 그가 살기 시작한다고 말합니다. 왜냐하면, 사람이 태어나자마자 빛과 그를 둘러싸고 있는 다양한 대상들을 보기 시작하기 때문입니다. 그때 그의 귀가 열리고 계속적으로 그에게 부딪쳐 오는 음향을 듣게 됩니다. 이와 동시에 다른 모든 감각기관들도 적절한 대상들을 검토하기 시작합니다. 이렇게 해서 전과는 전혀 다른 방법으로 숨을 쉬고 살아갑니다.

이 모든 예는 얼마나 정확하게 비슷한 점이 있습니까! 인간이 하나님으로부터 떠나기 전, 단순히 자연적인 상태에 있을 동안에는 영적인 의미에서 비록 눈이 있으나 보지를 못합니다. 눈에는 벗길 수 없는 두터운 장막이 가로막고 있습니다. 그리고 귀가 있어도 듣지를 못합니다. 그가 가장 관심을 가지고 들어야하는 바를 전혀 들을 수 없습니다. 그의 영적인 다른 감각마저도 모두 닫혀져 있습니다. 그는 마치 그런 기관들이 없는 것과 같은 상태에 있습니다. 그러므로 그는 하나님께 대한 지식이 없습니다. 그분과 교제도 할 수가 없고 전혀 가까이 할 수도 없습니다. 그는 영적이거나 영원한 하나님의 일들에 대해서 참된 지식을 가질 수가 없습니다. 그러므로 그는 살아 있지만 죽은 기독교인입니다. 그러나 그가 하나님으로부터 태어나자마자 이 모든 특징에 전적인 변화가 일어납니다(위대한 바울 사도의 말과 같이). '이해의 문이 열립니다.' 그리고 그 옛날 '어둠 속에서 빛이 비쳐 나오라'고 명령하신 하나님께서 우리의 마음속을 비쳐주셔서 예수 그리스도의 얼굴에 나타난 하나님의 영광의 빛, 즉 주님의 영광스러운 사랑을 바라보게 됩니다. 그의 귀는 열립니다. 그는 지금 '기뻐하라! 이미 너의 죄는 사함을 받았다.' '가라! 그리고 더 이상 죄를 짓지 마라!'고 하시는 내적인 주님의 목소리를 들을 수 있습니다. 비록 똑같은 말은 아닐지라도 이것이 하나님께서 그의 마음을 향하여 말씀하시는 요지입니다. 이제 그는 '사람에게 지식을 가르치시는 하나님이 때때로 그에게 계시하시기를 즐겨하시는 것' 무엇이든지 들을 준비가 되어 있습니다. 그는 이제, 이 세상 사람들이 우매하게 혹은 제멋대로 말씀을 곡해하는 것처럼 조잡하고 육욕적인 의미에서가 아니라, 교회에서 쓰는 말을 빌린다면 '하나님의 영의 전능하신 역사를 마음속에 느끼게 됩니다.' 많은 사람들이 반복해서 이러한 말씀을 들어 왔다 하더라도 우리는 더 이상 여기에서 이 말씀을 더할 수도 덜할 수도 없습니다. 그는 이제 하나님의 영이 그의 마음속에서 역사하시는 은총을 내적으로 지각하게 됩니다. 그리고 '모든 이해를 넘어선 평화'에 대해 내적으로 깨닫게 됩니다. 그는 '말로 다할 수 없으며, 영광에 가득 찬 하나님 안에서의 기쁨'을 수차에 걸쳐 느끼게 됩니다. '그에게 주신 성령에 의해서, 그의 심령 속에 빛을 발하시는 하나님의 사랑'을 깨닫게 됩니다. 그때 그의 모든 영적인 감각은 선과 악을 명확히 분별할 수 있게 됩니다. 이것들을 사용함으로서 그는 하나님과 하나님이 보내주신 예수 그리스도와 그리고 그의 내적 왕국에 속하는 모든 사실들에 대한 지식이 날로 증대해 갑니다.

  이제는 그가 산다고 말할 수 있습니다. 성령에 의해서 하나님께서 그를 깨우셨기 때문에 그는 예수 그리스도를 통해서 하나님께 산 생활을 하게 됩니다. 그는 세상이 알지 못하는 '하나님 안에 계신 예수 그리스도와 함께 감추어진 삶'을 살아가게 됩니다. 하나님은 실제로 우리의 영혼에 끊임없이 생기를 불어넣으십니다. 그리고 인간의 영혼은 하나님을 향해 호흡합니다. 하나님의 은혜는 인간의 마음속에 내려오고, 기도와 찬양은 하늘을 향해 올라갑니다. 하나님과 인간의 교제를 통해 성부와 성자의 교제가 일종의 영적인 호흡을 통하여 인간의 영혼에 있게 됨으로 하나님의 생명은 영혼 속에 지속됩니다. 그래서 '그리스도의 장성한 분량'에 이를 때까지 하나님의 자녀들은 성장해 갑니다.

  * * *

❺ 이러한 사실로부터 신생의 본질이 무엇인가 하는 것이 분명히 나타납니다. 신생은 하나님께서 우리를 생명으로 이끄실 때 하나님께서 영혼 안에서 역사하시는 위대한 변화를 의미합니다. 그때 하나님은 죄로 인한 죽음에서 우리를 일으키사 의의 생명으로 이끄십니다. 신생은, '예수 그리스도 안에서 새로운 피조물'이 되었을 때 전능하신 하나님의 영으로 모든 영혼 안에 일어나는 놀라운 변화입니다. 의와 참된 성결 속에 하나님의 형상을 따라 새로워지고, 세상에 대한 사랑이 하나님께 대한 사랑으로, 교만이 겸비로, 거친 마음이 온유한 마음으로, 미움 시기 악의가 모든 인류에 대한 신실과 온유와 희생적인 사랑으로 변화될 때, 여기에 거듭남이 있습니다. 한마디로 말해서 거듭남은 세상적이고 정욕적이며 악마적인 마음이 '예수 그리스도 안에 있는 마음'으로 바뀌지는 변화입니다. 이것이 바로 거듭남의 본질이며, '성령으로 태어난 사람은 다 이와 같은' 것입니다.

❶ 이러한 사실을 숙고한 사람은 누구든지 거듭남의 필요를 느끼게 되며, 그래서 무엇 때문에, 무슨 목적으로 우리가 다시 태어나야만 하는가? 하는 세 번째 질문에 쉽게 답변할 수 있는 것입니다.

신생은 첫째로, 성결을 위해서 필요한 것이라는 사실을 쉽게 알 수 있습니다. 그렇다면 하나님의 말씀에 따르는 성결의 목적은 무엇입니까? 그것을 다수가 말하고 그리고 정확하게 수행된다 할지라도 그것은 단순히 외적인 종교나 외적인 의무의 반복만은 아닙니다. 그렇습니다. 복음적인 성결이란 마음에 새겨진 하나님의 비전 이외에 아무 것도 아닙니다. 그것은 그리스도 예수 안에 있는 온전한 마음 바로 그것입니다. 그것은 그의 아들 독생자를 우리에게 아낌없이 주셨던 하나님께 대해 끊임없이 그리고 감사에 넘쳐 사랑하는 일입니다. 즉, 모든 사람의 자녀를 사랑하는 일이 우리들에게는 자연적이고 필수적인 일인 것처럼 말입니다. 그리고 우리에게 자비와 친절과 겸손과 오래 참는 마음을 가득 채우는 일과 같은 것입니다. 그것은 우리들에게 모든 모양의 대화에 있어서 책망할 것이 없도록 우리를 가르치시는 하나님의 사랑과도 같은 것입니다. 그것은 우리의 육체, 존재와 소유하고 있는 모든 것, 생각과 언행을 예수 그리스도를 통해서 하나님께 받아들여질 수 있는 끊임없는 희생 제물로 드리도록 하시는 하나님의 사랑입니다. 그런데 우리의 마음의 형상이 새로 지음을 받기까지는 이러한 성결은 존재할 수 없습니다. 변화가 일어나기 전에는, 주 하나님의 능력으로 우리가 어둠에서 빛으로, 사탄의 세력에서 하나님께로 돌아서기 전에는 이것이 우리의 마음속에 일어나지 않습니다. 즉 다시 태어나기 전에는 일어나지 않는 것입니다. 그러므로 거듭남은 성결을 위해서는 절대로 필요한 일입니다.

❷ '거룩하지 않고서는 아무도 주님을 보지 못할' 것이며 영광 속에 나타나시는 하나님의 얼굴을 보지 못할 것입니다. 결과적으로 거듭남은 영원한 구원을 얻기 위하여 절대적으로 필요한 것입니다.

인간은 최후의 순간이 올 때까지는 죄 속에서 살게 될 것이지만, 그러나 그 후에는 하나님과 함께 살게 될 것이라고 실제로 스스로 착각할지도 모릅니다(인간의 마음은 그렇게 절망적으로 악하며 그렇게 거짓된 것입니다). 그래서 수많은 사람들이 자신을 멸망으로 인도하지 않는 넓은 길을 발견했다고 실제로 믿고 있습니다. 그들은 말하기를 '그렇게 죄가 없고 덕스러운 여인이 어떻게 위험 가운데 빠질 수 있단 말인가!' '그렇게 정직한 남자가, 그렇게 엄중한 도덕을 지키는 사람이 어떻게 천국을 잃어버릴 염려가 있겠는가!' 특별히 '무엇보다도 끊임없이 교회에 출석해서 성례전에 참예한다면 천국에 못 갈 염려가 없지 않겠는가!' 그 중에 어떤 사람은 '도대체 내 이웃과 똑같이 행동하지 말아야 할 이유는 무엇인가?' 하고 확신을 가지고 질문할 것입니다.

그렇습니다. 당신의 불경한 이웃과 똑같이 행동해 보십시오. 그러면 당신은 무저갱, 즉 지옥의 가장 밑바닥으로 떨어질 것입니다. 당신은 이웃과 함께 불붙는 못 속으로 던져지게 될 것입니다. 즉 유황이 타오르는 불못 속으로 말입니다. 그때야 비로소 당신은 영광을 위해서 거룩하게 되는 것이 필요하다는 것을 알게 될 것입니다(하나님께서 사전에 이것을 당신에게 알 수 있도록 해 주시기를 바랍니다). 결과적으로 신생은 필요한 것인데 왜냐하면 다시 태어남이 없이는 아무도 거룩해질 수 없기 때문입니다.

* * *

❸ 똑같은 이유로서, 사람이 다시 태어나지 않고서는 누구도 이 세상에서조차 행복할 수 없기 때문입니다. 왜냐하면 사물의 이치로 본다면 거룩하지 않은 자가 행복하게 되기란 불가능하기 때문입니다. 가련하고 불경한 시인조차 다음과 같이 우리에게 말합니다. Neno malus felix, 즉 '사악한 인간은 행복할 수 없다'는 것입니다. 그 이유는 분명합니다. 모든 불경

한 성품은 불안한 성품이기 때문입니다. 악의, 미움, 질투, 투기, 복수심은 마음속에 현재적인 지옥을 만들 뿐만 아니라 그 적절한 한계를 유지하지 못한다면 유순한 정열조차도 기쁨보다는 몇 천 배의 고통을 주는 것입니다. '희망조차도' 지연될 때는 '마음을 병들게' 합니다(그런데 이런 경우는 아주 흔합니다). 그리고 하나님의 뜻에 따르지 않는 모든 욕망은 '수많은 슬픔' 을 통해 우리를 '찌르기' 쉬운 것입니다. 그리고 죄의 일반적인 근원들은 즉, 교만, 이기심, 우상숭배는 그것이 퍼져나가는 것과 똑같은 비례로서 불행의 통상적인 근원이 됩니다. 그러므로 어떤 영혼 속에서건 죄가 지배하고 있는 한 행복은 그곳에 있을 수 없습니다. 그러나 이러한 것들은 우리의 본성의 경향이 변화되기 전에는, 즉 다시 태어나기 전에는 틀림없이 우리를 지배할 것이며 결과적으로 거듭남은 장차 올 세상에서와 마찬가지로 이 세상에서 행복하게 되기 위하여 절대적으로 필요한 것입니다.

나는 마지막 부분에서, 위에서 언급한 몇 가지 관찰로부터 자연적으로 뒤따라오게 되는 몇 가지 추론들을 첨부하여 제시하였었습니다.

***

❶ 그래서 첫째로, 세례는 거듭남이 아니라는 사실, 즉 양자가 동일한 것이 아니라는 사실을 결과하게 됩니다. 많은 사람들은 실제로 세례와 신생이 아주 똑같다고 생각하고 있는 것 같습니다. 적어도 그들은 마치 그것들이 그렇게 생각될 수 있는 것인 양 말을 합니다. 그러나 나는 그런 의견이 어떤 기독교 종파에서건 공공연하게 인정되고 있다는 말을 들어 본 일이 없습니다. 분명히 영국내의 어느 종파도, 즉 국교도든지 청교도든지

간에 세례와 거듭남을 동일하게 취급하고 있지는 않습니다. 청교도의 판단은 대교리문답서(Larger Catechism)에 분명하게 선언되어져 있습니다.

| 문 | 성례전의 역할은 무엇입니까?
| 답 | 성례전의 역할은 둘이 있습니다. 하나는 외적이고 지각적인 표징이며, 다른 하나는 이것이 의미하는 내적이며 영적인 은혜입니다.
| 문 | 세례는 무엇입니까?
| 답 | 세례한 성령에 의한 중생의 상징과 보증으로서 그리스도께서 물로 씻는 것을 제정하신 성례전입니다. 여기에서 표징으로서의 세례는 그 세례가 의미하는 중생과 구분된 것으로서 언급하고 있는 것이 분명합니다.

다음과 같은 교리문답서에는 우리 교회의 판단이 아주 분명하게 선언이 되어 있습니다.

| 문 | 성례전이라는 말은 무슨 뜻입니까?
| 답 | 내가 의미하는 성례전은 내적이며 영적인 은혜로 된 외적이며 가시적인 상징을 뜻합니다.
| 문 | 세례에 있어서 무엇이 외적인 부분이며 형식입니까?
| 답 | 성부와 성자와 성령의 이름으로 사람들이 이로 인해 세례를 받게 되는 물입니다.
| 문 | 내적인 부분 또는 상징되어진 것은 무엇입니까?
| 답 | 죄에 대해서 죽는 것과 의에 의해서 신생하는 것입니다.

그러므로 영국교회의 판단에 따른다면 세례가 신생이 아니라는 사실이 더욱 명백하게 드러납니다. 참으로 이러한 사실에 대한 이유는 너무나 명

백하고 뚜렷하기 때문에 어떤 다른 근거가 필요 없는 것입니다. 그 이유는 하나는 외적인 역사에 대한 것이고, 다른 하나는 내적인 역사에 대한 것이기 때문입니다. 하나는 보이는 사건이고 다른 하나는 보이지 않는 사건이기 때문에 양자가 전적으로 다른 것이라는 사실보다 더 이상 분명한 점이 무엇이겠습니까! 즉, 하나는 육신을 깨끗케 하는 사람의 행위이며, 다른 하나는 영혼과 몸이, 물과 성령이, 구별되는 것처럼 이것은 서로 구별되는 것입니다.

* * *

❷ 이상과 같은 고찰로부터 두 번째 우리는 거듭남이 세례와 같지 않은 것처럼 거듭남이 항시 세례를 수반하는 것이 아니라는 사실을 알 수 있습니다. 즉 양자가 언제나 양립하는 것은 아닙니다.

사람이 '물로' 다시 태어날 수 있다 하더라도 '성령으로' 다시 태어나는 것은 아닙니다. 내적인 은혜가 없을 때라도 외적인 표징은 때때로 존재할 수 있습니다. 내가 지금 어린아이들에 대해서 말하는 것은 아닙니다. 어릴 때 세례 받은 모든 사람들은 그와 동시에 다시 태어났다고 우리 교회가 생각하고 있는 것이 분명합니다. 유아 세례에 대한 모든 제도가 이런 가정 속에 진행되고 있다는 것이 일반적으로 용인되고 있습니다. 어떻게 해서 어린 아이들에게 이런 일이 일어날 수가 있는가를 이해할 수 없다고 해서 이에 대한 중대한 반대가 될 수는 없습니다. 왜냐하면 우리가 성인이 된 사람들에게 있어서도 어떻게 이런 일이 일어날 수 있는가를 이해할 수 없기 때문입니다. 그러나 어린아이들의 경우가 어떻든지 간에 이미 세례 받은 성인들도 그와 동시에 다시 태어나는 것이 아니라는 사실은 분명한 것입니다. '나무는 그 열매를 보아 아는 것입니다.' 세례받기 전에 악마의 자녀들이었던 사람들이 세례 받은 후에도 여전히 같은 상태가 지속되는 것은 너무나 분명하기 때문에 부정할 수 없습니다. 그들은 '그들의 아버지가 행한 일을 자신들도 행하고 있습니다.' 그들은 내적이거나 외적인 거룩함을 요구하지 않은 채 죄의 종노릇을 계속합니다.

❸ 우리가 지금까지 관찰해온 사실로부터 이끌어낼 수 있는 세 번째 추론은 거듭남은 성화와 동일하지 않다는 사실입니다. 이 점은 실제에 있어서 많은 사람들이 인정하고 있는 사실입니다. 특별히『기독교적 중생의 본질과 근거』에 대한 저명한 작가의 최근의 논문 속에서도 이 사실이 인정되고 있습니다. 그 논문에 대해 제기되고 있는 몇 가지 반대들을 제쳐놓고라도 이 사실은 분명하게 드러나 있습니다. 이 논문은 중생에 대해서, 일괄적으로 말하기를 중생은 우리가 처음 하나님께 돌아서게 되는 순간부터 서서히 영혼 속에서 수행되어지는 점진적인 역사라고 언급하고 있습니다. 이것은 틀림없이 성화에 대해서는 맞는 말입니다. 그러나 중생이나 신생에 대해서는 그렇지가 않습니다. 신생은 성화의 일부분이지 그 전체는 아닙니다. 신생은 성화로 들어가는 문이고 통로입니다. 우리가 다시 태어날 때, 그 때 우리의 성화, 즉 우리의 내적이고 외적인 성결이 시작됩니다. 그리하여 그 이후부터 우리는 점차적으로 '우리의 머리되신 그리스도에게 이르기까지 성장되는' 것입니다. 이와 같은 사도 바울의 표현은 신생과 성화의 분명한 차이점을 보여 주며, 더구나 자연적인 것과 영적인 것 사이에 놓여져 있는 정확한 유비를 지적해 줍니다.

어린아이는 순간적으로 아주 짧은 시간에 여인으로부터 태어납니다. 그 후에 그는 한 인간으로 성장하기까지 점차적으로 그리고 서서히 자라나게 됩니다. 이와 마찬가지 방법으로 사람은 어린애처럼 순간적으로 또는 짧은 시간 안에 하나님께로부터 태어나게 됩니다. 그러나 그 후에도 그가 '그리스도의 장성한 분량'에 이르기까지 자라게 되는 것은 점증적인 것입니다. 그러므로 우리의 자연적인 출생과 성장과의 동일한 관계가 우리의 신생과 성화와의 관계에도 일어납니다.

***

❹ 위에서 언급한 사실로부터 한 가지 사실을 더 배울 수 있을 것입니다. 이 점은 보다 주의 깊게 생각하며, 장구하게 논의해도 좋을 만한 아주 중요한 사실입니다. 사람의 영혼을 사랑하고 그 중에 어느 사람이 멸망할

까를 슬퍼하는 사람이 안식일을 범하고, 술 취하고, 또는 다른 고의적인 죄를 지며 살아가는 사람을 볼 때, 그에게 무슨 말을 해야 합니까? 만약 앞에서의 관찰이 사실이라면 '당신은 새로 태어나야 한다'는 말 밖에는 다른 말을 할 수가 없습니다. '아니다, 절대로 그렇게 말할 수 없다. 당신이 어떻게 그렇게 무자비하게 그 사람에게 그런 말을 할 수 있느냐? 그가 지금 다시 태어날 수는 없다'라고 어떤 열렬한 사람은 말을 할 것입니다. '그 사람은 이미 세례를 받지 않았는가?' '이제 그는 다시 태어날 수는 없다.'고 말 할 것입니다. 과연 그가 다시 태어날 수 없습니까? 당신도 그렇다고 긍정하시겠습니까? 그렇다면 그는 구원받을 수 없습니다. 그 삶이 비록 니고데모처럼 연로하다고 할지라도 만일 그가 다시 태어나지 않는다면 하나님의 나라를 볼 수가 없습니다. 그러므로 당신이 그는 다시 태어날 수 없다고 말함으로써 그 사람을 마침내 파멸로 이끌어가고 말 것입니다. 그렇다면 어느 편이 더 무자비한 것입니까? 내 편입니까? 아니면 당신 편입니까? 나는 '그가 다시 태어나기만 한다면' 구원의 상속자가 될 수 있다고 주장합니다. 당신은 '그는 다시 태어날 수 없다고 주장합니다.' 그렇다면 그는 필연적으로, 멸망 받을 수밖에는 없습니다. 이렇게 함으로서 당신은 사람의 구원의 길을 차단해 버리고 단지 자비라는 명목으로 그를 지옥으로 내 모는 것이 됩니다.

그러나 우리가 '참된 자비심'을 가지고 '당신은 다시 태어나야만 합니다'고 말할 때라도 그 죄인 자신은 '나는 당신의 새로운 교리를 거부한다.'고 항변할 수도 있을 것입니다. 그는 '나는 다시 태어날 필요가 없다', '나는 세례 받을 때에 이미 다시 태어났다', '그런데 도대체 무엇 때문에 당신은 내가 받은 세례를 부정하느냐?'고 대들 것입니다. 그렇다면 나는 '세상에서는 거짓말을 용서할 수 없다'고 뻔뻔스러운 죄인들에게 대답할 것이며, 그 뿐만 아니라 '당신이 세례를 받았다고 할지라도 그것은 아무런 소용이 없다. 왜냐하면 그 세례가 당신의 죄를 얼마나 증가시키고 있느냐?'고 답변할 것입니다. 얼마나 그것이 당신의 멸망을 증가시키고 있습니까? 당신은 난지 팔 일만에 하나님께 바쳐졌는데, 나머지 생애를 악마에게 바쳐 온 것이 아닙니까? 당신은 이성을 사용하기 전에 성부와 성자와 성령이신 하나님께 대하여 성별되지 않았었습니까? 그러나 당신이 이성을 사용한 이래로 하나님의 면전에서 도망하고 자신을 사탄에게 바치지 않았습니까? 거룩한 곳을 범하는 가증스러운 자로서, 즉 세상에 대한 사랑, 교만, 분냄, 육욕, 우매한 욕정, 모든 악한 감정 등을 가짐으로서 서지 않아야 될 자리에 서 있는 것이 아닙니까? 당신은 한때 성령의 전이었던 영혼 속에, 성령을 통한 하나님의 거처로서 성별된 영혼 속에, 하나님께서 엄숙히 위탁한 그 영혼 속에, 이 모든 가증스러운 것들을 허용한 것이 아닙니까? 그래서 당신이 한때 하나님께 속했었다는 이유만으로 스스로를 영광스럽게 생각합니까? 아! 정말 수치스럽고 부끄러운 일입니다. 지상에서 종적을 감추십시오. 당신을 혼돈으로 가득 채우며 하나님 앞과 사람 앞에서 수치스러운 것들에 대해서 더 이상 자랑을 하지 마십시오.

둘째로, 당신은 당신의 세례를 이미 부정했고 더구나 아주 합리적인 방법으로 그와 같은 일을 했다고 나는 답변할 것입니다. 당신은 헤아릴 수 없이 세례를 부정했고 지금도 날마다 부정하고 있습니다. 왜냐하면 당신이 세례를 받을 때 당신은 악마와 그의 모든 역사를 거부했기 때문입니다. 그러므로 당신이 악마에게 설 자리를 제공할 때는 언제나 악마의 역사를 행하는 것이며 그때 당신은 자신의 세례를 부정하게 되는 것입니다. 그러므로 당신은 여러 가지 고의적인 죄로 인하여 세례를 부정하는 것이 됩니다. 여러 가지의 불결함, 술 취함, 복수심, 여러 가지 외설적이고 비속한 언어, 또한 자신의 입으로부터 나오는 맹세의 행위에 의해 세례를 부정하게 됩니다. 당신은 주의 날을 모독할 때마다 그것으로 인하여 세례를 부정하게 됩니다. 그리고 당신은 다른 사람이 당신에게 해서는 안 될 일을 당신이 다른 사람에게 행하게 될 때 세례를 부정하게 되는 것입니다.

나는 셋째로, 당신은 세례를 받았던지 받지 못했던지 간에 당신은 다시 태어나야만 된다고 답변하겠습니다. 그렇지 못하다면 당신이 내적으로 거룩하게 되는 것은 불가능한 일입니다. 그리고 외적인 정도와 마찬가지로 내적으로 성결하지 않고서는 이 세상에 있어서 행복해질 수 없을 뿐 아니라 장차 올 세상에서는 더욱 행복해 질 수 없습니다. '천만의 말씀. 나는 어떤 사람도 해롭게 한 적이 없다. 내 모든 행동에 있어서 정직하고 공정했다. 나는 저주하지도 않았고 더욱이 주의 이름을 헛되이 부르지도 않았다. 나는 주의 날을 모독한 일도 없다. 술 취하지도 않았다. 나는 이웃을 모략하지도 않았고 고의적인 죄를 지으며 생활하지도 않았다' 고 당신은 항의 하시겠습니까? 만일 그 대답이 사실이라면, 모든 사람들이 당신이 행한 것만큼 그런 행동을 할 수 있기를 바랍니다. 그러나 당신은 더욱 더 전진해야 하고 그렇지 못하다면 구원을 받을 수 없습니다. '즉, 당신은 다시 태어나야만 합니다.' 그러나 당신은 "나는 지금 그 이상 앞으로 나가고 있다. 나는 어떤 해로운 일도 하지 않았고, 가능한 한 모든 일에 최선을 다하고 있다."고 덧붙여 말씀하시겠습니까? 나는 그 사실이 의심스럽습니다. 나는 당신이 행할 수 있었던 수많은 기회를 포착하지 않고 지나쳐 버리고, 이 때문에 하나님께 책임을 져야 한다는 사실에 대해 두려워합니다. 그러나 당신이 그 기회를 선용했다 할지라도, 즉 모든 사람들에게 가능한 한 최선을 다했다고 할지라도, 이것이 구원받지 못할 상태를 변경시킬 수는 결코 없습니다. 그래도 '당신은 다시 태어나야만 합니다.' 새로 태어나지 않고서는 불쌍하고, 죄악에 가득 차고 오염된 영혼에 대해서 아무것도 유익함을 줄 수가 없습니다. "천만에, 나는 하나님의 모든 규례를 언제나 지켜왔다. 교회의 성례전에 항상 참예하였다." 좋습니다. 그러나 당신이 다시 태어나지 않고서는 이 모든 것들이 당신을 지옥에서 건지게 하지 못합니다. 하루에 두 번씩 교회에 가고 매주 성찬에 참석하십시오. 읽으십시오. 그러나 아직도 '당신은 다시 태어나야만 합니다. 이것들 중에 어떤 것도 신생에 대치될 만한 것이 없습니다. 진정 이 세상에는 없습니다. 그러므로 만약 그와 같은 하나님의 내적 역사를 경험하지 못했다면 당신은 다음과 같이 끊임없는 기도를 하셔야 됩니다.

"주님이시여, 이 모든 당신의 축복에 신생을 더하여 주시사 나를 다시 태어나게 하옵소서. 당신이 무엇을 거절하시기 원하시던지 간에 이것만은 거절하시지 마시고, 나로 하여금 '위로부터 태어나게' 하옵소서. 당신이 좋게 생각하시는 모든 것, 즉 명예, 재산, 친구, 건강을 내게서 빼앗아 가시더라도 오직 이것만은 허락하게 하옵소서. 성령으로 태어나게 해 주시고 하나님의 자녀로서 받아 주옵소서. 나를 '살아계시고 영원하신 하나님의 말씀으로 인해 썩어질 씨가 아니라 썩지 않을 씨'로 다시 태어나게 하옵소서! 그리하여 나를 '우리의 주시요, 구세주이신 예수 그리스도의 은혜와 그를 아는 지식 안에서 매일 매일 성장하도록 하옵소서."

6

신생의 표적
The Marks of the New Birth

진실로 진실로 나는 여러분에게 말합니다.
당신들도 또한 거듭나야 합니다.
당신들은 거듭나지 않고서는 결코 하나님 나라를 볼 수 없습니다.
세례에 의해서 거듭났다고 하는, 상한 갈대로 만든 지팡이를
더이상 의지하지 마십시오. 당신들이 하나님의 자녀였고
하나님의 나라를 상속받을 자였음을 누가 부인합니까?
그럼에도 불구하고 지금 당신들은 마귀의 자녀들입니다.
그러므로 당신들은 거듭나야만 합니다.
거듭나야 한다는 사실이 명백한 때에 사탄이 당신들의
마음을 유혹하지 못하도록 하십시오.

6 | 신생의 표적
The Marks of the New Birth

【 해설 】

웨슬리는 1739년 6월 10일 본문을 가지고 처음 설교했고, 이 본문으로 1743년 1월 2일 엡워스(Epworth)에서 다시 설교를 한 적이 있다. 웨슬리는 신생에 대해서 설교할 때는 거의 대부분 요한복음 3장 8절을 본문으로 택하곤 하였다.

종교개혁자들은 신생(혹은 중생)이 전적인 성령의 작용에 의한다고 보았다. 성령의 작용에 의해서 인간은 자연적인 상태에서 은총의 상태로 옮기워지는 것이다. 그러면 이같은 성령의 작용은 어떻게 이루어지는가? 루터는 세례에 의존한다고 보았고, 칼빈은 하나님의 예정에 의존한다고 보았다. 그러나 오늘날 일반적인 복음주의자들은 웨슬리의 신생에 대한 이해를 따르고 있는 것 같다.

웨슬리는 신생을 의인과 함께 일어나는 동시 사건으로서 의인의 다른 측면들을 말하는 것이라고 보았다. 웨슬리는 '하나님께로서 난 자의 위대한 특권'(The Great Privillege of Those That are Born of God)이라는 설교에서 의인과 신생을 다음과 같이 구분하고 있다.

칭의와 신생이 시점에 있어서는 서로 분리될수 없는 것이라는 점은 인정하지만 양자는 쉽게 구별되는 것입니다. 양자는 동일한 것이 아니며, 대단히 다른 성질의 것이기 때문입니다. 칭의는 단지 관계적인 변화를 의미하며, 신생은 실제적인 변화를 의미합니다. 우리를 의롭다고 하심으로 하나님은 우리를 위해서(for us) 무엇인가를 하시지만, 우리를 새로 태어나게 하심으로 우리 안에서(in us) 일을 하십니다.

전자는 우리의 하나님께 대한 외적인 관계를 변화시키고, 그로 인하여 원수였던 우리가 그분의 자녀들이 되는 것입니다. 반면에 후자로 말미암아서는 우리 영혼의 깊은 내면이 변화되어 그로 인하여 죄인이었던 우리가 성도가 되는 것입니다. 또한 전자는 하나님의 사랑을 받는 자리로 회복시켜 준다면, 후자는 하나님의 형상으로 우리를 회복시켜 줍니다. 칭의가 죄에 대한 책임을 제거하는 것이라면 신생은 죄의 세력을 제거하는 것입니다. 따라서 양자는 시점에서는 함께 결합되어 있지만, 성질에서는 구분되어져야만 합니다.

웨슬리에 의하면 신생한 사람은 세례 받은 사람이 아니라 하나님의 영으로 난 사람이다. 웨슬리는 유아는 세례받음과 동시에 중생한다고 보았으나 성년(成年)의 경우에는 세례와 중생은 별개라고 보았다. 그래서 웨슬리는 본 설교에서 "당신들은 세례에 의해서 거듭났다고 하는 상한 갈대로 만든 지팡이를 더 이상 의지하지 마시오"(Ⅳ,5)라고 경고하였다.

웨슬리의 성례전은 두 가지 부분으로 구성된다고 말한다. 첫째는 외적 가시적 표적이며, 다른 하나는 내적 불가시적 은혜이다. 이와 같이 두 부분은 엄격하게 구분되어 있다. 웨슬리는 세례라는 외적인 행위와 신생을 분명히 구분한다. 전자는 인간적인 행위요, 후자는 하나님께서 우리 영혼에 일으키시는 변화이다. 따라서 세례를 받았다고 하여 반드시 중생이 따라오는 것을 아니다. 신생은 오히려 세례를 통하여 하나님의 영으로 거듭나는 것이다. 그러므로 이것은 기계적(ex oprere operato)으로 임하는 것이 아니라 물(가시적 표식)을 통하여 주시는 하나님의 은총을 믿음으로 받아들일 때 이루어지는 것이다.

이렇게 해서 하나님의 영으로 거듭난 사람은 믿음과 소망과 사랑이라는 표적을 갖게 된다는 것이다. 여기서 말하는 믿음은 단순한 지적인 동의가 아니라 예수 그리스도의 대속을 통하여 나타나신 하나님의 자비에 대한 확신이며, 소망은 하나님의 영이 우리의 영과 더불어 우리가 하나님의 자녀라고 증거하는 철저한 확신을 말하고, 사랑은 새로운 생에 대한 동기로서 하나님이 먼저 우리를 사랑하심에서 일어나는 것으로, 더 나아가서 이웃을 사랑하는 것이다.

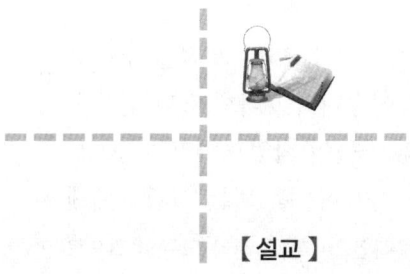

【 설교 】

"성령으로 난 사람은 다 이러하니라" (요 3:8)

성령으로 난 자, 즉 거듭난 자, 하나님으로부터 난 사람들은 모두 어떻다는 말입니까? 거듭난다, 하나님으로부터 난다, 혹은 성령으로 난다는 말이 무엇을 뜻합니까? 하나님의 아들, 혹은 자녀가 되었다, 또는 양자(養子)의 영을 가졌다는 것이 무엇을 의미하는 것입니까? 하나님께서 값없이 주시는 은총에 의하여 얻어지는 이런 특권들은 보통 세례(본문 앞 절에서 우리 주님께서 "물과 성령으로 나야 한다"는 데서 유래한 말)와 관련되어 있음을 우리는 알고 있습니다. 이러한 특권이 무엇인지 알았으면 좋겠습니다. '새로 나는 것(新生)'이 과연 무엇입니까?

아마도 새로 난다는 말의 정의를 내릴 필요는 없을 듯합니다. 성경도 그런 시도를 하고 있지는 않습니다. 그러나 이 질문이 모든 인간에게 가장 심각한 관심거리요, 또 '거듭난 자' 혹은 '성령으로 난 자'가 아니면 하나님의 나라를 볼 수 없는 까닭에 나는 그 새로난 자의 표적을 성경에 근거하여 가장 알기 쉬운 말로 설명 하려고 합니다.

❶ 신생의 표적은 첫 번째는 '믿음'입니다. 이것은 다른 표적들의 터전이 되는 것입니다. 사도 바울도 그와 같이 말했습니다. "너희가 다 믿음으로 말미암아 그리스도 예수 안에서 하나님의 아들이 되었느니라"(갈 3:26). 또 사도 요한도 이와 같이 말하고 있습니다. "그 이름을 믿는 사람들에게는 하나님의 자녀가 되는 권세(ἐξου σιαν 에쿠시안, 이 말은 권리 또는 특권으로 번역됨이 더 좋을 듯함)을 주셨느니라"(요 1:12).

이와 같이 사람이 거듭나는 것은 '혈통으로나 육정으로나' 자연적인 출생에 의하지 않으며 또 사람들이 양자를 삼는 것 같이 사람의 뜻대로 되는 것도 아닙니다. 왜냐하면 이런 사람들은 양자가 되었다고 해도 내적 변화는 없기 때문입니다. 거듭난다는 것은 그가 믿을 때 바로 하나님으로부터 새로 나는 것입니다(13절). 요한은 그의 서신에서 "예수께서 그리스도이심을 믿는 자마다 하나님께로서 난 자니"(요일 5:1)라고 하였습니다.

* * *

❷ 그러나 사도들이 여기서 말하고 있는 믿음은 단순히 관념적이거나 사변적인 믿음이 아닙니다. 믿음이란 "예수는 그리스도이시다" 라는 명제

에 대한 단순한 동의가 아닙니다. 또한 우리의 신앙 신조나 신구약 성경에 포함되어 있는 명제에 대한 지적(知的) 동의도 아닙니다. 만약에 믿음이 그런 것이라면, 마귀들도 하나님께로부터 거듭난다고 하게 되지 않겠습니까?(이런 것을 누가 믿어주겠습니까만은) 마귀들도 그와 같은 믿음은 가졌습니다. 사실인즉 마귀들은 두려워 떨면서 예수님이 그리스도이심을 믿었으며, 하나님이 참되신 것처럼 모든 성경은 영감(靈感)으로 기록되어졌기 때문에 역시 진리임을 믿고 있습니다.

이와 같이 믿음이란 신적(神的) 진리에 대한 하나님의 증언이나 혹은 기적의 증거에 대한 단순한 동의가 아닌 것입니다. 그 까닭은 귀신들도 이미 예수님의 입으로부터 나오는 말씀을 들었고, 예수님을 미쁘시고 참되신 증언자로 알고 있기 때문입니다. 저들은 예수님께서 보여주신 증거들, 즉 예수님 자신의 증거와 그를 보내신 아버지의 증거들을 받아들이지 않을 수가 없었습니다. 저들은 또한 예수님께서 행하신 놀라운 일들을 보았습니다. 그렇기 때문에 그들은 예수님이 '하나님께로부터 오신 분'임을 믿었습니다. 그러나 그러한 믿음에도 불구하고 저들은 그 큰 날의 대심판 아래 두려고 어두움의 쇠사슬에 여전히 묶여 있는 것입니다(유 6절).

* * *

❸ 왜냐하면 이 모든 것들은 죽은 믿음 이외에 아무 것도 아니기 때문입니다. 참된 기독교 신앙, 살아 있는 기독교 신앙은 하나님으로부터 태어나는 것이며, 이는 단순한 동의 곧 이해하는 것이 아니라 하나님께서 그 마음 안에 역사하시는 내적 변화(disposition)를 의미합니다. 곧 하나님 안에서의 확고한 신뢰와 믿음을 말하는데 이는 그리스도의 공로를 통하여 그 죄가 용서되며 그가 하나님의 사랑에 화해되는 것을 뜻합니다. 이것은 곧 사람이 먼저 자기를 버리는 것이며, "그리스도 안에서 발견되어지기 위하여"(빌 3:9), 곧 그리스도를 통하여 받아들여지도록 인간이 그 "육체의 신뢰"(빌 3:4 참조)를 남김없이 거부해버리는 것입니다.

이 참되고 살아 있는 믿음은 공로없이 하나님 앞에 나오는 것이니 곧 공로나 어떤 종류의 의로움에 의탁하지 않고 단순히 하나의 잃어진 자요 불쌍한 자며 자기 파괴자요 자기를 정죄하는 자요 망해 버린 자, 또한 절망에 빠진 죄인으로서 하나님 앞에 나오는 것입니다.

다시 말하면 그는 마치 입이 완전히 막혀버린 자요 하나님 앞에 죄책을 느끼는 자로서 주 앞에 나오는 것입니다. 이러한 죄의식(이를 알지 못하는 자들은 이를 악평하여 '절망'이라고 부릅니다)은 어떠한 말로도 표현할 수 없는 깊은 확신, 즉 우리의 구원은 오직 그리스도로부터 나온다는 확신과, 또한 이 구원을 사모하는 마음을 가지고 예수 그리스도 곧 "자신의 죽으심으로 우리를 위해 속전을 치르셨고 자신의 생애 속에서 율법을 완성하신" 그리스도를 참으로 신뢰하는 데 앞섭니다.

우리가 믿음으로 말미암아 하나님께로부터 났다고 하는 그 믿음은 단순히 우리 신앙의 모든 신조들을 시인하는 것일 뿐만 아니라 우리 주 예수 그리스도를 통하여 하나님의 자비하심을 진실한 마음으로 확신하는 것입니다.

***

❹ 하나님께로부터 나는 이 믿음의 즉각적이고도 항상 있어야 하는 열매는 힘입니다. 곧 죄를 이기는 힘입니다. 첫째로는 모든 외적인 죄를 이기는 힘인데, 모든 악한 말과 행신을 이기는 힘입니다. 그리스도의 피가 "죽은 행실로부터 양심을 깨끗케 하도록"(히 9:14) 어디에서나 역사하기 때문입니다.

다음으로는 내적인 죄를 이기는 힘입니다. 믿음은 모든 불경건한 정욕과 성정(性情)으로부터 마음을 정결케 하기 때문입니다. 이와 같은 믿음의 열매에 관하여 사도 바울은 로마서 6장에 여러 번 언급하였습니다.

믿음으로 말미암아 "죄에 대하여 죽은 우리가 어찌 그 가운데 더 살리요(2절)… 우리 옛 사람이 그리스도와 함께 십자가에 못 박힌 것은 죄의 몸이 멸하여 다시는 우리가 죄에게 종노릇하지 아니하려 함이니(6절)… 이와 같이 너희도 너희 자신을 죄에 대하여는 죽은 자요 그리스도 예수 안에서 하나님께 대하여는 산 자로 여길지어다(11절)… 그러므로 너희는 죄로 너희 죽은 몸에까지라도 왕노릇 하지 못하게 하고(12절)… 오직 너희 자신을 죽은 자 가운데서 다시 산 자같이 하나님께 드리라(13절)… 죄가 너희를 주관치 못하리니(14절)… 하나님께 감사하리로다 너희가 본래 죄의 종이더니 … 죄에게서 해방되어(18절)"

쉬운 말로 하면 너희가 과거에는 죄의 종이었으나 이제는 '죄에서 해방되어 의의 종이 되었음'을 하나님께 감사한다는 말입니다.

* * *

❺ 바울이 말한 것과 똑같이 하나님의 아들들의 무한한 특권에 대하여 사도 요한 역시 강하게 역설하였는데, 특히 믿음의 열매의 전자 곧 외적 죄를 이기는 힘에 관하여 강조했습니다. 그는 하나님의 선하심의 풍성하심의 깊이에 놀란 사람처럼 다음과 같이 외쳤습니다. "보라 아버지께서 어떠한 사랑을 우리에게 주사 하나님의 자녀라 일컬음을 얻게 하셨는고 … 사랑하는 자들아 우리가 지금은 하나님의 자녀라 장래 어떻게 될 것은 아직 나타나지 아니하였으나 그가 나타내심이 되면 우리가 그와 같을 줄을 아는 것은 그의 계신 그대로 볼 것을 인함이나"(요일 3:1,2).

그리고 사도 요한은 이어서 "하나님께로서 난 자마다 죄를 짓지 아니하나니 이는 하나님의 씨가 그 안에 거함이요 저도 범죄치 못하는 것은 하나님께로서 났음이라"(9절)고 기록하였습니다.

그러나 어떤 사람은 "그렇습니다. 하나님께로부터 난 자는 누구든지 '습관적으로' 죄를 짓지 않습니다"라고 말합니다. '습관적으로' 라니요? 그런 말이 어디에 있습니까? 나는 그런 단어를 읽어보지 못하였습니다. 성경에 기록되어 있지 않기 때문입니다. 하나님께서는 단지 "죄를 짓지 아니한다"고 말씀하셨습니다. 그런데 당신이 '습관적으로' 라고 덧붙인 것입니다. 도대체 당신이 누구인데 하나님의 말씀을 고치며 이 성경 말씀에 덧붙이고 있습니까?

하나님께서 이 책에 기록된 모든 재앙들을 더하시지 않도록 조심하십시오. 특별히 성경본문을 완전히 삼켜 버리는 경우, 그리하여 '메쏘데이아 플라네스(μεθοδεια πλανης)', 즉 교묘한 속임수에 의하여 그 귀한 약속이 완전히 상실되거나 '쿠베이아 안드로폰(κυβεια ανθρωπων)', 즉 사람의 교묘한 속임수로 하나님의 말씀이 무효화되는 경우를 더욱더 조심해야 합니다. 이 책의 말씀을 그렇게 취하여 전체적 의미와 정신을 내던져 버리고 죽어버린 듯한 부분만 남겨놓는 여러분이여! 하나님께서 당신들의 이름을 생명 책에서 지워버리시지 않도록 조심하십시오!

***

❻ 우리가 사도 요한 자신의 해석을 듣되 그의 논의의 전체적인 주지(主旨)에 의하여 참을성 있게 들어봅시다. 요한일서 3장 5절에 "그가(그리스도) 우리 죄를 없이하려고 나타내신 바 된 것을 너희가 아나니 그에게 죄가 없느니라"고 적혀있습니다. 무엇을 뜻합니까? "그 안에 거하는 자마다 범죄하지 아니하나니 범죄하는 자마다 그를 보지도 못하였고 알지도 못하였느니라"(6절).

이 교리를 전개함에 있어서 요한은 대단히 중요한 점을 전제로 하였습니다. 즉 "자녀들아 아무도 너희를 미혹하지 못하게 하라"(7절)는 것입니다. 많은 자들이 여러분을 꾀어 거룩하지 못하게 하며 범죄하도록 하지만 그래도 여러분은 하나님의 자녀가 되리라는 것입니다. 의를 행하는 사람은 하나님의 의로우심 같이 그도 의롭습니다! 죄를 짓는 사람은 마귀에게 속하여 있습니다. 마귀는 처음부터 죄를 짓고 있기 때문입니다(8절).

성경은 이어서 말합니다. "누구든지 하나님께로서 난 사람은 죄를 짓지 아니하나니 이는 하나님의 씨가 그의 속에 거함이요 저도 범죄치 못하는 것은 하나님께로서 있음이라"(9절). 요한은 덧붙여 말합니다. 여기서 하나님의 자녀와 마귀의 자녀가 밝히 드러납니다(10절). 이처럼 명백한 증거(죄를 짓느냐 안 짓느냐)로 말미암아 하나님의 자녀와 마귀의 자녀가 서로 구별되는 것입니다. 5장에 기록된 다음과 같은 말씀도 같은 뜻입니다. 즉 "하나님께로서 난 자마다 범죄하지 아니하는 줄을 우리가 아노라 하나님께로서 나신 자가 저를 지키시매 악한 자가 저를 만지지도 못하느니라"(5:18).

***

❼ 살아있는 믿음의 또 다른 열매는 평안입니다. 믿음으로 의롭게 된 까닭에, 그리고 우리의 죄가 말끔히 씻겨진 까닭에 "우리 주 예수 그리스도로 말미암아 우리는 하나님과 화평을 누리고 있습니다"(롬 5:1).

우리 주님께서는 돌아가시기 전날 밤 친히 제자들에게 분명히 유언 하셨습니다. "평안을(하나님을 믿고 또 나를 믿는) 너희에게 끼치노니 곧 나의 평안을 너희에게 주노라 내가 너희에게 주는 것은 세상이 주는 것 같지 아니하니라 너희는 마음에 근심도 말고 두려워하지도 말라"(요 14:27). 또 이르시기를, "이것을 너희에게 이름은 너희로 내 안에서 평안을 누리게 하려 함이라"(16:33)고 하셨습니다.

이러한 평안은 모든 이해를 초월한 것이요 자연인으로서는 생각할 수도 없는 것으로 영혼으로부터 나오는 진실함이요, 심지어 신령한 사람도 무어라 표현할 수 없는 것입니다. 이 평안은 땅의 권세나 지옥의 세력이 빼앗아 갈 수 없는 것입니다. 파도와 폭풍에 부딪혀도 결코 흔들리지 않는 평안입니다. 그것은 이 평안이 반석위에 세워진 까닭입니다. 이 평안은 언제든지 그리고 어느 곳에서든지 하나님의 자녀들의 마음과 생각을 지켜줍니다. 어떤 처지에서든지 그들은 스스로 만족하기를 배웠기 때문입니다. 바로 예수 그리스도를 통하여 하나님께 감사드리며 사는 것입니다.

"무엇이든지간에 존재하는 것은 가장 좋은 것이다"라고 한 말은 그것이 그들을 향한 하나님의 뜻이기 때문입니다. 그러므로 모든 삶의 파동 속에서도 하나님의 자녀들의 마음은 주님을 믿기 때문에 튼튼히 서 있는 것입니다.

❶ 하나님께로서 난 사람의 두 번째 성서적 표적은 '소망' 입니다. 외국에 흩어져 사는 하나님의 자녀들에게 사도 베드로는 말했습니다. "찬송하리로다 우리 주 예수 그리스도의 아버지 하나님이 그 많으신 긍휼대로… 우리를 거듭나게 하사 산 소망이 있게 하셨다(벧전 1:3). '엘피아조산(Ελπια ζωσαν)' 즉 '생동하는' 또는 '살아있는' 소망이라고 그는 말하였습니다. 산 믿음에 대하여 죽은 믿음이 있듯이 산 소망에 대하여 죽은 소망이 있으니 하나님께로서 나온 것이 아니요, 그 열매가 스스로 밝혀 주듯이 하나님과 인간의 원수로부터 나온 소망이 바로 그것입니다. 그러한 소망은 교만의 자손이기 때문에 모든 악한 언행의 부모이기도 합니다.

그러나 자기 안에 이 산 소망을 가진 사람들은 누구나 거룩합니다. 이는 그를 부르신 분께서 거룩하신 까닭입니다. 그리스도 안에 있는 그의 형제들에게 "사랑하는 이들이여, 우리가 지금은 하나님의 자녀입니다. 그리고 우리는 그분의 계신 모습 그대로를 볼 것입니다"(요일 3:2)라고 진실되게 말할 수 있는 사람들은 누구나 하나님께서 거룩하신 것처럼 자기를 성결케 합니다

* * *

❷ 이 소망은 (히브리서에 의하면 πληροφο ρίδ πίστεως (10:22), 혹은 다른 곳에 πληροφο ρία Ἐλπίδος (6:11)라는 말을 썼는데 영어 번역으로는 가능한 한 강하게 표현하여 성서 원어의 뜻보다 뜻이 약하기는 하지만 '신앙의 철저한 확신' 혹은 '소망의 철저한 확신' 으로 번역될 수 있을 것 같습니다) 몇 가지 암시하는 바가 있습니다. 첫째로는 단순하게, 그리고 아주 진실되게 살아간다는 우리들의 영혼이나 양심의 증거를 뜻하며, 둘째로는 주로 하나님의 영의 증거입니다. 하나님께서 우리 영과 더불어 우리가 하나님의 자녀임을 증거하십니다. 우리가 자녀라면 상속자가 될 것이며, 하나님의 상속자라면 곧 그리스도와 함께 공동 상속자가 됩니다(롬

8:16,17).

＊＊＊

❷ 하나님 자신은 하나님의 자녀로서의 이와 같은 영광된 특권에 관련하여 우리에게 어떻게 가르치시는가를 자세히 살펴봅시다. 여기에서 증거하겠다고 나서는 분은 누구입니까? 우리의 영뿐만은 아닙니다. 또 있으시니 곧 하나님의 영이십니다. 우리의 영과 함께 증거하시는 분은 하나님이십니다. 그렇다면 하나님께서는 무엇을 증거하십니까? 우리가 하나님의 자녀라는 사실입니다. 자녀라면 곧 상속자요 하나님의 상속자이며 그리스도와 함께 상속할 사람이 됩니다. 만일 우리가 부인하면, 만일 우리가 매일 십자가를 진다면, 만일 우리가 그리스도를 인하여 핍박과 능력을 달게 받는다면 우리도 또한 주와 함께 영광을 받게 될 것을 증거하십니다.

그러면 하나님의 영은 누구 안에서 이를 증거하십니까? 모든 하나님의 자녀들 안에서 증거하십니다. 바로 이런 논법으로 바울은 앞절에서 이 사실을 증명했습니다. 즉 "무릇 하나님의 영으로 인도함을 받는 그들은 곧 하나님의 아들이라 너희는 다시 무서워하는 종의 영을 받지 아니하였고 양자의 영을 받았으므로 아바 아버지라 부르짖느니라 성령이 친히 우리 영으로 더불어 우리가 하나님의 자녀임을 증거하시느니라"(롬 8:13~16).

＊＊＊

❹ 위의 15절에 있는 말씀은 다시 한 번 고찰할 필요가 있습니다. "여러분은… 아들이 되게 하는 영을 받았습니다. 그래서 우리는 그 영에 의하여 하나님을 아바 아버지라 부르게 되었습니다." 모두가 하나님의 아들인 여러분은 아들인 까닭에 똑같은 양자의 영을 받은 것입니다. 이로 인하여 '우리'는 하나님을 아바 아버지라고 부릅니다. '우리' 곧 사도요 예언자요 교사인 우리(우리의 의미를 이렇게 제한할 때에야 더욱 적절히 이해될 것으로 봅니다)를 통하여 여러분들은 믿게 되었습니다만, '우리'란 '그리스도의 일꾼이요 하나님의 비밀을 맡은 자'(고전 4:1)를 말합니다.

우리와 여러분이 한 주님을 모신 것처럼 우리는 한 영을 모셨습니다. 우리가 한 믿음을 가진 것처럼 역시 우리는 한 소망을 가지고 있습니다. 우리와 여러분은 한 '약속의 영'(엡 1:13)으로 인치심을 받았습니다. 곧 여러분과 우리는 상속의 보증으로 인치심을 받은 것입니다. 그 약속의 영은 '우리가 하나님의 자녀임'을 여러분의 영과 우리의 영과 함께 증거하는 동일한 영이십니다.

* * *

❺ "애통하는 자는 복이 있나니 저희가 위로를 받을 것임이요"(마 5:4)라는 말씀은 이렇게 이루어졌습니다. 곧 설사 우리 영과 함께 증거하시는 하나님의 영의 증거보다 슬픔이 앞설지라도(두려움과 하나님의 진노하심에 대한 불안으로 고통스러워하는 동안에는 어느 정도 슬픔이 있습니다) 누구든지 이러한 하나님의 영의 증거를 느끼게 되면 그의 슬픔은 오히려 기쁨이 되는 것입니다. 그 고통 이전에는 어떠한 것이었든지, 때가 오면 그는 하나님께로서 난 기쁨으로 인하여 그 고통을 다시 기억하지 않을 것입니다. 아마도 대다수의 여러분들은 이스라엘 밖의 사람인고로 슬퍼할지도 모릅니다. 그것은 이러한 하나님의 영을 가지지 못했음을 자신이 잘 알기 때문입니다. 곧 이 세상에서 소망도 없고 하나님도 없는 자인 까닭에 슬퍼할 지도 모른다는 말입니다.

그러나 보혜사가 오시면 여러분의 마음은 기쁨으로 충만할 것이며 또한 그 기쁨을 빼앗을 자가 아무도 없을 것입니다(요 16:22). 여러분들은 이렇게 말할 것입니다. "우리는 하나님 안에서 예수 그리스도를 통하여 기뻐합니다. 그리스도로 인하여 우리는 지금 속죄함을 얻었으며, 그로 인하여 우리는 이 은혜 안에 들어가게 되었습니다. 곧 이 은혜의 상태, 사랑을 입은 상태, 하나님과 화목된 상태에 들어가게 되었습니다. 우리는 바로 여기에 서 있으며 하나님의 영광을 바라고 즐거워합니다"(롬 5:2 참조).

사도 베드로는 또 이렇게 말했습니다. "너희가 말세에 나타나기로 예비하신 구원을 얻기 위하여 믿음으로 말미암아 하나님의 능력으로 보호하심을 입었나니 그러므로 너희가 이제 여러 가지 시험을 인하여 잠깐 근심하게 되지 않을 수 없었으나 오히려 크게 기뻐하도다 너희 믿음의 시련이 불로 연단하여도 없어질 금보다 더 귀하여 예수 그리스도의 나타나신 때에 칭찬과 영광과 존귀를 얻게 하려 함이라 예수를 너희가 보지 못하였으나 사랑하는도다 이제도 보지 못하고 믿고 말 할수 없는 영광스러운 즐거움으로 기뻐하니"(벧전 1:5 이하).

참으로 말할 수 없는 기쁨입니다. 이 기쁨은 인간의 언어로는 표현할 수 없는 성령 안에서의 기쁨입니다. 이 기쁨은 그것을 받은 사람 외에는 아무도 알지 못하는 감추어진 만나입니다. 이 기쁨은 깊은 환난의 수렁 속에서도 오히려 우리에게 남아 있을 뿐만 아니라 흘러 넘치고 있습니다. 땅 위의 모든 위로가 사라졌을 때 그의 자녀들에게 주시는 하나님의 위로가 작습니까? 결코 그렇지 않습니다. 환난이 심할 때에 성령의 위로하심은 더욱 풍성합니다.

하나님의 아들은 다가오는 멸망, 곧 궁핍이나 고통이나 지옥이나 무덤을 비웃게 될 것입니다. 왜냐하면 사망과 지옥의 열쇠를 가지시고 그 환난들을 무저갱에 던져 넣으실 하나님을 알기 때문입니다. 아니, 그러한 환난 때에도 "보라 하나님의 장막이 사람들과 함께 있으매 하나님이 저희와 함께 거하시리니 저희는 하나님의 백성이 되고 하나님은 친히 저희와 함께 계셔서 모든 눈물을 그 눈에서 씻기시매 다시 사망이 없고 애통하는 것이나 곡하는 것이나 아픈 것이 다시 있지 아니하리니 처음 것들이 다 지나갔음이러라"(계 21:3,4)하는 하늘 보좌로부터 나는 큰 음성을 듣기 때문입니다.

❶ 하나님께로서 난 사람의 세 번째 성서적 표적은 '사랑' 입니다. 이 사

랑은 세 가지 표적 가운데 가장 중요한 것입니다. 사람들에게 주신 성령을 통하여 하나님의 사랑이 그들 마음에 부어져 있습니다(롬 5:5). 그들이 아들인고로 하나님께서 그 아들의 영을 그들 마음 가운데 보내사 아바 아버지라 부르게 하셨습니다(갈 4:6). 이 영으로 인하여 하나님을 화평과 사랑의 아버지로 계속하여 바라보면서 사람들은 그들의 일용할 양식 곧 육체를 위한 것이든 영혼을 위한 것이든 간에 필요한 물건들을 채워 주시기를 간청하는 것입니다.

'사람들은 그들이 하나님께 구하는 것을 이미 받은 줄로 알기 때문에'(요일 5:15) 그들의 마음을 계속하여 하나님 앞에 쏟아 놓고 있습니다. 그들의 기쁨이 하나님 안에 있으므로 하나님은 그들 마음의 즐거움이요 방패요 대단히 큰 상급입니다. 영혼의 소원은 하나님을 향하여 있고 하나님의 뜻을 이루는 것이 그들의 음식이요 음료인 것입니다. 골수(骨髓)와 기름진 것을 먹음과 같이 그들을 만족해하며 한편 그들의 입은 기쁜 입술로 주를 찬송합니다.

* * *

❷ 이런 의미에서 또한 내신 이(하나님)를 사랑하는 자마다 그에게서 난 자(예수)를 사랑하는 것입니다(요일 5:1). 그의 영이 구주 하나님 안에서 기뻐합니다. 그는 주 예수 그리스도를 변함없이 사랑합니다(엡 6:24). 그는 주님과 밀접히 결합되어서 한 영혼이 되었습니다. 그 영혼은 하나님께 매달렸고 그는 만인 위에 뛰어난 사랑으로(아 5:10) 하나님을 선택합니다. 그는 "나의 사랑하는 이는 나에게 속하였고 나는 그에게 속하였다"(아 2:16), 또 "당신(주님)은 인자들보다 아름다우시며 은혜가 입술에 가득하시니 하나님께서 당신에게 영영히 복을 주시나이다"(시 45:2) 하신 뜻이 무엇인지를 알고 있습니다.

* * *

❸ 이러한 하나님의 사랑의 필연적 결과는 이웃 사랑입니다. 하나님께서는 만드신 모든 영혼, 곧 우리의 원수와 우리를 능욕하고 핍박하는 자

들을 포함한 모든 사람들을 우리 자신처럼 사랑하는 것입니다. 자기의 영혼을 사랑하는 것처럼 사랑하는 것입니다. 아니, 우리 주님께서는 더욱 강력히 말씀하셨는데 "내가 너희를 사랑한 것같이 너희도 서로 사랑하라"(요 13:34)고 가르치셨습니다. 그러므로 하나님을 사랑하는 모든 사람의 마음 속에 기록된 계명은 바로 "내가 너희를 사랑했으니 그와 같이 너희도 서로 사랑하라"고 하신 바로 이것입니다.

이제 우리가 하나님의 사랑을 알게 되었으니, 그 사랑은 그리스도께서 우리를 위하여 자기 목숨을 버리신 것입니다(요일 3:16). 요한은 이 말씀에 이어 결론을 내리기를 "우리도 형제를 위하여 목숨을 버리는 것이 마땅하니라"고 하였습니다. 우리가 이렇게 할 각오가 되어있다고 확신한다면 우리의 이웃을 진정으로 사랑해야 합니다. 그렇게 함으로써 우리는 우리 자신이 이미 죽음의 나라에서 생명의 나라로 옮겨 간 것을 알게 됩니다. 그것은 우리가 이같이 형제를 사랑하기 때문입니다(요일 3:14). 이것으로 우리는 우리가 하나님께로서 난 것을 알며 우리가 하나님 안에 거하고 있음을 압니다. 하나님께서는 우리에게 그의 사랑의 영을 부어주셨기 때문입니다(요일 4:13). 사랑은 하나님께로부터 나왔습니다, 사랑하는 사람은 누구나 하나님께로서 났으며 하나님을 압니다(요일 4:7).

***

❹ 그러나 혹시 어떤 이들은, "사도가 말하기를 '하나님을 사랑하는 것은 이것이니 곧 그의 계명들을 지키는 것이니라' 하지 않았습니까?" 하고 물을 것입니다. 그렇습니다. 하나님의 계명들을 지킨다는 것이 하나님을 사랑하는 것이라는 의미는, 또한 우리의 이웃을 사랑하는 것이라는 말과 같은 의미입니다.

이 사실에서 우리는 무엇을 생각해 낼 수 있습니까? 보이는 계명들(outward commandments)을 지킨다는 것이 "네 마음과 뜻과 목숨과 힘을 다하여 하나님을 사랑하라"는 말씀과 "네 이웃을 네 몸과 같이 사랑하라"고 하신 말씀이 뜻하는 모든 것을 가리킨다고 할 수 있습니까? 혹 하나님을 사랑하는 것은 영혼으로부터의 애정이 아니라 단순히 외적으로 나타나는 섬김(an outward service)을 뜻한다고 할 수 있습니까? 아니면 우리의 이웃을 사랑한다고 하는 것이 마음에서 우러나오는 것이 아니고 단지 눈에 보이는 활동들만을 뜻한다고 하겠습니까?

사도 요한의 말씀을 곡해하는 일이 없도록 잘 해석해야 합니다. 이 말씀의 분명한 뜻은, 즉 계명들을 지킨다고 하는 것은 하나님을 사랑하는 증거요 하나님의 다른 계명들도 지킨다는 증거가 된다는 것입니다. 참된 사랑은 그것이 우리의 마음에서 일단 흘러나오게 되면 우리로 하여금 하나님의 계명들을 지키도록 강권하는 까닭입니다. 그리고 마음을 다하여 하나님을 사랑하는 사람은 누구든지 그 힘을 다하여 하나님을 섬기지 않을 수 없는 까닭입니다.

* * *

❺ 하나님을 사랑하는 둘째 열매는 우리가 사랑하는 하나님께 전적으로 순종하는 것이요, 그의 뜻을 따르는 것입니다. 그것은 내적으로든 외적으로든, 곧 마음으로든 행동으로든, 하나님의 모든 계명에 순종하는 것이요, 마음과 생활 모두에서의 순종이며, 모든 성품과 언행에 있어서의 순종입니다. 여기서 뜻하는 가장 분명한 성품의 하나는 "선한 일에 열심하게"(딛 2:14)되는 것입니다. 모두 사람들에게 할 수 있는 대로 선을 행하려고 선에 굶주리고 목마른 사람처럼 되는 것입니다. 다른 사람들을 위하여 자기의 전부를 소비하기를, 또 소비되기를 즐거워하는 것입니다. 이 세상에서는 아무런 보상을 생각하지 않으며 오직 의인은 부활로써 만족스러운 보상을 추구하는 것을 말합니다.

❶ 나는 지금까지 성서가 말하고 있는 신생의 표적들을 말해 왔습니다. 하나님께서는 '하나님께로서 난다' 는 것이 무슨 뜻이냐 하는 중요한 질문에 대하여 친히 대답하시고 계십니다. 만약 이 대답이 하나님의 말씀에 의하여 설명된 것이라면 이 대답은 곧 '성령으로 난 모든 사람' 을 말합니다. 하나님의 영의 판단으로 보건대 이것이 바로 하나님의 아들, 또는 그 자녀가 되는 것입니다.

이 말은 곧 첫째로, 그리스도를 통하여 하나님을 믿음으로 죄를 짓지 않게 되고, 또 언제나 어디에서나 '모든 지각에 뛰어난 하나님의 평강' (빌 4:7)을 즐거워하게 되는 것입니다. 둘째로, 하나님의 사랑하시는 아들을 통하여 하나님을 소망하므로 선한 양심의 증거를 가질 뿐 아니라 또한 '여러분들의 영과 더불어 여러분들이 하나님의 자녀임을 증거하시는' 하나님 안에서 항상 즐거워하게 되는 것입니다. 마지막으로 셋째는, 당신들이 남을 사랑하는 데 있어서 – 이제까지 체험해 보지 못한 큰 사랑으로 당신들을 사랑하신 하나님을 사랑하게 됨으로써 – 모든 사람을 자기 몸과 같이 사랑하도록 강권함을 받게 되는 것입니다. 곧 마음에서만 불탈 뿐 아니라 그 불이 행동과 대화에까지 옮겨 붙어서 당신들의 전 생애를 '사랑의 수고' 로 만드는 그 사랑을 가지고 다음의 계명에 계속하여 복종하게 되는 것입니다.

"내가 자비하니 너희도 자비하라"
"나 곧 너희 하나님이 거룩하니 너희도 거룩하라"
"하늘에 계신 너희 아버지의 온전하심 같이 너희도 온전하라"

* * *

❷ 이와 같이 하나님께로서 난 여러분은 하나님께서 여러분들에게 주

신 것이 무엇인지를 알고 있습니다. 여러분은 여러분이 하나님의 자녀라는 것을 잘 알고 있습니다. 또 여러분은 "하나님 앞에서 여러분의 마음을 확증할 수 있습니다"(요일 3:19). 여러분 가운데 이 말씀을 음미해 본 사람마다 한 진리를 느끼게 되고 알게 되는데, 그 진리는 바로 지금 이 순간에 자기가 하나님의 자녀인가 아닌가 하는 사실입니다(사람에게 하지 말고 하나님께 대답하십시오).

문제는 "당신이 세례를 받음으로 어떻게 되었는가?"가 아니라 "지금 당신은 어떠한가?"(책임을 회피하지 마십시오)하는 것입니다. 당신을 양자로 삼으신 영이 지금 당신의 마음속에 있습니까? 이 질문을 당신의 마음 속 깊은 곳에 던져 보십시오. 나는 여러분이 과거에 물과 성령으로 거듭났었느냐고 묻고 있는 것이 아니라, 지금 여러분이 그리스도의 할례로 할례받았던 사실을 인정합니다(사도 바울은 세례한 뜻을 강조하여 할례라고 하였습니다). 그러나 문제는 그리스도의 영, 영광의 영이 지금 여러분에게 있느냐 하는 것입니다. 그렇지 않으면 여러분의 할례는 곧 무할례가 되는 것입니다(롬 2:5).

***

❸ 그러므로 당신은 마음 속으로 "나는 한 번 세례 받았다 그러므로 지금도 나는 하나님의 자녀다"라고 말하지 마십시오. 슬프게도 그 결과는 결코 머물러 있지 않습니다. 세례 받고도 현재 탐욕자와 주정꾼이 된 자가 얼마나 많습니까? 세례 받고도 현재 거짓말쟁이와 식언자로 있는 자가 얼마나 많으며, 또 세례 받은 욕설가, 험구가는 얼마나 많습니까? 세례 받은 오입쟁이들, 도둑들 그리고 세례 받은 착취자들은 또 얼마나 많습니까? 여러분은 어떻게 생각하십니까? 그들이 지금도 하나님의 자녀들입니까? 여러분이 누구이든지 간에 혹 위에서 말한 세례 받은 타락자들 중 어떤 이들과 닮았다고 하더라도 나는 여러분에게 진심으로 말합니다. 여러분은 "여러분의 아비 마귀에게서 났으니 여러분의 아비의 행한 바를 여러분들도 행하고 있습니다"(요 8:44).

나는 여러분에게 다시금 십자가에 못 박히신 분 예수님의 이름을 새롭게 상기시킵니다. 그리고 할례 받았던 여러분들의 선배들에게 주시는 주님의 말씀을 새롭게 상기시킵니다. "너희 뱀들아 너희 독사의 자식들아 너희가 어떻게 지옥의 판결을 피하겠느냐"(마 23:33).

* * *

❹ 정말로 당신들이 거듭나지 아니하면 어떻게 지옥의 판결을 피할 수 있겠습니까? 왜냐하면 당신들은 지금 죄와 허물로 인해 죽어 있기 때문입니다. 당신들이 중생 할 수 없다고 말한다면, 세례에 의하지 않고서는 새롭게 날 수 없다고 말한다면, 이는 당신들 모두를 소생할 희망도 없는 저주 아래 두는 것이요, 다시는 빠져 나올 수 없는 지옥에 맡겨두는 결과가 됩니다. 어떤 이들은 타락한 자들을 지옥에 맡겨두는 것이 당연하다고 생각할지도 모릅니다. 하나님을 향한 열심 때문에 그들은 그렇게 말할지도 모릅니다, "물론입니다. 죄인들을 진멸하시오. 아말렉 사람들을 진멸하시오. 기브온 족속을 남김없이 죽입시다. 그들은 그렇게 되어 마땅합니다."
그러나 그렇지 않습니다. 나도 그렇게 말할 수 없고 여러분들도 그렇게 말할 수 없습니다. 나나 여러분이 받아야 할 응보는 저들과 마찬가지로 지옥입니다. 그리고 우리들이 지금 꺼지지 않는 불에 있지 아니한 것은 순전히 하나님의 자비, 즉 값없이 주시는 자비, 우리가 감히 받을 수도 없는 그런 자비에 의한 것입니다. 혹시 여러분은 "그러나 우리는 씻김을 받았고 물과 성령으로 거듭나지 않았습니까?"라고 말할지도 모르겠습니다. 저 타락자들도 마찬가지였습니다. 그러나 과거에 거듭난 것은 문제가 될 수 없습니다. 당신들이나 그들이나 모두, 지금 거듭난 상태가 지속되어야 합니다. 당신들은 '사람 중에서 높임을 받는 것은 곧 하나님 앞에서 미움을 받는 것'(눅 16:15)임을 잘 알고 있지 않습니까? 사람들에게 높임을 받는 세상의 성도 여러분! 와서 보십시오. 이 불쌍한 사람들, 이 땅 위에서 살 자격도 없는 사람들, 더러운 창녀들, 간음한 자들, 그리고 살인자들에게 과연 누가 돌을 던지는가를… (8:1~11 참조).

여러분은 오직 "그 형제를 미워하는 자마다 살인하는 자라"(요일 3:15), "여자를 보고 음욕을 품는 자마다 이미 마음에 간음하였느니라"(마 5:28), 또 "너희 간음한 자들이여 세상과 벗된 것이 하나님과 원수된 것임을 알지 못하느뇨"(약 4:8)라고 하신 말씀들이 무슨 뜻인지를 먼저 배우십시오.

* * *

❺ 진실로 진실로 나는 여러분에게 말합니다. 당신들도 또한 거듭나야 합니다. 당신들은 거듭나지 않고서는 결코 하나님 나라를 볼 수 없습니다. 세례에 의해서 거듭났다고 하는, 상한 갈대로 만든 지팡이를 더이상 의지하지 마십시오. 당신들이 하나님의 자녀였고 하나님의 나라를 상속받을 자였음을 누가 부인합니까? 그럼에도 불구하고 지금 당신들은 마귀의 자녀들입니다. 그러므로 당신들은 거듭나야만 합니다. 거듭나야 한다는 사실이 명백한 때에 사탄이 당신들의 마음을 유혹하지 못하도록 하십시오.

지금까지 여러분은 하나님의 자녀된 표적이 무엇인지 배웠습니다. 세례를 받거나 안 받았거나 당신들의 영혼에 이 표적들이 없다고 하면 지금 그 표적들을 받아야 합니다. 그렇지 않으면 의심할 여지도 없이 당신들은 영원히 멸망받을 것입니다. 만약 당신들이 세례를 받았다면 당신들에게는 오직 한 소망이 있습니다. 세례로 하나님의 자녀가 되었는데 지금은 마귀의 자식이 되었다 할지라도 다시금 하나님의 아들이 되는 능력을 받을 수 있다는 것입니다. 곧 잃어버렸던 양자의 영, 다시 말해서 "아바 아버지여!"하고 마음으로 외칠 수 있는 양자의 영을 다시 받을 수 있다는 말입니다.

아멘, 주 예수여! 주님의 얼굴을 다시 찾는 준비된 마음을 가진 사람들에게 양자의 영을 다시 받게 하옵소서. 그리하여 "아바 아버지여!"하고 부를 수 있게 하시옵소서. 그들에게 당신의 이름을 믿을 힘을 주사 하나님의 자녀가 되게 하옵소서. 당신의 보혈로 속죄함, 곧 죄의 용서까지라도 얻은 것을 느끼고 알게 하시옵소서. 그래서 그가 하나님께로부터 났으므로 죄 짓지 않을 수 있도록 하시옵소서. 산 소망을 향하여 다시금 태어날 수 있게 하시고, 주님께서 거룩하신 것처럼 그들 스스로를 성결케 하도록 하시옵소서. 그가 하나님의 자녀이오매 사랑과 영광의 영이 그에게 있어 영육 간의 모든 더러운 것들을 자기에게서 씻어내도록 하시오며, '하나님을 경외하는 중에 온전한 성결에 이르도록' 자기 자신을 가르치게 하시옵소서!

7

하나님께로부터 난 자의 특권
The Great Privilege of those that are Born of God

만일 우리가 우리를 먼저 사랑해 주신 하나님을 그 때에 사랑하지 않는다면,
만일 우리가 하나님의 음성을 듣지 않는다면,
만일 우리가 눈을 하나님께로부터 돌려서 하나님께서 우리 위에
부으시는 빛에 주목하지 않는다면, 하나님의 영은 언제든지
힘쓰시지 만은 않을 것입니다. 하나님의 영은 점차로 물러나서
우리를 우리 자신의 마음의 어두움에 버려두실 것입니다.
우리의 영혼이 다시금 하나님을 향하여 숨을 돌려보내지 않으면,
우리의 사랑과 기도와 감사, 즉 하나님이 매우 기뻐하시는
희생 제물을 하나님께 돌려 보내지 않으면, 그는 우리의 영혼 속에
숨을 계속 불어넣으시지 않을 것입니다.

7 하나님께로부터 난 자의 특권
The Great Privilege of those that are Born of God

【해설】

　　이 설교는 그의 설교 '신생의 표적'과 짝을 이루는 설교이다. 웨슬리는 이 설교에서 그리스도인의 체험(확신)과 새로운 삶과의 관계를 설명한다. 그리스도인의 삶의 변화에는 객관적인 측면과 주관적인 측면이 있다. 객관적 변화는 칭의와 양자됨이요, 주관적 변화는 신생과 초기 성화(Initial Sanctification)이다.

　　칭의와 신생은 동시에 일어나는 변화이지만 그 성격에서는 분명히 구분된다. 전자는 상대적 변화요 후자는 실질적 변화이다. 칭의에서는 죄책에서의 용서 받는 것이요, 신생에서는 죄의 세력(Power of Sin)에서의 구원이다.

　　하나님께로 난다는 것은 세례 또는 외적 변화를 의미하는 것이 아니라 내적인 변화를 의미하는 것으로, 이 변화는 마치 어린아이의 육신적 출생에서 보듯이 신생함으로 죄로 말미암아 무능해졌던 영적 눈이 살아서 신령한 것을 보며 귀가 신령한 것을 들을 수 있게 되는 것이다. 이리하여 하나님께로 난 자는 하나님을 의식하는 체험을 하게 되는 것이다.

　　그리고 이 설교는 신자가 어떤 의미에서 죄를 범하지 않는가를 설명한다. 웨슬리에 의하면 신자가 믿음과 사랑을 가지고 기도하며 계속적으로 하나님의 은혜와 역사를 받음으로 하나님의 씨가 그 사람 안에 거하고 있는 한, 의식적인 죄(Voluntary Transgression)는 범할 수 없는 것이다.

그러나 신자가 자기를 지키지 않고 믿음에 거하고 있지 않으면, 그는 다른 사람과 같이 죄를 범할 수 있고, 또한 실제로 죄를 범한다. 사람은 믿음을 잃으면 죄를 범한다. 그리고 나아가 이 설교는 죄를 범하게 되는 8단계를 설명한다.

여기에서 중요하게 강조되는 것은 신자의 책임, 곧 의지의 중요성이다. 곧 하나님께로 난 자의 특권에는 책임이 따른다는 것이다. 하나님께서는 유혹을 이길 은혜를 주시며 죄를 거절할 은혜를 주시지만 신자는 하나님께 순종할 책임이 있는 것이다. 하나님의 은혜는 사람과 협동적으로 역사하는 것이다.

【 설교 】

"하나님께로서 난 자마다 죄를 짓지 아니하나니"_(요일 3:9)

1 하나님께로부터 난다는 것은 의롭다 여기심을 받는 것과 전적으로 같다는 사실, 신생과 칭의는 동일한 것을 표시하는 다른 표현에 불과한 것들로써, 한편 의롭다 하심을 얻은 사람은 누구든지 또한 하나님께로부터 난 것이요, 다른 한편 하나님께로부터 난 자는 누구든지 또한 의롭다

하심을 얻은 것이 확실하다는 사실, 실로 하나님의 이 두 가지 선물은 동일한 순간에 모든 신도에게 주어진다는 사실이 흔히 인정되어 왔습니다. 한 시점에서 그의 죄는 소멸되고 그는 다시 하나님께로부터 태어나는 것입니다.

2 그러나 칭의와 신생이 시점에 있어서는 서로 분리할 수 없는 것이라는 점은 인정할 수 있지만, 양자는 쉽게 구별되는 것입니다. 양자는 동일한 것이 아니요, 대단히 다른 성질의 것이기 때문입니다. 칭의는 단지 관계적인 변화를 의미하며 신생은 실제적인 변화를 의미합니다. 우리를 의롭다 하심으로써 하나님은 우리를 위해서 역사하시지만, 우리를 다시 나게 하심으로써 하나님은 우리 안에서 역사하십니다. 전자는 하나님께 대한 우리의 외적인 관계를 변화시키고, 그로 인하여 원수였던 우리가 자녀들이 되는 것입니다. 후자로 말미암아 우리 영혼의 깊은 속이 변화되며, 그로 인하여 죄인이었던 우리가 성도가 되는 것입니다. 전자는 하나님의 호의에, 후자는 하나님의 형상에로 우리를 회복시켜 줍니다. 전자는 죄책을 제거하는 일이요, 후자는 죄의 능력을 제거하는 일입니다. 그러므로 양자는 시점에서는 함께 결합되어 있지만 전연 별개의 성질의 것입니다.

3 이 사실을 식별하지 않는 일, 의롭다 함을 얻는 일과 다시 태어나는 일 사이에 있는 큰 차이를 고찰하지 않는 일이 이 주제를 다루어 온 많은 사람들 가운데 대단히 큰 사고의 혼란을 일으켜 왔습니다. 특히 그들이 하나님의 자녀들의 이 위대한 특권을 설명하며, 어찌하여 "하나님에게서 난 사람은 누구든지 죄를 범하지 않는다"(요일 5:18)는 것을 보여주려고 시도했을 때에 그러했습니다.

4 이것을 분명히 이해하기 위하여 첫째로, "하나님에게서 난 사람은 누구든지" 라는 표현의 올바른 의미가 무엇인가를 고찰하는 일, 둘째로

어떤 의미에서 그가 "죄를 범하지 않는가"를 살펴보는 일이 필요할 것입니다.

❶ 첫째로, 우리는 "하나님에게서 난 사람은 누구든지"라는 표현의 올바른 의미를 고찰해 보아야 합니다. 그런데 우리는 일반적으로 이 "하나님에게서 난다"란 표현이 포함되어 있는 성서의 모든 구절에서 그것이 단지 세례를 받는 일, 혹은 어떤 외적 변화를 의미하지 않는다는 사실을 배울 수 있습니다. 오히려 그것은 매우 큰 내적인 변화, 성령의 역사로써 영혼 속에 이루어지는 변화, 우리의 존재 양식 전체의 변화를 의미합니다. 왜냐하면 하나님에 의해서 나는 순간부터 우리는 이 전과는 전연 다른 방식으로 살기 때문입니다. 이를테면 우리는 다른 세계에 있는 것입니다.

* * *

❷ 이 표현의 근거와 이유는 쉽게 이해됩니다. 이 위대한 변화를 경험할 때에 우리는 다시 탄생된 것이라고 말해도 좋을 것입니다. 왜냐하면 자연적인 탄생과 영적 탄생의 상황 사이에는 매우 가까운 유사점이 있기 때문입니다. 그러므로 자연적인 탄생의 상황을 고찰하는 일이 영적 탄생을 이해하는 가장 쉬운 길입니다.

* * *

❸ 아직 태어나지 않은 아기도, 모든 생명을 가진 것이 그러하듯이, 실상 공기에 의하여 살고 있습니다. 그러나 그는 그 사실이나 그 밖의 아무 것도 매우 둔하고 불완전한 방식이 아니면 느끼지 못합니다. 그 아기는 가령 듣는 일이 있다고 해도 조금 밖에 듣지 못합니다. 듣는 기관이 아직 막혀 있기 때문입니다. 그 아기는 아무 것도 보지 못합니다. 그 눈은 굳게 닫

혀 있으며 전적인 어두움으로 싸여 있기 때문입니다. 그 탄생의 때가 임박했을 때에는 아마도 생명의 어떤 희미한 시작과 그 결과로서의 어떤 운동이 있을지도 모릅니다. 그 사실로 인하여 그것은 단순한 물질의 덩어리에서 구별되는 것이지만, 그러나 그것은 전혀 감각을 가지고 있지 않습니다. 이와같이 영혼의 모든 통로는 탄생할 때까지 전혀 닫혀 있는 것입니다. 따라서 그 아기는 이 눈에 보이는 세계와는 거의 교섭을 가지고 있지 못합니다. 또 거기서 생겨나는 것들에 대해서도 거의 아무런 지식도 개념도 관념도 가지고 있지 못합니다.

* * *

❹ 아직 태어나지 않은 아기가 눈에 보이는 세계에 대해서 전혀 문외한이라는 사실의 이유는 눈에 보이는 세계가 멀리 있기 때문은 아닙니다.(그것은 매우 가까이 있는 것입니다. 그것은 모든 측면에서 그를 둘러싸고 있는 것입니다). 그 이유는, 첫째, 그 아이가 그러한 감각들을 가지고 있지 않기 때문입니다. 그러한 감각들이 아직 그 영혼 안에 열려 있지 않기 때문입니다. 그러한 감각에 의해서만 물질적 세계와 교섭을 가지는 일이 가능한 것입니다. 또 하나는 매우 두꺼운 베일이 사이에 쳐 있어서 그것을 통해서 그는 아무 것도 식별할 수가 없기 때문입니다.

* * *

❺ 그러나 그 아기가 이 세상에 태어나자 마자 그는 전혀 다른 방식으로 존재합니다. 그는 이제 공기를 느낍니다. 그는 공기에 둘러싸여 있으며 공기는 모든 측면에서 그의 속으로 흘러들어 옵니다. 그가 숨을 마시고 내어 쉬는 그 속도를 따라 흘러들어 오는데, 그 사실로 인해 생명의 불꽃은 지탱을 받습니다. 그리고 그 사실로부터 힘과 운동과 감각의 끊임없는 증가가 비롯됩니다. 모든 신체적인 감각이 이제는 깨어나고 그 적절한 대상들이 공급되는 것입니다.

그의 눈은 이제 빛을 감지하기 위해 열려 있습니다. 빛은 고요히 눈 위에로 흘러 들어와 단지 그 자체를 나타내 보여줄 뿐만 아니라 이전에는 그가 전혀 경험하지 못했던 사물의 무한한 다양성을 보여주는 것입니다. 그의 귀는 열려서 소리가 끝없는 다양성으로 돌입해 옵니다. 모든 감각이 특별히 그것에 적합한 대상들에 사용됩니다. 그리고 그러한 입구로 말미암아서 영혼은 눈에 보이는 세계와의 열린 교섭을 가지면서 감지할 수 있는 사물, 해 아래 있는 모든 사물에 대한 지식을 더욱 더 획득합니다.

* * *

❻ 하나님에게서 난 사람의 경우도 마찬가지입니다. 저 위대한 변화가 행해지기 이전에는 그는 생명이 있는 모든 존재가 그분 안에서 "살고 움직이며 존재하는"(행 17:28) 바 하나님으로 인하여 살고 있는 것이지만, 그 하나님을 감지할 수 없습니다. 그는 하나님이 계심을 느끼지 못하며 하나님의 현존에 대한 내적인 의식을 가지고 있지 못합니다. 그는 그것이 없었더라면 한 순간이라도 존재할 수가 없는, 그 신적인 생명의 숨결을 감지하지 못하며 또 하나님의 사실에 대해서 전혀 감각으로 느끼지 못합니다. 그런 것들은 그의 영혼에 전혀 인상을 주지 못합니다. 하나님은 끊임없이 높은 곳으로부터 그를 부르시고 계시나 그는 듣지 못합니다. 그의 귀는 막혀 있어서, 따라서 "매혹자의 소리"(시 58:5)는 "미혹자가 아무리 공교한 방술을 행할지라도" 그에게는 헛된 일이 되어 버립니다. 그는 하나님의 영의 일들을 보지 못합니다. 그의 이해력의 눈은 닫혀 있어서 전적인 어두움이 그의 영혼 전체를 가리고 그를 모든 측면에서 둘러싸고 있기 때문입니다. 그가 생명의 어떤 여명, 영적 활동의 작은 시작을 아직 가지고 있을 수도 있지만. 그러나 이미 그는 영적인 대상들을 분별할 수 있는 영적 감각들을 가지지 못했으므로, 따라서 그는 "하나님의 영에 속한 것을 이해하지 못합니다. 영적인 것은 영으로만 이해할 수 있는 것이므로 그는 그것을 이해하지 못합니다"(고전 2:14).

* * *

❼ 이 때문에 그는 눈에 보이지 않는 세계와 거의 교섭을 가지고 있지 못한 것과 같이 그것에 대한 지식도 거의 가지고 있지 못합니다. 그것이

멀리 있기 때문이 아닙니다. 아니 그는 그 복판에 있는 것입니다. 그것은 그의 주위를 둘러싸고 있습니다. 우리가 보통 그렇게 부르는 바 이 다른 세계는 우리 한 사람 한 사람에게서 멀지 않습니다. 그것은 위에, 아래에, 사방에 있습니다. 다만 자연적인 사람만이 그것을 식별하지 못합니다. 그 이유 중의 하나는 그가 영적 감각들을 가지지 못하였기 때문입니다. 그 영적 감각에 의해서만 우리는 하나님의 일들을 이해할 수 있는 것입니다. 또 다른 이유는 매우 두꺼운 베일이 사이에 있으므로 그는 어떻게 꿰뚫어 볼 는지를 모르기 때문입니다.

***

❽ 그러나 그가 하나님에게서, 성령으로 태어날 때, 그의 존재방식은 얼마나 변화하는 것입니까! 그의 영혼 전체가 이제 하나님을 감각으로 느끼는 것입니다. 그리고 그는 확실한 체험으로써 말할 수 있습니다. "당신은 나의 침상 곁에 또는 나의 길 가까이에 계십니다"(시 139:2). 나는 당신을 내가 걷는 길 어디서나 느낍니다. "당신은 나의 전후를 두르시며 내게 안수하셨나이다"(시 139:5). 하나님의 영 혹은 숨결이 즉시 새로 탄생된 영혼 속에 불어넣어져서 호흡하게 됩니다. 하나님에게서 오는 이 같은 숨결이 하나님에게 돌아갑니다. 그것이 부단히 신앙으로 인하여 받아지는 것처럼, 그것은 부단히 사랑과 기도와 찬미와 감사로 돌려집니다. 사랑과 찬미와 기도라는 것은 참으로 하나님에게서 난 모든 영혼의 숨결이기 때문입니다. 그리고 이 새로운 종류의 영적 호흡으로 인하여 영적 생명은 다만 유지될 뿐만 아니라, 영적 능력과 활동과 감각과 함께 날마다 증가합니다. 모든 영혼의 감각이 이제 눈을 뜨고 영적 선악을 식별할 수 있기 때문입니다.

***

❾ "그의 이해력의 눈"이 이제 "열려서" 그는 "보이지 않는 그 분을 보는"(히 11:27) 것입니다. 그는 믿는 자들을 향하신 "하나님의 능력"과 그 사랑의 "대단한 위대함"(엡 1:16)이 무엇인가를 봅니다. 그는 하나님이 죄인인

자기에 대하여 자비로우시며, 자신이 하나님의 사랑하시는 그 독생자로 인하여 화해되었음을 봅니다. 그는 하나님의 용서하시는 사랑과 하나님의 모든 "가장 귀하고 큰 약속들"(벧후 1:4)을 분명히 감지합니다. "'어두움 속에서 빛이 비쳐 나오라' 고 말씀하신 하나님께서 그리스도의 얼굴에 나타난 하나님의 영광을 아는 지식"으로써 그를 밝히시기 위하여 "그의 마음속을 비추어 주셨습니다"(고후 4:6). 또 현재 비추어 주고 계십니다. 이제 모든 어두움은 지나갔고, 그는 하나님의 얼굴의 빛 속에 거하고 있는 것입니다.

* * *

❿ 그의 귀는 이제 열렸습니다. 그래서 하나님의 음성은 더 이상 헛된 부르심이 아닙니다. 그는 하늘의 부르심을 듣고 복종합니다. 그는 자기의 목자의 음성을 알고 있습니다. 영적인 모든 감각이 이제는 깨어나 있으므로, 그는 눈에 보이지 않는 세계와 분명한 교통을 가지고 있습니다. 그러므로 그는 더욱 더 "이전에는 마음에 떠오르지"(고전 2:9)도 않았던 일들에 대해서 알게 됩니다. 그는 이제 하나님의 평화가 무엇인가, 성령 안에서의 기쁨이 무엇인가, 그리스도 예수로 말미암아 하나님을 믿는 사람들의 마음속에 부어지는 하나님의 사랑이 무엇인가를 알고 있습니다. 이처럼 이전에 하나님의 빛과 음성, 하나님을 아는 지식과 사랑을 중단시키고 있던 베일이 제거되었으므로, 성령으로 난 사람은 사랑 안에 거하며 "하나님 안에 있고 하나님도 그의 안에 계십니다"(요일 3:24 참조).

II

❶ "누구든지 하나님께로부터 난 사람은"(요일 3:9)이란 표현의 의미를 고찰하였으므로, 둘째로 어떤 의미에서 그는 "죄를 범하지 않는"것인가를

묻는 일이 남았습니다.

이제 위에서 이미 설명한 것과 같이 그처럼 하나님께로부터 난 자, 끊임없이 그 영혼 속에 하나님께로부터 생명의 숨, 하나님의 영의 은혜로운 감화를 받고 또 그것을 돌려보내고 있는 자, 그렇게 믿고 또 사랑하고 있는 자, 믿음으로써 그 영 위에 임하시는 하나님의 끊임없는 역사를 감지하며, 또 일종의 영적 반응으로써 그 받는 은혜를 끊임없는 사랑과 찬미와 기도로 돌려보내고 있는 자, 이 사람은 자신을 그 상태에 보전하는 동안, 단지 죄를 범하지 않을 뿐만 아니라, 이 "씨가 그 사람 속에 있는"한, "하나님께로부터 났기 때문에 죄를 지을 수 없습니다"(요일 3:9).

* * *

❷ 죄라는 말을 나는 여기서 평이하게 보통 인정되는 뜻을 따라 외적인 죄를 이해하고 있습니다. 그것은 실제적, 자발적인 율법의 위반입니다. 계시되고 기록된 하나님의 율법의 위반이요, 위반될 때 하나님의 계명으로 인정되고 있는 그 하나님의 계명의 위반입니다. 그러나 "하나님께로부터 난 자"(요일 3:9)는 믿음과 사랑에 거하는 한, 기도와 감사의 영에 거하는 한, 죄를 범하지 않을 뿐만 아니라 죄를 범할 수가 없는 것입니다. 그가 이처럼 그리스도로 말미암아 하나님을 믿고 하나님을 사랑하며 그 마음을 하나님 앞에 쏟아 붓는 한, 그는 하나님이 금하셨다고 알고 있는 것을 말하거나 행함으로써 하나님의 어느 명령도 자발적으로 위반할 수가 없습니다. 그의 속에 머물러 있는 저 "씨", 저 사랑하며 기도하며 감사하는 믿음이 하나님의 눈에 혐오될 만한 것이라고 그가 알고 있는 모든 것으로부터 멀리하도록 그를 강요하는 한, 그러한 일은 불가능한 것입니다.

* * *

❸ 그러나 여기서 즉시 어려움이 나타날 것입니다. 이 어려움은 많은 사람들에게 있어서 극복하기 어려운 것으로 보였고, 그들이 사도의 명백한 주장을 부인하며 하나님의 아들들의 특권을 포기하도록 유도하였던 것입니다.

사실 하나님께로부터 참으로 난 자라는 것을 우리가 부인할 수 없는 사람들이 (하나님의 영이 우리에게 그의 말씀 가운데 그 사실에 대하여 절대로 잘못됨이 없는 증거를 주신 것이므로) 그럼에도 불구하고 단지 죄를 범할 수 있었을 뿐만 아니라, 실제로 죄를 범한 것이 분명합니다. 더구나 큰 외적 죄를 범한 것입니다. 하나님이 금하셨다는 것을 알고 있는 사실을 말하거나 행하거나 해서, 그들은 분명한, 알려져 있는 하나님의 율법을 위반한 것입니다.

***

❹ 이처럼 다윗은 의심할 바 없이 하나님께로부터 났으며, 이스라엘을 지배하는 왕이 되기 위해 기름부음을 받았습니다. 그는 자기가 믿고 있는 분을 알고 있었습니다. "그는 믿는 가운데 굳건해져서 하나님께 영광을 돌렸습니다"(롬 4:20). 그는 말했습니다. "주는 나의 목자이시니 내가 부족함이 없으리로다. 그가 나를 푸른 초장에 누이시며 쉴 만한 물가로 인도하시는도다. 내가 사망의 음침한 골짜기로 다닐지라도 해를 두려워하지 않을 것은 주께서 나와 함께 하심이라"(시편 23:1 이하). 그는 사랑에 충만해 있어서, 자주 이처럼 외치지 않고는 견디지 못할 정도였습니다. "나의 힘이 되신 주여, 내가 주를 사랑하나이다. 주는 나의 반석이시오 나의 요새시요. 나의 구원의 뿔이시오 나의 산성이시로다"(시 34:1). "주는 나의 하나님이시라 내가 주께 감사하리이다 주는 나의 하나님이시라 내가 주를 높이리이다"(시 118:28). 그러면서도 이러한 하나님의 자녀가 죄를 범할 수가 있었으며 또 실제로 죄를 범했습니다. 실로 간통과 살인의 무서운 죄를 범한 것입니다.

***

❺ 또한 성령이 좀 더 풍부하게 주어진 뒤에까지도, "복음을 통하여 생명과 썩지 않음을 밝히 보이신"(딤후 1:10) 뒤에라도, 우리는 역시 의심할 바 없이, 우리에게 교훈을 주기 위해 씌어진, 동일한 우울한 종류의 실례들을 충분히 가지고 있습니다. 이러한 실례가 사도들로 인하여 "바나바" 곧 "'위로의 아들'로 불리어진"(행 4:36) 사람의 경우입니다. (아마도 이 호칭은 그

가 가지고 있던 모든 것을 팔아 가난한 형제들을 구제하기 위하여 그 대금을 가져온 데서 붙여진 것 같습니다.) 그는 안디옥에서 매우 존경을 받았고 모든 제자들 가운데서 사울과 함께 선택되어 유대에 사는 형제들에게 그들의 원조를 가지고 갈 정도였습니다. 그는 유대로부터 돌아오자 성령의 특별한 지시에 의하여 엄숙하게도 "하나님이 그에게 맡긴 일을 행하기 위하여 다른 예언자들이나 교사들로부터 성별된"(행 13:1,2) 것입니다. 즉 이방인 중의 위대한 사도를 동반하며 모든 곳에서 그의 동역자가 되는 것이었습니다. 그럼에도 불구하고 이 바나바가 나중에 성 바울과 매우 크게 다투어서 자기도 그 활동에서 떠나버릴 정도였던 것입니다. (다툰 이유는 성 바울이 "전에 밤빌리아에서 일행을 떠나 행동을 함께 하지 않았던 마가 요한을", 두 번째 그 형제들을 방문하려고 할 때 "데리고 가는 것은 옳지 않다고 생각한"(행 5:28) 일 때문이었습니다.) "바나바는 요한을 데리고 구브로로 건너갔던"(행 15:39) 것입니다. 이처럼 그는 성령에 의해 그처럼 직접적인 방식으로 맺어졌던 사람을 버렸던 것입니다.

***

❻ 위의 두 가지보다도 더욱 놀랄만한 실례가 성 바울에 의하여 갈라디아서에서 주어져 있습니다. 연로한 베드로, 열심 있고, 사도들 중의 제 일인자요, 주님께로부터 가장 총애를 받았던 세 사람 중의 하나였던 베드로가 "안디옥에 왔을 때에 그가 잘못한 일이 있어서 나는 그를 면박했습니다. 그 사건은 이런 것이었습니다. 그가 이방 사람들과 함께 음식을 먹고 있었는데 야고보가 보낸 사람들이 그리로 왔습니다"(갈 2:11,12). 여기서 이방 사람이란 기독교 신앙으로 개종한 이교도를 말합니다. 베드로가 그들과 함께 음식을 먹은 것은 특히 "하나님께서는 사람을 속되게 여기거나 깨끗하지 않게 여기거나 하지 말라고"(행 10:28) 베드로에게 지시하셨기 때문입니다. "그러나 그들이 오자 그는 그 할례 받은 사람들이 두려워서 그 자리를 떠나 물러났습니다. 다른 유대 사람들도 그와 함께 위선을 행했고 마침내 바나바까지도 그들의 위선에 함께 끌려갔던 것입니다. 나는 그들이

복음의 진리대로 똑바로 걷지 않는 것을 보고 많은 사람 앞에서 베드로에게 말했습니다. '당신은 유대 사람인데도' 모세의 의식에 관한 율법을 중히 여기지 않고 "이방 사람 같이 살면서 어찌하여 이방 사람들 더러 유대 사람 같이 되라고 강요합니까?"(갈 2:12-14). 여기에도 역시 의심 할 바 없이 하나님께로부터 난 사람에 의하여 행해진 명백한, 부인할 수 없는 죄가 있습니다. 그러나 어떻게 이것이, 분명한, 글자 그대로의 의미로 보아서 "누구든지 하나님께로부터 난 사람은 죄를 짓지 않는다"(요일 3:9)는 성 요한의 주장과 조화될 수가 있습니까?

* * *

❼ 나는 오랫 동안 고찰되어온 바가 다음과 같다고 대답합니다. "하나님에게서 난 자가 그 자신을 지키는 한"(하나님의 은혜로써 그에게 그것이 가능하지만) "악한 자가 그를 다치지 못합니다." 그러나 그가 자기를 지키지 않는다면, 즉 신앙 안에 거하지 않는다면, 그는 다른 사람과 같이 죄를 범할 지도 모릅니다.

그러므로 어떻게 하여 이러한 하나님의 자녀들이 그 자신의 확고함에서 벗어나서 견고하여 흔들리지 말라는 사도들의 말씀, 즉 하나님의 위대한 진리에서 벗어날 수 있는가를, 쉽게 이해 할 수 있습니다. 그는 자신에게 넉넉한 저 하나님의 은혜로써 '자기를 지키지'(고후 12:9) 못한 것입니다. 먼저 그는 한 걸음 한 걸음 소극적인 내적인 죄에로 떨어져 가고 있었습니다. 그것은 그가 자신 "속에 주어진 하나님의 선물을 불일 듯 일으키지"(딤후 1:6) 않았기 때문이요, "언제나 깨어 기도하지"(벧전 4:7) 않고, "하나님께서 위로 향하여 부르신 그 부르심의 상을 얻으려고 목표를 향하여 달려가지"(빌 3:14) 않았기 때문입니다. 그리고 나서 그는 적극적인 내적 죄에로 떨어져 갔습니다. 즉 자기 마음으로 사악함에로 기울어져 어떤 악한 욕구 혹은 기질에 양보하였던 것입니다. 다음으로 그는 그의 신앙을 잃고, 용서하시는 하나님을 보지 못하게 되었으며, 결과적으로 하나님에 대한 사랑을 잃게 되었습니다. 그리고는 약해지고 다른 사람처럼 되어 버려서, 그는 외적인 죄까지 범할 수가 있게 된 것입니다.

***

❽ 특정한 실례로 이를 설명해 봅시다. 다윗은 하나님께로부터 나서 믿음으로 하나님을 보았습니다. 그는 성실하게 하나님을 사랑했습니다. 그는 참으로 이렇게 말할 수가 있었습니다. "하늘에서 주 외에 누가 내게 있으리요? 땅에서는 주 밖에," 사람이거나 물건이거나 "나의 사모할 자 없나이다"(시 73:25). 그러나 아직도 그의 마음 속에 모든 악의 씨인 저 본성의 부패가 남아 있었던 것입니다.

"다윗이 왕궁 지붕 위에서 거닐었습니다"(삼하 11:2). 아마도 그 영혼이 사랑하던 하나님을 찬미하고 있었을 것입니다. 그 때에 그는 아래를 내려다보고, 밧세바를 보았습니다. 그는 유혹을, 악을 향하는 생각을 느꼈습니다. 하나님의 영은 그것이 죄라고 그에게 깨닫게 하는 일에 실패하지 않았습니다. 그는 의심할 바 없이 경고하시는 음성을 듣고 알았습니다. 그러나 그는 어느 정도 그 생각에 굴복하였고, 그래서 그 유혹이 그를 이기기 시작했습니다. 이로써 그의 영은 더럽혀졌습니다. 그는 여전히 하나님을 보고 있었습니다. 그러나 이전보다 훨씬 희미하게 보았던 것입니다. 그는 하나님을 여전히 사랑하였습니다. 하지만 그것은 같은 정도로서가 아니었습니다. 같은 힘과 열정으로서가 아니었습니다. 그렇지만 하나님은 여전히 그를 책망하셨습니다. 물론 하나님의 영은 깊이 슬퍼하셨습니다. 하나님의 음성은 비록 점점 더 약해졌지마는, 여전히 속삭였습니다. "죄가 문에 엎드려 있다. 나를 쳐다 보라, 그리하면 너는 구원을 받으리라"(창 4:7 참조). 그러나 다윗은 들으려고 하지 않았습니다. 그는 다시 보았으나 그것은 하나님 편이 아니요 금지된 대상의 쪽이었습니다. 이렇게 해서 마침내 본성이 은혜보다 상위가 되었고 그의 영혼 속에서 욕정을 불태워 일으켰습니다.

그의 마음의 눈은 이제 다시 닫혀지고 하나님은 그의 시야에서 사라졌습니다. 신앙 곧 신적인, 초자연적인, 하나님과의 사귐과 하나님에 대한 사랑은 함께 멈춰버렸습니다. 거기서 그는 전투장으로 달려가는 말처럼 돌진하여 그 외적인 죄를 알면서도 범한 것입니다.

* * *

❾ 당신은 은혜로부터 죄로 향하여 가는 확실한 과정을 봅니다. 다음과 같이 그것은 한 걸음 한 걸음 전진하는 것입니다. ① 하나님께로부터 난 사람 속에는 사랑을 일으키고 승리하는 신앙의 신적 씨앗이 머물러 있습니다. 하나님의 은혜로 인하여 "그가 그 자신을 지키므로"(요일 5:18) "죄를 짓지 않습니다"(요일 3:9). ② 유혹이 일어납니다. 이 세상으로부터든지 육체로부터든지, 혹은 악마로부터든지, 그것은 중요하지 않습니다. ③ 하나님의 영이 그에게 죄가 가까이에 있다고 경고해 주며 더 열심히 깨어서 기도하라고 명합니다. ④ 그는 이제 자기에게 즐거움이 되어가고 있는 유혹에 어느 정도 양보합니다. ⑤ 성령은 깊이 슬퍼하십니다. 그의 신앙은 약해지고 하나님에 대한 사랑은 차가와 집니다. ⑥ 성령은 더욱 날카롭게 그를 비난하여 말씀합니다. "이것이 길이다. 그 안에서 걸으라"(사 30:21). ⑦ 그는 하나님의 고통스러운 음성에서 돌이켜 유혹하는 자의 즐거움을 주는 음성에 귀를 기울입니다. ⑧ 악한 욕구가 그의 영혼 속에 시작되고 퍼져가서 마침내 신앙과 사랑이 사라집니다. 그렇게 되면 그는 외적인 죄를 범할 수가 있습니다. 주님의 능력이 그에게서 떠나버렸기 때문입니다.

* * *

❿ 이것을 다른 실례로 설명해 봅시다. 사도 베드로는 신앙과 성령으로 충만해 있었습니다. 이처럼 자기를 지키고 있었으므로, 그는 하나님과 사람을 향하여 죄 없는 양심은 가지고 있었습니다. 이처럼 단순함과 경건한 성실 가운데 걷고 있었으므로 "야고보가 보낸 사람들이 오기까지 그는 이방 사람들과 함께 음식을 먹고 있었습니다"(행 24:16). 하나님이 깨끗하게 하신 것은 천한 것도 아니요 불결한 것도 아니라는 것을 알고 있었던 것입니다.

그런데 '그들이 오자' 베드로의 마음에 "그 할례 받은 사람들이 두려워지는" 유혹이 생겨났습니다(할례 받은 사람들이란 유대인 개종자로서 할례와 모세의 율법에 속하는 다른 의식에 열심하고 있던 사람들입니다). 그리고 그 유혹은 베드로가 하나님의 칭찬보다도 이 사람들의 호의와 칭찬을 주의하게 만든 것입니다.

그는 성령에 의해 죄가 가까이에 있다는 경고를 받았습니다. 그럼에도 불구하고 그는 어느 정도 그것에 양보했습니다. 인간에 대한 죄악된 두려움에 양보한 것입니다. 그래서 그의 신앙과 사랑은 거기 비례해서 약화된 것입니다. 하나님은 다시 그를 악마에게 굴복한 일 때문에 책망하셨습니다. 그래도 그는 자기 목자의 음성을 들으려고 하지 않고 자신을 그 노예와 같은 두려움에 맡겨버려, 성령을 소멸한 것입니다.

그러자 하나님은 사라지셨습니다. 또한 신앙과 사랑이 꺼져 버렸으므로, 그는 외적인 죄를 범했습니다. 똑바로 걷지 않고, 다시 말해서 "복음의 진리대로"(갈 2:14) 걷지 않고, 그는 그리스도인 형제들로부터 "그 자리를 떠나 물러갔던"(갈 2:12) 것입니다. 그렇게 하라고 조언은 하지 않았다 해도 그는 그의 나쁜 실례로 말미암아 이방 사람들을 "유대인의 방식을 따라 살도록 강요하였던" 것입니다. 즉, 그들 자신이 다시 한번 '종의 멍에'(갈 5:1)를 메도록 만든 것입니다. 실은 그 멍에로부터 "그리스도께서는 그들을 해방시켜 주신" 것인데 말입니다.

이처럼 하나님께로부터 난 사람이 자기를 지키고 있으면 죄를 짓지 않으며 지을 수도 없다는 것은 의심할 바 없는 진실입니다. 그렇지만 만일 그가 자기를 지키지 않는다면, 그는 탐욕스럽게 모든 종류의 죄를 범할는지도 모릅니다.

❶ 이상의 고찰에서 우리는, 첫째로, 자주 마음이 성실한 많은 사람들

을 당혹시켜온 의문에 대해서 분명하고 논의의 여지가 없는 대답이 주어졌음을 배울 수가 있을 것입니다. 그 의문이란 다음과 같은 것입니다. "죄는 신앙의 상실에 앞서는 것인가, 그렇지 않으면 뒤따르는 것인가? 하나님의 자녀는 먼저 죄를 범하고 나서 그로 인하여 그 신앙을 잃는 것인가, 혹은 죄를 범할 수 있기 전에 그는 먼저 그 신앙을 잃는 것인가?" 하는 것입니다.

나는 대답합니다. 적어도 어떤 태만의 죄(sin of omission: 하지 않는 죄)가 필연적으로 신앙의 상실에 앞서 있어야 한다는 것입니다. 어떤 내적인 죄가 선행되어야 하는 것입니다. 그러나 신앙의 상실이 외적인 죄를 범하는 일에 앞서 있을 수밖에 없습니다.

어떤 신자든지 자기의 마음을 더 검토하면 할수록 다음의 사실을 더 확신할 것입니다. 사랑으로 역사하는 신앙은 깨어서 기도하는 영혼으로부터 내적, 외적 죄 모두를 제거합니다. 그럼에도 불구하고 그 때에라도 특히 우리가 빠지기 쉬웠던 죄의 유혹에 넘어가기가 쉽습니다. 만일 영혼 사랑의 눈이 하나님에게 흔들림 없이 고정되어 있으면, 그 유혹은 얼마 안 되어 사라져버립니다. 그러나 그렇지 못하면, 즉 만일 우리가 (사도 야고보가 1장 14절에서 말한바와 같이) εξελκομενοι, 즉 우리 자신의 욕망을 따라 하나님의 밖으로 끌려나가, δελεαζομενοι, 즉 현재의 혹은 약속된 쾌락의 유혹으로 꾀임을 받는다면, 그 때에 우리가 마음에 품은 그 욕망이 죄를 낳습니다. 그리고 그 내적인 죄로 인하여 우리의 신앙을 파괴한 뒤에 그것은 우리를 거꾸로 악마의 함정 속에 던져버립니다. 그러므로 우리는 어떤 외적인 죄라도 범할 수가 있게 되는 것입니다.

***

❷ 이상에서 말해진 사실에서 우리는 둘째로 다음의 사실을 배울 수가 있습니다. 신자의 영혼 속에 있는 하나님의 생명이란 무엇인가, 그것은 참된 의미에서 무엇으로 성립되는 것인가, 그 안에 직접적으로 또는 필연적으로 함축된 바가 무엇인가. 그것은 직접적으로 그리고 필연적으로 하나

님의 성령의 끊임없는 영감을 의미합니다. 하나님이 영혼 속에 숨을 불어 넣으시는 일, 그리고 영혼이 하나님께로부터 먼저 받은 그 숨을 돌려보내는 일입니다. 그것은 영혼 위에 부단히 하나님께서 역사(활동)하시고, 영혼이 하나님을 향하여 반응(다시 역사)하는 일입니다. 그것은 하나님의 끊임없는 임재요, 마음에 나타내시고 신앙으로써 감지되는 바, 사랑하시고 용서하시는 하나님을 의미합니다. 우리 편으로부터 사랑과 찬미와 기도를 끊임없이 하나님께 돌려보내고, 그리스도 예수 안에서 하나님께 받아들여지는 거룩한 희생제물이 되도록 우리 마음의 모든 생각, 입의 모든 말, 손의 모든 행동, 육체와 혼과 영을 모두 바치는 일입니다.

***

❸ 이 사실에서 우리는 셋째로 이 영혼의 반응이 (그것이 무엇이라 불리어지든지 간에) 영혼 속에서의 하나님의 생명을 존속시키기 위하여 절대로 필요하다고 추론할 수 있을 것입니다. 왜냐하면, 분명한 일로 보이지만, 영혼이 계속 하나님께 반응하지 않으면 하나님은 영혼 위에 계속 활동하시지 못하기 때문입니다. 하나님은 진실로 당신의 선하신 축복을 가지고 우리에게 먼저 역사하십니다. 하나님이 먼저 우리를 사랑해 주시고 자신을 우리에게 나타내십니다. 우리가 아직 멀리 있을 때에 하나님은 당신에게로 우리를 부르시고 우리의 마음을 비추어 주십니다. 그러나 만일 우리가 우리를 먼저 사랑해 주신 하나님을 그 때에 사랑하지 않는다면, 만일 우리가 하나님의 음성을 듣지 않는다면, 만일 우리가 눈을 하나님께로부터 돌려서 하나님께서 우리 위에 부으시는 빛에 주목하지 않는다면, 하나님의 영은 언제든지 힘쓰시지 만은 않을 것입니다. 하나님의 영은 점차로 물러나서 우리를 우리 자신의 마음의 어두움에 버려두실 것입니다. 우리의 영혼이 다시금 하나님을 향하여 숨을 돌려보내지 않으면, 우리의 사랑과 기도와 감사, 즉 하나님이 매우 기뻐하시는 희생 제물을 하나님께 돌려 보내지 않으면, 그는 우리의 영혼 속에 숨을 계속 불어넣으시지 않을 것입니다.

❹ 끝으로, 우리는 "교만한 마음을 품을 것이 아니라 도리어 두려워해야 합니다"(롬 11:20)라고 하신 위대한 사도의 지시를 따를 것을 배웁시다. 우리는 죽음이나 지옥 이상으로 죄를 두려워합시다. 우리는 자신들의 기만에 찬 마음에 매달리지 않기 위하여 질투하는(그러나 아픔은 주지 않는) 두려움을 가집시다. "서 있는 줄로 생각하는 사람은 넘어지지 않도록 조심해야 합니다"(고전 10:21). 이제 하나님의 은혜 가운데, 이 세상을 이기는 신앙 가운데 굳게 서 있는 자라도, 그럼에도 불구하고 내적인 죄 가운데 떨어져 그로 인하여 "믿음이 파선을 당할"(딤전 1:19)는지도 모릅니다. 그리고 그렇게 된다면 외적인 죄가 그의 위에 그 지배권을 다시 얻기는 얼마나 쉬울 것입니까! 그러므로 하나님의 사람이여, 당신은 언제나 정신을 차리고 언제나 하나님의 음성을 듣지 않으면 안됩니다. 당신은 깨어 하나님 앞에 자신의 마음을 쏟아내면서, 언제나 어디서나 끊임없이 기도하도록 유의할 것입니다. 그렇게 하면 당신은 언제나 믿고 언제나 사랑하며 그리고 결코 죄를 범하지 않을 것입니다.

8

원죄
Original Sin

아담 안에서 당신은 전부 죽었고,
두 번째 아담이신 그리스도 안에서 전부 살아나게 됩니다.
여러분은 죄 중에 죽었지만 그리스도께서 살려 주신 것입니다.
이미 하나님께서 당신에게 삶의 원리를,
곧 당신을 사랑하셔서 당신을 위해 자신의 몸을 주셨다는
하나님께 대한 신앙을 주신 것입니다.
자, 그러면 이제부터 당신의 모든 병이 치료되고
마음 속에 예수 그리스도의 마음을 온전히 품을 때까지
믿음에서 믿음으로 나아갑시다.

8 원죄
Original Sin

【 해설 】

이 설교는 1759년 브리스톨(Bristol)의 그래햄(Graham)에 의해서 팜플렛으로 처음 출판되었고, 그 다음 해에 웨슬리가 설교집 제4권을 출판할 때 그 속에 포함시켰다. 이 설교가 쓰여지게 된 동기는 존 테일러 박사(Dr. John Taylor)가 1740년에 발표한 '원죄에 대한 성서적 교리(The Scriptural Doctrine of Original Sin Propose to Free and Candid Examination)라는 논문 때문이었다.

테일러 박사는 유식한 장로교 목사였으며 노르윅(Norwick)에서 목회를 했다. 그는 워링톤(Warrington)에 있는 장로교 신학교(Presbyterian Theological Seminaty)의 초대 교장으로서 1761년 세상을 떠날 때까지 일했다. 테일러는 소시니안주의(Sosinianiam)적인 입장을취해 원죄를 부인했다. 그의 제자들은 원죄의 교리를 비웃었다. 이것은 결국 성서적 기독교의 전체 구조를 부인하는 셈이다.

이것을 본 웨슬리는 격분하여 "만일 테일러의 주장이 옳다면, 우리는 기독교가 필요하다고 말할 수 없을 것이다"라고 했다. 이렇게 되면 거기에는 구원에 대해서 말할 여지가 전혀 없게 될 것이다(Works,IX,194). 그리고 웨슬리는 테일러의 주장을 반박하기 위하여 1757년에 '성서와 이성과 경험적 입장에서 본 원죄론'『The Doctrine of Original Sin According to Scripture, Reason, and Experience』이라는 제목의 긴 논문을 썼다. 그리고 이 논문의 제 1부가 설교의 형대로 다소간 수정되어 출판되었다.

그러면 웨슬리는 원죄의 교리를 어떻게 주장하는가? 웨슬리는 원죄를 설명함에 있어서 한편으로는 인간은 아담의 죄로 인하여 전적으로 타락해서 전적으로 무능력한 존재라고 종교 개혁자와 같이 주장한다. 그런가 하면, 다른 한편으로는 그는 인간에게는 어느 정도의 능력이 있어서 하나님의 은총의 역사에 호응할 수 있다고 주장한다. 이와 같이 웨슬리의 주장은 역설적(Paradoxical)이다.

그렇다면 이 역설적인 주장을 어떻게 이해하여야 할까? 웨슬리의 후예들 가운데 어떤 사람들은 웨슬리가 처음에는 인간에게 어느 정도의 능력이 있다는 주장을 하였다가 후에 와서 이 입장을 바꿔 전적인 타락을 주장했다고 말한다. 그러나 어느 곳에서도 웨슬리가 그의 입장을 바꾸었다는 사실을 입증할 만한 것은 없다(Cox, John Wesley's Concept of Christian Perfection, p.30). 우리는 이 두 가지 반대되는 주장을 어떻게 이해하여야 하는가?

웨슬리는 인간은 전적으로 타락한 존재라는 것을 가르친다. 그러나 그와 동시에 하나님께서 인류가 타락하는 그 순간 모든 인간에게 값없이 주신 선행적 은총으로 말미암아 인간은 어느 정도 능력을 회복하게 되었다고 이해한다. 웨슬리는 인간의 원죄를 주장함으로써 자연적인 인간의 불가능을 지적하고, 그와 동시에 하나님의 선행적 은총을 주장함으로써 은총 아래 있는 인간의 가능성을 지적하고 있다. 웨슬리의 원죄론은 이와 같이 선행적인 은총과 관계를 맺고 있기 때문에 다른 사람에게서 볼 수 없는 독특한 요소를 드러내고 있다.

웨슬리는 원죄를 목회학적인 입장에서 죄책(Guilt)과 부패성(Depravity)으로 나누어 설명한다. 죄책이란 죄에 대한 형벌이요, 부패성이란 죄로 기울어지는 경향성이 있는 죄의 힘이며, 범죄의 뿌리이다. 웨슬리는 예수 그리스도의 대속에 나타난 하나님의 선행적 은총으로 인하여 우리는 아담이 지은 원죄의 죄책에서는 벗어났다고 주장한다. 따라서 인간은 아담 때문에 멸망받는다고 말할 수는 없다. 그러나 인간에게는 아담의 범죄로 인한 부패성이 아직도 남아있어서 그 부패성으로 말미암아 온 인류가 실제적으로 죄를 범하고 있다고 하였다. 그래서 웨슬리는 인간이 멸망에 이르는 것은 우리의 실제적인 죄 때문이라고 주장한다. 웨슬리는 어떤 면에서는 아담의 죄보다는 우리의 현세적인 죄를 더 강조하고 있다고도 말할 수 있겠다.

웨슬리는 본 설교에서 원죄의 교리는 기독교와 이교도 사이를 구별짓는 중대한 기독교의 교리라고 말하고 있다(Ⅲ, 1). 또한 그는 이렇게 주장한다. "이 원죄의 교리를 긍정한다면 당신은 그만큼 기독교인이 되고, 이 사실을 부정한다면 당신은 아직도 이방인에 불과한 것입니다(Ⅲ, 2)."

【설교】

"여호와께서 사람의 죄악이 세상에
관영함과 그 마음의 생각의 모든 계획이
항상 악할 뿐임을 보시고…" (창 6:5)

1 위의 말씀은 여러 세대에 걸쳐 인간들이 묘사해 왔던 인간성에 대한 아름다운 모습들과 얼마나 큰 차이가 있습니까? 고대의 많은 작가들의 작

품들은 인간의 존엄성에 대한 아름다운 묘사로 가득차 있습니다. 그 중 어떤 작자들은 사람의 성품 속에 모든 덕과 행복이 내포되어 있으며, 그래서 최소한 다른 존재의 도움이 없이도 인간은 전적으로 행복해질 수 있다고 생각했습니다. 뿐만 아니라 인간은 자기 충족적이고 자급자족할 수 있으며, 하나님보다 조금 못한 존재라고 간주했습니다.

2 자신을 탐구함에 있어서, 단지 희미한 이성의 빛에 의해서 지도를 받은 이방인들 뿐만 아니라 그리스도의 이름을 소유하고 있는 많은 사람들, 곧 하나님의 말씀을 소유하고 있는 많은 사람들까지도 인간성을 결함이 없고 완벽한 것처럼 거창하게 표현하는 묘사들을 사용했습니다. 이런 식의 설명들은 특히 금세기에 들어와서 더욱 성행하고 있으며 세계의 어떤 지역보다 우리나라에서 더 그런 것 같습니다.

우리나라에서는 폭넓은 학식과 탁월한 이해력을 소유하고 있는 다수의 사람들이, 소위 그들이 말하는 '인간성의 아름다운 측면'을 입증하기 위하여 최대한의 능력을 발휘하고 있습니다. 그래서 인간에 대한 그들의 설명이 만일 정당한 것이라면 인간은 '천사보다 조금 못한 존재' 또는 문자 그대로 '단지 하나님보다 조금 못한 존재'임을 인정해야 합니다.

3 이런 설명이 일반 사람들에게는 아무 주저함도 없이 그냥 받아들여진다는 사실은 조금도 이상할 것이 없습니다. 왜냐하면 어떤 사람이든지 주저하지 않고 자신을 훌륭한 사람이라고 생각하고 싶어하기 때문입니다. 따라서 이런 류의 저술가들은 폭넓은 독자층을 가지고 있으며 사람들의 존경과 칭찬을 한 몸에 받게 됩니다. 그리하여 사교계 뿐만 아니라 식자층에도 그들의 이론을 추종하는 사람들이 무수히 많습니다. 따라서 그들이 주장하는 것과 다른 식으로 말하는 것, 즉 인간성에 대해 조금이라도 손상을 입히는 식으로 말하는 것은 현재 잘 받아들여지지 않고 있습니다. 다소의 약점이 있음에도 불구하고 일반적으로 인간성은 매우 순전하고 현

명하며 덕이 있는 것이라고 용인되고 있는 것입니다.

4 그렇다면, 우리는 성서의 말씀들을 어떻게 취급해야 합니까? 왜냐하면 성서는 결코 위와 같은 설명과 일치하지 않기 때문입니다. 그런 설명은 인간의 혈육을 기쁘게 할지는 모르지만, 성서의 말씀과는 완전히 다릅니다.

성서는 '한 사람의 불순종으로 말미암아 많은 사람들이 죄인이 되었으며, 아담 안에서 모든 사람이 죽었다' 고 단언합니다. 즉 하나님의 생명과 형상을 잃어버리고 영적으로 죽었다고 말합니다. 타락하고 죄로 가득찬 아담은 자신과 똑같은 아들을 낳았습니다. 그는 다른 방법으로는 자식을 낳을 수 없었습니다. 누가 부정한 것에서 정한 것을 얻을 수 있겠습니까?

결과적으로 다른 사람들을 볼 필요도 없이 우리는 본래 허물과 죄로 죽었던 자들이고, 희망이 없고 하나님도 없이 세상을 살았던 자들이었습니다. 그런고로 우리는 진노를 받아 마땅한 자식이며, 불의한 중에서 태어났고, "내 모친은 나를 죄 중에서 잉태하였다"라고 고백할 수밖에 없는 것입니다. 인간이 본래 창조되었을 때 가지고 있었던 하나님의 영광스러운 형상에 이르지 못했다는 점에서 모든 사람은 죄를 범하였으며 하나님의 영광에서 멀리 떠나 있었습니다. 거기에는 아무런 차별이 없는 것이었습니다.

주님께서 하늘에서 인간의 자녀들을 살피시니 모두 그릇 행하고 한결같이 부패한 모습이었습니다. 의인은 없었고 단 한 사람도 없었습니다. 진실로 하나님을 찾는 자는 한 사람도 없었습니다. 이 사실은 위에 인용한 말씀 중에서 성령에 의해 선포된 것과 정확하게 일치합니다. 하나님께서 하늘에서 이 땅을 내려다 보셨을 때 '사람의 죄악이 세상에 관영함과 그 마음의 생각의 모든 계획이 항상 악할 뿐임' 을 보셨습니다. 이것이 바로 인간에 대한 하나님의 설명입니다.

이 사실을 가지고 나는 첫째, 홍수 이전의 인간의 모습은 어떠했었는가를 밝히고 둘째, 인간은 지금도 같은 처지에 있는 것은 아닌 지를 검토해 보고 셋째, 여기에 몇 가지 결론을 첨가하여 설명하려고 합니다.

❶ 첫째로, 나는 성서의 말씀을 들어 홍수 이전의 인간은 어떤 상태에 있었는지를 밝히려고 합니다. 여기서 우리는 주어진 설명에 전적으로 의존할 수밖에 없습니다. 왜냐하면 하나님 자신이 그 상태를 목격하셨기 때문이며, 또한 하나님은 속일 수 없는 분이기 때문입니다.

하나님은 '사람의 죄악이 세상에 관영함'을 보셨습니다. 이것은 어느 특정한 이 사람이나 저 사람이 악하다는 말이 아닙니다. 소수의 사람이 악하다는 말도 아니며 그렇다고 대부분의 사람들이 악하다는 말도 아닙니다. 일반적으로 사람은 악하다는 것이며, 모든 인간들은 보편적으로 악하다는 것입니다. 이것은 인간성을 소유하고 있는 전 인류를 포함해서 하신 말씀입니다. 그래서 우리는 그 악한 사람들의 수효를 헤아려서 몇 천만 명이나 몇 백만 명이 된다고 말하기는 어렵습니다.

당시 지상은 원초적인 아름다움과 풍족함을 누리고 있었습니다. 지구의 형세는 지금처럼 갈라지거나 찢겨지지도 않았었습니다. 봄과 여름은 번갈아가며 찾아왔습니다. 그러므로 당시 지상은 지금보다 훨씬 많은 거주인들의 생계도 충분히 유지할 수 있었을 것입니다. 사람들이 700~800년 동안을 동거하면서 자녀를 낳았기 때문에 그 수효가 엄청나게 증대하였을 것입니다.

그런데 이 상상할 수 없이 많은 사람들 중에서 단지 노아만이 하나님께 은혜를 입었던 것입니다. 노아만이(아마도 그의 가족의 일부가 포함되겠지만) 보편적인 죄악으로부터 제외되어 있었습니다. 그리고 바로 그 죄악으로 인해서 얼마 후 하나님의 공정한 심판이 우주적인 파멸을 초래하게 되었습니다. 노아를 제외한 모든 사람들은 똑같이 죄악의 동참자들이었고, 그래서 그들은 모두 똑같이 형벌을 받았던 것입니다.

* * *

❷ 하나님께서는 '인간 마음 속 생각의 모든 계획'을 보셨습니다. 인간의 영혼, 내적인 인간, 인간 속에 내포된 정신, 인간의 내적이며 외적인 행동의 원리를 보신 것입니다. 모든 사람들의 생각을 보신 것입니다. 이 이상, 광범위한 뜻을 내포하고 있는 말씀을 찾기란 불가능합니다.

여기에는 인간의 내면에서 형성되고, 만들어지고, 구성된 것은 무엇이든지 다 포함되어 있습니다. 영혼 속에 존재하다가 사라지는 모든 것, 일체의 성향, 감정, 격정, 욕구, 모든 기질, 계획, 사상, 이 모든 것이 다 포함되어 있습니다. 따라서 이런 원천에서 자연히 솟아나오는 모든 말과 행동까지 당연히 그 속에 포함되는 것이며, 그것들이 각각 흘러나오는 원천에 따라 선하게도 되고 또 악하게도 되는 것입니다.

* * *

❸ 이제 하나님께서는 인간 속에 내포된 모든 것이 악함을 보셨습니다. 즉 도덕적인 정직성에 배치되며, 필연적으로 모든 선을 포함하는 하나님의 성품에 배치되고, 선악의 영원한 표준이신 하나님의 뜻에 배치될 뿐만 아니라, 본래 인간을 창조하시고 지으신 모든 만물을 보시면서 이 모든 것이 아주 좋다고 말씀하시던 하나님 앞에 서 있을 때 인간이 지니고 있었던, 그분의 순수하고 거룩한 형상에 배치되며 정의와 자비와 진리에 배치되어 있었습니다. 그리고 인간 각자와 창조주와 동료 피조물에게 부여된 본질적인 관계와 배치되어 있었습니다.

* * *

❹ 그런데, 선과 악은 뒤섞여 있는 것이 아닙니까? 빛과 어두움은 뒤섞여 있는 것이 아닙니까? 천만의 말씀입니다. 절대 그럴 수 없습니다. 하나님께서는 인간 마음의 모든 계획이 악할 뿐임을 보셨습니다. 분명히 모든

인간의 마음 속에 선한 동기가 있었음을 부인할 수 없습니다. 왜냐하면, 당시 하나님의 영은 사람들이 행여나 회개하지 않을까 생각하셔서 사람들과 분투하고 계셨기 때문입니다. 더욱이 방주가 준비되었던 120년이라는 은혜의 유예기간 동안 특히 그러셨던 것입니다

그러나 인간의 육신 속에는 선한 것이 없었습니다. 인간의 본성 전체는 전적으로 악할 뿐이었습니다. 그것은 악 자체와 일치되어 있었고, 그런 본성과 대립되는 성품은 조금도 섞여 있지 않았습니다.

* * *

❺ 하지만 "이런 악이 중단될 수는 없었을까?"하는 질문을 할 수도 있습니다. 인간의 심중에 무엇인가 좋은 점이 발견될 수 있었던 바람직한 중간기는 없었겠습니까? 여기서 우리는 하나님의 은혜가 시시때때로 인간의 영혼 속에 역사하고 계셨다는 사실을 생각하려는 것은 아닙니다. 이 점을 고려한다면 악이 중단되어 있었다고 믿을 만한 근거가 전혀 없습니다. 왜냐하면 '모든 사람의 마음 속 생각의 계획이 항상 악할 뿐임'을 보신 하나님께서는 그 상태가 언제나 같고 매년 매일 매순간 '항상 악할 뿐임'을 보셨기 때문입니다. 인간은 결코 선을 지향할 수 없었던 것입니다.

II

인간의 심중을 아시며, 마음을 감찰하시고 통제하시는 하나님께서 우리를 교훈하시기 위해 기록해 두신 전 인류에 대한 교훈이 바로 이런 것입니다. 하나님께서 지상에 홍수를 내리시기 전에 인간은 모두 악한 상태에 있었습니다. 두 번째로 우리는 인간이 지금도 악한 상태에 처해 있는 것은 아닌가를 논의하려고 합니다.

❶ 성서는 사람들에게 이와는 달리 생각할 수 있는 근거가 전혀 없다는 사실을 밝혀줍니다. 오히려 위에서 인용한 성경 구절은 홍수 이후에 살았던 사람들에 대해서도 언급하고 있습니다. 천여 년 후 하나님께서는 다윗을 통하여 사람들에게 말씀하셨습니다. "그들은 모두 진리와 성결에서 떠나 선을 행하는 자가 없으니 하나도 없다."

그리고 모든 예언자들도 여러 세대에 걸쳐 이와 같은 상태에 대해 증언하고 있습니다. 이사야는 하나님의 특정 백성에 대해(물론, 이방인들이 더 나은 것은 아니였지만) "온 머리는 병들었고 마음은 지쳤으며, 발바닥에서 머리까지 상한 것과 터진 것과 새로 맞은 흔적뿐이다"라고 말하였습니다. 사도들조차 똑같은 말을 하고 있습니다. 왜냐하면 하나님께서 하신 말씀의 전반적인 취지가 그렇기 때문입니다.

이 모든 사실을 통해서 우리는 하나님의 은혜로 구원받지 못한 인간의 자연적인 상태에 대해 배우게 됩니다. 즉, 그 마음의 모든 계획이 항상 악할 뿐이고 악만이 끊임없이 지속된다는 점입니다.

***

❷ 인간의 현재 상태에 대한 이와 같은 설명들은 일상적인 경험을 통하여 입증됩니다. 인간이 이런 사실을 인식하지 못한다는 것은 별로 놀랄 만한 일이 아닙니다. 눈 먼 상태로 태어난 사람은 장님인 한 자신의 결함을 좀처럼 깨달을 수가 없습니다. 하물며 모든 사람이 시력을 갖지 못한 채 태어난다면 그 결핍을 자각하기란 더욱 어렵습니다. 마찬가지로 사람의 이해력이 자연적인 맹목상태에 머무는 한, 자신의 영적인 결함, 특히 이해력의 결함에 대해서는 깨달을 수 없는 것입니다.

그러나 하나님께서 인간의 이해의 눈을 밝혀주실 때, 인간은 지금까지 지내왔던 상태에 대해서 자각하게 됩니다. 바로 그때, 다음과 같은 사실을 깨닫게 됩니다. 살아 있는 모든 사람들은 특별히 본성적으로 '모든 것이 헛된' 상태에 빠져 있다는 사실, 즉 모두 우매하고 죄스럽고 사악하다는 사실입니다.

❸ 하나님께서 우리의 눈을 열어 주실 때, 우리가 이전에는 '아데오이 엔 토 코스모(ἄθεοι εν τῷ κόσμῳ)' 즉 하나님 없이 살았던 자들이었거나 이 세상에서 무신론자들이었음을 깨닫게 됩니다. 우리는 원래 하나님에 대한 지식을 소유하고 있지 않았고, 하나님을 알지도 못하였습니다. 그러다 이성을 사용하게 됨에 따라 하나님의 보이지 않는 성품, 곧 하나님의 영원한 능력과 신성을 피조물로부터 배우게 되었던 것입니다. 우리는 보이는 것으로부터 보이지 않는 것, 즉 영원하며 능력있는 존재가 실존하고 있음을 추정하게 되었습니다.

그러나 우리가 그 존재를 인정하기 위해서 하나님과 교제하는 것은 아닙니다. 우리는 온 세상의 임금이 있다는 사실을 알고는 있지만 아직 그가 누구인지를 모르는 것입니다. 사실, 우리가 지니고 있는 본래의 능력으로는 그것을 알 수 없습니다. 어떠한 지식으로도 하나님에 대해 알 수 없습니다. 우리의 눈으로 하나님을 볼 수 없는 것과 마찬가지로, 우리의 이해력으로는 하나님을 인식할 수 없는 것입니다. 왜냐하면 '아버지밖에는 아들을 아는 이가 없고, 아들과 또 아버지를 계시하여 주시려고 아들이 택한 사람밖에는 아버지를 아는 이가 없기' 때문입니다.

* * *

❹ 인간의 자연적인 언어가 무엇인지를 알고 싶어하던 옛날 어떤 임금에 대한 일화가 있습니다. 이 문제를 확실히 밝히기 위해서 임금은 이런 실험을 했습니다. 그는 어떤 두 어린애가 출생하자마자 그들을 미리 준비된 장소로 옮겨서, 그 곳에서 사람의 가르침이나 목소리를 전혀 듣지 못하게 하면서 자라게 하였습니다. 그 결과 어떻게 되었겠습니까? 오랜 감금상태에서 풀려난 그들은 결국 아무 말도 하지 못했습니다. 그들은 동물처럼 전혀 알아들을 수 없는 소리를 질렀습니다.

만일 이 아이들이 모태로부터 어떤 종교적인 가르침도 받지 않고 자라났다면(하나님께서 역사하신다면 문제가 다르지만) 그 결과는 분명히 마찬가지일 거라는 사실은 의심할 여지가 없습니다. 그들은 어떤 종교도 가질 수 없을 것입니다. 단지 평원에 사는 동물이나 거친 나귀새끼들과 같은 정도밖에는 하나님을 알 수 없을 것입니다. 전통과 하나님의 영의 영향력으로부터 벗어난 자연 종교는 모두 그렇습니다.

***

❺ 우리가 하나님에 대한 지식을 소유하지 못한다면 하나님의 사랑도 소유할 수 없습니다. 우리가 알지 못하는 하나님을 사랑할 수 없기 때문입니다.

대부분의 사람들은 하나님의 사랑에 대해서 말하고 있으며, 대개 자신이 하나님을 사랑하고 있다고 생각합니다. 자신이 하나님을 사랑하지 않는다고 생각하는 사람은 별로 없을 것입니다. 그러나 이것을 부정할 수 있다는 것은 너무나 명백한 사실입니다. 우리가 돌이나 밟고 있는 땅을 나면서부터 사랑하지 않은 것과 마찬가지로 날 때부터 하나님을 사랑하는 사람은 없습니다. 자연적인 상태에서 누가 감히 그 기쁨을 느끼겠습니까?

결국 우리는 하나님 안에서 기뻐할 수 없습니다. 그분은 우리에게 무미건조한 존재입니다. 하나님을 사랑한다는 일은 우리에게 너무나 거리가 먼 관심 밖의 이야기일 뿐입니다. 자연적으로는, 우리가 하나님을 사랑할 수 없는 것입니다.

***

❻ 우리는 본성적으로 하나님을 사랑할 수 없을 뿐만 아니라 하나님을 두려워하지도 않습니다. 확실히 대부분의 사람들은 이전이나 이후를 불문하고 일종의 무의미하고 비합리적인 공포, 소위 '미신'이라고 불릴만한 상태에 놓여 있습니다. 대수롭지도 않은 에피큐리안(Epicurean)들은 그것을 종교라고 부릅니다. 그러나 이 사실도 자연적인 것은 아니며 대개 행동이나 실례들을 통해서 습득한 것입니다.

하나님께서는 본래 우리 모두의 생각 속에 계시지 않습니다. 우리는 하나님께서 하늘 위에 조용히 앉아계시며 자신의 일만 하시고 인간은 지상에서 일만 하도록 내버려 둔 것처럼 생각해 왔습니다. 그 결과, 우리가 마음 속으로 하나님을 사랑하지 않는 것처럼 면전에서 하나님을 두려워하는 일은 없었습니다.

***

❼ 이와 같이 모든 사람들은 지상에서 '무신론자들' 입니다. 그러나 무신론 자체도 우리를 우상숭배로부터 막아주지는 못합니다. 자연적인 상태에 있어서 이 세상에 태어나는 모든 사람들은 한결같이 모두 우상숭배자들입니다. 그러나 그 용어가 지니고 있는 통속적인 의미에 있어서는 우상숭배자들이 아닐지도 모릅니다.

우리는 우상을 숭배하는 이교도들처럼 쇠를 부어 만들거나 조각된 우상에 예배하지 않습니다. 나무조각이나 손으로 만든 물건에 머리를 숙이지도 않습니다. 지상의 성도들에게 기도하지 않는 것처럼 하늘의 천사와 성도들에게도 기도하지 않습니다. 그러면 어떻게 합니까? 우리는 마음 속에 우상을 세우고 그것에 머리를 조아려 예배하고 있습니다. 하나님께 돌려야 될 영광을 자신에게 돌릴 때, 우리는 자기 자신을 예배하는 것입니다.

그러나 모든 '교만' 은 우상숭배입니다. 그것은 하나님만이 홀로 받으시기에 합당한 영광을 자신에게 돌리는 것입니다. 비록 교만은 인간을 위해 만들어진 것은 아니지만 그렇다고 해서 교만없이 태어난 사람은 없습니다. 교만으로 인한 우상적인 행위로 우리는 하나님으로부터 양도 받을 수 없는 권한을 빼앗아 하나님이 받으실 영광을 찬탈하게 됩니다.

***

❽ 그러나 교만만이 우리가 본성적으로 지니고 있는 허물이 되는 유일한 우상숭배는 아닙니다. 사탄은 우리의 마음 속에 '자기 의지' 라고 하는 그의 형상을 색인해 놓았습니다. 사탄은 하늘에서 추방되기 전에 "나는 북방으로 가서 내 창조자의 뜻으로부터 독립하여 나 자신의 의지와 기쁨을 누리겠다"고 말했습니다. 이와 똑같은 말을 세상에 태어나는 모든 사람들

이 하고 있습니다. 이런 말을 하는 사람들의 수는 헤아릴 수가 없을 정도입니다.

어디 그뿐입니까? 얼굴도 붉히지 않고 두려움이나 수치심조차 느끼지 않으면서 그런 말을 공공연하게 하는 것입니다. 그런 사람들에게 "왜 그런 말을 하느냐?"고 물어보면 "그런 생각이 내 마음 속에 있기 때문이다"라고 대답할 것입니다. 그 말은 '그것이 바로 내 뜻이다' 라는 말과 똑같습니다. 결국 '사탄과 내가 의견이 일치한다' 는 말이 됩니다. 사탄과 동일한 원리에 의해 행동을 규제하고 있다는 뜻입니다.

그런 반면, 하나님의 뜻은 생각 밖에 있고 조금도 고려되지 있지 않습니다. 하나님의 뜻이야말로 하늘에 있어서나 땅에 있어서 이성을 가진 모든 피조물들이 추종해야 될 최상의 법칙입니다. 그 법칙은 모든 피조물들이 창조주로부터 받은 본질적이며 불변하는 관계에서 나온 결과입니다.

* * *

❾ 지금까지 우리는 사탄의 형상을 지니고 그 발자취를 따라왔습니다. 그러나 다음 단계에서 우리는 사탄을 떼어놓게 됩니다. 우리가 우상숭배에 빠지는 것이 사탄의 책임은 아닙니다. 내가 말하고자 하는 것은 세상에 대한 사랑입니다. 사람들이 자신의 뜻을 사랑하는 것과 마찬가지로 이 세상에 대한 사랑은 지금도 모든 사람들에게 아주 당연한 것처럼 받아들여지고 있습니다.

사실 창조주 대신 피조물 가운데서 행복을 구하는 것처럼 자연스러운 일이 또 어딨습니까? 하나님 안에서만 얻을 수 있는 만족감을 그 분이 손으로 직접 지은 것들 중에서 찾는 것처럼 자연스런 일이 또 어디있습니까? '육신의 욕망' 보다 더 자연스런 일이 어디있습니까? 모든 종류의 육감적인 쾌락을 원하는 일 말입니다.

학덕있고 교육받은 사람들이 저급한 쾌락에 대해서 지나치게 경멸적인 어조로 말하는 것은 사실입니다. 그들은 사멸하는 차원에서의 욕망을 만족시키는 일에 대해 무관심한 체합니다. 그러나 그것은 가식에 불과합니다. 왜냐하면 모든 인간은 타고날 때부터 동물과 다름이 없는 존재라는 사실을 스스로 알고 있기 때문입니다. 관능적인 욕구는 가장 저급한 종류일지라도 다소를 막론하고 사람들에게 지배력을 과시합니다. 비록 인간이 자랑할 만한 이성을 갖고는 있지만 그것은 인갈을 포로로 삼아서 이리저리 끌고 다닙니다. 아무리 훌륭한 교육을 받고 교양을 쌓았을지라도 한 마리의 염소에 비하면 별로 탁월한 점이 없습니다. 어쩌면 염소 한 마리가 사람에 비해 월등히 나을지도 모릅니다. 우리가 현대 예언자들 중 한 사람인 이 시인에게 귀를 기울여 본다면 그가 얼마나 적절하게 잘 말하고 있는지를 알 수 있습니다.

> 어떤 때에는 짐승들조차 사랑을 맛보네
> 단지 이성을 지닌 짐승만이 사랑의 포로라네
> 그리하여 그 어리석음에 빠져
> 온 생애 동안 애를 태우고 있네

실제로 인간과 인간 사이에는(선재적인 은혜의 역사를 제외한다면) 자질과 교육의 차이에서 생기는 상당한 격차가 존재하고 있다는 사실을 알게됩니다. 그러나 이러한 사실에도 불구하고 자신에 대해서 전혀 모른다고 생각하는 사람이 어떻게 다른 사람을 향해 돌을 던질 수 있겠습니까?
"누구든지 정욕을 품고 여인을 보는 자는 이미 간음하였음이라"고 하는 제 7계명에 대해 은혜로우신 주님께서 해석하는 말씀에 감히 저촉되지 않을 자가 누구입니까? 그러므로 모든 사람들이 느끼고 있는 욕망에 의해 정복당하고 있다는 사실을 그렇게도 경멸하듯이 말하는 사람들이 무식한 것인지 교만한 것인지를 논의해보았자 알 수 없습니다. 순수한 자나 불순한 자나 모든 인간의 후예들이 관능적인 쾌락에 대한 욕구를 갖게 되는 것은 당연한 일이기 때문입니다.

❿ 그리고 그것은 '안목의 욕망'에 있어서도 마찬가지 입니다. 이것은 상상력에 의한 쾌락을 느끼는 욕망입니다. 이런 욕구는 위대하거나 아름답거나 신기한 대상에서 발생합니다. 비록 위대하고 아름다운 대상이 신기한 대상과 일치하지 않더라도 말입니다. 왜냐하면 사람들이 진지하게 어떤 사물을 탐미해 본 뒤에는 일단 그 대상이 아무리 훌륭하다고 할 지라도 더 이상의 즐거움을 느끼지 못하기 때문입니다. 그러한 기쁨을 모두 맛본 뒤에는 그 대상들이 던지는 대부분의 쾌락은 끝나 버립니다. 대상들이 보는 사람들의 눈에 친숙해지는 데 반해 그것들은 점차 무미건조해지고 퇴색해갑니다. 그러나 끊임없이 그런 경험을 계속해 나갈 수만 있다면 욕망은 그대로 남아 있게 될 것입니다.

하지만 원초적인 갈증은 영혼 속에 늘 자리잡고 있습니다. 사실 그런 것입니다. 그러한 욕구들은 만족하면 할수록 더 욕망을 증대시키며 우리로 하여금 강제로 끝없는 대상을 찾아 헤매게 합니다. 그러나 이런 모든 것들은 우리에게 절망감과 좌절감을 남겨줍니다. 이것이 사실입니다.

> 백발이 된 어리석은 자는 수많은 세월동안
> 끊임없는 슬픔과 싸워왔다네
> 소망을 새롭게 하며
> 분별없이 버둥거리며
> 절망이 내일을 향해 손짓하네
>
> 내일이 오고 정오가 되고 밤이 찾아오면
> 오늘은 어제처럼 흘러가고 만다네
> 그럼에도 불구하고
> 아직도 기쁨을 찾아 내일을 향해 걸어가고 있네
> 오늘 밤엔 죽게 될 텐데

❶ 이와 같은 불치병의 세 번째 증상은 본성에 깊이 뿌리박혀 있는 이 세상에 대한 사랑, 즉 '이생의 자랑'입니다. 칭찬받고 싶은 욕망이 바로 그것입니다. 인간성을 아주 위대한 것이라고 찬양하는 자들은 시각이나 청각 또는 다른 외부 감각 기관과 마찬가지로 이런 욕망을 가지게 되는 것을 아주 당연한 일로 인정합니다.

　그렇다고 해서 교양있는 사람들, 품위있고 진보적인 판단력을 가진 사람들이 진정으로 그러한 욕망에 대해 수치심을 느낍니까? 천만의 말씀입니다. 그들도 역시 그것을 찬양합니다. 게다가 갈채받는 것을 좋아해서 자신에게 갈채를 보냅니다. 뿐만 아니라 소위 유명하다고 하는 기독교인초자 고대의 허식적인 이교도의 말을 조금도 주저하지 않고 인용합니다.

　"Animi dissoluti est et nequam negligere de se homines sentiant – 사람들이 우리를 어떻게 생각할까 고려하지 않는 자에게는 사악하고 파렴치한 마음의 표식이 있다." 따라서 명예나 불명예, 호평이나 악평을 개의치않고 조용하게 확고부동한 생활을 계속 하는 것이 그들에게 있어서는 사악하거나 파렴치한 징후 중 하나이며, 사는데 적절하지 못한 인간의 표시가 됩니다.

　(위와 같이 말하는 자들은 이 땅에서 없애버려야 합니다.) 그런데 이런 사람들도 일찍이 예수 그리스도와 사도들의 말씀을 들었을 것이라고 생각할 수는 없을까요? "너희가 서로 영광을 주고 받으면서 오직 한 분이신 하나님께로부터 오는 영광은 구하지 않으니 어떻게 믿음을 가질 수 있겠느냐"고 말씀하시던 분을 알고 있던 자들이라고 생각할 수는 없을까요? 만일 이것이 사실이라면 그래서 믿는 것이 불가능하고 결과적으로 그들이 하나님을 기쁘시게 할 수 없다면, 우리는 서로의 영광을 주고 받으면서 오직 한 분이신 하나님의 영광을 구하지 않는 것이 됩니다. 그렇다면 모든 인류는 어떤 상태에 있게 됩니까? 이방인 뿐만 아니라 기독교인들까지도 그와 똑같은 상태에 있게 되는 것 아닙니까?

왜냐하면 그들이 모두 서로의 영광만을 구하고 있기 때문입니다. 눈에 비춰오는 빛을 보고 귀에 들려오는 소리를 듣는 것이 당연한 일인 것처럼 스스로 심판자가 되어서 그러한 행동을 하는 것이 당연하기 때문입니다. 뿐만 아니라 그들은 사람들에게 칭송받는 것을 덕스러운 마음의 표시로 생각하고, 오직 하나님께로부터 오는 명예에 만족하는 것을 악한 마음의 표시로 생각합니다.

❶ 이미 설명한 사실을 통해 나는 몇 가지 결론을 내리고자 합니다. 우리는 이상과 같은 사실로 미루어 보아 교리적인 체계로 생각할 수 있는 기독교와 가장 세련된 이교(異敎)간에 한 가지 중대하고도 근본적인 차이점이 있다는 것을 발견할 수 있습니다.

수많은 고대의 이교도들은 특정 인간들의 악덕에 대해서 매우 과장된 묘사를 하였습니다. 그들은 욕심과 잔인성, 사치와 낭비를 지나치게 비난하였습니다. 어떤 사람은 "인간은 누구나 어떠한 죄악이든 소유하고 태어난다"고 감히 말해 왔습니다. 그러나 그런 식으로 말하는 사람들 중 어느 누구도 인간의 타락에 대해서는 말하지 않았기 때문에, 인간의 전적인 부패에 대해서 올바르게 깨달았던 사람은 없는 것입니다.

그들은 모든 인간의 선은 결핍되어 있으며 악한 행위로 가득차 있다는 것을 알지 못했습니다. 이 세상에 태어나는 모든 인간들은 인간성의 전체적인 기능에 있어서까지 전적으로 타락해 있다는 사실에 대해 아주 무지하였습니다. 그것은 특정한 사람들 속에서 세력을 가지고 있는 특별한 죄악이라기보다는 무신론과 우상숭배, 교만과 아집이며 또한 세상에 대한 사랑이라는 일반적인 죄악의 물결로 인정될 수 있는 것입니다.

이 점이 바로 기독교와 이교가 구별되는 최초의 중대한 차이점입니다. 한 편의 사람들은 많은 사람들이 죄악에 감염되어 있을 뿐 아니라 죄악을 범하려는 성향을 가지고 태어나게 된다는 사실을 인정하지만, 어떤 점에서는 본래의 선이 죄악을 훨씬 압도한다고 생각합니다. 그리고 다른 한 편의 사람들은 모든 사람은 죄 중에 잉태되었으며, 불의 속에서 태어나게 되었다고 합니다.

따라서 모든 사람들은 '하나님께 대적하는 육적인 마음'을 품고 있으며, 하나님의 율법에 복종하지 않을 뿐 아니라 또한 그럴 수도 없는 자들입니다. 그리하여 그들의 영혼 전체가 더럽혀져 있기 때문에 그가 살고 있는 그의 육신 속에나 본성적인 상태 속에는 선한 것이 깃들어 있지 않는 것입니다. 즉 '마음의 생각의 모든 계획들이 악하며'. '항상 악할 뿐' 입니다.

***

❷ 그러므로 두 번째, 그것을 '원죄'라고 부르든지 아니면 다른 칭호를 붙이든지간에 기독교와 이교 간의 차이점을 고려할 때, 우리는 이 사실을 부정하려는 자를 이교도라고 규정할 수 있습니다. 사실 인간은 많은 악덕을 소유하고 있으며 그 대부분은 날 때부터 가지고 나온 것으로써 결과적으로 우리가 당연히 지니고 있어야 될 현명함과 덕스러움을 가지고 태어나지 못했다는 사실을 그들도 인정해야 됩니다. 우리는 악하게 될 수 있는 것과 동시에 선하게도 될 수 있는 성향을 가지고 태어났습니다. 덕스럽거나 현명하다고 노골적으로 말할 수 있는 사람은 아무도 없습니다.

그러나 이 사실들을 검토해 볼 수 있는 질문들이 여기 있습니다. 사람은 본래부터 온갖 죄악으로 가득차 있었습니까? 사람은 전적으로 타락했습니까? 사람의 영혼은 전적으로 부패한 것입니까? 성서의 말씀에 비추어 볼 때 사람 마음 속 생각의 모든 계획들이 항상 악할 뿐입니까? 이 질문들에 긍정한다면 당신은 그만큼 기독교인이며, 부정한다면 당신은 아직까지도 이방인에 불과한 것입니다.

***

❸ 세 번째, 우리는 종교의 고유한 본질이 무엇이며 또한 기독교의 고유한 본질이 무엇인지를 알게 됩니다. 그 본질은 '데라페이아 퓌케스(Θεραπεία ψυχής)', 즉 병든 영혼을 고치시는 하나님의 방법입니다. 영혼의 위대한 의사는 이 방법으로 그 병을 치료하기 위하여 또 모든 기능이 전적으로 부패한 인간의 본성을 회복시키기 위하여 약품을 제공하십니다. 하나님께서는 그분에 대한 지식, 또한 그가 보내신 예수 그리스도를 아는 지식을 통해서 우리가 가지고 있는 모든 무신론의 병을 치료해 주십니다. 즉, 분명한 하나님의 임재와 하나님에 대한 확신과 하나님의 일들을 믿는 신앙을 주심으로써 병을 고치십니다.

특히 중요한 사실은 '그리스도는 우리를 사랑하시고 우리를 위하여 자신을 주셨다'는 것입니다. 회개와 겸손한 마음을 통하여 교만이라는 치명적인 병이 치료됩니다. 그리고 아집이라는 치명적인 병은 하나님의 뜻에 온유하고 감사하는 복종으로 치료됩니다.

병의 줄기가 되는 세상에 대한 모든 종류의 사랑에는 하나님의 사랑이 최상의 치료제입니다. 그리하여 '사랑으로 역사하는 믿음'이 바로 참된 종교입니다. 사랑은 진정으로 온유한 겸손 속에서 작용하며, 이 세상에 대해 완전히 죽은 것이고, 하나님의 모든 뜻과 말씀을 감사에 넘쳐 순종하며 헌신한다는 것입니다.

***

❹ 정녕, 인간이 타락하지 않았다면 이 모든 일이 있어야 될 필요가 없을 것입니다. 우리 마음 속에 이런 일들이 있어야 될 필요가 없고, 또 마음과 영혼의 갱생이 있어야 할 필요가 없습니다. 그리고 '어리석음이 넘치는 것'에 대해 말하기 보다는 '경건이 넘쳐 흐르는 것'에 대해 말하는 것이 보다 적절한 표현이 될지도 모릅니다. 경건이 전혀 없는 외형적인 종교는 합리적인 목적과 계획만 가지면 충분하기 때문입니다. 따라서 인간

의 본성이 타락했다는 사실을 부인하는 사람들의 판단에 따른다면 그들은 그것만으로 족하다고 여기고 있습니다.

그들은 저 유명한 홉스(Hobbes)가 이성에 대해 생각한 것보다 종교를 낮게 여기지 않습니다. 홉스에 의하면 이성은 '잘 정돈된 일개의 언어'에 불과합니다. 여기에 따르면 종교란 '잘 정돈된 일련의 말과 행동'에 불과합니다. 그래서 그들은 끊임없이 자신과만 대화를 나눕니다. 만일 그들의 내면이 악으로 가득차 있지 않고 이미 깨끗하다면 잔의 외부를 깨끗이 하는 것만으로 족하지 않겠습니까? 만일 그들의 전제가 옳다면 단지 외적인 혁신만이 필요하게 될 것입니다.

* * *

❺ 그러나 당신은 하나님의 말씀을 그런 식으로 배우지 않았습니다. 당신은 사람의 마음 속을 다 아시는 분이 자연과 은총, 타락과 회복에 대해서 아주 다른 말씀을 하고 계시다는 사실을 알고 있습니다. 당신은 종교의 위대한 목적이 우리의 마음을 하나님의 형상에 따라 새롭게 하는 것이며 또한 조상들의 죄로 인해서 완전히 상실된 참된 거룩함을 회복시키는 데 있다는 사실을 알고 있습니다. 하나님의 형상 속에서 영혼이 새롭게 되는 목적에 답변할 수 없고 또 이 목적에 도달할 수도 없는 모든 종교는 보잘 것 없는 익살극일 것이며, 마침내 우리의 영혼을 파멸시키는 데까지 이른다는 사실을 당신은 잘 알고 있습니다.

이런 것을 바로 기독교라고 속이는 거짓 교사들을 주의해야 합니다. 비록 그들이 당신 앞에 불의한 여러 가지 속임수를 가지고 나타날지라도, 또 유창하고 부드러운 말과 점잖고 고상한 표현으로 당신을 진지하게 대한다고 할지라도, 심지어 성서에 대해 존귀하다고 생각한다고 할지라도 그들에게 관심을 기울여서는 안됩니다.

당신은 성도들에게 일단 전해진, 그리고 하나님의 성령에 의해서 우리 마음 속에 전해진, 단순하지만 전통적인 신앙 속에 거해야만 됩니다. 당신의 병을 아십시오! 그리고 이 병의 치료법을 아십시오! 그러므로 여러분은 다시 태어나야 합니다. 하나님에 의해 태어나야 합니다. 당신은 날 때부터 전적으로 부패하였습니다. 이제 당신은 은혜로 말미암아 다시 온전히 새로워질 수 있습니다.

　아담 안에서 당신은 전부 죽었고, 두 번째 아담이신 그리스도 안에서 전부 살아나게 됩니다. 여러분은 죄 중에 죽었지만 그리스도께서 살려 주신 것입니다. 이미 하나님께서 당신에게 삶의 원리를, 곧 당신을 사랑하셔서 당신을 위해 자신의 몸을 주셨다는 하나님께 대한 신앙을 주신 것입니다. 자, 그러면 이제부터 당신의 모든 병이 치료되고 마음 속에 예수 그리스도의 마음을 온전히 품을 때까지 믿음에서 믿음으로 나아갑시다.

9

신자 안에 있는 죄
On Sin in the Believers

그러므로 우리는 성도에게 단번에 주시고 그 성도에 의하여
기록된 말씀을 통해서 모든 세대에게 주신 이 건전한 교리를
굳건히 붙잡읍시다. 우리들은 그리스도를 참으로 믿는 그 순간
새로워졌고 깨끗해졌고 정결해졌고 성별된 것입니다.
그러나 동시에 우리는 아직 온전히 새로워지고 온전히 깨끗해지고
온전히 정결해지지는 못한 것입니다.
육신과 악한 성질이(비록 정복되기는 했지만) 아직도 남아 있어서
우리의 영과 더불어 싸우고 있는 것입니다.
그러므로 우리는 믿음의 선한 싸움을 싸움에 있어서
정려하기를 힘씁시다. 그리고 우리 안에 있는 원수에 대항하여
깨어 기도하되 간절히 합시다. 또한 그럴수록 더욱 정신을
차리고 하나님의 전신갑주를 입고서 혈과 육과 싸우며
정사와 권세와 하늘에 있는 악한 영들과 싸울지라도 이 모든 것을
다 행하면서 악한 날에 대적하고 굳게 설 수 있도록 노력합시다.

9. 신자 안에 있는 죄
On Sin in the Believers

【해설】

1763년 3월 28일 일지에서 웨슬리는, "나는 Lewisham에 가서 쉬면서 '신자 안에 있는 죄'에 대한 설교를 썼다. 그 이유는 일부 사람들이 의롭게 된 자들에게는 아무런 죄도 없다는 것을 전파하고 있었기 때문에, 그것을 막기 위해서였다"라고 기록하고 있다.

웨슬리는 Lewisham에 옛날부터 사귀던 친구가 있었는데 그의 이름은 에벤에셀 블렉웰(Ebenezer Blackwell)이었다. 블렉웰은 Martin's Lambard Street Bank와 관계를 맺고 있는 사람으로 웨슬리가 1739년 전도활동을 시작할 때부터 그가 1782년 4월 21일 세상을 떠날 때까지 웨슬리를 도왔다. 그리고 웨슬리는 블렉웰의 집에서 이 설교를 쓴 것으로 알려져 있다. 이 설교는 1763년 파운드리에서 팜플렛으로 출판되었으며 1771년 설교집 제4권에 수록되었다.

웨슬리는 이 설교에서 모라비안파의 입장을 비판했다. 모라비안교도들은 사람이 의롭다함을 받는 동시에(칭의) 완전히 성화된다고 가르쳤기 때문이다. 1741년 9월 3일 그레이(Gray)의 정원에서 가졌던 진젠돌프와 웨슬리와의 대화 속에서 그들의 주장은 더욱 분명히 드러난다. 그 후 웨슬리는 그들의 주장에 대하여 다음과 같이 평하였다.

"그런 가르침은 성서 전체의 가르침에서 볼 때 어긋나는 것이며, 이는 하나님의 자녀들의 체험에 상반됩니다. 이 교리는 이 세상에서 이제까지 들어보지도 못한 교리이며 파괴적인 결말을 필연적으로 가져올 것입니다. 즉 이 교리는 하나님의 사람들을 슬프게 만들 뿐만 아니라, 그들을 영원한 멸망으로 끌고 갈 위험성이 있기 때문입니다."

그러면, 웨슬리가 말하는 '신자 안에 있는 죄'란 어떤 것인가? 웨슬리는 어떤 개념을 사용할 때 여러 가지로 분석하여 정의하기 때문에 그의 말을 잘 살펴보지 않으면 여러 가지 오해가 있을 수 있다.

웨슬리가 신자 안에 죄가 있다고 했을 때 그것은 내적인 죄(Inward sin)를 말하는 것이다. 그는 죄를 내적인 죄와 외적인 죄로 나누어서 설명하고 있다. 내적인 죄란 부패성을 의미하는 것으로 범죄의 행위에서 오는 외적인 죄와 구분된다. 웨슬리는 우리가 중생할 때부터 더 이상 외적인 죄는 범하지 않으며, 따라서 그 범죄의 행위 때문에 생기는 죄책과 죄의 세력에서부터 해방된다고 가르쳤다(II, 3). 그러나 비록 외적인 죄는 범하지 않지만, 그의 마음 속에는 여전히 내적인 죄가 자리 잡고 있어서 신자의 마음 속에 갈등을 일으킨다고 보았다.

바로 이 점이 웨슬리가 모라비안과 구분되는 점이다. 모라비안들은 칭의를 받는 순간 사람은 내적인 죄와 외적인 죄에서부터 모두 해방되어 완전 성화에 이르렀다고 이해하였다. 반면에 웨슬리는 칭의를 받아 신생하는 순간 사람이 외적인 죄에서는 해방받지만, 아직도 내적인 죄는 남아 있어서 우리에게 갈등을 일으킨다고 보았다.

그러면 이 내적인 죄는 언제 없어지는가? 그것은 중생함으로 시작되는 성화의 과정을 통하여, 특히 그 성화의 과정에서 체험되는 온전한 성화(Entire Sanctification)를 통해서 전부 씻김을 받는다고 이해하였다. 그러므로 모라비안파는 칭의와 완전 성화를 동시적인 사건으로 보았으나, 웨슬리는 칭의를 받아 신생하는 순간부터 성화가 시작되어 온전한 성화의 단계를 체험하며, 그 후로도 성화는 계속되는 것으로 이해하였다.

사도 바울은 "육체의 소욕은 성령을 거스르고, 성령의 소욕은 육체를 거스르나니 이 둘이 서로 대적하느니라"(갈 5:17)고 말했다. 이 말은 신자들을 향하여 한 말이다. 웨슬리는 이 말씀을 인용하면서 중생한 사람 속에도 서로 대적하는 두 가지 세력이 있다고 주장한다(Ⅲ, 1). 그러나 신자 속에 비록 두 적대 세력이 있긴 하지만, 이 두 세력이 대등한 관계에 있는 것은 아니다. 웨슬리는 다음과 같이 말한다

"물론 그 '죄'는 자기가 한때 지배하던 곳에 남아 있습니다. 그러나 쇠사슬에 매인 채로 남아 있습니다. 그러므로 어떤 의미에서 죄는 싸움을 일으키지만, 그 세력은 점점 약해집니다. 반면에 신자는 점점 강해져서 마침내는 그 죄를 정복하고 또 정복하려고 합니다(Ⅳ, 11)."

그러므로 웨슬리에게 있어서 신자 안에 있는 죄는 더 이상 제거할 수 없는 세력이 아니며, 오히려 정복해야만 하는 세력이고 정복당할 수 밖에 없는 세력인 것이다. 따라서 이것은 온전한 성화에 이르러 해결되는 것이다.

【 설교 】

"그런즉 누구든지 그리스도 안에 있으면 새로운 피조물이라"(고후 5:17)

❶ '신자 안에 있는 죄' 라고 하면 그리스도 안에 있는 사람에게도 죄가 있다는 말입니까? 예수님을 믿는 사람 안에 죄가 남아 있습니까? 하나님께로부터 난 사람에게도 죄가 있습니까? 그렇지 않으며 그들은 이 죄에서 전적으로 해방을 받은 것입니까?

이런 질문을 단순히 어떤 호기심에서 나오는 것으로 생각해서는 안됩니다. 이렇다고 하거나 저렇다고 하거나 그리 중요하지 않은 것이라고 생각해서도 안 됩니다. 오히려 이런 질문들은 모든 진실한 그리스도인들에게 있어서 심각한 문제입니다. 이것을 해결한다는 것은 신자의 현재의 행복 문제나 영원한 행복 문제에 밀접하게 관계됩니다.

* * *

❷ 그러나 이런 문제가 초대 교회에서 변론되어진 일이 있었는지는 모르겠습니다. 실은 당시 모든 그리스도인들의 의견이 일치하고 있었기 때문에 이런 것에 대하여 논의할 여지가 없었던 것입니다.

내가 상고하여 본 바에 의하면 우리들에게 무엇인가를 기록하고 남긴 초대 그리스도인들은 모두 이구동성으로 이렇게 선언하고 있습니다. 즉 신자들일지라도 그들이 하나님의 능력 안에서 강하게 될 때까지는 '정사와 권세'와 싸워야 하듯이 또한 '혈과 육과 악한 성질'과 더불어 싸워야 한다는 것입니다.

***

❸ 우리 교회는 정확하게 이 초대 교회를 따르고 있습니다. 교회 신조 제9조에서 다음과 같이 선언하고 있습니다.

> "원죄는 모든 사람의 본성의 부패를 말하는 것이고, 이에 의하여 사람은 그 본성에 있어 악으로 향하는 경향이 있으므로 육은 영과 반대되는 것을 욕망하고 있다. 그리고 이 본성의 부패성은 거듭난 사람에게도 남아 있다. 그러므로 헬라어로 '프로네마 싸르코스'($\phi\rho o\nu\acute{\eta}\mu\alpha\ \sigma\alpha\rho\chi\acute{o}\varsigma$)라고 부르는 이 육의 정욕은 하나님의 율법에 복종하지 않는다. 그리하여 믿는 자들에게는 정죄함이 없기는 하지만 이 정욕은 그 자체가 죄의 성질을 지니고 있는 것이다"

***

❹ 다른 모든 교회들도 같은 증거를 하고 있습니다. 희랍 정교회나 로마 뿐만 아니라 그 외의 구라파에 있는 개신교회들도 – 어떤 교파에 속하였든지 간에 – 모두 이같은 증거를 하고 있습니다. 실제로 어떤 교파들은 이것을 너무 지나치게 다루어서 신자의 마음의 부패를 설명할 때, 그리스도인이 이것을 극복한다는 것을 인정하지 않고 도리어 이것에 얽매여 있는 것으로 보았습니다. 이렇게 함으로써 그들은 믿는 자와 믿지 않는 자를 거의 구분할 수 없게 만들었습니다.

***

❺ 이런 극단을 피하려는 나머지 많은 선량한 사람들, 특히 고(故) 진젠돌프 백작의 지도 하에 있었던 사람들은 또 하나의 극단으로 흐르고 말았

습니다.

　그들은 말하기를 모든 참다운 신자들은 죄의 지배(dominion of Sin)에서 구원받았을 뿐 아니라, 밖에 있는 죄에서와 마찬가지로 안에 있는 죄 자체(Being of inward sin)에서까지 구원을 받았기 때문에 그들에게는 이미 죄가 남아 있지 않다고 합니다. 많은 영국 사람들은 약 20년 전에 이런 견해를 받아들여 그리스도를 믿는 사람들에게는 본성의 부패성조차도 이미 없다고 생각하였습니다.

　　　＊＊＊

　❻ 독일 사람들이 이 문제에 대하여 추궁을 당하자 그들은 – 적어도 그들 중의 대부분은 – 죄가 아직도 육에는 남아 있지만 신자의 마음안에는 남아 있는 것이 아니라고 주장하였습니다. 그러나 얼마 후 그 불합리성이 드러나자 그들은 이 주장을 깨끗이 포기하고, 죄가 하나님께로부터 난 사람을 주관하지 못할지라도 아직은 남아 있다는 것을 인정하였던 것입니다.

　　　＊＊＊

　❼ 그러나 독일 사람들의 이 주장을(직접적으로 또는 간접적으로) 접하게 된 영국인들은 그리 쉽게 설복(說服)되거나 이에 동의하지 않았습니다. 그리고 그들 대부분이 이런 주장이 성립될 수 없는 것이라고 깨달았음에도 불구하고, 소수의 사람들은 이 견해를 버리지 않고 오늘날까지 지지하고 있는 것입니다.

II

　❶ 하나님을 참으로 경외하고 예수 안에 있는 진리를 알고자 하는 분들을 위해서라면 이 문제를 조용히 공정하게 생각해 보아도 좋을 것입니다. 이렇게 하는 가운데 나는 '거듭난다', '의롭다함을 얻는다' 또는 '믿는자'

라는 말들을 별 차이없이 같은 말로 사용하게 되었습니다.

　자세하게 살펴보면 이 말들의 뜻에는 다른 점도 없으며(첫번째 말은 내적이고 실제적인 변화를 가리키고, 두번째 말은 상대적인 의미가 있으며, 세번째 말은 거듭나고 의로워지는 수단이 되는 것으로 생각하는 등의 차이가 있겠지만) 결국은 믿는 자는 누구나 그가 의롭다함을 받았고 또한 하나님께로부터 난 자라는 한 가지 사실에 귀착하는 것입니다.

　＊＊＊

　❷ 여기서 죄라 함은 내적인 죄를 말하는 것으로 어떤 죄된 성질이나 의욕, 감정을 말하는 것입니다. 즉 어떤 정도의 것이든지 사람 속에 있는 자만이나 완고, 세상에 대한 사랑 같은 것을 말합니다. 또한 이것은 정욕, 분노, 불평 같은 것으로 그리스도 안에 있는 마음과 반대되는 성질을 말하는 것입니다.

　＊＊＊

　❸ 이 문제는 외적인 죄(Outward Sin)에 관한 것, 즉 하나님의 자녀가 죄를 짓느냐 안 짓느냐에 관한 것이 아닙니다. 우리는 모두 '죄를 짓는 자는 마귀에게 속함'을 인정하며 또한 이를 열심히 견지합니다. 우리는 '하나님께로 난 자마다 죄를 짓지 아니한다'는 것에 동의합니다.

　우리가 지금 알아보고자 하는 것은 내적인 죄가 하나님의 자녀들 속에 늘 머물러 있는 것인가 아닌가가 아니며, 사람의 영혼이 육체 속에 있는 한 죄는 계속되는 것인가 아닌가 하는 문제도 아닙니다. 뿐만 아니라 의롭다함을 받은 사람이 내적인 죄나 외적인 죄에 다시 빠질 수 있는 것인가 아닌가를 탐구하고자 하는 것도 아닙니다.

　단지 우리는 의롭다함을 받은 사람, 즉 거듭난 사람들이 의롭다함을 받은 그 때 과연 모든 죄에서 자유를 얻는 것인가 하는 것이며, 그 후에 그가 은혜에서 떨어지지 않는 한 늘 죄가 없다는 말인지 하는 문제들을 상고해 보자는 것입니다.

❹ 의롭다함을 받은 사람의 상태는 표현할 수 없을 만큼 참으로 위대하고 영광스러운 것을 우리는 인정합니다. 이들은 거듭나되 "혈통으로나 육정으로나 사람의 뜻으로 나지 아니하고 오직 하나님께로 난 자들"(요 1:13)입니다. 이들은 하나님의 아들이요 그리스도의 지체요 천국의 상속자입니다. "모든 지각에 뛰어난 하나님의 평강이 그리스도 예수 안에서 그의 마음과 생각을 지키십니다"(빌 4:7). 그의 몸은 '성령의 전' 이기에 하나님께 영으로 거하시는 것입니다. 그는 "그리스도 예수 안에서 새롭게 지음을 받은 자입니다" 그는 씻음을 받았고 성별되었습니다.

그의 마음은 믿음으로 깨끗함을 받았습니다. 그는 세상에 속한 모든 부패로부터 깨끗함을 받았으며, 하나님의 사랑이 성령에 의하여 마음에 가득차 있습니다. 그리하여 그가 '사랑 가운데 걷는 한'(늘 그렇게 하고 있겠지만) 그는 신령과 진리로 하나님을 예배하고 있는 것입니다.

그는 하나님의 계명을 지키며 하나님 보시기에 기뻐하시는 일들을 행합니다. 스스로 그렇게 행함으로써 "하나님과 사람에 대하여 거리낌없는 양심"(히 10:22)을 갖게 됩니다. 그리고 의롭다함을 받은 순간부터 내적인 죄, 외적인 죄를 이길 수 있는 힘을 소유하게 되는 것입니다.

❶ 그러나 그가 모든 죄에서 자유함을 받아서 마음 속에 아무 죄도 없는 것입니까? 나는 그렇게 말할 수 없습니다. 또 그렇게 믿을 수 없습니다. 사도 바울은 그와는 반대로 말했기 때문입니다. "육체의 소욕은 성령을 거스르고 성령의 소욕은 육체를 거스르나니 이 둘은 서로 대적하느니라"(갈 5:17)

이 말씀은 그가 신자들을 향해서 한 말씀입니다. 여기서 그는 일반적인 신자의 상태를 묘사하고 있습니다. 이보다 더 분명한 것은 없습니다. 바울은 여기서 신자에게 있어서까지도 육욕, 악한 성질이 성령을 거스르고 있다는 사실을 직접적으로 긍정하였습니다. 즉 중생한 사람 속에서도 서로 대적하는 두 가지 세력이 있다는 것을 긍정한 것입니다.

***

❷ 다시 사도 바울은 고린도에 있는 신자들 곧 "그리스도 예수 안에서 거룩하여진 자"(고전 1:2)들에게 편지할 때에 "형제들아 내가 신령한 자들을 대함과 같이 말할 수 없어서 육신에 속한 자 곧 그리스도 안에서 어린아이들을 대함과 같이 하노라 너희가 아직도 육신에 속한자로다 너희 가운데 시기와 분쟁이 있으니 어찌 육신에 속한 사람이 아니리요"(고전 3:1,3)라고 하였습니다.

지금 여기서 바울은 의심 없이 신자들 곧 그리스도 안에서 호흡을 같이 하며 형제된 자들, 그러나 어느 정도는 육에 속한 자들에게 말하고 있는 것입니다. 그들에게는 시기(하나의 나쁜 성질)가 있어서 종종 분쟁을 일으킨다고 말했습니다. 그러나 바울은 그들이 신앙을 잃어버렸다고는 조금도 말하고 있지 않습니다. 그렇습니다. 바울은 그들이 믿음을 잃어버리지 않았다고 명백하게 말하고 있는 것입니다. 만약에 믿음을 잃었다면 그들을 "그리스도 안에 있는 어린 아이들"이라고 말할 수는 없기 때문입니다.

또한 무엇보다 더 확실한 것은 그는 육신에 속한 사람이란 말과 그리스도 안에서의 어린 아이란 말을 같은 뜻으로 말하고 있습니다. 그는 사람이 그리스도 안에서 어린 아이인 동안에는 모든 신자가(어느정도) 육신에 속하여 있음을 명백하게 주장하고 있는 것입니다.

***

❸ 진실로 신자에게도 서로 대적되는 두 개의 세력 곧 본성과 은총, 육과 영(성령)의 두 세력이 있다는 이 중대한 논점은 사도 바울의 모든 서신 속에, 아니 성경 전체에 흐르고 있습니다. 성경에 있는 지시나 권고의 대부분은 이런 전제 위에 근거하고 있는 것입니다.

성경의 저자들을 신자라고 인정되는 사람들에게 있는 그릇된 성질이나 소행을 지적하고 있는 것입니다. 또한 신자들은 이런 것들과 싸워 그들 안에 있는 믿음의 힘으로 정복하라고 계속적으로 권고를 받고 있습니다.

* * *

❹ 그리고 누가 에베소 교회의 사자에게 믿음이 있었다는 것을 의심하겠습니까? 우리 주님은 그에게 말씀하시기를 "내가 네 행위와 수고와 네 인내를 알고 또 네가 참고 내 이름을 위하여 견디고 게으르지 아니한 것을 아노라"(계 2:24)고 하셨습니다. 그러면 그의 가슴 속에는 죄가 없었다는 말입니까? 아닙니다. 그랬다면 그리스도께서 "그러나 너를 책망할 것이 있나니 너의 처음 사랑을 버렸느니라"라는 말씀을 첨가하시지 않았을 것입니다.

이것은 하나님께서 그 마음 속에서 발견하신 진짜 죄인 것입니다. 따라서 이에 대하여 회개하라고 권고하셨습니다. 하지만 그 때에 그들이 믿음조차 없었다고 단정해서 말할 수는 없는 것입니다.

* * *

❺ 아니, 오히려 버가모 교회의 사자도 회개하라는 권고를 받았습니다(계 2:16). 이는 죄가 있었다는 것을 암시하는 것입니다. 그렇지만 주님께서는 또한 명백하게 "나를 믿는 믿음을 저버리지 아니하였도다"(계 2:13)고 하셨습니다.

그리고 사데 교회의 사자에게도 말씀하시기를 " 그 남은 바 죽게 된 것을 굳게 하라"(계 3:2)고 하셨습니다. 그 남은 바 좋은 것은 죽게 된 것이지만 실제로 죽은 것은 아니었습니다. 그의 속에는 믿음의 불씨(spark)가 아직 남아 있었던 것입니다. 따라서 그는 마침내 "굳게 지키라"(3절)고 명령을 받은 것입니다.

* * *

❻ 다시 한 번 사도 바울은 신자들을 권면하면서 "육과 영의 온갖 더러운 것에서 깨끗케 하자"(고후 7:1)고 하였습니다. 그 때에 그는 신자들이 이

런 것들에서 아직도 깨끗해지고 있지 않음을 명백히 가르치고 있는 것입니다. 사람이 모든 악한 모양을 피한다고 해서 그 사람이 본질적으로 자신을 온갖 더러운 것에서 깨끗하게 한다고 할 수 있겠습니까? 결코 그럴 수 없습니다.

그 예로, 한 사람이 나에게 욕을 합니다. 나는 증오를 느낍니다. 곧 영의 더러운 것이지요, 그러나 나는 말 한 마디도 하지 않습니다. 여기서 나는 '악한 모양'을 피한 것이 됩니다. 그러나 이것이 (내가 슬프게 체험한 바이거니와) 나를 그 영의 더러운 것에서 깨끗하게 하는 것은 아닙니다.

* * *

❼ 그러므로 "신자에게는 죄가 없으며 육에 속한 마음이 없고 타락할 경향이 없다"는 따위의 주장은 하나님의 말씀과 상치되는 것이며 또한 마찬가지로 하나님의 자녀들의 체험과도 반대되는 것입니다. 이들은 그 마음에 타락할 경향이 있음을 항상 느끼며 또한 자연히 악으로 기울어지는 경향이 있음을 느끼고 하나님에게서 떠나 세상과 짝하고자 하는 성벽이 있는 것을 인지합니다.

그들은 마음에 아직 남아 있는 죄 곧 자만, 고집(완고), 불신 등을 매일같이 느끼고 있습니다. 또한 자기들이 말하고 행하는 모든 일에 그것이 최선의 행동이건, 성스러운 의무이건 고착되어 있는 죄를 매일 느끼고 있습니다.

그러나 동시에 그들은 자기들이 하나님께 속하여 있음을 압니다. 이것은 어느 순간에라도 의심할 수 없는 것입니다. 하나님의 영이 저희의 영과 더불어 저희가 하나님의 자녀임을 증거하는 것을 분명히 느낍니다. 그리고 '우리의 대속이 되신 그리스도 예수로 말미암아 하나님 안에서' 기뻐합니다. 그러므로 저들은 죄가 그들에게 있다는 것과 그들 안에서 그리스도가 '영광의 소망'이 되심을 동시에 확신하고 있는 것입니다.

* * *

❽ 그런데 그리스도께서는 죄가 있는 마음 속에 계실 수가 있을까요? 틀

림없이 그리스도는 그 곳에 계실 수 있습니다. 만약 그럴 수 없다면 인간은 구원받을 수 없었을 것입니다. 병이 있는 곳에 의사가 있는 법입니다.

> 사람의 마음속에서 주님은 자기 사업을 수행하시며,
> 죄를 내쫓을 때까지 애쓰신다.

그리스도는 진실로 죄가 지배하는 곳은 지배하실 수 없으며, 죄가 허용되고 있는 곳에서 내주(內住)하시지 않습니다. 그러나 그리스도께서는 모든 죄에 대항하여 싸우는 모든 신자의 마음 속에 계시며(is) 내주하십니다(dwells). 성전을 청결케 하는 것처럼 그 마음이 온전히 청결해지지는 않았다고 할지라도 그런 마음 속에도 그리스도께서는 계시며 또한 내주하시는 것입니다.

* * *

❾ 지금까지 우리는 신자에게는 죄가 없다고 하는 교리가 그리스도의 교회에서 아주 새로운 교리임을 고찰하였습니다. 이런 교리는 과거 1700년 동안 들어보지 못하였고 진젠돌프 백작에 의하여 비로소 주장된 것입니다. 나는 이런 주장과 비슷한 어느 것도 고대나 현대의 글에서 읽어 보지 못했습니다. 아마 그 거칠고 열광적인 도덕 무용론자들(antinominians)가운데서는 찾아볼 수 있을지도 모르겠습니다. 그러나 이들은 모두 사람의 마음에는 죄가 없다고 하더라도 육체 속에는 죄가 있다고 직접적으로든 간접적으로든 인정하고 있습니다.

그러나 어떤 교리든지 새로운 것은 그릇된 것입니다. 저 오랜 역사를 가진 종교(Old Religion)가 유일한 참 종교이기 때문입니다. 그 새로운 교리가 최초의 것과 아주 동일하지 않는 한 옳은 것일 수 없는 것입니다.

* * *

❿ 이 새롭고 비성서적인 교리에 반대하는 또 하나의 논증은 그것이 초래하는 무서운 결과 자체에서 들 수가 있습니다. 어떤 사람이 "나는 오늘

화를 냈다"라고 말했다고 합시다. 그러면 나는 "당신은 믿음이 없습니다"라고 대답해야 합니까? 또 다른 사람이 말하기를 "당신이 충고하신 것이 옳습니다. 그러나 나는 그렇게 하고 싶지 않습니다" 라고 말합니다. 그러면 나는 "당신은 하나님의 진노와 저주 아래 있는 불신자입니다"라고 말해야 하는 것입니까?

그렇다면 여기서 초래되는 결말은 무엇입니까? 만약 내가 말한 것을 그가 믿는다면, 그는 응분의 큰 보상을 가진 확신을 내던져 버리게 되기 때문에 그 영혼이 슬픔과 상처를 받을 뿐 아니라 전적으로 멸망하지 않겠습니까? 또한 자기의 방패를 내던지게 되는데 그가 '악한 자의 화전'을 소멸할 수 있겠습니까? 어떻게 그가 "세상을 이긴 이김은 이것이니 곧 우리의 믿음이니라"함을 알고 능히 이 세상을 이기겠습니까?

그는 적들 가운데서 무장해제를 하고 공격자들을 향해 문을 열고 있는 셈입니다. 그리하여 그가 완전히 정복되었다고 할지라도 무엇이 이상하겠습니까? 아니 그리하여 그가 적들의 생각에 완전히 사로잡혔다고 할지라도, 또는 하나의 악에서 또 다른 악으로 빠져들어가 그에게서 선이란 아주 찾아볼 수 없게 되었다고 할지라도 이상할 것이 무엇이 있겠습니까?

그런고로 나는 결코 이런 주장 곧 사람이 의롭다함을 얻는 순간부터 그에게는 죄가 없다는 주장을 받아들일 수가 없습니다. 그 이유를 다시 정리하면 다음과 같습니다.

첫째로, 이 교리는 성경의 전체적인 대지와 반대됩니다. 둘째로, 이 교리는 하나님의 자녀들의 체험에 상반됩니다. 셋째로, 이 교리는 아주 새로운 교리로서 이 세상에서 한 번도 들어보지 못한 교리입니다. 마지막으로, 이 교리는 가장 파괴적인 결말을 필연적으로 가져옵니다. 즉, 이 교리는 사람들을 근심하게 할 뿐 아니라 그들을 영원한 멸망으로 끌고 가는 것입니다.

IV

❶ 그러면 이 주장을 지지하는 사람들의 주요한 변론들을 공정히 들어 보기로 합시다. 먼저 그들은 성경을 가지고 신자에게는 죄가 없다는 것을 증명하려고 합니다. 반대자들은 이렇게 말합니다.

"성경은 말하기를 모든 신자는 하나님께로서 난 자니 깨끗하고, 거룩하고, 성별되고, 마음이 정결한 자로 새 마음을 가진 자요 성령의 전이다. 그리고 육으로 난 것은 육이니 그 전부가 악한 것과 같이, 영으로 난 자는 영이니 모두 선하다. 그러므로 사람은 깨끗하고 성결하고 거룩한 동시에 깨끗하지 않고 성결하지 않고 거룩하지 않을 수 없다. 사람이 청결하며 동시에 불결할 수는 없는 것이다. 즉, 사람이 새 마음과 옛 마음을 함께 가질 수는 없다. 또한 사람의 영혼이 성령의 전(展)인 한 그것이 거룩하지 않을 수는 없는 것이다."

나는 위에서 이에 대한 반대 의견을 유감 없이 될 수 있는 대로 강하게 내세웠습니다.

이제 이것을 하나 하나 검토해 봅시다.

① "영으로 난 자는 영이니 전적으로 선한 것이다"라고 주장하고 있습니다. 나는 성서 본문은 인정합니다만, 그 끝에 붙인 저들의 주석은 인정할 수 없습니다. 왜냐하면 그 본문이 "영으로 난 모든 사람은 영적인 사람(spiritual man)이다"라는 것으로 긍정하는 데 그치기 때문입니다. 영적인 사람이기는 하지만 그 사람이 전적으로 영적일 수도 있고(altogether spiritual) 전적으로 영적이지 않을 수도 있습니다.

고린도에 있던 그리스도인들은 모두 영적인 사람들이었습니다. 그렇지 않았다면 그들은 절대 그리스도인이 아니었을 것입니다. 그러나 그들은 전적으로 영적인 사람들은 아니었습니다. 그들은 여전히 어느 부분에 있어서는 육신에 속한(carnal) 사람들이었습니다. "그러나 그들은 은혜에서 떨어진 사람들이었다"는 말에 바울은 아니라고 말합니다. 그때에도 그들은 그리스도 안에서 어린 아이들이었습니다.

② "사람은 깨끗하고 성결하고 거룩한 동시에 불결하고 성화되지 아니하고 거룩하지 않을 수는 없다"고 주장하고 있는데 사실은 그렇지 않습니다. 고린도 교인들이 그랬습니다.

사도 바울은 "너희는 씻음을 받았다", "너희는 성화되었다"고 했습니다. 곧 "너희들은 음란과 우상숭배와 술 취함과 그 외의 다른 외적 죄에서 깨끗함을 받았다"는 것입니다(고전 6:9~11). 그러나 동시에 이 말에는 그들은 성화되지 못했다는 뜻도 포함되어 있습니다. 저희들은 씻음을 받지 못하였던 것입니다. 즉 시기와 악한 억측과 편당심 같은 그런 것들에서 내적으로 깨끗함을 받지 못하였던 것입니다.

"틀림없이 그들이 새 마음과 옛 마음을 함께 가지고 있는 것은 아니었다"라고 주장하지만, 분명히 그 때 그들의 마음이 새로워졌던 것은 틀림없으나 아주 전적으로(entirely) 새로워지지는 못하였던 것입니다. 저들의 육에 속한 마음은 십자가에 못박혔지만 완전히(wholly)멸절되지는 않았던 것입니다.

"저들이 성령의 전이 되어 있으면서 거룩하지 않을 수 있겠는가?"하는 반대가 있을 수 있습니다. 그러나 저들이 성령의 전이었던 것은 분명하지만(고전 6:9) 동시에 어느 정도 육신에 속해 있어서 거룩하지 않았던 것도 분명합니다.

***

❷ 그러나 이것이 문제가 되지 않는다는 것을 나타내고 있는 성경구절이 또 하나 있는데 고린도후서 5장 17절입니다. "그런즉 누구든지 그리스도 안에 있으면 새로운 피조물이라 이전 것은 지나갔으니 보라 새 것이 되었도

다." 이 말씀에 의하면 사람이 새로운 피조물인 동시에 옛 피조물일 수는 없다고 그들은 반대합니다.

그럴 수도 있을 것입니다. 사람이 부분적으로 새로워질 수도 있습니다. 고린도에 있는 신자들의 경우가 바로 그랬습니다. 그들은 틀림없이 마음의 영에 있어서는 새로워졌던 것입니다. 그렇지 않았다면 '그리스도 안에서의 어린 아이' 일 수는 없는 것입니다. 그러나 그들이 그리스도 안에 있는 마음을 온전히 갖지는 못하였는데 그것은 그들이 서로 시기하였기 때문입니다.

그들이 "'옛 것은 지나갔고 모든 것이 새 것이 되었도다' 라고 분명히 기록되어 있지 않습니까?" 라고 주장 합니다. 우리는 사도 바울의 말을 자가당착에 빠지는 것으로 해석하여서는 안됩니다. 사도 바울의 언행의 앞뒤가 거의 일치한 것으로 볼 때 이 말씀의 뜻은 분명해질 것입니다.

즉, 그에게 있어서 의인을 얻는 일이나 성결이나 행복에 대한 옛 판단 또는 하나님께 속한 것들에 대한 옛 판단은 지금 다 지나가 버렸으며, 마찬가지로 전에 가졌던 욕망, 계획, 감정, 성질, 행동도 다 지나가 버렸다는 것을 뜻하는 것입니다. 이 모든 것들은 틀림없이 새로워진것입니다. 과거의 상태에서 크게 변화된 것입니다.

그러나 새로워지긴 했지만 전격으로 새로워진 것은 아닙니다. 아직도 그는 슬프고 부끄럽게도 그 옛 사람이 남아 있어서 전에 가졌던 성질이나 감정의 기미가 드러남을 느끼게 되는 것입니다. 그러나 그가 깨어 기도하는 동안에는 이런 것들이 우세한 입장을 차지할 수 없는 것입니다.

* * *

❸ "사람이 깨끗하면 깨끗하고, 사람이 거룩하면 거룩한 것이다"라는 변론은 – 이런 종류의 표현은 20개 이상이라도 쉽게 모을 수 있는 것입니다 – 모두 말장난에 불과합니다. 이런 것은 특수에서 보편으로, 즉 어떤 개개의 전제로부터 일반적인 결론을 추론하려는 하나의 그릇된 논증입니다. 그 문구를 한마디로 표현한다면 이렇게 됩니다. "어떤 사람이 거룩하

다는 것은 그 사람이 온전히 거룩한 것을 말한다." 이 말씀은 "그리스도 안에서의 모든 어린아이는 거룩하지만 아직 온전히 거룩하지는 않다" 라는 말과는 다른 것입니다.

그는 죄에서 구원을 받았습니다. 그러나 전적으로 받지는 못한 것입니다. 죄가 그 사람을 지배하지 못한다 하더라도 죄는 남아 있지 않다고 생각하신다면 여러분은 하나님의 율법(또는 고린도전서 13장에 있는 사랑의 법까지도)의 높이나 깊이, 길이, 넓이를 분명히 생각하지 않고 있는 사람들입니다.

모든 불법(ἀνομία)과 율법에서의 탈선은 죄입니다. 그러면 신자의 생활이나 마음에 이 율법과 일치되지 않는 것(disconformity)이 없습니까? 장성한 그리스도인이란 어떤 사람이냐 하는 것은 별개의 문제입니다. 그러나 그리스도 안에서의 모든 어린 아이의 경우 그러한 것이 전혀 없다는 것은 인간 성정에 비추어 보면 이상할 것도 없지 않습니까?

***

❹ "그러나 신자들은 성령을 따라 행하고(롬 8:1) 하나님의 영은 그들 안에 내주하신다. 이리하여 마침내 그들은 죄책과 죄의 세력에서, 한마디로 죄의 존재에서 건짐을 받았다는 것이다"라고 주장합니다. 죄책, 죄의 세력, 죄의 존재라는 말들이 마치 동일한 것처럼 한데 중첩되었습니다. 그러나 같은 것이 아닙니다. 이 말들은 각각 다릅니다.

우리 신자들은 죄의 권세와 책임에서 건짐 받은 것을 인정합니다. 그러나 그들이 죄의 존재에서까지 건짐을 받았다는 것은 부정합니다. 아무리 궁리하여도 이 본문에서는 그런 결론이 나오지 않습니다. 사람이 성령을 거스리는 육체의 소욕을 느낄지라도 그는 그에게 내주하시는 하나님의 영을 모시고 성령을 따라 걸을 수 있기 때문입니다.

***

❺ '교회는 그리스도의 몸이라'(골 1:20)는 말은 곧 그 몸의 지체는 모든 더러움에서 씻음을 받았다는 것으로 만약 그렇지 않다면 그리스도와 벨

리알이 서로 연합할 수 있다는 결론이 나올 것이다"라고 주장합니다.
 그러나 이 주장은 잘못된 것입니다. 그리스도의 신비로운 몸인 신자들이 성령을 거스리는 육체의 소욕을 느낀다고 해서, 그리스도께서는 신자들이 하나님의 도우심을 받아 대적하고 극복해야 할 악마와 죄로 더불어 교분을 가지고 계신다고 생각할 수는 없습니다.

* * *

❻ "그러나 그리스도인들은 더러운 것은 아무 것이고 들어갈 수 없는 하늘의 예루살렘에 들어가는 것이 아니냐?"(히 12:22)고 반문합니다. 그렇습니다. 그리스도인들은 헤아릴 수 없을 정도로 많은 천군 천사들이 모인 곳과 온전케 된 의인들의 영들에게 가는 것입니다. 보십시오.

"모두가 한 가족이라는 것을 땅과 하늘이 동의합니다"

라고 했습니다. 그리스도인들은 설사 그들 속에 또 하나의 원죄가 있으며 또 그것들이 서로 충돌하는 것을 느끼더라도 그들이 성령을 따라 걷고 있는 한 한결같이 거룩하고 더러움이 없는 사람들입니다.

* * *

❼ "그러나 그리스도인은 하나님과 화복한 사람들인데, 만일 육신에 속한 마음(φρόνημα σαρκός)이 남아 있다면 화목되었다고 할 수 없을 것이다. 왜 그런가 하면 육신에 속한 마음은 하나님과 원수가 되는 까닭이다. 그러므로 화목이라는 것은 이 육신에 속한 마음을 전적으로 파괴시키지 않고는 있을 수 없다"고 주장합니다.
 우리가 하나님과 화목을 이룬 것은 십자가의 피를 통해서입니다. 그 순간에 육신에 속한 마음 곧 하나님과 원수되는 부패한 성질은 우리 발 밑에서 짓밟힌 것입니다. 이 육체가 우리를 지배할 수 없게 되었습니다. 그러나 이것은 아직 존재하여 그 본질에서 하나님과 원수가 되며 하나님의 영에 대해 거스르고 있는 것입니다.

❽ "그러나 '그리스도의 사람들은 육체와 함께 그 정욕과 욕심을 십자가에 못박았느니라'(갈 5:24)라고 기록되어 있지 않느냐?"고 반박합니다.

저들은 그렇게 하였습니다. 그러나 그 정욕과 욕심은 그들 속에 아직까지 남아 있어서 종종 십자가에서 빠져나오려고 고투하는 것입니다. 그런데 저들은 "옛 사람과 그 행위를 벗어버린 것이 아니냐?"(골 3:6)라고도 주장합니다. 물론 그렇게 하였습니다. 그러므로 위에서 말한 대로 "옛 것은 다 지나가고 모든 것이 새 것이 된 것입니다." 이와 같은 뜻을 가진 성경 구절을 우리는 백 개라도 인용할 수 있을 것입니다. 하지만 모두 다 같은 대답을 줄 것입니다.

그들은 "이 모든 것을 한마디로 말한다면 결국 '그리스도께서 교회를 위하여 자기를 주셨으니 이는 깨끗하게 하사 흠이 없게 하려 하심이니라'(엡 5:25, 27)고 할 수 있지 않느냐?"라고 주장합니다. 마지막에는 그와 같이 될 것입니다. 그러나 아직은 그렇지 못한 것입니다.

* * *

❾ "체험적으로 말해서 의롭다함을 입은 사람들은 모두 그 순간에 모든 죄에서 절대적인 자유를 얻는 것이 아니냐?"라고 주장합니다.

나는 그렇게 생각하지 않습니다. 아니, 만약에 그들이 그렇게 된다면, 그 후에도 계속해서 그렇게 느낍니까? 그렇지 않다면 아무런 유익도 없을 것입니다. "만일 저들이 그렇지 못하다면 그것은 그들의 실수다"라고 주장합니다. 그러나 증명할 도리가 없는 노릇입니다.

* * *

❿ "'사물의 도리상' 사람이 속에 자부심을 가지고 있으면서도 자만하지 않을 수 있으며, 분노를 가지고 있으면서도 노하지 않을 수가 있는가?"라고 반문합니다.

사람이 자기 속에 자부심을 가질 수 있고, 어떤 점에서는 보다 더 높이 자기를 생각함으로써 그 특별한 점에 대하여 자랑할 수도 있을 것입니다. 그러나 그 사람의 일반적인 성격으로 보면 거만한 사람이 아닐 수도 있는 것입니다. 사람이 마음 속에 노기를 가질 수도 있고 나아가 심한 노를 발할 경향을 가질 수도 있는 것입니다.

그러나 그렇다고 해서 반드시 혈기에 지는 것은 아닙니다. "온유와 겸손만이 느껴지는 마음 속에 어찌 그런 노기라든가 자만심이 있을 수 있을 것인가?"라고 반문할지 모르겠지만, 사실입니다. 겸손과 온유가 있는 마음 속에 이런 자만과 노기가 어느 정도 있을 수 있으나 겸손과 온유가 보다 더 많이 있는 것입니다.

"이런 성질들이 마음을 지배하지 않는다고 말할 수 없지 않는가? 왜냐하면 죄가 지배하지 않는 곳에 어떤 종류이건 죄가 어느 정도 존재한다는 것은 불가능한 까닭이고, 또 죄책과 죄의 세력이라는 것은 죄의 본질적인 성질인 까닭이다. 그러므로 그 중 하나가 있는 곳에는 나머지 두 가지도 다 있음에 틀림없다"라고 주장하기도 합니다.

이상한 주장입니다. 죄가 지배하지 않는 곳에는 어떤 종류의 죄이건, 또 그 정도가 어떠하건 죄가 존재할 수 없다는 말입니까? 이것은 모든 체험이나 성경, 상식과 반대됩니다. 모욕의 분노는 죄입니다. 이것은 사랑의 법과 합치되지 않는 것입니다. 나에게는 이런 경우가 천번이나 있었습니다. 그러나 그것의 지배를 당하지 않고 지내왔습니다.

"죄책과 죄의 세력은 죄의 본질적인 성질인고로 그 하나가 있으면 모두가 죄의 지배를 받을 수밖에 없다"는 것은 옳은 주장이 못됩니다. 실례를 들어 말하면, 내가 어떤 분노를 느낀다고 해도 그것에 한순간이라도 굴복하지 않는다면 거기에는 죄책이 전혀 없습니다. 그 때문에 하나님께로부터 정죄를 받지 않습니다. 그리고 이런 경우에 죄는 세력을 가지지 못합니다. 그러므로 죄는 있지만 죄책과 죄의 세력이 없을 수 있는 경우는 얼마든지 있습니다.

***

⑪ "신자 안에 있는 죄는 무섭고 낙담케 하는 모든 것으로 충만해 있다. 즉 이것은 우리의 힘을 점유하는 세력과 다툰다는 것이고 우리의 마음을

끊임없이 횡령하는 것이며 우리의 구세주에 반항하여 싸움을 계속한다는 것을 의미한다"라고 주장합니다.

그러나 사실은 그렇지 않습니다. 우리 속에 있다고 보는 죄는 그것이 우리의 힘을 점유한다는 것을 의미하지는 않습니다. 이는 마치 십자가에 못박힌 사람이 자기를 십자가에 못박는 자들을 제어하고 있지 않다는 말과 같습니다. 죄가 우리의 마음을 계속 횡령하고 있다는 것을 의미하는 것도 아닙니다. 횡령자는 그 지위에 있지 못하게 되었습니다.

물론 그는 자기가 한때 지배하던 곳에 남아 있습니다. 그러나 쇠사슬에 매인 채로 남아 있는 것입니다. 그러므로 어떤 의미에서 그는 싸움을 일으키지만 그 세력은 점점 약해지고 맙니다. 반면에 신자는 계속 승리하면서 점점 강하여지고 마침내는 그 횡령자를 쓰러뜨리고 그가 지배하던 곳을 완전히 정복하려고 합니다.

* * *

❶❷ "그러나 나는 아직 만족할 수 없다. 자기 속에 죄를 가진 사람은 죄의 노예이다. 그러므로 사람이 죄의 노예가 되어 있는 동안 그 사람은 의롭다함을 받아야 한다고 당신은 생각한다. 그러나 당신의 이론에 따르면, 만일 사람들이 자기들의 마음속에 자만심, 노기, 불신앙을 가지고 있으면서도 의로워질 수 있다고 한다면, 아니, 이런 것들이 의롭다함을 받은 모든 사람들에게(일시적이라 하더라도) 있다고 단정한다면, 자만하고 골내는 불신앙의 신자들이 많이 있다고 해서 무엇이 이상할 것인가?"라고 반대자들은 빈정댑니다.

나는 의롭다함을 입은 사람이 죄의 종이라고 생각하지는 않습니다. 그러나 의롭다함을 입은 사람 누구에게나 죄는(최소한도 얼마 동안은) 남아 있는 것이라고 생각합니다.

"만약 죄가 신자에게 남아 있다면 그는 죄성이 있는 사람이다. 예를 들어서 자만심이 남아 있다면 그는 거만한 사람이고, 완고함이 남아 있다면 그는 완고한 사람이요. 불신앙이 남아 있다면 그는 불신앙의 사람이다. 따라서 그들은 결코 신자가 아니다. 그러면 이 사람은 불신자나 중생하지 않은 사람과 무엇이 다른가?"하고 반문합니다.

　이것은 단순한 말장난입니다. 만일 사람의 마음 속에 죄, 자만, 고집이 있으면 거기에는 죄, 자만, 고집이 있다는 말과 다름이 없습니다. 그렇다고 이것을 부정할 사람은 없습니다. 이런 의미에서 위에서 언급한 사람과 거만하고 완고한 사람이지만 불신자들의 상태, 즉 자만심과 고집에 의하여 지배된다는 의미에서 교만하다거나 고집스럽다고 할 수는 없습니다. 이런 점에서 그는 중생하지 않은 사람과는 다릅니다. 중생하지 못한 사람은 죄에 순종합니다. 그러나 거듭난 사람은 죄에 순종하지 않습니다. 육은 그 두 종류의 사람에게 모두 있습니다. 그들은 육체에 따라 걷습니다. 그러나 거듭난 자는 영을 쫓아 걷습니다.

　"그러나 어떻게 불신앙이 신자에게 있을 수 있겠는가?"라고 반문합니다. 이 말은 두가지의 의미, 곧 믿음이 전혀 없다든가 아니면 믿음이 적다는 뜻이요. 다른 말로 하면 믿음의 결핍이라든가 약한 믿음으로 구별할 수 있습니다.

　전자의 의미에서의 불신앙(no faith, absence of faith)은 신자에게 없습니다. 단지 후자의 의미에서의 불신앙(little faith, weakness of faith)이 모든 어린 신자들에게 있는 것입니다. 저들이 믿음은 보통 의심이나 두려움과 섞여 있습니다. "왜 두려워하느냐? 오, 적게 믿는 자들이여!" 또는 "오, 믿음이 적은 자들이여! 어찌하여 의심하느냐?"하고 우리 주님은 말씀하십니다. 여기서 우리는 신자 속에 불신앙이 있음을 알 수 있습니다. 곧 적은 믿음에 많은 불신앙입니다.

　　　＊＊＊

　❸ "죄가 신자에게 남아 있다. 사람이 그 마음 속에 죄를 가지고 있지만 하나님의 사랑 안에 있을 수 있다는 교리는 분명히 죄 안에 있는 사람에게 용기를 돋우어 주는 경향이 있는 것이 아니냐?"라고 반대자들은 말합니다.

그러나 이 명제를 올바르게 이해한다면 그런 결과는 따르지 않습니다. 사람이 죄를 느낄지라도 그가 그 죄에 굴복하지 않으면 그 사람은 하나님의 사랑 안에 있을 수 있는 것입니다. 죄를 가지고 있다고 해서 하나님의 사랑을 상실하지는 않습니다. 죄에서 양보한다는 것이 그 사랑을 상실하는 것입니다. 당신 속에 있는 육신이 성령에 거슬리고 있다고 하여도 당신은 아직 하나님의 자녀일 수 있습니다. 그러나 당신이 육신을 따라 걷는다면 당신은 마귀의 자녀입니다.

지금 이 교리는 죄에 순종하라고 격려하는 것이 아닙니다. 이 교리는 우리에게 전력을 다하여 죄를 물리치라고 격려하는 것입니다.

❶ 지금까지 말씀을 요약해 보면 이와 같습니다. 즉 모든 사람 속에는 그가 의롭다함을 입은 후일지라도 두 가지의 상반되는 세력(principles) 곧 '본성과 은총', 사도 바울의 용어를 따르면 '육과 영'이 있습니다. 그런 까닭에 그리스도 안에서 거룩하여졌다고는 하지만 이는 부분적인 것입니다. 믿음의 분량에 따라 어느 정도 영적인 것입니다.

아직은 육신에 속한 것입니다. 따라서 신자들은 그들이 세상과 악마에 대하여 조심하여야 하는 것과 마찬가지로 육신에 대해서도 깨어 있으라고 계속적으로 권고를 받고 있는 것입니다. 이것은 하나님의 자녀들의 일상 체험과 일치합니다.

저들은 이 증거를 느끼는 반면 또한 마음 속에 하나님의 뜻에 전적으로 맡기지 않는 하나의 의지가 있음을 느낍니다. 그리고 자신이 하나님 안에 있음을 알지만 또한 하나님으로부터 떠나려고 하는, 즉 많은 경우에 있어서 악으로 향하려는 마음, 선한 일에서 뒤로 물러서려는 마음이 있음도 알게 됩니다.

  이것과 상반되는 교리는 전적으로 새로운 것입니다. 이것은 그리스도께서 이 땅에 오신 이후 한번도 들어보지 못한 교리로서 진젠돌프 백작의 시대에 와서 비로소 듣게 된 교리입니다. 이 교리는 가장 무서운 결말을 가져옵니다. 우리의 악한 성질에 대한 감시를 단절시키며 이미 사라진 것으로 들었지만 아직도 우리 마음 속에 있는 들릴라(삿 16:4)에 대하여 아무런 감시도 하지 않게 합니다. 이 교리는 약한 신자의 방패를 찢어 버리며 그들의 믿음을 빼앗아 그들을 이 세상과 육신과 악마의 모든 공격에 무방비 상태로 노출시켜 두는 것입니다.

  * * *

❷ 그러므로 우리는 성도에게 단번에 주시고 그 성도에 의하여 기록된 말씀을 통해서 모든 세대에게 주신 이 건전한 교리를 굳건히 붙잡읍시다. 우리들은 그리스도를 참으로 믿는 그 순간 새로워졌고, 깨끗해졌고, 정결해졌고, 성별된 것입니다.

  그러나 동시에 우리는 아직 온전히 새로워지고, 온전히 깨끗해지고, 온전히 정결해지지는 못한 것입니다. 육신과 악한 성질이(비록 정복되기는 했지만) 아직도 남아 있어서 우리의 영과 더불어 싸우고 있는 것입니다.

  그러므로 우리는 믿음의 신한 싸움을 싸움에 있어서 정려하기를 힘씁시다. 그리고 우리 안에 있는 원수에 대항하여 깨어 기도하되 간절히 합시다. 또한 그럴수록 더욱 정신을 차리고 하나님의 전신갑주를 입고서 혈과 육과 싸우며 정사와 권세와 하늘에 있는 악한 영들과 싸울지라도 이 모든 것을 다 행하면서 악한 날에 대적하고 굳게 설 수 있도록 노력합시다.

10

신자의 회개
The Repentance of Believers

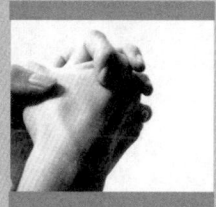

나는 숨을 쉬는 순간 순간
죄를 짓습니다.
이 땅 위에 있는 나는
당신의 뜻을 행치 못하며
규례도 지키지 못합니다.
천사는 하늘에서
이를 행하고 있지만

그러나 샘터는 여전히 열려있어
내 발을 씻고
마음과 손을 씻어 줍니다
내가 세상 안에서 완전해질 때까지

10 신자의 회개
The Repentance of Believers

【 해설 】

이 설교는 1767년 4월24일 Londonderry에서 쓰여졌다. 그리고 1768년 소책자로 출판되었으며 전집(Works) 1771년 판에 앞의 설교 '신자 안에 있는 죄'에 대한 추가 설명으로 수록된 것이다.

웨슬리에 의하면, 거듭난 신자일지라도 그 안에는 아직도 부패성이 남아 있으며, 이것은 온전한 성화의 순간에 제거된다고 한다. 이와 같은 웨슬리의 견해는 다음의 세 가지 견해와 구분된다.

첫째는 당시의 정통주의자들의 견해이다. 이들은 인간의 육신과 내적인 죄를 동일시함으로 사람의 육신을 입고 있는 한 내적인 죄에서 벗어날 수 없다고 보았다(cf. Luther, Romans, Zondervan, 1954, p.84). 이에 대하여 웨슬리는 인간의 육신과 내적인 죄(부패성)를 구분하며, 더 나아가 그리스도의 구속의 은혜는 이 내적인 죄까지 씻기신다고 주장하였다(cf. Cox, John wesley's concept of Perfection, p.59).

둘째는, 자유주의 신학자들의 견해이다. 이들은 원죄를 부정하기 때문에 인간에게 있는 내적인 죄악, 곧 부패성을 심각하게 취급하지 않는다. 그러나 웨슬리는 원죄의 죄책은 선행적인 은총에 의해서 제거되었지만, 원죄의 부패성은 우리에게 계속 남아 있다고 주장하였다.

셋째는 모라비안의 주장이다. 이들은 사람이 중생하는 순간 외적인 죄와 더불어서 내적인 죄도 다같이 제거되므로 신자에게는 죄가 없다고 주장했다. 이에 대하여 웨슬리는 사람이 의롭다함을 받고 중생하는 순간 외적인 죄에서 용서받고 죄의 부패성에서 씻김을 받지만, 온전히 다 씻김 받은 것이 아니기 때문에 그 속에는 아직 부패성 곧 내적인 죄가 남아 있다고 보았다. 그리고 그것은 성화의 과정에서, 특히 완전한 성화의 순간에 제거된다고 보았다.

웨슬리는 사람이 의롭다함을 받는 조건으로 회개와 믿음을 들고 있다. 이것이 없이는 죄책에서 용서함을 받아 의롭다고 인정받을 수 없다. 그러나 웨슬리는 의롭다함을 받은 신자에게도 회개가 필요하다고 한다. 웨슬리는 이것을 중생하기 전의 회개와 구분하여 '신자의 회개'(Repentance of Believers)라고 부른다. 곧 신자는 성령의 깨우침에 따라 아직도 자기 속에 남아 있는 내적인 죄를 깨달아야 하며, 그것은 스스로 해결할 수 없는 자기의 무능(impotence)임을 깨달아야 한다. 그리고 성결케 하는 믿음으로 온전한 성화의 은혜를 체험하여야 한다.

웨슬리는 이 설교에서 "그러므로 우리가 하나님의 나라에 들어가기 위하여 앞서 말한 그 회개와 믿음이 꼭 필요한 것처럼, 우리가 은총안에 계속 머물면서 장성하기 위해서도 회개와 믿음이 전적으로 필요한 것입니다"라고 말했다. 이 설교의 목적은 바로 중생한 신자에게 있어서 회개와 믿음이 각각 어떤 의미를 갖고 있는지를 밝혀, 신자가 장성하여 온전한 성화의 단계에까지 나아가게 하려는 데 있다.

웨슬리는 칭의에 있어서와 마찬가지로 성화에 있어서도 철저하게 그리스도와 연결시켜 이해하고 있다. 웨슬리에 의하면 우리가 우리 힘으로 우리의 마음과 생활에 남아 있는 악의 세계에서 자신을 구원한다는 것은 절대 불가능하다. 그러므로 신자는 회개와 믿음으로 그리스도를 우리의 제사장이요, 동시에 왕으로 모시고 참으로 그리스도를 의지하고 살아가야 하는 것이다(Ⅲ, 4 참조).

무엇보다도 그리스도는 우리 신자 안에 있는 죄를 씻어 주시는 대제사장이시다. 그 이유는 중생한 신자에게도 자만, 고집, 우상숭배와 같은 내적인 죄가 남아 있어 씻김을 받아야 하기 때문이다. 아니, 온전한 성화를 받은 성도도 인간의 제한성(infirmities) 때문에 실수로 무의식 중에 하나님의 온전하신 법을 어기는 경우가 있을 것이므로, 그리스도의 대속의 공로를 계속 필요로 하는 것이다.

그래서 웨슬리는 말한다. "주여, 순간 순간 나는 필요로 합니다. 당신의 죽음의 공로를, 주여, 순간 순간 나는 갖습니다. 당신의 죽음의 공로를." 우리는 이와 같이 순간 순간 회개하고 대제사장이신 예수 그리스도의 보혈을 믿고 나아가야 되는 것이다. 이러한 근거로써 그는 바울과 함께 "그러므로 이제 그리스도 예수 안에 있는 자에게는 결코 정죄함이 없다(롬 8:1)"라고 주장한다. 이는 그리스도 안에 믿음으로 있으면, '예수의 피'가 우리를 모든 죄에서 깨끗하게 하시기 때문이다(요일 1:7).

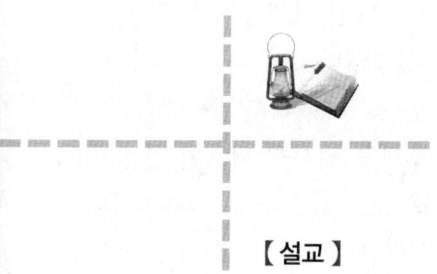

【 설교 】

"회개하고 복음을 믿으라"(막 1:15)

1 회개와 믿음은 기독교의 입고(gate)에 불과하다고 일반적으로 알려져 있습니다. 즉 회개와 믿음은 우리가 하나님 나라를 향해 걷기 시작할 때나 우리들이 그리스도인으로서의 코스를 시작함에 있어서만 필요한 것으

로 일반적으로 알려져 있습니다. 이것은 위대한 사도에 의하여 확인된 것 같습니다. 그는 히브리 신자들에게 "완전한 데 나가라"고 권면하면서 그들에게 가르치기를 먼저 이런 "그리스도의 도의 초보를 버리고 죽은 행실을 회개함과 하나님께 대한 신앙의 터를 다시 닦지 말라"(히 6:1)고 하였습니다.

이 말씀은 적어도 다음의 사실을 의미하고 있음에 틀림없습니다. 곧 "그리스도 예수 안에서 하나님이 위에서 부르신 부름의 상을 위하여 쫓아가기 위해 처음에 가졌던 모든 생각을 순차로 버려야 한다"는 것입니다.

2 그리스도인의 생활, 특히 그 시작에 있어서 더욱 필요한 것이 회개와 믿음임은 의심할 여지가 없는 사실입니다. 여기서 회개라 함은 우리들의 심한 죄성(罪性), 죄책(罪責), 무력함에 대하여 깨달아 아는 것입니다. 우리는 하나님의 나라, 즉 주님이 말씀하신대로 하나님의 나라가 우리 생에 임하게 하기 위해서 먼저 회개해야 합니다. 곧 회개는 믿음에 선행합니다. 여기서 믿음이라 함은 우리가 이로 말미암아 하나님 나라 곧 '성령 안에서 의와 평강과 희락'(롬 14:17)을 받아들이는 것입니다.

3 그렇지만 우리가 "복음을 믿은"(막 1:15) 후에도 필요한 회개와 믿음이 있습니다(물론 이때에는 이 말들이 앞서 사용했던 의미와는 다르지만, 그렇다고 해서 전적으로 다른 것은 아닙니다). 그렇습니다. 입문 단계에 들어선 후에도 회개와 믿음은 그리스도인으로서의 생활의 모든 단계에서 계속 필요합니다. 그렇지 않으면 우리 앞에 놓여진 경주를 달릴 수가 없는 것입니다. 그러므로 우리가 하나님 나라에 들어가기 위하여 먼저 말한 그 '회개와 믿음'이 필요한 것처럼, 우리가 은총 안에 계속 머무르며 성장하기 위해서도 이 '회개와 믿음'이 전적으로 필요한 것입니다. 그러나 어떤 의미에서 우리가 의롭다함을 입은 후에도 계속 회개하고 믿어야 하는 것입니까? 이것은 중요한 문제입니다. 가장 주의깊게 고려해 볼 가치가 있습니다.

먼저 어떤 의미에서 우리가 회개해야 합니까?

❶ 회개는 흔히 하나의 내적 변화 곧 죄에서 거룩하여지는 마음의 변화를 의미합니다. 그러나 우리는 지금 전혀 다른 의미에서 말하고 있습니다. 곧, 일종의 자아인식으로써 자기 자신을 죄인으로 아는 것입니다. 그렇습니다. 비록 하나님의 자녀임을 안다고 해도 죄에 대해 책임이 있고 무력한 죄인이라고 하는 것을 스스로 인식하는 것입니다.

* * *

❷ 진실로 우리가 이것을 처음으로 알았을 때, 즉 죄인이 되었던 우리들이 예수님의 보혈에 의한 구속을 알았을 때, 하나님의 사랑이 우리 마음 속에 처음으로 비추고 하나님의 나라가 그 속에 이어질 때, 우리는 더 이상 죄인이 아니며 우리의 죄는 가리워질 뿐 아니라 멸절되었다고 생각하는 것은 당연한 일입니다.

우리의 마음 속에서 악을 느끼지 않을 때 아무 악도 없는 것이라고 우리는 주저하지 않고 생각하게 됩니다. 더 나아가 어떤 사람들은 악은 그 때에만 없는 것이 아니라 그 후에도 계속하여 없는 것이라고 생각합니다. 그리하여 그들은 사람이 의롭다하심을 입을 때 전적으로 성화되는 것이라고 믿고 성경이나 이성이나 체험에 반대됨에도 불구하고 이것을 일반적인 원칙으로 삼았습니다. 이 사람들은 모든 죄는 사람이 의롭다함을 입을 때에 멸절된다고 전적으로 믿으며 또 이것을 열심히 주장합니다. 신자의 마음 속에는 죄가 없으므로 그 순간부터 온전히 깨끗하다고 합니다.

우리는 믿는 자는 하나님께로부터 났으며 또 하나님께로부터 난 자는 죄를 짓지 아니한다는 것을 인정합니다만, 그들이 자기 마음 속에 있는 죄에 대하여 느끼지 않고 있다고 인정할 수는 없습니다. 곧 죄가 지배하지는 않지만 아직은 남아 있는 것입니다. 그래서 우리 마음 속에 남아 있는 이 죄에 대하여 깨닫는 것이 우리가 지금 말하는 '회개'에 속하는 커다란 한 가지 사실입니다.

* * *

❸ 왜냐하면 모든 죄가 없어졌다고 생각하던 사람이 얼마 안 가서 자기 마음 속에 아직도 자만(自慢)이 남아 있음을 느끼게 되기 때문입니다.

그는 여러 면에서 있어서 자기가 마땅히 생각하여야 할 것보다 자기를 더높이 생각하고 또한 남에게 받은 칭찬을 스스로 취하고 마치 그것을 받지 아니한 것처럼 자랑하는 것입니다. 그러나 그는 또한 자기가 아직도 하나님의 특별한 사랑을 받고 있다는 것을 압니다. 그렇습니다. 그는 자기의 이 확신을 내버릴 수도 없고 또한 내버려서는 안 됩니다. '성령께서는 아직도' 그의 영과 더불어 그가 하나님의 자녀임을 증거하고 계십니다.

* * *

❹ 또한 그는 얼마 안 가서 자기 마음속에 고집(self will) 곧 하나님의 뜻과 반대되는 한 의지가 있음을 느끼게 됩니다. 의지란 인간에게 이해력이 있는 한 없을 수 없습니다. 이것은 인간 곧 참으로 지각있는 모든 사람이 가지고 있는 성정의 본질적 요소이기 때문입니다.

우리의 은혜로운 주님께서 사람으로서의 의지를 가시고 계셨습니다. 그렇지 않았다면 그분은 사람이 아니었을 것입니다. 그러나 그분의 인간 의지는 늘 아버지의 뜻에 순종하였습니다. 언제나, 그리고 어떤 경우에든지, 아주 심한 환난 중에서도 우리 주님께서는 "나의 뜻대로 마옵시고 아버지의 뜻대로 하옵소서"라고 하실 수 있었던 것입니다.

그러나 그리스도를 참으로 믿는 사람이라도 언제나 그렇게 하지는 못합니다. 사람은 종종 자기의 뜻을 하나님의 뜻보다 어느 정도 높이곤 합니다. 하나님을 기쁘시게 하는 일이 아니지만 사람은 자기 성질에 맞기 때문에 하고자 합니다. 또 어떤 것은 자기를 향한 하나님의 뜻인데도 자기에게 고통이 되므로 행하기를 싫어합니다. 진실로 이런 사실은 그가 믿음

안에 머물러 있어 전력을 다해 싸운다손 치더라도 죄가 여전히 존재하며 또한 그가 이것을 의식하고 있다는 것을 의미합니다.

***

❺ 고집은 자만과 마찬가지로 우상의 일종입니다. 이 둘은 모두 하나님의 사랑에 반대됩니다. 세상에 대한 사랑도 그렇게 볼 수 있습니다. 참 신자들이라 할지라도 이것을 그들 마음 속에 느끼지 않을 수 없습니다. 그리고 모든 신자는 이런 것을 여러 경우에 느끼는 것입니다.

그가 처음에 '사망에서 생명으로 옮겨졌을 때' 그는 하나님 외에는 아무것도 더 원치 않았던 것이 사실입니다. 그는 진실로 다음과 같이 말할 수 있었을 것입니다. "나의 모든 소원은 주님에게만 있고 주님의 성호를 기억하는 데 있나이다." 하늘에서 주 외에 누가 내게 있으리요 땅에서는 주밖에 나의 사모할 이가 없나이다"(시 73:25).

그러나 항상 그렇지는 못합니다. 시간이 지남에 따라, 순간일지는 모르지만 그는 다시 '육신의 정욕'이라든지 '안목의 정욕', '이생의 자랑'을 느끼게 됩니다. 그렇지요. 만일 계속하여 깨어 기도하지 않으면 정욕이 다시 살아남을 발견할 것입니다. 그리하여 이 정욕은 그를 타락시키려고 고통을 줄 것이며 마침내는 그를 무력하게 만들 것입니다. 그는 과도한 애정 즉 조물주보다 피조물을 더욱 사랑하고자 하는 강한 정욕의 공격을 받을 것입니다. 이 피조물이란 자녀나 부모나 남편이나 아내 또는 자기 영혼처럼 가까운 친구일 수 있습니다. 그가 이 땅의 것이나 향락을 사랑한다는 것은 천 번이고 여러 가지 면으로 느낄 것입니다. 그만큼 그는 하나님을 잊고서 하나님 안에서의 행복을 구하지 않으며 마침내는 하나님을 사랑하는 것보다 향락을 더 사랑하는 자가 될 것입니다.

***

❻ 신자는 매 순간 자기를 지키지 않으면 다시 안목의 정욕을 느끼게 됩니다. 이것은 무엇인가 크고 아름답고 또는 귀한 것을 생각하는 욕망을 만족시켜 보려는 정욕입니다. 얼마나 여러 모양으로 이 정욕이 우리 영혼을

공격해 옵니까? 아마도 우리는 의복이라든가 가구라든가 하는 이런 사소한 것으로 불멸의 영혼을 만족시켜 보려고 계획하지는 않을 것입니다.

그렇지만 우리는 앞으로 올 세상의 능력들을 맛본 후일지라도 쓰고나면 없어지고 마는 것들에 대한 어리석고 저열한 욕망에 또 다시 빠지는 수가 흔히 있지 않습니까! 자기가 누구를 믿고 있는지를 잘 알고 있는 신자들일지라도 이 '안목의 정욕' 중 한 가지에 불과한 '호기심'을 발로 짓밟으며 정복한다는 것은 얼마나 힘든 일입니까! 단지 새로운 것이기 때문에 호기심을 갖게 되는 마음을 정복한다는 바로 그 한 가지 일이 얼마나 어려운 일입니까!

* * *

❼ 하나님의 자녀들이라도 이생의 자랑을 온전히 정복한다는 것이 얼마나 어려운 일입니까!

사도 요한은 이 말을 세상에서 말하는 '명예욕'과 거의 같은 뜻으로 사용한 것 같습니다. 이것은 바로 사랑에서 오는 명예를 좋아하고 사모하는 것, 즉 칭찬에 대한 욕망과 사랑인데 그것은 항상 세상사람의 비난에 대한 공포와 결부되어 있습니다. 이것과 병행되는 것은 악한 수치(evil shame), 즉 우리가 마땅히 영광으로 삼아야 할 일을 부끄러워한다는 것입니다. 그런데 이것은 사람을 두려워한다는 것과 분리시켜 생각할 수 없는 것으로써 우리 영혼에게 천 가지의 올무를 가져옵니다.

진정 믿음이 강해 보이는 사람들도 그 속에 이런 악한 성질이 조금이나마 있다는 것을 느끼지 않는 사람이 있습니까? 그러므로 이런 것들이 세상에 대하여 십자가에 못박혀졌으나 이는 부분적으로 못박힌 것입니다. 이 악의 뿌리가 아직도 마음 속에 남아 있기 때문입니다.

* * *

❽ 또 우리는 하나님의 사랑에 반대하거나 혹 이웃도 사랑하지 않으려는 다른 성정들이 우리에게 있음을 느끼지 않습니까? 이웃에 대한 사랑을 가진 사람은 이웃을 해칠 생각을 갖지 않습니다. 질투, 그릇된 의심, 근거

없는 의심, 이치에 맞지 않는 의심, 이런 것들을 느껴본 적이 없으십니까? 이런 면에서 깨끗하신 분이 있다면 먼저 돌을 들어 그의 이웃을 치라고 하십시오!

형제 사랑과 반대되는 이런 성정을 때때로 느끼지 않는 사람이 누가 있습니까? 만약에 악과 증오와 무자비가 없다면 어떤 시기도 없는 것입니까? 특별히 우리가 원하지만 할 수 없었던 선을 행하고 기뻐하는 사람을 시기하지 않습니까? 우리가 해를 당하고 모욕을 당했을 때, 특히 우리가 각별히 사랑했고 도와 주기 위하여 많은 수고를 아끼지 않았던 그런 사람에게서 해를 받고 모욕을 당했을 때 분노를 느끼지 않습니까?

우리 속에서 이치에 어긋나고 감사를 모르는 생각이 고개를 들고 복수를 하도록 우리를 자극하지 않습니까? '선으로 악을 이기는' 대신 악을 악으로 갚으라는 충동을 받지 않습니까? 이것을 볼 때 아직도 우리 마음 속에 이웃에 대한 사랑에 반대되는 성정이 얼마나 많이 남아 있는가를 알 수 있습니다.

* * *

❾ 탐심도 그것이 어떤 종류, 어떤 정도의 것이든 하나님을 사랑하는 것과는 분명히 반대되는 것입니다. 탐심은 원어로 '필라르구리아'(Φιλαργυρια), 곧 돈을 사랑한다는 말로 '만악(萬惡)의 뿌리'가 되는 것입니다. 또는 '플레오넥시아'($\pi\lambda\varepsilon o\xi ia$) 곧 더 많이 가지고자 하는 욕심 또는 재물을 늘리려는 욕심으로 하나님에 대한 사랑과는 반대되는 것입니다.

비록 참된 하나님의 자녀들이라고 하지만 이런데서부터 전적으로 자유를 얻은 사람이 얼마나 적습니다! 물론 위인 마틴 루터는 이렇게 말하곤 했습니다. 곧 자기는 속에 어떤 탐심이고 거듭난 이후만이 아니라 태어나면서부터도 가지고 있지 않노라고, 그렇다면 여자에게서 태어난 사람치고(하나님이시오, 사람이신 예수님은 제외하고) 탐심을 안가지고 있었고, 또 탐심 없이 태어난 사람은 루터 단 한 사람뿐이었다는 것을 자신있게 말씀드립니다.

　나는 하나님에게서 난 사람이라도 그가 상당한 시일이 지난 뒤에 이 탐심을 조금이라도, 특히 단 한 번이라도 느껴보지 않은 사람은 없다고 믿습니다. 그러므로 우리는 이 탐심이 자만, 고집, 분노와 함께 의롭다함을 입은 사람들의 마음속에 아직 남아 있다는 것을 전적으로 인정할 수 있습니다.

　　　＊＊＊

　❿ 많은 진지한 사람들이 로마서 7장 마지막 부분을 율법 아래에 놓여서 죄를 깨닫고 있는 사람들에 대한 말씀이라고 보지 않고, 은혜 아래 있는 사람들, 즉 그리스도 안에 있는 구속으로 말미암아 값없이 의롭다하심을 입은 사람들에 대한 말씀이라고 이해하게 된 것은(바울도 이런 의미에서 말하였으리라고 보는데) 틀림없이 위에서 말한 것 같은 체험에 기인하는 것입니다.

　곧 의롭다함을 입은 사람들에게도 어느 정도 육신에 속한 마음이(바울이 고린도 신자들에게 "너희는 육신에 속하였다"고 하였듯이) 남아 있습니다. 즉, 타락의 경향성이 있는 마음, 아직도 계속하여 살아계신 하나님에게서 떠나려는 마음이며 자만, 고집, 분노, 복수심, 세상사랑 또는 온갖 악을 사랑하는 그런 성벽이 것입니다. 비유이 밭사면, 순산이바느 눌패를 벗기면 곧 솟아오르려는 '쓴 뿌리' 가 아직 남아 있는 것입니다.

　이런 부패성이 하나님이 비춰주시는 밝은 빛이 없으면 알 수도 없을 만큼 깊습니다. 신자들 마음 속에 남아 있는 모든 죄를 깨닫는 것이 바로 의롭다함을 입은 신자들에게 속하는 회개입니다.

　　　＊＊＊

　⓫ 죄가 우리들의 마음 속에 남아 있으면 그 죄가 또한 우리들의 모든 말과 행실에 나타나는 것을 깨달아야 하겠습니다. 우리들의 말들이 죄와 섞여 있을 뿐 아니라 그 말들 자체가 전적으로 죄성을 띠고 있음은 두려운 일입니다. 그런 말은 의심할 것도 없이 사랑이 없는 말입니다.

이런 말은 형제 사랑에서 나오는 말이 아닙니다. 또한 "너희는 남에게 대접을 받고자 하는대로 너희도 남을 대접하라"(마 7:12)는 황금률과 일치되는 것도 아닙니다. 이런 말은 남의 험담을 하는 것이요. 고자질하는 것이요. 온갖 수군거리는 것이요, 악담하는 것, 즉 사람이 없는 데서 그 사람의 흠을 말하는 것입니다.

아무도 당사자가 없는 데서 그 사람의 흠을 말해서는 안 됩니다. 이 점에 있어서 신자들 중에 범죄함이 없는 사람은 적지 않겠습니까? "죽은 자와 현재 없는 자에 대하여서는 좋은 것만 말하라"고 하는 옛 사람의 도덕률을 지키는 사람이 얼마나 됩니까? 설사 그렇게 행한다고 해도 또한 무익한 말들을 안하고 삽니까?

이 모든 것들은 말할 것도 없이 죄된 것이요, 하나님의 성령을 근심케 하는 것들입니다. 사람이 말하는 무익한 말도 후일 심판의 날에는 심판의 대상이 될 것입니다.

* * *

❷ 그러나 저들이 계속하여 깨어서 기도함으로써 이런 시험에 빠지지 않는다고 가정해 보십시다. 저들의 입술에 파수꾼을 세워 입술을 지키며 행동하고 그들의 모든 말을 은혜 안에서 소금으로 고르게 함같이 하여 듣는 자에게 은혜를 끼친다고 가정해 봅시다.

그러나 그들이 온갖 주의를 다한다고는 하지만 매일 무익한 변론에 자기도 알지 못하는 사이에 빠져드는 일이 없겠습니까? 저들이 하나님을 위하여서 말하고자 노력한다고 하지만 과연 불결한 것이 전혀 없는 정결한 말들입니까? 그 동기에 있어서 그릇된 것은 전혀 없습니까? 저들이 자신들을 위해서는 조금도 말하지 않고 순전히 하나님만을 기쁘시게 하기 위해서만 말합니까? 자기의 뜻은 조금도 행치 않고 오직 하나님의 뜻만 전적으로 행하고자 합니까? 또한 저들이 처음에는 오직 그리스도만 바라봄으로 시작하였는데, 계속해서 이웃 사람들과 담화할 때에도 늘 주님만 바라보고 주님하고만 이야기합니까?

저들은 남의 죄를 책망할 때 죄인에 대하여 분노를 나타낸다든가 불친절한 기분을 느낀다든가 하는 일은 전혀 없습니까? 어떤 무지한 자를 훈계할 때 자만하거나 자기를 좀 더 낫게 여기지는 않습니까? 저들이 고통 중에 있는 자를 위로할 때, 또는 사랑하고 선한 일을 하라고 권장할 때 속으로 '지금 너는 말을 참 잘하였다'고 자찬하는 일은 없습니까? 또 어떤 허영, 가령 남들도 응당 그렇게 생각해야 하고 또한 그렇게 하는 것 때문에 그들을 존경하리라는 허영된 생각은 하지 않습니까?

이렇게 볼 때에 신자들의 최선의 말에도 죄가 얼마나 많이 나타나고 있습니까? 이런 것을 깨닫는 것이 의롭다하심을 입은 신자들에게 속하는 회개의 또 다른 면입니다.

***

❸ 저들의 양심이 철저히 각성되어 있다면 행동에 고착된 죄를 얼마나 많이 인식하겠습니까? 행동으로는 세상이 정죄할 것이 없을지라도 하나님의 말씀에 의하여 판단한다면 칭찬받을 수 없으며 또한 변명할 수도 없는 것들이 얼마나 많습니까? 저들의 행동 가운데서 하나님의 영광을 위하는 것이 아닌 것들이 많지 않습니까? 그 행동 가운데는 하나님의 영광을 목적으로 삼지도 않는 것, 즉 하나님을 고려하지도 않는 것들이 얼마나 많습니까?

그런 행동은 하나님께만 마음을 쏟는 가운데 이루어지지 않는, 하나님의 뜻보다 자기의 뜻을 행하고, 하나님을 기쁘시게 하기보다는 자신을 더 기쁘게 하기 위하여 행한 일이 얼마나 많습니까? 그리고 이웃에게 선을 행하고자 할 때에 어떤 옳지 못한 성정을 느끼지는 않았습니까? 그런 까닭에, 저들이 소위 말하는 선한 행동이라는 것은 엄격히 말해서 악에서 완전히 떠나고 자비와는 거리가 먼 것입니다.

저들의 경건 생활도 마찬가지가 아닙니까? 저들이 사람의 영혼을 구원할 수 있는 말씀을 들을 때 종종 구원보다는 정죄를 받게 되지나 않을까 두려워하는 생각을 하지 않습니까? 공중기도나 개인기도로 하나님께 기도를 드리고자 할 때 종종 그렇지 않습니까? 아니, 가장 엄숙한 예배에 참여하였을 때, 또는 성만찬에 참여하였을 때 어떤 생각이 마음속에 떠오릅니까? 어떤 때는 마음이 땅 끝까지 방황하고 있지는 않습니까? 때로는 제사가 하나님이 미워하시는 바가 되지는 않을 까 두려워질 때는 없습니까? 그러므로 저들은 지금 가장 악한 죄에 대하여 부끄러워했던 것보다 더욱 자기들의 최선의 의무에 대하여 부끄러워하는 것입니다.

***

⓮ 또한 저들은 얼마나 많은 태만의 죄(sins of mission)를 짓고 있습니까! 우리는 사도의 말을 기억하고 있습니다. "사람이 선을 행할 줄 알고도 행치 아니하면 죄니라"(약 4:17). 그러나 저들은 원수들에게나 나그네에게나 형제들에게 육신에 관해서나 영혼에 관해서 선을 행할 수 있었지만 행하지 않은 예가 무수히 많았음을 알고 있지 않습니까? 하나님께 대한 의무를 이행함에 있어서 너무도 태만했던 것에 대해 그들은 얼마나 많은 죄책을 느꼈습니까? 하나님의 말씀을 전하며 듣는 일에 있어서, 또는 공적으로나 사적으로나 기도하는 일에 있어서 얼마나 많은 기회를 소홀히 여겼습니까?

그러므로 성인(聖人) 어쉽 감독은 하나님을 위하여 그의 수고를 마친 뒤 거의 죽어가는 숨소리와 함께 "주여! 나의 태만의 죄를 용서하소서!" 하고 외쳤던 것입니다.

***

⓯ 그러나 이런 외적인 태만 외에도 저들 속에 있는 내적 부족을 수없이 많이 찾아낼 수 있습니다. 저들은 하나님을 향하여 마땅히 가져야할 사랑과 신뢰를 찾지 않았습니다. 저들은 이웃과 모든 사람에게 마땅히 가져야 되는 사랑을 가지지 않았습니다. 아니, 그들의 형제와 모든 하나님의 자녀들에게 마땅히 가져야할 사랑을 멀리 떨어져 있는 이에게나 직접적으로 관계하고 있는 이들에게도 표현하지 않았습니다. 저들은 마땅히 가져야 할 어느 정도의 거룩한 성정도 없으며 모든 일에 있어서 부족합니다.

이런 것을 깊이 의식하는 가운데 M.De 렌티와 함께 "나는 가시로 가득 뒤덮여 있는 땅입니다"하고 외칠 지경입니다. 아니, 욥과 함께 "나는 미천하도다 내가 스스로 한하고 티끌과 재 가운데서 회개하나이다"(욥 42:6) 하고 외칠 지경입니다.

* * *

❶ 저희들이 죄에 대한 책임을 느끼는(깨닫는) 것이 하나님의 자녀에게 속하는 회개의 또 다른 면입니다.

그러나 이것은 조심스럽게 또는 각별한 의미에서 이해되어져야 합니다. 왜냐하면 그리스도 예수 안에 있는 자들 곧 그리스도를 믿고 그 신앙이 주는 힘으로 육신을 쫓지 않고 영을 쫓아 행하는 자들에게는 결코 정죄함이 없기 때문입니다. 저들은 믿기 전에와 마찬가지로 하나님의 엄격한 공의를 지금도 감당할 수 없습니다. 이것은 저들이 앞서 저지른 사건으로 인하여 죽기에 합당하다는 것을 선언하는 것입니다.

그러므로 대속하시는 보혈이 아니었다면 저들은 절대적으로 정죄를 받았을 것입니다. 정죄는 저들에게서 옮겨졌지만 저들은 아직도 당연히 받아야 마땅하다고 철저히 깨닫고 있는 것입니다.

그런데 여기에 서로 반대되는 두 가지의 극단이 있습니다(이 양 극단을 피해나가는 사람은 아주 적습니다). 이 두 가지 극단에 빠져 실은 정죄 받지도 않았는데 자기는 정죄 받고 있다고 생각하거나, 혹은 자기는 마땅히 정죄에서 벗어날 만한 자격이 있다고 생각함으로써, 많은 사람들은 어느 편으로든 극단으로 치닫고 있습니다.

그러나 진리는 그 중간에 있습니다. 엄격히 말한다면 저 사람들은 지옥의 저주를 받기에 마땅하지만 그 저주가 그들 위에 임하지 않습니다. 왜냐하면 저들은 하나님 앞에서 저희를 위한 대언자를 가지고 있는 까닭입니다. 그리스도의 생애, 죽음, 그리고 그의 중보의 기도는 계속해서 저들과 정죄 사이에 있는 까닭입니다.

⓱ 저들이 무력함을 깨닫는 것이 회개의 또 다른 면입니다. 이 무력하다는 말은 두 가지 의미를 가집니다. 첫째로, 이는 저들이 의롭다 하심을 입기 전에 스스로는 선한 것을 생각한다거나, 선한 것을 원한다거나, 선한 말을 하며 선한 일을 하나도 할 수 없었던 것과 같이 지금도 할 수 없다는 것을 의미합니다.

저들은 아직도 자신의 힘이란 어떤 종류, 어떤 정도의 것이건 가지고 있지 못합니다. 즉 선을 행하고 악을 물리칠 힘이 없습니다. 이 세상이나 마귀, 아니 자신의 악한 성질에조차 대항하고 정복할 능력이 없는 것입니다. 하지만 저들이 이 모든 것을 할 수 있는 것도 사실입니다.

그러나 이것은 저들 자신의 힘만으로 되는 것은 아닙니다. 지금은 죄가 저들을 더 이상 지배할 수 없기 때문에 그들은 모든 원수를 정복시킬 힘이 없습니다. 하지만 이 힘도 전부이든 일부이든 간에 자연에서 오는 것은 절대 아닙니다. 이것은 단지 하나님의 선물입니다. 이것은 저들이 여러 해를 위하여 곡식을 곳간에 쌓아 두듯이 단번에 주어지는 것이 아니라 순간 순간 주어지는 힘입니다.

* * *

⓲ 둘째로, 신자가 무력하다는 말은 우리가 의식하고 있는 바 죄책이나 형벌로부터 자신을 도저히 구출할 수 없는 절대 무능을 의미합니다.

그렇습니다. 우리는 우리가 이미 소유하고 있는 모든 은혜를(우리의 자연적인 힘을 말하는 것이 아닙니다) 가지고도 거듭난 자들의 마음 속에 아직 남아 있는, 곧 우리가 실험적으로 남아있는 줄로 아는 자만과 고집과 세상을 사랑하는 것과 분노 그리고 하나님으로부터 멀리 떠나려고 하는 일반적인 성벽 중 어느 하나도 없앨 수 없는 것입니다. 또한 우리가 없애려고 애씀에도 불구하고 모든 말과 행동에 고착되어 있는 악을 없앨 수 없습니다.

나아가, 무력하다는 것은 사랑이 없는 무자비한 말이나 무익한 말을 피할래야 피할 수 없는 무능력함을 뜻하는 것입니다. 또한 태만의 죄를 안 지을래야 안 지을 수 없는 무능력, 우리가 잘 알고 있는 수없이 많은 부족,

특별히 사랑의 부족, 하나님과 사람에 대하여 가져야 할 올바른 성정에 있어서 결핍 등을 보충할 수 없는 무능력을 뜻하는 것입니다.

* * *

❶❾ 만약에 이에 만족하지 않는 분이 계시면, 즉 의롭다함을 입은 사람은 누구든지 그들의 마음과 생활에서 이런 죄들을 없앨 수 있다고 믿으시거든 실험을 해보십시오. 과연 이미 받은 은혜를 가지고 자만이나 고집이나 일반적으로 말하는 인간이 세상에 태어난이래 갖게 되는 죄를 내쫓을 수 있는가 없는가 실험해보십시오. 평상시 쓰는 말이나 생활 속에서 악을 깨끗이 제거할 수 있는지, 또는 모든 태만의 죄와 함께 섞여 있는 무자비하고 합당치 않은 말들을 피할 수 있는지 없는지를 시험해 보십시오.

마지막으로 자신 속에 있는 무수한 부족을 채울 수 있는지 없는지 시험해 보십시오. 한두 번 시험해 보고 낙심하지 말고 계속해서 시험해 보십시오. 오랫동안 해보면 해볼수록 이 모든 면에서 아주 무력함을 느끼게 될 것입니다.

* * *

❷⓪ 대부분의 하나님의 자녀들이 멀리 흩어져 있고 여러 가지 점에서 차이가 있지만 이 문제에 대하여는 일반적으로 의견을 같이하고 있는 것이 분명한 사실입니다 즉 우리가 성령으로 말미암아 몸의 행위를 죽이며 안과 밖의 죄를 정복하여서 우리의 원수를 매일매일 약화시킬 수 있는지는 모르겠지만 우리가 그것들을 완전히 내쫓을 수는 없는 것입니다. 의롭다함을 얻을 때 받은 은혜를 가지고 그것들을 근절시킬 수 없습니다. 우리들이 깨어서 열심히 기도한다고 하여도 우리의 마음과 손을 전적으로 깨끗이 할 수는 없습니다. 절대로 우리는 할 수 없습니다.

오직 주님께서 우리 마음에 다시 한 번, 곧 두 번째로 "깨끗하여져라!"하고 말씀하실 때에야 비로소 가능합니다. 그 때에만 그 문둥병은 깨끗하여지는 것입니다. 그 때에만 그 악의 뿌리, 육신의 마음은 멸절되는 것입니다. 그 때에야 비로소 이 생래(生來)의 죄는 멸절하게 되는 것입니다.

그러나 만약에 이런 두 번째 변화가 없다면 곧 의롭다하심을 입은 후에 오는 즉각적인 구원이 없으며, 다시 말해서 하나님의 점진적인 역사(이 역사가 있다는 것을 부정할 사람은 하나도 없습니다) 외에 아무것도 없다면 우리는 최선을 다하여 죽을 때까지 이 많은 죄가 남아 있다는 것으로 만족하지 않으면 안 될 것입니다.

만약 그렇다면, 우리는 죽을 때까지 죄책을 가지고 형벌을 받을 자로 남아 있어야만 할 것입니다. 왜냐하면 이 모든 죄가 우리 마음 속에 남아 있어서 우리의 말과 행동에 고착되는 한 죄책, 즉 형벌 받아야 할 당연성이 우리에게서 옮겨진다는 것은 불가능하기 때문입니다. 아니, 그분의 엄격한 공의 안에서 본다면 우리가 생각하고 말하고 행하는 모든 것은 계속적으로 죄책을 증가시키는 까닭입니다.

❶ 이런 뜻에서 우리는 의롭다함을 얻은 후에도 회개를 하여야 하는 것입니다. 회개를 하기 전에는 더 이상 앞으로 나갈 수는 없는 것입니다. 왜냐하면, 우리의 병을 깨달을 때까지는 그 병을 치료할 수 없기 때문입니다. 우리가 회개를 하면 그 때 우리는 복음을 믿게 됩니다.

***

❷ 이것 또한 각별하나 의미에서 곧 의롭다 하심을 얻기 위하여 믿은 것과는 다른 뜻에서 이해되어져야 합니다. 하나님께서 만민을 위하여 마련하신 큰 구원에 대한 기쁜 소식을 믿으십시오. 아버지 하나님의 영광의 광채시요, 그 본체의 형상이신 예수 그리스도께서 "자기를 힘입어 하나님께 나아가는 자들을 온전히 구원하실 수 있음"(히 7:25)을 전적으로 믿으십시오.

그리스도께서는 마음 속에 남아 있는 모든 죄에서 당신을 구원하실 수 있습니다. 그분은 당신의 말과 행실에 고착된 모든 죄에서 당신을 구원하실 수 있습니다. 그는 태만의 죄에서 당신을 구원하시며 당신에게 부족한 모든 것을 보충하실 수 있습니다.

이것은 사실입니다. 사람으로서는 불가능하나 인간이시면서 동시에 하나님이신(God-Man) 그리스도와 더불어서는 모든 것이 가능합니다. 하늘과 땅의 권세를 가지신 주님께 어려운 것이 무엇이 있을 수 있겠습니까? 주님께서 이미 약속하셨으매 그가 행하시며 또한 이루시리라는 우리의 믿음에 대하여는 그의 능력이 충분한 근거가 되는 것입니다

주님께서는 이를 행하셨습니다. 주님은 가장 강력한 말씀으로 거듭 거듭 약속하셨습니다. 지극히 크고 귀중한 약속을 구약과 신약에서 우리에게 주셨습니다. 그러므로 하나님의 가장 오랜 계시의 말씀인 율법에 "네 하나님 여호와께서 네 마음과 네 자손의 마음에 할례를 베푸사 너로 마음을 다하여 성품을 다하여 네 하나님 여호와를 사랑하게 하사 너로 생명을 얻게 하실 것이라"(신 30:6)고 하셨습니다.

또한 시편에도 "그가 이스라엘 곧 하나님의 이스라엘을 그들의 모든 죄에서 구속하시리라"(시 25:22)고 하셨고, 선지서에서도 "맑은 물로 너희에게 뿌려서 너희로 정결케 하되 곧 너희 모든 더러운 것에서 와 모든 우상 섬김에서 너희를 정결케 할 것이며 또 내 신을 너희 속에 두어 너희로 내 율례를 행하게 하리니 너희가 내 규례를 지켜 행할지라 내가 너희를 모든 더러움에서 구원하리라"(겔 36:25 이하)고 하셨습니다.

마찬가지로 신약에서도 말씀하시기를 "찬송하리로다 주 이스라엘의 하나님이여 그 백성을 돌아보사 속량하시며 우리를 위하여 구원의 뿔을 일으키셨으니…이는 우리 조상 아브라함에게 맹세하신 맹세를 이루어 우리로 원수의 손에서 건지심을 입고 종신토록 주의 앞에서 성결과 의로 두려움이 없이 섬기게 하리라"(눅 1:68 이하)고 하셨습니다.

❸ 그러므로 당신은 이 약속을 믿어야 할 이유를 가지고 있습니다. 그분은 이 일을 하실 수 있을 뿐 아니라 기쁨으로 하고자 하시는 것입니다. 당신을 육과 영의 온갖 더러움에서 깨끗하게 하시고 온갖 불결한 데서 구원하고자 하시는 것입니다. 이것이 바로 당신이 지금 원하고 있는 것입니다. 이것이 바로 여러분이 지금 특별히 필요로 하는 믿음입니다. 즉 위대한 의사이시며 내 영혼을 사랑하시는 분께서 나를 지금 깨끗하게 하기를 원하신다는 믿음을 가져야 합니다.

그런데 주님께서는 이것을 내일 하시고자 하십니까, 오늘 하시고자 하십니까? 주님의 대답을 들어봅시다. "오늘날 너희가 내 음성을 듣거든 너희 마음을 강퍅케 하지 말라." 만일 이를 내일로 미룬다면 마음을 강퍅케 하는 것입니다. 그의 음성을 거절하는 것입니다. 그러므로 주님께서 '오늘' 당신을 구원하시고자 하는 것을 믿으십시오. 주님께서 지금 여러분을 구원하고자 하십니다. "보라 지금은 은혜 받을 만한 때라."

주님께서 말씀하십니다. "너는 깨끗하여지라." 믿기만 하십시오. 그러면 여러분은 믿는 자에게 모든 것이 가능하다는 것을 곧 알게 될 것입니다.

***

❹ 당신을 사랑하여 자기 자신을 주사 나무 위에서 당신의 죄를 자기 몸에 친히 담당하신 예수님을 계속하여 믿으십시오. 그는 항상 효력이 있는 그 보혈로 당신을 모든 정죄함에서 구원하실 것입니다.

우리가 계속 의롭다 함을받은 상태에 있는 것은 바로 이렇게 해서입니다. 우리가 계속 믿음에서 믿음으로 나아가고, 내재하는 죄에서 깨끗함을 받을 수 있으며, 모든 불결함에서 구원을 받을 수 있는 믿음을 가질 때에 우리는 전부터 가지고 있던 모든 죄책과 형벌의 버림에서도 구원을 받는 것입니다. 그래서 우리는 다음과 같이 노래하게 됩니다.

주여, 순간 순간 나는 필요로 합니다.

당신의 죽음의 공로를.

또한 그뿐 아니라 믿음의 확신을 가지고 다음과 같이 외치게 됩니다.

주여, 순간 순간 나는 갖습니다.
당신의 죽음의 공로를.

왜 그런고 하니 우리는 예수님의 생애와 죽음 그리고 우리를 위한 그의 중보의 기도를 믿음으로 말미암아 순간 순간 새로워져서 아주 깨끗해지기 때문입니다. 그리하여 우리에게는 지금 정죄함이 없을 뿐만 아니라 또한 주님께서 우리 마음과 생활을 깨끗하게 하심으로 전에 있던 형벌에 대한 두려움(desert)도 없기 때문입니다.

* * *

❺ 바로 이같은 믿음으로 말미암아 우리는 순간 순간 우리 위에 머물러 있는 그리스도의 능력을 느낍니다. 우리가 오늘의 우리가 됨도 오직 이 믿음에 의한 것입니다. 이 믿음에 의해 우리는 영적 생활을 계속 할 수 있습니다. 이 믿음이 없이는 지금은 우리가 모두 거룩하다고 할지라도 다음 순간에는 악마가 될 수 밖에 없을 것입니다. 그러나 우리가 예수 그리스도를 믿는 신앙 가운데 있는 한 '구원의 샘'에서 물을 길을 수 있을 것입니다.

그리스도를 의지하십시오. 그리스도는 우리 속에 계신 영광의 소망이시요, 우리 마음 속에 내주하시며, 하나님의 우편에서 우리를 위한 중보의 기도를 드리셔서 우리에게 도움을 주사 우리로 하여금 하나님이 기뻐 받으실 만한 것들을 생각하고, 말하고, 행하게 하시는 분입니다. 이와 같이 주님께서는 계속하여 도우심으로 믿는 자들의 일거수일투족을 인도하십니다. 그리하여 그들의 모든 계획과 행동이 예수님 안에서 시작되고 계속되며 마치게 됩니다.

또한 그분은 '성령의 감동'으로 우리 마음의 생각을 씻으시사 우리가 그분을 온전히 사랑할 수 있으며, 그분의 성호를 가치있게 높일 수 있게 하십니다.

* * *

❻ 그러므로 하나님의 자녀들에게 있어서 이 회개와 믿음은 바로 피차간에 대답하게 되는 것입니다. 우리는 회개함으로 우리 마음 속에 남아있고 말과 행동에 고착된 죄를 느끼며, 믿음에 의하여 마음을 정결케하고 손을 씻어 주시는 하나님의 능력을 받습니다.

또 우리는 회개함으로써 우리의 모든 성정과 말과 행동이 아직도 형벌을 받을 만하다는 것을 느끼게 되며, 믿음에 의하여서 우리는 하나님 앞에서 그리스도께서 우리의 대언자가 되시고 또 우리를 늘 돌아보고 계셔서 계속적으로 우리의 정죄와 형벌을 다른 데로 돌려주심을 인지하게 됩니다.

회개에 의하여 우리는 우리 안에 아무 힘이 없다는 것을 늘 깨닫는 것이며, 믿음에 의하여 우리는 자비뿐 아니라 곤고한 때도 도우시는 그리스도의 은혜를 받는 것입니다. 바꾸어 말하면, 회개란 그분 외의 다른 곳에서는 도움을 얻을 수 없다고 외치는 것입니다. 그러나 믿음은 하늘과 땅의 모든 권세를 가지신 주님으로부터 우리가 곤고할 때에 필요한 모든 도움을 받아들이는 것입니다.

회개는 말합니다. "주님 없이 나는 아무것도 할 수 없노라"고, 믿음은 말합니다. "나에게 힘을 주시는 그리스도로 말미암아 나는 모든 것을 할 수 있노라"고.

그분으로 말미암아 나는 영혼의 모든 원수를 정복할 뿐 아니라 내어쫓을 수 있습니다. 그분으로 나는 내 주 하나님을 마음과 뜻과 힘을 다하여 사랑할 수 있습니다. 그렇습니다. 그분으로 말미암아서만 종신토록 하나님 앞에서 거룩하고 의롭게 걸을 수가 있습니다.

❶ 지금까지 설명에서 여러분은 이런 견해, 곧 우리가 의롭다함을 받을 때 온전히 성별되어 우리의 마음이 모든 죄에서 깨끗함을 받는다는 견해의 해독을 쉽게 알 수 있을 것입니다. 이것은 사실입니다. 우리가 앞에서 본 바와 같이 의롭다함을 받은 그 때에 외적 죄의 지배에서 구원되는 것입니다. 또한 그 때에 내적 죄의 힘도 깨어져 더 이상 죄를 따를 필요도 없고 이끌릴 필요도 없게 됩니다.

그러나 우리의 내적 죄가 그 때 전적으로 멸절되었다는 것, 다시 말해서 그 때 우리의 자만, 고집, 분노, 세상 사랑의 뿌리가 마음에서 제하여지고 육신에 속한 마음과 타락의 경향성이 있는 마음이 완전히 근절되었다는 것은 아무래도 진리일 수는 없는 것입니다. 그리고 이와 반대로 생각하는 것은 어떤 사람들이 생각하듯이 순전하고 무해한 실수일 수는 없습니다. 그렇습니다. 이런 견해는 더 이상의 변화를 가져오지 못하게 전적으로 길을 가로막기 때문입니다. 성한 사람은 의원이 쓸데없고 병자라야 의원이 필요하기 때문입니다.

그러므로 만약 우리가 이미 온전히 성하게 되었다고 생각하면 그 이상의 치료를 구할 여지가 없습니다. 이러한 가정(假定)에서는 우리가 죄에서부터 그 이상의 구출을 받는다는 것이 즉각적으로 되든 점진적으로 되든 있을 수 없는 일입니다.

***

❷ 그러나 이와 반대로 우리가 아직도 완전해지지 못하였고, 우리 마음은 정결해지지 못하여 아직 그 본질에서 하나님과 원수되는 육신의 생각이 남아 있다고 깊이 깨닫는 것은, 즉 우리 마음에 있는 죄덩어리가 약해지긴 했지만 아직 멸절되지는 않았다고 깊이 깨닫는 것은 우리에게 의심의 여지 없이 그 이상의 변화가 절대적으로 필요하다는 것을 가르쳐 줍니다.

우리가 의롭다함을 얻는 그 순간, 즉 거듭나는 그 순간에 '어둠에서 기이한 빛으로' 곧 잔악한 마귀의 형상에서 하나님의 형상으로, 땅에 속한 감각적이고도 악마적인 마음에서 그리스도 안에 있는 마음으로 옮겨지게 됩니다. 그러나 우리가 완전히 변화되었습니까? 하나님께서 지으신 하나님의 의로 완전히 전이된 것입니까? 그렇지 않습니다. 우리들은 아직 죄의 깊은데 머물러 있어서 구원의 능력이신 하나님을 향하여 지금 바로 이 곳에서 전적인 구원을 바라며 신음하고 있는 것을 의식합니다.

그런 까닭에 마음 속의 깊은 부패를 깨닫지 못한 신자들, 또는 깨달아도 개념적으로만 가볍게 깨달은 신자들이 이 온전한 성결에 대하여 관심이 적은 것입니다. 그들은 그런 체험이 죽을 때에나 또는 죽기 전이지만 자기들이 알지 못하는 때에 있을지 모른다는 의견을 가질 수도 있을 것입니다. 그러나 그런 사람은 이런 체험이 없다고 해서 그리 초조해 하지도 않고 그 체험에 대한 열망도 없습니다.

그들이 이런 것들을 보다 잘 알기까지는, 위에서 말한 대로 회개하기까지는, 또는 하나님께서 생래적인 그 괴물의 껍데기를 드러나게 하셔서 그들 영혼의 진상을 나타내 보이시기 전까지는, 그들은 결코 이렇게 될 수 없는 것입니다. 그들이 무거운 짐을 느낄 때에야 비로소 죄에서 구원받고자 신음하게 될 것입니다. 그렇게 될 때에야 저들은 영혼의 고민 가운데서 다음과 같이 외치게 될 것입니다

    속에있는 이 죄의 멍에를
    벗겨 주옵시고
    내 영을 온전히 해방시켜 주옵소서
    나는 결코 평안 할 수 없습니다.
    내 속이 정결하여지고
    내가 전적으로 당신에게 안겨질 때까지는

❸ 둘째로 다음과 같은 것을 알 수 있습니다. 즉 우리가 받아들여진 후에도 우리의 죄과(罪過, demerit) - 어떤 의미에서는 죄책이라고 할 수 있겠지만-를 깊이 깨닫는 것은 절대로 필요하다는 것입니다.

이것을 깨달음으로써 우리는 대속하시는 보혈의 참가치를 발견할 수 있게 되며, 이 보혈은 우리가 전에 필요로 했던 것과 같이 지금 의롭다함을 입은 후에도 필요하다는 것을 느끼게 됩니다. 이와 같은 깨달음이 없이는 우리는 이 언약의 보혈을 단지 하나의 평범한 것으로 즉 우리의 과거의 모든 죄가 도말될 것은 알지만 지금은 별로 필요치 않은 어떤 것으로 보지 않을 수 없는 것입니다.

주님은 영원히 위에 계셔서
우리를 위하여 중재하시며
모든 것을 구속하시는
그의 사랑
그의 흘리신 귀한 보혈로
우리를 위해 탄원하시나니

이것은 바로 여기서 말하는 회개이며, 믿음 또한 그것과 밀접하게 관련되어 있는 것입니다. 이 사실은 다음의 시에 잘 표현되어 있습니다.

나는 숨을 쉬는 순간 순간
죄를 짓습니다.
이 땅 위에 있는 나는
당신의 뜻을 행치 못하며
규례도 지키지 못합니다.
천사는 하늘에서
이를 행하고 있지만

그러나 샘터는 여전히 열려있어
내 발을 씻고
마음과 손을 씻어 줍니다
내가 세상 안에서 완전해질 때까지

* * *

❹ 셋째로 우리는 다음과 같은 것을 알 수 있습니다. 우리가 우리의 무력함을 깊이 깨닫는 것, 곧 우리가 받은 것도 의지할 수 없으며 더구나 우리의 마음과 생활에 남아있는 악의 세계에서 구원받는 일은 절대로 있을 수 없다는 깊은 깨달음은, 우리로 하여금 그리스도를 우리의 제사장인 동시에 왕으로 모시고 의지하며 살도록 해준다는 것입니다.

이로써 우리는 진실로 주님을 존귀케 하고 모든 은혜의 영광을 그에게 돌리며 그를 온전한 그리스도, 온전한 구세주로 삼게 되는 것입니다. 그리하여 그의 머리에 면류관을 씌우게 됩니다. 이런 좋은 말들은 너무 자주 사용된 까닭에 거의 의미를 갖고 있지 않습니다. 그러나 이 말들은 주님 안에서 자신을 도외시 할 때에, 즉 주님을 모든 것의 모든 것 되게 하기 위하여 우리가 아무것도 아닌 것이 될 때에 강하고 깊은 의미로써 성취되어지는 것입니다. 그 때에 하나님의 크신 능력이 하나님보다도 더 높아지려는 모든 것들을 철폐함으로써, 우리의 모든 성정과 생각과 말과 일이 그리스도께 순종하는 지경에 도달하게 하는 것입니다(롬 1:5,6).

11

성서적 구원의 길
The Scripture Way of Salvation

그리스도는 준비하고 계십니다.
그리고 그리스도야말로 당신의 원하는 바의 전부이십니다.
그는 당신을 기다리고 계십니다. 당신의 원하는 바의 전부이십니다.
그는 당신을 기다리고 계십니다. 그는 문 앞에서 계십니다!
진실 된 마음으로 부르짖으십시오.

그대 하늘의 손님이시여!
들어오시오, 들어오시오.
그리고는 다시 떠나지 마시고
저와 더불어 먹으며
이 잔치가 영원한 사랑의 잔치가 되게 하옵소서.

11 | 성서적 구원의 길
The Scripture Way of Salvation

【 해설 】

이 설교는 1765년 소책자로 처음 출판되었다. 이 설교의 성경 본문은 표준 설교집 중 제일 처음 수록된 설교인 '믿음으로 말미암는 구원(Salvation by Faith)의 본문과 같다. 그러나 설교의 내용은 다른 방법으로 전개되었다. 웨슬리는 1964년 3월 30일의 일기에서 이렇게 기록하고 있다.

"저녁에 나는 '너희가… 믿음으로 말미암아 구원을 얻었나니'(엡 2:8)라는 말씀에 근거하여 로테햄(Rother-ham)에 있는 새 건물에서 설교했다. 이 설교는 많은 사람들에게 큰 위로가 되었다. 그리고 완전한 구속을 바라며 애쓰는 사람들은 이제 하나님께서 그들의 갈망을 성취시켜 주시며, 그들 마음에 자유를 허락하였다는 것을 믿을 수 있게 되었다."

웨슬리는 믿음이 칭의(Justification)의 결정적인 조건이 되듯이, 온전한 성화(Entire Sanctification)에 있어서도 믿음이 결정적인 조건이 된다고 설교하고 있다.

웨슬리는 이 설교에서 첫째, 구원이 무엇이며 둘째, 믿음은 무엇이며 셋째, 어떻게 믿음에 의해 구원 받는가 하는 문제에 대해 설명하고 있다.

첫째로 구원은 무엇인가? 구원이란 두 가지로 설명할 수 있다. 광의, 즉 넓은 의미에서의 구원은 선행적인 은총으로부터 시작하여 영화의 순간까지를 말하며, 협의, 곧 좁은 의미에서의 구원은 칭의와 성화를 말한다. 웨슬리가 구원을 말할 때에는 이 협의의 구원, 즉 칭의와 성화에 강조점을 두고 있다.

이것을 다시 설명하면 선행적인 은총으로부터 시작된 하나님의 역사는 깨닫게 하는 은총(Convincing Grace)으로 말미암아 인간으로 하여금 회개하고 예수 그리스도를 믿음으로 의롭게 되는 은총(Justifying Grace)을 받게 한다. 인간은 이 은총을 받을 때에 의롭다함(Justification)을 얻고 그와 동시에 신생(New Birth)한다. 신생한 사람은 또한 동시에 성화의 은총(Sanctification Grace) 아래 머물러 계속 거룩하여지며, 그 성화의 과정에서 온전한 성화(Entire Sanctification)에 이르게 되고, 여기에서 계속 성장하여 영화(Glorification)의 단계에까지 나아가게 되는 것이다.

둘째로 웨슬리가 말하는 믿음이란 무엇인가? 그것은 하나님께서 그리스도 안에서 계셔서 세상을 하나님과 화목케 하시는 것에 대한 증거요, 확신일 뿐만 아니라, 그리스도께서 나를 사랑하셨고 나를 위하여 자기 자신을 주셨다는 하나님의 증거요, 확신인 것이다(Ⅱ, 2). 이 증거와 확신에 대하여 우리는 예수 그리스도를 신뢰하게 된다. 즉, 하나님께서 우리를 사랑해 주신다는 증거를 보고 우리는 하나님의 사랑을 확신하며 따라서 하나님께 우리의 모든 것을 맡기고 신뢰하게 되는 것이다.

이같은 믿음에 의해서 우리는 구원을 받는다. 다른 말로 표현하면 그 때 사람은 의롭다함(Justification)을 받고 성화의 과정으로 들어간다. 믿음은 칭의의 조건일뿐더러 성화의 조건인 것이다. 여기에서 우리는 웨슬리가 성화를 믿음과 연결시킴으로써 로마 카톨릭이 지켜온 성화의 교리를 종교개혁자들이 강조한 '믿음'의 신학으로 전개한 것을 알 수 있다.

세 번째로 어떻게 믿음에 의하며 구원 받는가? 웨슬리에 의하면 믿음에 앞서 회개가 필요하고 그 다음에는 회개의 열매가 필요하다고 한다. 그러나 회개할 기회나 회개의 열매를 맺을 시간이 부여되지 않았을 때에는 값없이 하나님의 은혜로 구원 받는다는 것이다. 십자가상에서 구원받는 강도 사건이 하나의 좋은 예이다. 웨슬리는 칭의 전 회개와 칭의 후 회개를 구분하여 설명한다. 칭의 전에는 죄책이라든가 정죄에 대한 회개하였지만 칭의 후에는 신자의 무능과 내적 부패성에 대한 깨달음인 것이다.

이것은 믿음에 있어서도 마찬가지이다. 웨슬리는 중생한 사람이 이로 말미암아 온전한 성화에 이르는 믿음을 다음과 같이 설명하고 있다. 그것은 하나님께서 온전한 성화를 주신다는 약속을 믿는 것이요, 그가 약속하신 것을 이루실 수 있다는 것을 믿는 것이고, 지금 이 시간에 그것을 이루시기를 원하고 계심을 믿는 것이며, 더 나아가 하나님께서 지금 이 시간에 이것을 행하고 계심을 믿는 것이다. 이렇게 설명함으로써 웨슬리는 온전한 성화를 바로 이 순간에 믿음으로 받을 수 있다고 강조한다.

이 설교는 웨슬리의 '기독자의 완전'과 더불어서 그의 성숙한 사상을 잘 표현해 주는 귀한 설교 가운데 하나로 평가받고 있다.

【 설교 】

"너희가… 믿음으로 말미암아 구원을 얻었나니"(엡 2:8)

1 종종 설명된 바와 같이 종교하는 것처럼 이해하기 착잡하고 복잡하

며 어려운 것은 없습니다. 이것은 이방인들의 종교, 아니 그들 중 가장 현명한 여러 사람의 종교에 있어서도 그럴 뿐 아니라, 어떤 의미에서는 크리스천이라는 사람들의 종교에 대하여도 그렇습니다. 크리스천의 세계에서 위대한 이름을 가진 기둥처럼 보이던 사람들이 종교에 관하여도 그렇습니다. 그러나 순수한 예수 그리스도의 종교는 만약에 우리가 그것을 본래의 형태로만 취하여 하나님의 계시에 묘사된 대로 본다면, 얼마나 이해하기 쉽고 명백하고 단순한 것인지 모르겠습니다. 이야말로 지혜로운 이 세상의 창조자시오, 통치자이신 하나님에 의하여 이해력이 부족하고 수용력이 적은 현재의 인간에게 주어진 아주 적절한 종교입니다.

이 종교가 말하는 바 그 목적과 목적에 도달하는 방법은 참으로 분명합니다. 그 목적은 한 마디로 말해서 구원이요, 그것을 얻는 방법은 믿음입니다.

2 이 간단한 두 말 곧 '믿음'과 '구원'이라는 말이 성경 전체의 요지이니, 이를테면 전 경전의 골수입니다. 그러므로 우리는 이 말들에 관하여 잘못 이해하지 않도록 가능한 모든 주의를 기울여 정확한 판단을 내려 보아야 하겠습니다.

3 그러면 아래와 같이 상고하여 봅시다.

Ⅰ. 구원이란 무엇인가?
Ⅱ. 우리가 믿음으로 구원을 얻는다고 할 때, 그 믿음이란 무엇인가?
Ⅲ. 우리는 이 믿음에 의해서 어떻게 구원을 받는가?

❶ 그러면 먼저 "구원이란 무엇인가?"를 상고하여 봅시다.

여기서 말하는 구원이란 종종 듣는 대로 천당에 간다든가, 영원한 행복이라든가 하는 말은 아닙니다. 구원이란 영혼이 '파라다이스' 곧 주님께서 말씀하신 아브라함의 품 안에 안기는 것이 아닙니다. 이는 죽음 건너편, 즉 우리가 흔히 말하는 저 세계에서 누리는 행복은 아닙니다.

여기 본문의 말씀 자체가 모든 문제를 해결해 줍니다. "너희는 구원을 얻었나니"(You are saved). 이것은 먼 데 있는 어떤 것이 아니라 현재의 것을 말합니다. 곧 값없이 주시는 하나님의 자비로 말미암아 지금 가지고 있는 축복을 말하는 것입니다. 이 말씀은 "너희가 구원을 얻어 가지고 있느니라"(You have been saved)고 현재완료로 번역될 수 있습니다. 뜻도 그와 같습니다.

그러므로 여기서 말하고 있는 구원은 우리 영혼에 은혜의 동이 처음으로 뜰 때부터 그것이 영광으로 완성될 때까지의 하나님의 전 역사에 미쳐지는 것입니다.

* * *

❷ 우리가 이 구원을 최대한 넓은 의미로 본다면, 이는 우리가 종종 말하는 '생래(生來)의 양심', 더 적당하게 표현하면 '선행적 은총'(Prevenient Grace)에 의하여 우리 영혼 속에 역사된 것 전부를 포함하는 것입니다.

이 선행적 은총이라 함은 하늘 아버지께서 이끄시는 역사 – 우리가 하나님을 사모하는 마음(우리가 사모하면 사모할수록 점점 증가하는 그 마음), 하나님의 아들이 세상 모든 사람을 교화하시는 빛, 즉 사람에게 '공의를 행하고 인자를 사랑하며 겸손히 하나님과 동행하도록' 지시하는 것 – 들을 의미합니다. 또한 이 선행적 은총이란 성령께서 때때로 모든 사람에게 역사하시어 깨닫게 하시는 것 전부를 말합니다. 이런 것을 누구나가 가지고 있는 것은 틀림없는데, 이 성령의 역사를 대부분의 사람들은 최대한 즉시 질시시켜 버리거나 잊어버리든가 또는 부정합니다.

* * *

❸ 그러나 지금은 사도들이 직접 말하고 있는 그 구원에 대해서만 말하려고 합니다. 이것은 두 부분으로 나눌 수 있는데 곧 칭의와 성결입니다. 칭의라는 말은 용서와 같은 말입니다. 이것은 우리들의 모든 죄에 대한 용서를 말하는 것으로 우리가 하나님께 수납되는 데 필요한 것입니다. 이 구원이 우리를 위하여 취하는 값은(일반적으로 말하는 우리의 칭의의 공로가 되는 근원은) 그리스도의 보혈과 의입니다. 좀 더 분명히 말한다면 이 값(칭의의 근거)은 그리스도께서 우리를 위하여, 즉 우리의 범죄함을 위하여 가지의 영혼을 다 쏟는 데까지 행하셨고 고통을 당하신 모든 것이란 말씀입니다. 칭의에 따르는 즉각적인 결과는 '하나님의 평강' 곧 '모든 지각에 뛰어난 평강' 이며 '하나님의 영광의 소망' 안에서 기뻐하는 것입니다.

* * *

❹ 우리가 의롭다하심을 입는 순간에, 바로 그 순간에 성결(Sanctification)은 시작됩니다. 그 순간에 우리는 거듭납니다. 위로부터 성령으로 납니다. 여기에는 실질적인 변화와 상대적인 변화가 일어납니다. 우리는 하나님의 능력에 의하여 내적으로 새로워지는 것입니다. 곧 우리에게 주신 성령으로 말미암아 우리 마음에 부은 바 된 하나님의 사랑을 느낍니다.

또한 이 사랑은 세상과 향락, 안위, 명예, 돈에 대한 사랑을 우리 속에 있는 자만, 분노, 고집이나 그 외의 여러 가지 악한 성질과 함께 내쫓으며, 한편으로 모든 인류 특히 하나님의 자녀들에 대한 사랑을 일으켜 줍니다. 즉, 한마디로 우리의 땅에 속한 감정적이요, 악마적인 마음을 그리스도 예수 안에 있는 마음으로 변화시키는 것입니다.

* * *

❺ 이런 변화를 체험하는 사람들은 모든 죄는 없어졌노라고 자연히 상상할 것입니다. 죄는 저들의 마음에서 뿌리째 뽑히고 그 속에는 어느 구

석에도 죄가 없다고 자연히 상상할 것입니다. 따라서 다음과 같은 추론을 하기 쉽습니다. "나는 죄를 느끼지 않는다. 그런고로 나에게는 죄가 없다. 죄가 일어나지 않으니 죄는 살아 존재하지 않는다. 죄의 움직임이 없으니 죄의 존재는 없어졌다."

***

❻ 그러나 얼마 가지 않아서 그 견해가 잘못된 것을 깨닫게 됩니다. 즉, 죄가 일시적으로 정지된 상태이니 멸망된 것이 아니라는 것을 알게되는 것입니다. 유혹은 다시 오고 죄는 살아납니다. 여기서 우리는 죄가 전에 단지 기절하였던 것이지 죽었던 것은 아니라는 것을 알게 됩니다. 지금 저들은 자기들 속에 두 가지 세력 곧 상반되는 두 세력이 있음을 느낍니다. 구체적으로 말하면 성령에 거슬리는 육성이 있어 하나님의 은총에 반대하고 있는 것입니다.

과연 저들은 하나님을 사랑하고 그리스도를 믿는 힘을 느끼고 또한 하나님이 영이 저들의 영과 더불어 저희가 하나님의 자녀임을 증거함을 알고 있지만, 아직도 속에 자만, 고집, 분노, 불신앙이 있음을 부인할 수 없는 것입니다. 이런 것들이 성령을 이기지는 못한다 하더라도 종종 일어나는 것입니다. 즉, 우리를 넘어뜨리려 하였으나 여호와께서 도우시는 까닭입니다(시 118:12 참조).

***

❼ 마카리우스가 1400년 전에 하나님의 자녀의 현재 체험을 얼마나 잘 묘사했는지 모릅니다. 익숙하지 못하고 체험하지 못한 사람들은 은총이 역사할 때 자기들은 죄가 하나도 없노라고 상상을 합니다. 그러나 분별력을 가지고 하나님의 은혜를 소유한 사람들이라 할지라도 다시 죄로 인하여 고통을 당하게 될 수 있다는 것을 부정하지 않습니다. 형제들 가운데 소수가 자신들 속에 죄가 없노라고 긍정할 만한 은혜를 체험하였다는 예를 종종 봅니다. 그러나 결국은 저들이 죄에서 완전히 자유함을 얻었다고 생각했을 때, 부패성은 새로이 일어나서 거의 불붙은 상태에 들어가곤 하

는 것입니다.

***

❽ 우리가 거듭난 때부터 성결의 점진적인 역사는 시작되는 것입니다. 우리는 성령으로 말미암아 육의 행위와 악한 성질에서 나오는 행위를 억제 할 수 있습니다. 그리하여 우리가 죄에 대하여 죽으면 죽을수록 하나님을 향하여는 더욱 살게 됩니다.

우리는 악의 모든 모양을 조심하며 피하며 기회 있는 대로 사람들에게 선을 행하고, 착한 일에 열심을 내면서 은혜에서 은혜로 나아갑니다. 또 책망할 것이 없이 하나님의 규례 안에 걸으면서 성령과 진리로 하나님께 예배드리며, 자기 십자가를 지고 하나님께로 향하지 않는 모든 향락을 부정하면서 다시금 은혜에서 은혜로 계속 나아가는 것입니다.

***

❾ 이와 같이 우리는 사도가 "완전한 데 나아갈지니라"고 말한대로 온전한 성결, 즉 우리들의 모든 죄-자만, 고집, 분노, 불신앙 등 -에서 완전한 자리로 이동하고 있는 것입니다.

그러면 무엇이 '완전' 입니까? 이 완전이란 말은 여러 가지 뜻이 있지만 여기서 이 말은 완전한 사랑을 뜻합니다. 이는 죄를 내쫓는 사랑이며 또한 영혼의 전체를 주관하고 온 마음을 채우는 사랑입니다. 이것이 곧 항상 기뻐하며 범사에 감사하는 사랑입니다.

그러면 우리가 믿음으로 구원을 얻었다고 할 때 그 믿음이란 무엇입니까? 이것이 우리가 두 번째로 생각해 보고자 하는 점입니다.

❶ 일반적 믿음이란 사도에 의하여 '프라그마톤 엘레그코스우블레포메논'(πραγμάτων ελεγχος ού βλεπομένων)이라고 정의되었는데, '보이지 않는 것들의 증거' 곧 이에 대한 하나님의 증거 또는 확신(이 말은 두 가지 뜻이 모두 있음)을 말하는 것입니다. 보이지 않는 것들이란 인간의 시야로나 그 외의 어떤 외적인 감각으로는 볼 수도 없고 지각할 수 도 없는 것들을 말합니다.

그러므로 이 증거란 하나님과 하나님께 속한 것들에 관한 초자연적인 증거, 또는 인간 영혼에게 비취어진 영적 빛, 어떤 초자연적인 시야나 지각을 뜻하는 것입니다. 그러므로 성경은 "하나님께서 빛을 주신다" 또는 "식별하는 힘을 주신다"는 말을 하고 있는 것입니다. 사도 바울도 말하기를 "어두운 데서 빛이 비취리라 하시던 그 하나님께서 예수 그리스도의 얼굴에 있는 하나님의 영광을 아는 빛을 우리 마음에 비춰셨느니라" 하였고, 또 어떤 곳에서는 "우리 이해(마음)의 눈을 밝히사"라고 말한 것입니다.

성령께서 우리의 영혼의 눈을 여시며 밝히시는 두 가지 작용에 의하여 눈으로 볼 수 없고 생래의 귀로도 들을 수 없는 것들을 이 영혼의 눈으로 보는 것입니다.

그래서 우리는 하나님께 속하여 보이지 않는 모든 것들을 볼 수 있으며, 우리 주위에 있는 영계 즉, 우리들의 자연적인 지능으로는 도저히 식별할 수 없는 영의 세계들을 볼 수 있는 것입니다. 우리는 이영원한 세계를 시간과 영원 사이에 매달린 휘장을 통하여 엿볼 수 있습니다. 구름과 흑암이 더 이상 우리에게 머무르지 않으니 우리는 앞으로 나타날 그 영광을 이미 보는 것입니다.

***

❷ 이 말을 보다 각별하게 취급하여 본다면, 이 믿음이라는 말은 하나님께서 그리스도 안에 계셔서 세상을 하나님과 화목케 하시는 것에 대한 증거요, 확신일 뿐 아니라, 그리스도께서 나를 사랑하셨고 나를 위하여 자기 자신을 주셨다는 하나님의 증거요, 확신인 것입니다(이것을 신앙의 본질

로 또는 고유성으로 보든 안보든). 이 믿음으로써 우리는 그리스도를 선지자요, 제사장이요, 또한 왕으로서의 모든 직책을 가지신 분으로 받아들이는 것입니다. 바로 이 믿음에 의하여서 '그리스도가 하나님께로 나와서 우리에게 지혜와 의로움과 거룩함과 구속함이 되심'을 압니다.

* * *

❸ 그러면 이것이 '확신의 신앙' 인가 혹은 '귀의의 신앙(faith of adherence) 인가 라고 묻는 사람이 있습니다. 성경에는 그런 구분이 없습니다. 사도는 말합니다. 우리가 믿는 주도 한 분이시오 우리 만민의 아버지 하나님도 한 분이신 것과 같이 우리에게는 "하나님의 믿음, 부르심의 소망, 곧 하나님의 기독자 신앙, 하나의 구원하는 믿음이 있습니다"(엡 4:4~6 참조).

이 믿음은 필연적으로 하나의 확신을(여기서는 단지 증거하는 말의 다른 표현이며, 이 양자의 차이를 말하기는 어렵습니다), 즉 그리스도께서 우리를 사랑하사 자신을 주셨다는 확신을 분명히 의미하는 것입니다. 그것도 그럴 것이, 참 산 믿음을 가지고 믿는 자는 그 안에 증거를 갖나니 '성령께서 그의 영과 더불어 그가 하나님의 자녀임을 증거하는 까닭' 입니다. '그가 하나님의 아들인고로 하나님이 그 아들의 영을 우리 마음 가운데 보내사 아바 아버지라 부르게' 하시어 그가 하나님의 자녀라는 확신과 어린 아이처럼 하나님을 의지하는 신회를 주시는 것입니다.

그러나 우리는 그 사례로 보아서 이 확신이 신뢰에 선행함을 알아야 합니다. 왜냐하면 사람이 자기가 하나님의 자녀임을 알기까지 하나님을 어린 아이와 같이 신뢰한다는 것은 불가능하기 때문입니다. 그러므로 신뢰, 신임, 의존, 귀의 그밖에 무엇이라고 불리어지든지 이런 것들은 어떤 이들이 생각하듯이 먼저 오는 것이 아니요, 뒤에 오는 것으로 믿음의 가지 또는 믿음의 행위라고 보아야 할 것입니다.

* * *

❹ 우리가 이 말을 그대로 받아들인다면 믿음에 의하여 구원함을 받으며, 의롭다함을 받고, 또한 성결함을 받는 것입니다. 그러면 어떻게 우리

는 이 믿음에 의하여 의롭다함을 얻으며, 성결함을 받습니까? 이것이 우리가 세 번째로 상고하여 보려는 주제입니다. 이 문제가 우리 물음에서는 특별히 중요한 것이니 이 문제를 좀 더 분명하게 특별히 고찰해 보는 것이 타당할 것입니다.

❶ 그러면 먼저 어떻게 우리가 이 믿음으로 의롭다함을 받습니까? 어떤 의미로 이것을 이해해야 하는 것입니까?

나는 답변합니다. 믿음은 칭의(의롭다함을 얻음)의 조건, 유일한 조건입니다. 이것이 조건이라는 말은, 곧 믿는 자는 누구나 의롭다함을 못 받는 자가 없으며 또한 믿음이 없이는 아무도 의롭다함을 얻지 못한다는 말입니다. 그리고 유일한 조건이라는 말은 칭의를 위하여서는 믿음 하나만으로 충분하다는 말입니다. 믿는 자는 누구든지 의롭다함을 얻습니다. 믿음 외에 그가 다른 무엇을 가졌든 안 가졌든 상관이 없습니다. 다른 말로 하자면, 사람이 믿기 전에는 아무도 의롭다함을 얻을 수 없으며 믿을 때는 누구든지 의롭다함을 입는 것입니다.

* * *

❷ "그러나 하나님께서는 우리를 명하여 또한 '회개하라' 고 하시지 않았느냐? '회개에 합당한 열매를 맺으라' 즉 악한 행실을 그치고 잘 행하도록 하라고 말씀하시지 않았느냐? 그러니 가장 필요한 것은 이 두 가지 모두가 아니냐? 만일 우리가 이것 중 어느 것 하나를 등한시하면 이론적으로 보아서 의롭다함을 입기란 전혀 기대할 수 없는 것이 아니냐? 만약에 그렇다면 어떻게 믿음만이 칭의의 유일한 조건이라고 말할 수 있겠느냐?"고 반문하는 사람이 있습니다.

하나님께서는 틀림없이 우리에게 명하시기를 "회개하라"고 하셨고, "회개에 합당한 열매를 맺으라"고 하셨습니다. 우리가 이것을 등한시하면 이론적으로 보아서 의롭다함을 입는다는 것은 기대할 수 없습니다. 그러므로 회개나 회개에 합당한 열매도 어떤 의미에서는 칭의에 필요한 것입니다.

그러나 이러한 것들이 믿음과 같은 정도로, 또는 믿음이 필요한 것과 같은 의미에서 필요한 것은 아닙니다. 필요하지만 믿음과 동등한 정도로 필요한 것은 아닙니다. 즉, 이러한 열매들을 필요하되 조건부로 필요한 것입니다. 기회나 시간에 따라 필요하게 되는 것입니다. 사람은 십자가 위의 강도와 같이 이런 것이 없이도 의롭다함을 얻을 수 있습니다.

그러나 그 강도도 믿음이 없이는 의롭다함을 입을 수 없었습니다. 이는 불가능합니다(우리가 십자가 위의 강도를 강도라고 부를 수 있을지 모르나 후대의 사람은 그가 강도가 아니었고 정직하고 존경받을만한 사람이었음을 알게 되었습니다). 이와 마찬가지로 사람이 아무리 회개를 많이 하고 또 회개에 합당한 열매를 맺는다 하여도 그가 믿음을 갖기 전에는 의롭다함을 얻을 수 없는 것이며, 이 모든 것이 전혀 소용이 없는 것입니다.

그러나 믿는 순간, 즉 이런 열매를 가지고 믿었든 안 가지고 믿었든, 또는 회개를 많이 했거나 적게 했거나를 막론하고 그가 믿는 그 순간에 의롭다함을 입는 것입니다. 그러므로 이것들을 믿음과 같은 의미에서 필요한 것입니다. 회개와 그 열매는 단지 간접적으로 필요한 것이니 곧 믿음을 위해 필요한 것입니다. 그렇기 때문에 의롭다함을 입는 때에 즉각적으로 그리고 직접적으로 필요한 것은 믿음인 것입니다.

***

❸ "너는 우리가 믿음으로 말미암아 성결함을 받는다고 믿느냐? 우리가 의롭다함을 입는 것이 믿음으로 말미암아 되는 것이지만 성결함을 얻는 것은 우리의 행위로 말미암는다고 믿는다. 그런데 너는 그렇게 가르치지 않으니 어찌된 일이냐?"라고 묻는 사람이 있습니다.

과거 25년 동안(1738~1763, 역자 주) 이렇게들 부정확하게 열심히 주장해 왔습니다. 그러나 나는 늘 이에 반대하고 있습니다. 방법에 있어서 정반대입니다. 나는 공석에서나 사석에서나 우리들이 믿음으로 의롭다함을 얻는 것과 같이 성결도 믿음으로 말미암아 받는다는 것을 계속하여 증거하고 있습니다. 이 위대한 진리 중 하나는, 곧 칭의의 진리가 성결의 도리를 잘 설명하여 주는 것입니다.

우리가 믿음으로 의롭다함을 받는 것과 마찬가지로 우리는 믿음으로 말미암아 성결함을 받는 것입니다. 그러므로 이 믿음이 성결의 조건입니다. 칭의에서 그랬듯이 성결에 있어서도 이 믿음이 유일한 조건입니다. 그렇습니다. 믿는 사람치고 성결을 받지 못하는 사람은 없습니다. 믿음이 없이는 아무도 성결을 받지 못합니다.

그러므로 이 믿음이 단 하나의 조건이요 또 성결을 받기에는 이것만으로 충분한 것입니다. 믿는 자가 무엇을 가졌든 못 가졌든 그는 성결함을 받습니다. 다른 말로 하면, 아무도 믿기 전에는 성결함을 받지 못하나 믿을 때에는 누구든지 성결함을 받는다는 말씀입니다.

* * *

❹ "그러나 회개가 칭의 전에 있었던 것같이 칭의 뒤에도 회개가 있는 것이 아니냐? 그리고 의롭다함을 입은 사람은 모두 선행에 열심이어야 하는 것이 의무가 아니냐? 그 뿐인가? 회개와 선행은 꼭 필요한 것으로써 사람이 만약 고의로 이것들을 등한시하면 온전한 의미에서 성결함을 받으리라고는, 곧 사랑 안에서 온전해지리라고는 도저히 기대할 수 없다는 것이 극히 당연한 일이 아니냐?

아니, 이것들을 등한시하는 사람이 은혜 가운데서, 곧 우리 주 예수 그리스도를 사랑하는 지식 가운데서 어떻게 성장할 수가 있겠느냐? 그가 하나님께서 주신 그 은혜를 지속할 수 있겠느냐? 그가 이미 받은 신앙에서, 곧 하나님의 사랑 안에서 계속 있을 수 있겠느냐? 너는 이 모든 것을 인정하고 계속 주장하고 있지 않느냐? 그러나 만약에 그렇다면, 어떻게 믿음이 성결의 유일한 조건이라고 말할 수 있겠느냐?"라고 질문하는 사람이 있습니다.

***

❺ 나는 이 모든 것을 인정하고 이것을 계속해서 하나님의 진리라고 지지합니다. 칭의 전에는 회개가 있는 것과 같이, 칭의 후에는 회개가 필연적으로 필요함을 인정합니다. 칭의를 얻은 사람은 모두 선행에 열심이어야 할 의무가 있음도 인정합니다.

이것들은 꼭 필요하므로 만약에 이를 서슴지 않고 등한시하며 그가 성결함을 받으리라고는 이치로 보아서 기대할 수 없으며, 은혜 안에서, 하나님의 형상 안에서, 곧 그리스도 예수 안에 있는 마음에서 성장 할 수 없는 것입니다. 아니, 그는 그가 이미 받은 은혜를 지속할 수도 없으며 신앙 안에, 하나님의 은혜 안에 계속 있을 수 없는 것입니다.

그러면 여기서 우리가 전개해야 할 추론은 무엇입니까? 그것은 다른 것이 아니라 회개, 올바르게 이해된 이 회개와 모든 선한 일의 실천, 곧 자비의 행위나 경건한 행위들(이것이 신앙에서 나온 까닭에 그렇게 부를 수 있습니다)이 어떤 의미에서나 모두 성결하게 되는데 필요한 것이라는 점입니다.

***

❻ 나는 여기서 '올바르게 이해된 회개'를 말하고 있는 것입니다. 왜냐하면 이 회개를 전에 말한 회개와 혼동하여서는 안 되기 때문입니다. 의롭다함을 입은 후에 결과적으로 따라오는 이 회개는 칭의에 선행하는 회개와는 아주 다른 것입니다.

여기서 말하는 회개는 죄책이라든가 정죄라든가 하나님의 진노에 대한 의식이라든가 하는 것들과 연관시켜 말하고 있는 것이 아닙니다. 이것은 하나님의 사랑을 조금도 의심하지 않습니다. 이것은 성령의 역사로 일어나는 깨달음이며 우리 마음속에 아직도 남아 있는 죄를 깨닫는 것입니다.

이 죄는 '프로네마 사르코스'(Φρονημα σαρκος), 곧 육에 속한 마음이며 우리 교회가 말하는 대로 중생한 사람들에게 비록 우세하지는 못하지만 아직도 남아 있는 것입니다. 이것은 곧 악에로의 성벽, 타락하기 쉬운 마음, 아직 머물러 있어 성령에 거슬리는 육의 경향성 등에 대한 깨달음을 말하는 것입니다.

우리가 계속하여 깨어서 기도하지 않으면 이것은 때때로 자만이나 고집, 분노로 발정하며, 때로는 하나님보다 더 사랑하는 것 곧 세상을 더 사랑하고, 안락을 더 사랑하고, 명예나 향락을 더 사랑하는 것들로 나타나는 것입니다. 그러므로 여기서 말하는 회개란 우리 마음속에 고집, 무신사상, 우상숭배 특히 불신앙으로 기울어지는 마음의 경향성을 깨닫는 일입니다. 이런 죄들에 의해서 우리는 천 가지 방법, 천 가지 모양으로 살아계신 하나님으로부터 떠나고 있는 것입니다.

* * *

❼ 우리 마음속에 남아 있는 죄를 깨달음과 함께 우리의 생활에 남아 있는 죄, 곧 우리의 말과 행위에 아직도 고착되어 있는 죄에 대한 분명한 깨달음이 병행합니다.

우리들의 생활은 최상의 것이라 할지라도 정신적이거나 물질적이거나 또는 방법에 있어서 악이 혼합되어 있음을 발견할 수 있습니다. 만일 하나님께서 우리가 실수한 것을 낱낱이 지적하신다면 하나님의 의로운 심판에 아무도 견딜 수 없을 것입니다. 우리가 별로 생각하지 않던 것에서 자만이라든가 고집, 불신앙, 우상숭배 등의 오점들을 발견하게 됩니다.

그러므로 우리는 전에 우리가 흉악한 죄로 인하여 부끄러워하던 것 이상으로 지금 우리의 일에 대하여 부끄러움을 느끼는 것입니다. 따라서 우리의 모든 일이라는 것은 그 안에 공적이 있는 것이 하나도 없고, 하나님의 공의 앞에 설 때 감히 자랑할 수 없는 것임을 깨닫지 않을 수 없습니다. 또한 언약의 보혈이 없었더라면 우리가 하나님 앞에서 죄책이 없노라고 할 수 없다는 것도 인정하지 않을 수 없습니다.

* * *

❽ 체험은 다음과 같은 것들을 가르쳐 주고 있습니다. 즉, 우리가 마음

속에 남아 있는 죄를 깨닫고 우리의 말과 행위에 고착된 죄를 깨달을 뿐 아니라 만약 대속의 피로 계속하여 뿌림을 받지 않는다면 우리 자신 때문에 죄책을 스스로 져야 할 것을 가르쳐 줍니다.

다른 말로 하면 이 회개에는 또 하나의 뜻이 포함되어 있는데, 곧 우리의 힘으로 어떤 착한 생각을 하거나 좋은 소원을 가진다는 것이 전적으로 불가능하다는 것입니다. 더욱이 올바른 말을 한다거나 선한 일을 한다는 것은 단지 하나님께서 값없이 주시는 전능하신 은혜가 먼저 우리들에 앞서서 역사하시고 매순간 우리와 동행하시기 때문에 가능하다는 것을 알 수 있는 것입니다.

* * *

❾ 그러면 성결에 필요하다고 주장하는 선행(善行)은 무엇입니까?

첫째로 이는 경건한 모든 일들, 즉 공기도, 가족기도, 골방기도, 주의 만찬에 참석하는 것, 성경 말씀을 듣고 있으며 명상하면서 하는 성경연구, 또는 몸의 건강이 허락하는 대로 하는 금식, 절제 등입니다.

* * *

❿ 둘째로 자비에 속하는 모든 일입니다. 이 일들은 이것이 사람의 육에 관계되든 영에 속하든 굶주린 자를 먹이며, 헐벗은 자를 입히고, 나그네를 대접하며, 감옥에 갇힌 자나 병든 자나 여러 가지로 입히고, 나그네를 대접하며, 감옥에 갇힌 자나 병든 자나 여러 가지로 어려움에 놓인 자들을 찾아보는 일들입니다. 또한 무식한 자를 가르치려 애쓰며, 어리석은 죄인을 각성시키고, 뜨뜻미지근한 자에게 활기를 주며, 흔들리는 자를 견고케 하며, 마음이 연약한 자를 위로하고, 시험받는 자를 도와주며, 영혼들을 사망에서 구원하는데 어떤 면으로든지 공헌하려고 노력하는 것들입니다.

* * *

⓫ 여기에 극단적인 해로운 의견이 나올 수 있습니다. 즉, 이 해로운 의견이라는 것은 보기에는 아무렇지도 않은 것 같으나 실상은 해로운 것, 곧

"신자에게는 죄가 없다"는 의견입니다. 다시 말하면, 사람의 의롭다함을 입는 그 순간에 모든 죄는 그 뿌리와 가지가 모두 멸절되었다고 하는 견해입니다.

이런 견해는 회개를 전적으로 하지 못하도록 막아서 결국은 성결으로의 길을 아주 차단해 버리고 마는 것입니다. 마음에나 생활에 죄가 없다고 믿는 사람에게는 회개의 여지가 없습니다. 따라서 사랑으로 온전해질 여지도 없는 것입니다. 이 온전한 사랑에 이르는 데는 회개, 곧 깨달음이 절대로 필요한 것입니다.

* * *

❷ 여기에서 또한 우리가 온전한 구원을 바라는 것이 아무 위험도 없으리라는 견해가 생길 수 있습니다. 왜냐하면, 우리가 설사 잘못 알아서 그런 은혜(축복)가 결코 얻어지지 않았고 얻어질 수 없다고 상상해 봅시다. 그래도 우리는 손해 보는 것이 하나도 없는 것입니다. 아니, 도리어 이렇게 기대하는 것은 우리에게 활기를 주어 하나님께서 주신 모든 달란트를 활용하게 합니다. 그렇습니다. 이 모든 것을 발전시켜서 주님이 다시 오시 때, 주님은 우리가 주신 달란트를 그가 남긴 것과 함께 받으시게 될 것입니다.

* * *

❸ 그러나 이 회개와 회개의 열매가 온전한 구원에 필요한 것이라고는 인정하지만, 이것들이 믿음과 같은 정도나, 같은 의미에서 필요한 것은 아닙니다. 결코 동등한 것은 아닙니다. 왜냐하면 이런 열매들은 필요하지만 조건부로 필요한 까닭입니다. 즉, 그런 시간과 기회에 따라 필요한 것이기에 그런 열매 없이도 성결함을 받을 수 있는 것입니다.

그러나 믿음이 없이는 성결함을 받을 수 없습니다. 마찬가지로 사람이 회개를 아무 많이 하고, 또 많은 선행을 행했다고 하더라도 그것이 성결을 가져오지는 못합니다. 곧, 그가 믿기 전에는 성결함을 받지 못합니다. 그러나 그가 믿는 순간에는 이런 회개와 열매를 많이 가지고 믿었든 적게 가지고 믿었든, 심지어 열매가 없다고 해도 성결함을 받는 것입니다. 그러므로 이것들을 믿음과 같은 의미에서 필요한 것이 아닙니다. 이 회개와 열매는 부차적으로 필요한 것입니다. 따라서 성결함을 받는 데도 믿음이 즉각적으로 또 직접적으로 필요한 것입니다. 그러므로 우리는 믿음만이 성결함을 받는 데 필요한 유일한 조건이며 직접적인 요인이라고 할 수 있습니다.

* * *

❹ "그러면 우리가 믿음으로 성결함을 받고 믿음으로 죄에서 구원받아 사랑 안에서 온전하여진다 할 때 그 믿음이란 어떤 것입니까?" 첫째로, 이것은 하나님께서 이것을 성경에 약속하셨다는 것에 대한 신적인 증거요 확신입니다. 우리가 이것을 충분히 알기까지는 일보의 전진도 있을 수 없습니다. 이에 대하여는 옛 약속을 보아서 충분히 알 수 있습니다. 그 이상의 말이 필요하지 않으리만큼 충분합니다. 즉, 약속하시기를 "내가 네 마음과 네 자손의 마음에 할례를 베풀어 너로 마음을 다하여 성품을 다하여 네 하나님 여호와를 사랑케 하리라" 하셨습니다. 얼마나 명백하게 사랑 안에서 온전해진 것을 표현하고 있습니까? 또 얼마나 강하게 모든 죄에서 구원 받은 것을 나타내고 있습니까? 사랑이 온 마음을 점령하고 있는 한, 죄가 깃들일 틈이 그 안에 있겠습니까?

* * *

❺ 둘째로, 이 믿음이란 하나님께서 약속하신 것은 무엇이나 그가 이루실 수 있다고 하는 신적인 증거요 확신입니다. 그러므로 사람으로서는 불결한 데서 깨끗한 것을 나타내며, 마음을 모든 죄에서 정결케 하고 거룩한 것으로 채운다는 것이 불가능하지만, "하나님께서는 모든 것이 가능하다"는 것을 앎으로 이런 경우 아무런 어려움이 생기지 않는 것을 인정합니다. 이런 일이 전능자의 힘이 아니고 그 밖의 다른 힘으로 될 수 있으리라고 생각하는 사람은 분명히 아직까지 없을 것입니다. 그러나 하나님께서 말씀하시면 그대로 이루어 질 것입니다. 하나님께서 "빛이 있으라" 하

시매 빛이 있었던 것이 아닙니까!

* * *

❻ 셋째로, 이 믿음이란 하나님께서 이것을 하실 수 있으며 또한 지금 이를 이루고자 하신다는 데 대한 신적인 증거요 확신입니다. 왜 하나님께서 그리 행하시지 않으시겠습니까? 하나님께서는 한 순간이 천년과 같지 않습니까? 하나님께서 하시고자 하는 일을 이룩하시는 데 시간이 더 필요한 경우는 있을 수 없습니다. 그리고 하나님께서는 그가 존귀케 하시려는 사람에게 그 이상의 가치라든가 적합성을 원하시거나, 기다리게 하는 일이 있을 수 없습니다.

그러므로 우리는 담대히, 어느 시점에서든지, "보라 지금은 구원의 날이로다"(고후 6:2). "오늘날 너희가 그의 음성을 듣거든 너희 마음을 강퍅케 말라"(히 4:7, 시 95:11, 막 22:4), "보라 모든 것이 갖추어 졌으니 혼인 잔치에 오라"(마 22:4)라고 말할 수 있을 것입니다.

* * *

❼ 이 확신, 곧 하나님께서는 우리를 성결케 하여 주실 수 있고 또 지금 우리를 성결케 하려고 하신다는 확신 외에 또 하나 첨가 되어야 할 것이 있는데, 그것은 곧 하나님께서 이것을 행하신다는 신적인 증거와 확신입니다. 이것은 그 시간에 이루어지는 것입니다. 하나님께서는 우리의 영혼에게 말씀하십니다. "너희 믿음대로 되라" 그 때에 영혼은 모든 죄의 더러움에서 정결해집니다. 모든 불의에서 깨끗하여집니다. 그 때에 신자는 "저가 빛 가운데 계신 것같이 우리도 빛 가운데 행하면 우리가 서로 사귐이 있고 그 아들 예수의 피가 우리를 모든 죄에서 깨끗하게 하실 것이요"라는 엄숙한 말씀의 깊은 뜻을 체험하게 되는 것입니다.

* * *

❽ "그러면 하나님께서 이 큰 일을 우리의 영혼 속에서 점차적으로 하십니까, 아니면 순간적으로 하십니까?"
아마 어떤 사람들의 경우에는 점진적으로 이루어 질 수도 있을 것입니

다. 이 말씀은 저들이 죄가 끊어지는 그런 특수한 순간을 의식하지 못한다는 의미에서 하는 말입니다. 만약에 하나님의 뜻일진대 순간적으로 이루어진다는 것, 곧 주님께서 그의 입김으로 눈 깜짝하는 순간에 죄를 멸하신다는 것이 훨씬 더 바랄만 한 일입니다. 하나님은 일반적으로 그렇게 행하십니다. 이것은 분명한 사실로서 이에 대하여 편견을 갖지 않는 사람이라면 충분히 납득될 만한 증거가 있습니다.

그러므로 당신은 매순간 이것을 찾으십시오! 위에서 설명한 방법에서 그 증거를 찾으십시오! 즉, 그것을 위하여 여러분은 그리스도 예수 안에서 새로 지으심을 받았으니 선행 안에서 증거를 찾으십시오. 설사 보다 나은 것이 없다 하여도 더 악화될 위험은 없습니다. 만약 여러분의 바라는 일에서 실망을 당한다 하여도 손해 보는 것은 없습니다. 또한 실망하지도 않을 것입니다. 지체하지 않고 올 것입니다. 그러니 매일 매시 매순간 그것을 구하십시오! 어찌하여 이 시간 이 순간에 찾지 않으십니까? 분명히 여러분이 신앙으로 그렇다고 믿을진대, 지금 이것을 찾을 수 있습니다.

또한 이 증거에 의하여 여러분은 과연 이를 믿음으로 구하고 있는지, 선행으로 구하고 있는지를 분명히 알 것입니다. 만약 여러분이 선행에 의하여 먼저 이루어지기를 원한다면, 여러분은 아직 성결함을 받지 못한 상태에 있는 것입니다.

여러분은 '나는 먼저 이러이러한 사람이 되어야 하겠다' 또는 '이렇게 행하여야 하겠다' 고 생각하십니까? 그러면 당신은 오늘까지 이것을 선행으로 얻으려고 하고 있는 것입니다. 만약 믿음으로 이것을 찾는다면, 당신의 현재 그대로의 상태에서(as you are) 이것을 기대할 수 있을 것입니다. 그리고 당신의 현 상태로 가능하다면 지금 곧 이것을 기대하십시오.

다음 세 가지 점에 불가분리의 관련이 있음을 알아야 합니다. 이것은 매우 중요한 것입니다. 즉, 이것을 믿음으로 기대하십시오! 지금 당신이 있는 그대로의 상태에서 기대하십시오! 그리고 지금 이것을 기대하십시오!

이들 중 하나를 부정한다는 것은 곧 이들 전부를 부정한다는 것이 됩니다. 그리고 그 중 하나를 인정하는 것은 곧 전부를 인정하는 것이 됩니다.

당신은 믿음으로 말미암아 성결함을 받는다고 믿으십니까? 그러면 당신의 원칙에 진실하십시오! 그리고 이 축복을 구하십시오! 구하시되 당신이 있는 바로 그 상태에서(just you are), 곧 더 나은 상태나 더 악화된 상태에서가 아니라, 있는 그대로에서 구하십시오! 그리고 그리스도가 돌아가셨다는 것 외에는 아무 것도 지불할 것 없는, 또한 간구할 것도 없는, 다만 가엾은 죄인의 자리에서 구하십시오.

당신이 있는 그대로에서 이것을 구하신다면, 지금 이것을 기대하십시오. 지연시킬 이유는 없습니다. 어찌하여 지연시키려고 하십니까? 그리스도는 준비하고 계십니다. 그리고 그리스도야말로 당신의 원하는 바의 전부이십니다. 그는 당신을 기다리고 계십니다. 당신의 원하는 바의 전부이십니다. 그는 당신을 기다리고 계십니다. 그는 문 앞에서 계십니다! 진실된 마음으로 부르짖으십시오.

> 그대, 하늘의 손님이시여!
> 들어오시오, 들어오시오.
> 그리고는 다시 떠나지 마시고
> 저와 더불어 먹으며
> 이 잔치가 영원한 사랑의 잔치가 되게 하옵소서.

12

그리스도인의 완전
Christian Perfection

사랑하는 여러분!
율법과 선지서에 이와 같이 약속되었고 또 복음서에서
은혜로우신 우리 주님과 사도들이 확증시켜 주셨으니,
우리는 "하나님을 두려워 하는 가운데서 거룩함을
온전히 이루어 육과 영의 온갖 더러운 것에서
우리를 깨끗케 해야 합니다"(고후 7:1).
우리는 그의 안식 곧 들어감으로 수고를 면할 수 있는
그런 안식에 들어갈 수 있는 많은 약속이 남아 있음에도
불구하고 우리 가운데 혹 미치지 못할 자가 있을까를
두려워 해야 합니다(히 4:1).

12 | 그리스도인의 완전
Christian Perfection

【 해설 】

이 설교는 1741년에 처음으로 출판되었다. 웨슬리는 이 설교가 출판된 경위를 이렇게 설명하고 있다.

"1740년 말 경으로 기억되는데 나는 런던의 주교 깁슨(Gibson) 박사와 화이트홀에서 면담한 일이 있었다. 그는 내가 말하는 완전이 무엇인가를 물었다. 나는 아무 꾸밈이나 숨김이 없이 설명했다.

내 말이 끝나자 그는 "웨슬리 씨, 당신의 완전히 의미하는 바가 이런 것이라면 이것을 온 세상에 공포하시오. 누구든지 당신의 말을 반증할 수 있으면 실컷 해 보라고 해도 좋을 것입니다"라고 말하였다.

나는 대답하기를 "주교님, 그렇게 하겠습니다."라고 하였다. 그리고 '그리스도인의 완전'이라는 설교를 써서 출판하였다."

웨슬리의 신학사상 가운데 '그리스도인의 완전(성화)'이 가장 중요한 위치를 차지한다고 말할 수 있다. 웨슬리는 1790년 9월 15일의 편지에서 "이 교리는 하나님이 '메소디스트'라고 하는 사람들에게 맡긴 큰 보화이다. 하나님은 이것을 주로 전하게 하기 위해서 우리를 세우셨다"(Letter, Ⅷ, p.238)라고 했다.

웨슬리는 이른바 "메소디스트가 어떻게 시작되었는가?"라는 질문에 다음과 같이 대답했다(Works, Ⅷ, p.300).

"1729년 두 젊은이가 성서를 읽으면서 거룩함이 없이는 구원 받을 수 없음을 깨닫고 그것을 추구하였으며 다른 사람들도 그렇게 하도록 고취시켰다. 1737년 그들은 성결이 신앙에서 비롯되는 것을 알았다."

이와 같은 웨슬리의 신학은 올더스게이트 체험에서 많은 영향을 받았다. 올더스게이트 체험 이전에는 기독자의 완전이 인간의 선행과 수양에 의해서 이루어진다고 생각했었다. 그러나 올더스게이트 체험을 통하여 그는 사람이 구원을 받는 것이 단순한 인간의 행위에 의해서 이루어지는 것이 아니라, 예수 그리스도의 대속의 보혈을 받는 믿음에 의해서 이루어진다고 믿게 될 것이다. 이와 같이 웨슬리는 온전한 그리스도인 곧 성결을 추구하는 그 목적에 있어서는 변함이 없었으나 성결을 어떻게 달성하느냐 하는 방법에 있어서는 올더스게이트 체험을 통하여 달라진 것이다.

웨슬리의 신학에는 두 가지 명제가 있다. 곧 사람은 믿음으로만 의롭다 함을 받는다는 것과 거룩하지 않고서는 하나님을 볼 수 없다는 것이다. 전자가 1738년 복음적인 회심(Evangelical Conversion)에서 깨달은 것이라 한다면 후자는 1725년의 종교적인 회심(Religious Conversion)에서 배운 것이라고 할 수 있다. 다시 설명하면 1725년부터 시작된 웨슬리의 종교적인 생활은 다분히 신비주의의 영향을 받은 카톨릭적인 요소를 간직하고 있으나, 1738년 올더스게이트의 체험에서 그는 종교 개혁자들이 강조한 믿음을 강조하게 되었다. 따라서 그가 가지고 있던 천주교적인 요소에 개신교적인 요소가 가미되었다. 이런 점에서 셀(Cell)이 웨슬리의 신학은 "개신교의 은총의 윤리와 카톨릭의 경건의 윤리의 필요한 종합"이라고 부른 것은 타당하다고 본다.

믿음으로만 의롭게 된다는 것은 웨슬리의 중요한 가르침이다. 그러나 웨슬리는 여기에서 만족하지 않고, 의롭다함을 얻은 후에도 그리스도인은 계속 성화되며 완전을 추구하여야 된다고 주장했다. 그러므로 거룩하지 않고서는 하나님을 볼 수 없다는 것이 웨슬리의 또 다른 중요한 가르침이다.

그러면 웨슬리가 말하는 기독자의 완전이란 무엇인가? 웨슬리는 그의 「기독자의 완전」이라는 저서에서 다음과 같이 말하고 있다(Works, XI, p.444).

"그것은 의도의 순수성이요, 나의 생애 전체를 하나님께 바치는 것이다.
…그것은 온갖 더러움과 모든 내적, 외적 불결을 탈피하는 마음의 할례이다.
…그것은 온 마음을 다하여 하나님을 사랑하고 이웃을 내 몸과 같이 사랑하는 것이다.
…이것은 1725년부터 1765년 까지 40년 간 가르쳐 온 완전의 총체요, 총결산이다."

따라서 이 그리스도인 완전은 '온전한 성별'(Full Consecration), '온전한 성화'(Entire Sanctification), 온전한 사랑'(Perfect Love)이라는 말로도 설명할 수 있다(Works, VIII, p.227).

그러나 웨슬리에게 있어서 '완전'이라는 것은 상대적 완전이지 절대적인 완전은 결코 아니다. 그러므로 웨슬리는 본 설교에서 기독자의 완전은 무지에서의 자유나, 유혹이나, 실수에서의 자유나, 인간의 연약성이나 제한성에서의 자유를 의미하지 않는다고 설명한다.

웨슬리에 의하면 인간이 인간으로서 하나님이 온전하다고 인정해 주시는 의미에서 완전한 것뿐이다. 따라서 '완전'은 계속 성장을 기대하는 완전이다. 그리고 아무리 완전한 자라도 대제사장이신 그리스도를 순간순간 의지함으로써 성결된 상태를 지속하여 나아가야 하는 것이다. 이런 점에서 그는 "어떻게 하면 완전의 표준을 너무 높이거나 낮추지 않을 수 있는가?"라는 질문에 대해서 "성경에 충실하고 성경에 있는 대로 완전의 표준을 삼으면 된다. 완전은 이것보다 높지도 낮지도 않은 것이다"라고 대답한 것이 있다. 인간이 그의 제한성과 연약성에 벗어나는 완전무흠한 상태는 이 세상에서 이루어지는 것이 아니라, 죽은 뒤에 올 영화(Glorification)의 순간에 이루어지는 것이다. 이 점에서 그는 일면 종교 개혁자들과 일맥상통하는 점이 있다.

【설교】

"내가 이미 얻었다 함도 아니요 온전히 이루었다 함도 아니라" (빌 3:12)

1 완전하다는 말처럼 마음에 부담을 주는 표현은 성경에서 찾아보기 어렵습니다. 완전하다는 말은 실로 많은 사람들이 감당하기 어려운 말입니다. 완전이라는 말을 하기조차도 싫어하는 것입니다. 문자 그대로 '완

전을 설교하는 사람', 즉 완전이 이 땅 위에서 이루어질 수 있다고 주장하는 사람들은 세리나 이방인보다도 더 나쁘게 평가될 위험까지 있습니다.

2 그리하여 이런 표현이 너무나 많은 반대를 초래하고 있다는 이유로 아예 사용하지도 말라고 충고하는 사람들도 있습니다. 그러나 이 완전이라는 말은 하나님의 말씀 가운데 있는 것이 아닙니까? 그렇다면 설혹 많은 사람의 마음에 걸린다고 하여도 어느 설교자가 무슨 권위를 가지고 이 말씀을 삭제하여 버린다는 말입니까? 그리스도는 그렇게 가르치시지 않았습니다. 또한 그렇게 함으로써 마귀에게 양보할 수도 없을 것입니다.

우리는 하나님께서 말씀하신 것은 무엇이든지 말할 것이며, 사람들이 듣거나 말거나, 받아들이거나 거부하거나 외치고야 말 것입니다. 그리스도의 사신은 오직 하나님의 모든 말씀을 선포하는 일을 회피하지 말아야만 '모든 사람의 피로부터 깨끗하게 되는 것'을 우리는 알기 때문이다.

3 그러므로 우리는 이 말씀이 사람의 말이 아니요 하나님의 말씀인 줄 알기 때문에 이 표현을 사용하지 않을 수 없습니다. 오히려 우리는 그 뜻을 풀어 설명할 수 있어야 하고 또 해야만 합니다. 그리하여 신실한 마음을 가진 사람들이 위로부터 부르심을 받은 그 상의 푯대에서 좌로나 우로나 치우치지 않도록 해야 하겠습니다. 이 말씀을 더 풀어 설명할 필요가 있다. 왜냐하면 앞에 봉독한 성경 말씀에서 바울이 "내가 이미 완전해졌다 함도 아니요"라고 함으로써 자기 자신은 아직 완전하지 않은 것으로 말하고 있는가 하면, 바로 그 다음 15절에서는 "누구든지 우리 온전히 이룬 자들은 이렇게 생각하라"고 함으로써 자신과 많은 다른 사람들이 완전한 것으로 표현했기 때문이다.

4 그러므로 이와 같이 얼핏 볼 적에 모순되는 듯 한 문제를 제거하기 위하여, 또한 푯대를 향하여 달음질하는 사람들에게 서광을 주기 위하여, 미

숙한 신자들이 길에서 떨어지지 않게 하기 위하여 다음 두 가지 문제의 해답을 추구하려 합니다.

첫째로, 어떤 의미에서 그리스도인은 완전하지 못한가? 그리고 둘째로, 어떤 의미에서 그리스도인은 완전한가?

❶ 먼저 어떤 의미에서 그리스도인들이 완전하지 못한가를 살펴봅시다.

첫째로, 그리스도인들은 지식에 있어서 완전하지 못합니다. 체험 상으로 보나 성경 상으로 보나 그렇습니다. 그리스도인들은 이 땅 위에 사는 동안 무지(無知)로부터 아주 자유로울 만큼 완전하지는 못합니다. 저들은 다른 사람들과 마찬가지로 현세에 대해 많은 것을 알고 있을 것입니다. 또한 앞으로 올 세상에 관해서와 하나님이 계시해 주신 개괄적인 진리에 대해서도 알고 있을 것이며, 저들이 하나님의 자녀라 일컬음을 받기 위하여 '아버지이신 하나님'이 저들의 죄를 사해 주신 그 사랑이 '어떤 종류의 사랑인가'도 알고 있습니다(이런 것은 육에 속한 사람들은 알지 못합니다. 영적으로 인식되기 때문입니다).

그리고 성령이 자신들의 마음속에서 행하시는 능력 있는 역사도 알고 있습니다. 모든 길을 인도하시고 모든 것이 합력하여 선을 이루게 하시는 하나님의 섭리하는 지혜도 알고 있습니다. 그렇습니다. 그들은 모든 삶의 현장에서 주님께서 자신들에게 요구하시는 것이 무엇인가를 알고 있으며, 하나님과 사람에게 거리낌이 없는 양심을 어떻게 지켜야 하는지도 알고 있습니다.

***

❷ 그러나 그리스도인들이 알지 못하는 것도 헤아릴 수 없이 많습니다.

전능하신 하나님을 만져본다고 해도 하나님을 완전히 알 수는 없습니다. "이런 것은 그 행사의 시작점이요 … 그 큰 능력의 우레야 누가 능히 측량하랴"(욥 26:14). 하늘 위에 성부 성자 성령이라는 삼위가 계시고 그 삼위는 일체하는 것을 저들이 이해할 수 없음은 말할 필요조차 없습니다.

또 하나님의 영원한 아들이 자신의 신성의 어느 한 속성도 아니고 특색도 아닌 종의 형상을 어떻게 취하셨는가를 이해할 수도 없을 것입니다. 하나님께서 그의 크신 일을 실현하실 때와 시간을 알 수 없으니, 이는 심지어 창세 이후에 하나님께로부터 부분적으로 계시를 받았던 예언자와 하나님의 종들조차도 모르는 것입니다. 하물며 어떻게 일반적인 그리스도인들이 하나님께서 언제 그의 택하신 자의 수를 채우시며 그의 나라를 도래케 하시고, 언제 하늘이 요란한 소리를 내며 없어져 버리며 모든 것이 뜨거운 불에 녹아버릴는지를 알 수 있다는 말입니까? 결코 알 수 없습니다.

* * *

❸ 그들은 인류에 대한 하나님의 경륜의 이유를 대부분 모르고 있습니다. 그저 지구에 담겨져 있을 따름입니다. 그러나 구름과 어두움이 하나님을 둘러쌌을지라도 그의 보좌는 의와 심판에 있습니다. 그렇습니다. 주님께서 그 하시는 일에 대하여 종종 말씀하시기를 "나의 하는 것을 네가 이제는 알지 못하나 이 후에는 알리라"(요 13:7)고 하셨습니다. 예수님의 제자들은 그들 앞에 친히 있었던 일, 친히 목격한 주님의 역사도 얼마나 많이 몰랐습니까? 어떻게 그분이 "북편 하늘을 허공에 펴시며 땅을 공간에 다셨는지"(욥 26:7), 그리고 이 거대한 기계의 모든 부분을 끊을 수 없는 비밀의 쇠사슬로 얽어 매셨는지를 알지 못하는 것입니다. 인간의 무지가 이렇게도 크기에 가장 지혜로운 사람이라도 조금밖에 알지 못하는 것입니다.

* * *

❹ 그러므로 이 세상에 사는 사람으로서는 무지에서 전적으로 해방될 만큼 완전하여 질 수 없습니다. 둘째로, 사람은 실수를 전혀 범하지 않을

만큼 완전하지는 못합니다. 이것은 실로 무지로부터 야기되는 불가피한 결과입니다. '부분적으로만 아는'(고전 13:12) 사람들은 그들이 알지 못하는 것과 부딪힐 때 흔히 오류를 범하기 때문입니다. 물론 하나님의 자녀들은 본질적으로 구원에 대해서는 실수를 범하지 않습니다. 결코 암흑으로 광명을 삼거나 광명으로 암흑을 삼지는 않습니다(잠 12:28). 하나님께서 그 구원의 길을 가르치신 까닭에 성결의 길은 분명합니다. 그러므로 나그네 같은 인생이 비록 미련하다고 하더라도 실수할 필요가 없습니다(사 35:8).

그러나 구원에 관한 지엽적인 문제들에 대하여 빈번한 실수를 범합니다. 가장 훌륭하다고 현명하다는 사람들도 개개의 사실에 관하여는 자주 오류를 범하게 된다는 말입니다. 현존하는 것도 없는 것으로 생각하거나 실제로는 하지 않은 일도 한 것처럼 착각하기도 합니다. 사실 자체를 곡해하지 않았다고 하더라도, 그 사실이 처한 상황에 대하여 오류를 범하기도 합니다. 그리하여 많은 경우에 있어서 사실의 진상과는 아주 동떨어진 허상을 진상으로 믿게 되는 것입니다. 여기서 실수는 더욱 가중될 수밖에 없습니다. 과거나 현재의 악한 행실을 선한 것으로 착각하기도 합니다.

혹은 그 반대일 수도 있습니다. 곧 착한 사람을 실제보다 과대평가하고 악한 사람을 실제보다 더욱 악하게 평가할 뿐 아니라, 과거에 악했고 현재에도 악한 사람들을 선한 사람으로 믿는다거나, 또 거룩하고 책망할 것이 없는 사람들을 선한 사람으로 믿고 혹은 악한 사람으로 오해하기도 하는 것입니다.

* * *

❺ 그 뿐만이 아닙니다. 성경에 관하여도 실수가 많습니다. 실수를 피하려고 조심하는 만큼 그들은 오류를 피할 수 없습니다. 그것도 매일매일 오류를 범합니다. 특히 실제성이 비교적 결여된 부분에서는 더욱 그렇습니다. 그런 까닭에 비록 하나님의 자녀들일지라도 성서해석에 있어서 일치하지 못한 곳이 여러 군데 있습니다. 그러나 이러한 의견의 차이가 곧 하나님의 자녀가 아니라는 증거는 절대로 아닙니다. 오히려 이것

은 인간은 전지(全知)하기보다는 실수가 없는 것을 기대할 수 없다는 증거가 됩니다.

***

❻ 만약 사도 요한이 믿음 안에 거하는 형제들에게 "너희는 거룩하신 자에게서 기름부음을 받고 모든 것을 아느니라"(요 2:20)는 말로 앞서 언급한 인간의 두 가지 불완전성에 관하여 반박한다면 그에 대한 대답은 분명합니다. 즉, 모든 것을 안다는 말을 너희 영혼의 건강을 위해서 필요한 모든 것을 안다는 말입니다. 사도 요한은 이 말씀을 영혼의 건강을 위해 필요한 모든 것을 안다는 말 이상으로 확대하여 말하지 않았음이 분명합니다. 곧 절대적 의미에서 모든 것을 다 안다고 말한 것이 아닙니다.

보십시오. 첫째, 만약 이 지식을 절대적인 의미로 말했다면 그는 제자가 주님보다 더 낫다고 말한 것이 될 것입니다. 왜냐하면 그리스도 자신도 인간으로서 모든 것을 다 안다고는 하지 않았기 때문입니다. 주님이 말씀하시기를 "그 때는 아무도 모르나니 아들도 모르고 오직 아버지만 아시느니라"(막 13:32)고 하셨습니다. 그러므로 요한이 말한 '모든 것을 안다'는 말이 절대적인 의미의 '안다'는 말이 아님은 너무도 분명한 것입니다.

둘째, 이는 다음과 같이 사도 요한의 말로도 입증됩니다. "너희를 미혹케 하는 자들에 관하여 내가 이것을 썼노라"(요일 2:26), 또 반복하여 주의시키기를 "아무도 너희를 미혹하지 못하게 하라"(3:7). 만약 이 사람들이 '거룩한 자에게서 기름부음을 받은 자'로서 무지하지도 않고 실수하지도 않는다면 이런 말씀은 모두 불필요한 것이었을 것입니다.

***

❼ 따라서 그리스도인이더라도 무지나 실수에서 전적으로 해방될 만큼 완전하지 않습니다. 여기에 덧붙여 셋째로, 인간은 연약성(한계성, infirmities)으로부터 완전할 수는 없습니다. 먼저 연약성이라는 용어의 뜻을 밝혀 봅시다. 주의할 것은 잘 알려진 죄에 대하여 어떤 사람들처럼 연약

성이라는 부드러운 이름을 붙이지 않도록 합시다. 어떤 사람은 이렇게 말합니다. "사람은 누구나 다 연약성이 있는데 나의 경우는 술취하는 것입니다." 어떤 사람에게는 정결치 못하다는 약점이 있으며 어떤 사람에게는 형제를 미련하다고 하거나(마 5:22) 혹은 '욕을 욕으로 갚는'(벧전 3:9) 연약성도 있습니다. 그러나 이런 약점을 말하는 자들은 만약 회개하지 아니하면 그 약점들과 함께 지옥으로 조만간 달려가게 될 것이 분명합니다.

그러나 나는 여기서 신체상의 연약성(한계성)이라고 불리우는 것들 뿐만 아니라 도덕적 성격에 속하지 않는 내적, 외적, 불완전성 전체를 의미하는 것입니다. 예를 들면, 이해력이 부족하고 더딘 것이나 양해력이 둔하거나 명료치 못한 것, 생각의 조리가 없거나 상상력이 재빠르지 못하고 우둔한 것 등입니다(이런 종류는 더 열거할 생각이 없습니다). 한마디로 빨리 기억하거나 오래 기억하지 못하는, 그런 연약성입니다.

또 다른 종류에서 인간의 연약성(한계성)이라는 말은 흔히 여기서 유출된 것들인데 언어 선택을 잘못한다거나 발음이 듣기에 거북한 것들입니다. 그 외에도 예를 들자면 언어와 행동에서만도 수천 개의 약점을 찾아낼 수 있을 것입니다. 이런 연약성은 많은 적든 가장 훌륭하다는 사람들에게서도 다소간의 차이는 있으나 다 발견되는 것입니다. 인간은 그 영혼이 생명을 주신 하나님께로 돌아가기까지는 이런 약점으로부터 완전히 해방되리라고 바랄 수 없습니다.

***

❽ 넷째로, 우리가 살아 있는 동안에 이 세상의 유혹(temp-tation)으로부터 완전히 벗어난다는 것을 기대할 수는 없습니다. 그런 완전은 이 세상에 속한 것이 아닙니다. 사람들 가운데는 이미 자기가 탐욕과 더러움 속에 빠져 있기 때문에 시험을 물리치느라고 애쓰지도 않고 지내는 경우도 있습니다. 그들에게는 유혹이 전혀 없는 것처럼 보이기도 합니다. 또한 영혼의 원수인 약삭빠른 마귀는 그들이 이미 경건을 상실한 죽은 상태에 떨어져 잠든 것을 아는 까닭에 큰 죄를 범하도록 유혹하지 않는 수도 있

습니다.

하나님의 자녀 가운데는 그리스도의 보혈 안에 있는 구속을 발견하여 값없이 의롭다 하심을 얻고 당분간은 아무 시험도 느끼지 않고 있는 사람도 있을 줄 압니다. 하나님께서 그들의 원수에게 명하시기를 "나의 기름 부은 자를 만지지 말며 나의 자녀들을 상하지 말라"(시 105:15 참조)고 하신 것입니다. 따라서 주님께서는 한동안, 즉 몇 주일일지 몇 달일지는 모르지만 저들을 높은 곳에 두시고 악한 자의 불화살이 미치지 않도록 독수리의 날개로 보호하십니다. 그러나 이런 상태가 늘 계속되는 것은 아닙니다. 하나님의 아들 예수께서 육신으로 계실 때 끝까지 시험 당하신 일을 보아서도 알 수 있습니다. 그러므로 그의 종들도 시험 받을 것을 각오하여야만 합니다. '종이 그 상전 같으면 족하기' 때문입니다(마 10:25).

***

❾ 그러므로 그리스도인의 완전이란 어떤 사람들이 생각하듯이 무지도 없고 실수도 없으며 연약성도 없고 유혹도 없는 것을 말하는 것이 아닙니다. 그리스도인의 완전이란 진정으로 성결이라는 말을 달리 표현한 것뿐입니다.

완전과 성결이란 같은 사실에 대한 두 가지 명칭입니다. 따라서 거룩한 자는 누구든지 성서적인 의미에서 완전합니다. 그러나 마지막으로 우리는 이런 면에서 절대적인 완전이란 이 땅 위에 없는 것을 압니다. 말하자면 '완숙한 완전'(Perfection of degrees)이란 없다는 말입니다. 즉, 계속적인 성장을 허용할 여지가 없는 그런 완전이란 있을 수 없습니다. 그런 까닭에 어느 사람이 설사 어느 정도에 도달했든지 혹은 어느 정도 완전해졌든지 그는 아직도 '은혜 안에 자라야'(벧후 3:18) 할 필요가 있습니다. 그리고 매일매일 구주이신 하나님의 지식과 사랑 안에서 전진할 필요가 여전히 있는 것입니다.

❶ 그러면 그리스도인은 어떤 의미에 있어서 완전합니까? 이것이 두 번째로 설명하려는 것입니다. 한 가지 전제해 두어야 할 것은 그리스도인의 생활도 육의 생활처럼 몇 가지 단계가 있다고 하는 것입니다.

하나님의 자녀들 가운데 어떤 사람들은 어린 아이와 같고 어떤 이들은 좀 더 성숙하기도 한 것입니다. 그러므로 사도 요한은 그의 첫 번째 편지에서(요일 2:12 이하) 이를 적용하여 어떤 이들에게는 "자녀(아이)들아"하고 불렀고, 어떤 이들에게는 "청년들아"하고 불렀으며 또 어떤 이들에게는 "아비들아"하고 불렀습니다. 요한은 "자녀들아, 내가 너희에게 쓰는 것은 너희 죄가 사함을 얻음이요" 라고 적었는데, 이는 곧 저희가 값없이 의롭다 하심을 입었으므로 예수 그리스도를 통하여 하나님과 화평을 누리게 되었다는 것입니다.

또 "청년들아 내가 너희에게 쓰는 것은 너희가 악한 자를 이기고 하나님의 말씀이 너희 속에 거하신 까닭"이라고 하였습니다. 즉, 저들은 악한 자의 무서운 화살 곧 저희의 처음 얻은 화평을 혼잡케 하는 의심과 두려움을 없이 하였고, 저희 죄가 사함 받았다는 하나님의 영의 증거가 저희 마음에 지금 거하시는 까닭이라고 한 것입니다.

이어 사도 요한은 "아비들아 내가 너희에게 쓰는 것은 너희가 태초부터 계신 이를 아는 까닭"이라고 하였습니다. 즉, 저들은 저희의 깊은 영혼으로부터 성부 성자 성령을 알고 있으며 '그리스도의 충만하신 분량에까지' 성장한 '완전한 사람'(엡 4:13)인 까닭이라고 한 것입니다.

***

❷ 내가 이 설교 후반부에서 중요하게 말하려고 하는 것은 바로 이들에 관한 것입니다. 이들만이 완전한 그리스도인이기 때문입니다. 그러나 다음과 같은 의미에 있어서는 그리스도 안에 있는 어린 아이들일지라도 완

전합니다. 곧 하나님으로부터 났다(이 말에도 여러 가지 뜻이 있습니다만)는 의미에서 완전한 것입니다. 왜냐하면 첫째로 저들은 죄를 짓지 않기 때문입니다(요일 5:18). 만약 어느 누가 이와 같은 하나님의 아들된 특권에 대하여 의심한다면 이 문제는 추상적 사고에 의해서 해결될 수 없습니다. 추상적으로 사고한 생각이 끝없이 이어지지만 문제는 해결되지 않은 채 원점으로 돌아올 뿐입니다. 또한 이 문제는 한두 명의 경험에 의하여 결론지어질 수도 없습니다.

많은 사람들이 죄를 짓고 있으면서도 자기는 범죄하지 않고 있다고 생각할지 모릅니다. 그런 까닭에 개인의 경험으로는 그리스도인의 완전에 관해 문제를 증거하지 못합니다. 우리는 이 문제를 율법이나 간증에 호소하여 해결하려고 합니다. "사람이 다 거짓되고 오직 하나님은 참되시다 할지어다"(롬 3:4)함과 같습니다. 우리는 모름지기 하나님의 말씀에 의하여 살 것이기에 말씀에 의하여 판단 받아야만 합니다.

***

❸ 하나님의 말씀은 명백히 선언하고 있습니다. 의롭다함을 입은 자들, 최저의 의미에서 거듭난 자들일지라도 죄를 계속 범하지 않습니다. 따라서 저들은 죄 가운데서 더 살 수 없습니다(롬 6:1,2). 저들은 그리스도의 죽으심을 본받아 연합한 자가 되었습니다(5절). 옛 사람을 예수와 함께 십자가에 못 박음으로써 죄의 몸이 멸하여지고 다시는 죄에 종노릇하지 않게 됩니다. 그리스도와 함께 죽었으니 저들은 죄에서 벗어났습니다(6, 7절). 저들은 죄에 대하여는 죽는 자이고 하나님께 대하여는 산 자입니다(11절). 죄가 저희를 주관하지 못합니다. 저들은 율법 아래 있지 아니하고 은혜 아래 있습니다. 그리하여 죄에서 자유함을 받은 이들은 의의 종이 되는 것입니다(14, 18절).

***

❹ 이 말씀 속에 함축되어 있는 뜻은 적어도 위에서 말한 사람들, 즉 참 그리스도인이나 그리스도를 믿는 자들은 외적인 죄(ourward sin)로부터 자

유롭게 해방되었다는 것을 뜻합니다. 사도 바울이 이처럼 다양하게 표현하고 있는 이 자유를 베드로는 다음과 같이 말하였습니다. "이는 육체의 고난을 받은 자가 죄를 그쳤음이니 그 후로는 다시 사람의 정욕을 좇지 아니하고 오직 하나님의 뜻을 좇느니라"(벧전 4:1,2). 여기 '죄를 그쳤음이니' 하는 말을 아주 쉽게 해석한다면, 이는 외적 행위에 관하여 말하는 것인데 곧 율법을 외적으로 범하는 것을 중지하였음을 뜻한다고 하겠습니다.

* * *

❺ 우리가 잘 아는 요한일서 3장 8절 이하의 말씀에 더욱 명백하게 나타나 있습니다. "죄를 짓은 자는 마귀에게 속하나니 마귀는 처음부터 범죄함이니라 하나님께로 난자마다 죄를 짓지 아니하나니 이는 하나님의 씨가 그의 속에 거함이요 저도 범죄치 못하는 것은 하나님께로 났음이라." 또 5장 18절에는 "하나님께로 난자마다 범죄치 아니하는 줄 우리가 아노라 하나님께로서 나신 자가 저를 지키시매 악한자가 저를 만지지도 못하느니라"고 사도 요한은 기록하였습니다.

* * *

❻ 이 말씀은 오해를 받기도 하였습니다. 즉, 이는 단지 고의로 죄를 짓지 않는 것, 습관적으로 범죄하지 않는 것, 다른 사람들이 범죄하는 정도로 범죄하는 것이 아닌 것, 혹은 전에 죄를 짓던 것만큼은 죄를 짓지 않는 것을 뜻한다고 하는 사람들이 있습니다. 누가 그런 말을 하였습니까? 사도 요한입니까? 아닙니다. 본문에 그런 말씀이 없습니다. 각 장을 모두 읽어도, 요한일서를 다 살펴보아도, 아니 요한이 쓴 편지 전체를 뒤져보아도 그런 근거는 없습니다. 그렇다면 최선의 방법은 그런 주장을 간단히 부인하는 것입니다. 만약 누구든지 하나님의 말씀을 가지고 이를 확증할 수 있다면 그 확실한 근거를 제시하여 보십시오.

* * *

❼ 하나님의 자녀들이 계속하여 죄를 지을 수 있다는 주장을 뒷받침하는 실례들을 흔히 하나님의 말씀에서 이끌어내는 사람들이 있습니다.

그들은 주장합니다. "무슨 말이냐? 아브라함이 거짓말을 하면서 자기 아내를 아내가 아니라고 부인하는 등 죄를 짓지 않았느냐? 또 모세는 백성들이 물이 없어 불평할 때에 하나님을 노엽게 하여 죄를 짓지 않았느냐? 그 뿐인가? 비록 단 한 번이라고 할이지 모르지만 '하나님의 마음에 합한 사람' 이었던 다윗조차도 헷 사람 우리아의 일과 관련하여 살인과 간음까지 범하지 않았느냐?" 그렇게 말하는 내용은 사실입니다. 그는 범죄하였습니다. 그러나 이런 사실로부터 어떤 결론을 이끌어 낼 수 있다는 말입니까? 첫째, 다윗은 그의 생활 전체에 있어서는 유대인 가운데서 가장 거룩한 사람이었다고 생각합니다. 그리고 둘째, 유대인들 가운데서 가장 거룩했던 그 사람도 어떤 때는 범죄하였습니다. 그러나 만일 이와 같은 사실에서 모든 그리스도인은 그들이 살고 있는 한 범죄할 것이요, 또 범죄란 피할 수 없다고 결론을 내린다면 우리는 그런 결론을 전적으로 인정하지 않습니다. 위의 사실을 비추어 볼 때 결코 그러한 결론이 나올 수 없습니다.

* * *

❽ 위와 같은 논쟁을 하는 사람들은 아마 우리 주님의 말씀을 올바로 고찰해 보지 않은 것 같습니다. 즉, 주님이 말씀하시기를 "내가 진실로 너희에게 말하노니 여자가 낳은 자 중에서 세례 요한보다 큰 이가 일어남이 없도다 그러나 천국에서는 극히 작은 자라도 저보다 크니라"(마 11:11)고 하셨습니다. 걱정되는 바는 혹 어떤 사람들이 이 말씀에서 '천국' 을 '영광의 나라' 로 생각하고 마치 하나님의 아들 예수께서, 하늘의 영화(榮化)된 성도 중 지극히 작은 자가 이 땅의 누구보다도 위대한 것으로 말씀하신 것처럼 상상하지 않을까 하는 점입니다. 제가 이것을 언급함은 그 잘못된 견해를 충분히 입증하려는 것입니다. 그러므로 여기서 말하는 이 '하늘나라' (다음 절에서 침노함을 당한다고 되어 있음), 곧 누가(St. Luke)가 표현한 '하나님의 나라' 는 이 땅위에 있는 하나님의 나라를 말합니다. 그런데 이 나라에는 진실되게 그리스도를 믿는 자들, 곧 참 그리스도인들 모두가 속하여

있음은 의심할 여지가 없습니다. 이 말씀을 통해서 주님께서는 두 가지 점을 명백히 선언하셨습니다.

첫째로 예수님께서 육신을 입고 이 세상에 오시기 전까지 이 땅 위에 세례 요한보다 큰 자는 없다는 것, 이는 결국 아브라함이나 다윗이나 그 외의 어느 유대인도 세례 요한보다 더 위대하지는 않았다는 것을 의미하는 것입니다. 둘째로는 주님께서 선언하고 계시듯이 하나님 나라(주님께서 이 땅위에 설립하러 오신 그 나라요, 지금 침노하는 자가 빼앗기 시작하는 그 나라)에서 가장 작은 자가 세례 요한보다도 크다고 하는 것입니다. 그러나 여기서 보다 위대하다고 하는 것은 어떤 사람들이 해석하는 대로 세례 요한보다 더 큰 선지자라는 뜻이 결코 아닙니다. 왜냐하면 이는 분명히 사실에 어긋나는 것이기 때문입니다. 하나님의 은총을 더 많이 받고 있다는 뜻이며, 그리고 우리 주 예수 그리스도를 아는 지식이 보다 크다는 뜻입니다.

그러므로 우리는 이전에 유대인들이 누렸던 것에 비해서는 우리의 특권을 측량할 길이 없습니다. 그러므로 그리스도인에게 허락된 섭리를 유대인들의 섭리 정도로 격하시키는 사람이나, 율법과 선지서에 기록된 것에 근거한 대수롭지 않은 실례를 들면서 이로부터 그리스도를 옷 입은 사람이 유대인보다 더 큰 능력을 입은 것이 아니라고 결론을 짓는 사람은 누구니 중대한 과오를 범하는 것이며, 그들은 성경도 모르고 하나님의 능력도 모르는 사람들입니다.

***

❾ 어떤 사람들은 그래도 주장합니다. 설사 앞서 제시한 인물들의 범죄의 실례가 별 효력이 없다손 치더라도 그리스도인이 죄로부터 완전히 해방되는 것이 아니라는 주장을 뒷받침하는 근거가 성경에 있지 않느냐는 것입니다. 곧 성경에 '대저 의인도 하루에 일곱 번 범죄하느니라'고 기록되지 않았느냐는 것입니다. 아닙니다. 성경은 그런 말을 하지 않습니다. 성경에는 그런 구절이 결코 없습니다. 그들이 인용하려는 말씀은 잠언 24장 16절처럼 보입니다만 그 말씀은 바로 이렇습니다. "대저 의인은 일곱

번 넘어질지라도 다시 일어나려니와." 이것은 그들의 주장과는 판이하게 다릅니다. 그 이유는 다음과 같습니다.

　첫째로 본문에는 '하루에' 라는 말이 없습니다. 따라서 의인이 그의 일생 동안 일곱 번 넘어진다면 그렇게는 납득이 될 것입니다. 둘째로 성경 본문에서 '범죄한다' 는 말도 없습니다. 여기서 말하는 '넘어지다' 라는 말은 범죄한다는 뜻이 아니라 일시적인 고통에 빠지는 것을 뜻합니다. 이는 그 앞에 있는 성경 말씀을 보아서 더욱 분명합니다. 즉, 그 앞절에 "악한 자여 의인의 집을 엿보지 말며 그 쉬는 처소를 헐지 말지니라"고 되어 있습니다. 그리고는 이어서 "대저 의인은 일곱 번 넘어질지라도 다시 일어나려니와 악인은 재앙으로 인하여 엎드러지느니라"고 하였습니다. 이는 마치 "하나님께서 그를 환난 가운데서 건지시리니 넘어질 때에 건져주시는 분은 하나님 외에 아무도 없도다"고 함과 같은 뜻입니다.

　　＊＊＊

　❿ 그러나 반대자들은 또다른 근거를 대기도 합니다. 즉, 솔로몬이 분명히 "범죄치 아니하는 사람이 없사오니"(왕상 8:46, 대하 6:36)라고 하였고, 또 "선을 행하고 죄를 범치 아니하는 의인은 세상에 아주 없느니라"(전 7:20)고 하지 않았느냐는 것입니다. 그렇습니다. 의심할 여지없이 솔로몬의 시대에는 과연 그랬습니다. 그리고 아담부터 모세에 이르기까지, 모세에서 솔로몬에 이르기까지, 솔로몬에서 그리스도에 이르기까지도 마찬가지였습니다. 그 때에는 죄를 짓지 아니하는 사람이 하나도 없었습니다. 죄가 세상에 들어온 그 날부터 하나님의 아들이 세상에 오셔서 우리의 죄를 담당하시기 전까지 이 세상에는 선만 행하고 죄를 짓지 않는 의인이란 하나도 없었습니다. "유업을 이을 자라도 어렸을 동안에는 종과 다름이 없다"(갈 4:1)는 말씀은 철저한 진리입니다.

　이와 같이 유대적인 섭리 시대 아래 있던 옛 성도들은 그들이 교회의 어린 아이 상태로 있는 동안에는 세상의 초등학문 아래서 종노릇하고 있었던 것입니다(갈 4:3). 그러나 "때가 차매 하나님이 그 아들을 보내사 율법 아래 있을 자들을 속량하시고 우리로 아들의 명분을 얻게 하려 하심이라"(갈 4:4). 즉, "우리 구주 그리스도 예수의 나타나심으로 말미암아 나타난 은혜를 얻게 하심이니 저는 사망을 폐하시고 복음으로써 생명과 썩지 아니할 것을 드러내신지라"(딤후 1:10)고 하였습니다.

그러므로 저들은 지금 종이 아니라 아들입니다(갈 4:7). 따라서 율법 아래 잇었던 것이 어떤 상태였든지 이제는 복음이 주어졌으니 '하나님께로서 난 자는 죄를 짓지 아니한다'는 사실을 사도 요한과 함께 장담할 수 있습니다.

* * *

❶ 유대교 시대와 기독교 시대 사이에는 커다란 차이가 있음을 똑똑히 알아야 합니다. 이 사실은 매우 중요하게 그리고 보통 이상으로 조심스럽게 관찰되어야 합니다. 그리고 사도 요한이 바로 요한복음 7장 38절 이하에서 제시하고 있는 근거도 마찬가지로 중요하고 조심스럽게 다루어야 합니다. 사도 요한은 고마우신 주님의 말씀, "나를 믿는 자는 성경에 이름 같이 그 배에서 생수의 강이 흘러나리라"하신 말씀을 적은 후 곧 이어 "이는 성령을 가리켜 하신 말씀이라"고 덧붙이고 있습니다. "οὗ ἔμελλον λαμβάνειν οἱ πιστεύοντες εἰς αὐτόν ―그를 믿는 자가 후에 받을 것"이라고 하였습니다. 그는 "예수께서 아직 영광을 받지 못하신고로 성령이 아직 저희에게 계시지 아니 하시더라"고도 하였습니다.

그러나 어떤 이들의 주장처럼 사도 요한이 기적을 행하시는 성령의 능력이 아직 주어지지 않았다고 말하는 것은 결코 아닙니다. 이러한 성령은 이미 주셨습니다. 우리 주님께서 제자들을 처음으로 파송하사 복음을 전파하라고 하셨을 때 주님께서는 그의 모든 제자들에게 성령을 주셨습니다. 더러운 귀신을 내어 쫓을 권세를 주신 것입니다. 그리고 병자를 고치는 능력, 아니 죽은 자를 일으키는 능력을 주셨습니다. 그러나 예수님이 영광을 받으신 후에 임하셨던 것과 같은 성결의 은총을 베푸시는 성령은 아직 오지 않았다는 말씀입니다.

주님께서 인간과 심지어 배반자들을 위하여 은사를 받으셨고, 하나님이 저들과 함께 거하시게 된 것은 곧 '주께서 위로 올라가실 때요 사로잡힌 자들 사로잡을 때' (엡 4:8)였습니다. 그리고 오순절 날이 완전히 도래했을 때에야 비로소 '아버지의 약속하신 것을 기다리던 자들' (행 1:4)이 성령으로 인하여 처음으로 죄를 정복하고도 남음이 있게 되었습니다.

＊＊＊

　❿ 죄에서 구원을 받는 이 큰 구원은 예수님께서 영광을 받으신 후에야 우리에게 주어졌다고 베드로도 역시 명백하게 설명하고 있습니다. 육에 속한 형제들에 관하여 "너희는 지금 믿음의 결국 곧 영혼의 구원을 받고 있느니라"고 말하는 자리에서 베드로는 다음과 같이 덧붙여 말하였습니다(벧전 1:9,10 이하). "이 구원에 대하여는 너희에게 임한 은혜(곧 은혜의 섭리)를 예언하던 선지자들이 연구하고 부지런히 살펴서 자기 속에 계신 그리스도의 영이 그 받으실 고난과 후에 얻으실 영광(영광스러운 구원)을 미리 증거하여 어느 시 어떠한 때를 지시하시는지 상고하니라 이 섬긴 바가 자기를 위한 것이 아니요 너희를 위한 것임이 계시로 알게 되었으니 이것은 하늘로부터 보내신 성령을 힘입어 복음을 전하는 자들로 이제 너희에게 고한 것이라." 즉, 이것은 오순절날에 모든 세대의 사람들에게, 그리고 참된 신자의 마음 속에 전한 것이라 하였습니다. 이 근거에 의하여, 곧 예수 그리스도의 나타나심으로 임할 은총에 근거하여 사도 베드로는 그처럼 확신 있는 권고를 하였으니, "그러므로 너희 마음의 허리를 동이고 오직 너희를 부르신 이가 거룩하신 것처럼 너희도 모든 언행에 거룩한 자가 되라"고 하였습니다.

＊＊＊

　⓭ 이와 같은 사실들을 숙고한다면 그리스도인들이 받은 특권은 결코 유대적 섭리시대 아래 있었던 사람들에 관한 구약 성경의 기록에 의하여 평가되어서는 안 됩니다. 지금은 때가 찼고 성령이 임하신 바 되었으며 하나님의 크신 구원이 예수 그리스도의 계시에 의하여 인간에게 이르렀기

때문입니다. 하늘 나라가 이제 이 땅 위에 세워졌습니다. 이에 관하여는 하나님의 영께서 예전에 선언하셨으니(다윗은 그리스도인의 완전의 표본이요 표준이 되기에는 거리가 먼 사람이었습니다), "그 중에 약한 자가 그날에는 다윗 같겠고 다윗의 족속은 하나님 같고 무리 앞에 있는 여호와의 사자같을 것이라"(슥 12:8)고 하였습니다.

* * *

❹ 그러므로 사도 요한이 한 말, 곧 "하나님께로서 난 자마다 죄를 짓지 아니한다"(요일 3:9)라는 말씀을 구약에 기록된 평범하고 자연적이며, 나타난 그대로의 뜻에서 이해하려고 하여서는 안 된다는 것을 증명하려면, 그 증명은 신약성서에서 가져와야 합니다. 그렇게 하지 않으면 이는 마치 허공을 치는 것과 같습니다. 그래서 이 말씀을 증거하는 첫 번째 실례는 흔히 신약성서의 기록으로부터 채택되고 있습니다.

사도들 자신이 범죄하였으며 더욱이 가장 위대한 사도인 베드로나 바울도 죄를 지었다는 것입니다. 사도 바울은 바나바와 날카롭게 대립했고 베드로는 안디옥에서 외식하지 않았느냐는 것입니다. 그렇다면 베드로와 바울이 범죄하였다고 가정하여 봅시다. 이 사실로부터 얻는 결과는 무엇입니까? 그밖에 다른 사도들도 때때로 범죄하였다는 말입니까? 그런 증거는 그림자도 없습니다. 그렇다면 사도 시대의 모든 그리스도인들은 모두 범죄하였다고 결론을 추리하시렵니까? 이것은 더욱 잘못되었습니다. 지각이 있는 사람이라면 그렇게 생각할 수도 없는 추리입니다. 여러분은 사도 중에 두 사람이 단 한 번 범죄하였다고 하여 어느 시대의 그리스도인을 막론하고 모두 그들이 사는 동안 범죄하고 있거나 또 범죄할 것이라고 떠들어댈 것입니까?

아! 형제여, 정상적인 아이들이라도 그런 추리를 부끄러워할 것입니다. 최소한 여러분은 여하한 논법으로 누구든지 죄를 지을 수밖에 없다는 결론을 내리고 있습니다. 그렇게 말해서는 안 됩니다. 우리가 죄를 지어야 한다는 필연성은 결코 없습니다.

그들을 위한 하나님의 은총은 참으로 충족합니다. 그리고 오늘날 우리를 위해서도 충족합니다. 그리하여 시험이 임할 때 우리에게 피할 길을 열어주십니다. 각 사람이 당하는 각양의 시험 속에 피할 길이 열려 있는 것입니다. 그런 까닭에 죄를 짓도록 유혹을 받아도 굴복당할 필요가 없습니다. 감당치 못할 시험을 당하는 일은 없기 때문입니다.

* * *

⑮ "그러나 사도 바울은 주님께 세 번이나 간구하였지만 시험에서 피할 수 없지 않았느냐?"고 반문하는 사람이 있습니다. 그러면 사도 바울의 말을 문자대로 번역하여 음미해 봅시다. "내 육체에 가시 곧 사단의 사자(사신)를 주셨으니 이는 나를 쳐서 너무 자고하여지지 않게 하려 함이라 이것이(혹은 그가) 내게서 떠나기 위하여 내가 세 번 주께 간구하였더니 내게 이르시기를 내 은혜가 네게 족하도다 이는 내 능력이 약한 데서 온전하여짐이라 하신지라 이러므로 도리어 크게 기뻐함으로 나의(이러한) 여러 약한 것들에 대하여 자랑하리니 이는 그리스도의 능력으로 내게 머물게 하려 함이라 그러므로 내가 그리스도를 위하여 약한 것들을 기뻐하노니… 이는 내가 약할 그 때에 곧 강함이니라"(고후 12:7~10).

* * *

⑯ 이 성경 말씀은 범죄의 필연성을 옹호하는 자들의 강력한 방패 중 하나이므로 철저히 검토하여 볼 필요가 있습니다.

첫째로, 여기 언급된 '가시'라는 말은 그것이 무엇이든지 간에 결코 사도 바울로 하여금 범죄케 하는 것임을 뜻하지 않는다는 사실에 주목해야 합니다. 하물며 바울이 범죄할 수밖에 없는 필연성 아래 놓이도록 했다고 할 수 있겠습니까? 그러므로 이 말씀은 어느 누구든지 그리스도인은 범죄할 수밖에 없다는 이론의 근거가 될 수 없습니다.

둘째로, 초대 교부들은 이것을 육체적 고통이었다고 하였습니다. 터툴리안은 심한 두통이라고 했으며 크리소스톰과 성 제롬도 같은 의견이었습니다. 성 시프리안은 다소 일반적인 용어를 써서 근육이나 몸의 여러 가지 심한 고통들이었다고 하였습니다. 셋째로, 이런 해석에 대하여 사도 바울 자신이 '육체의 가시가 나를 찌르고 때리고 친다'고 한 표현은 위의 사실과 잘 부합됩니다. 또 '내 능력이 약한 데서 온전하여 짐이라'는 말씀도 이 사실을 가리키고 있습니다. 이 말씀이 2절에서만도 네 번이나 사용되고 있습니다.

그러나 넷째로, 이 가시가 무엇이었든지 간에 어떤 외적인 죄나 내적인 죄는 아니었습니다. 이것은 또한 교만, 분노, 정욕과 같은 외적표현이나 내적 발동일 수도 없습니다. 이것은 뒤따라 나오는 말로 볼 때 이의를 제기할 가능성이 전혀 없을 만큼 분명합니다.

그는 말하기를 "나의(이러한) 여러 약한 것들에 대하여 자랑하리니 이는 그리스도의 능력으로 내게 머물게 하려 함이라"고 하였습니다. 사도 바울이 교만이나 성냄이나 정욕에 대하여 자랑하였다는 말입니까? 교만이나 성냄이나 정욕 같은 약한 것을 통하여 그리스도의 능력이 그에게 머물렀다는 말입니까?

사도 바울은 계속해서 말합니다. "그러므로 내가 약한 것을 기뻐하노니… 이는 내가 약할 그 때에 곧 강함이라." 이 말씀은 '내가 육신적으로 약할 그 때에 영적으로 강하다'는 의미입니다. 그러나 "나는 교만과 정욕으로 인하여 약할 때에 영적으로 강해진다"고 감히 말할 사람이 어디있겠습니까?

나는 오늘 '그리스도인의 능력이 나와 함께 주신다'고 믿고 있는 여러분이 이 모든 것에 대하여 중인이 되어주시기를 바랍니다. 여러분이 교만이나 분노나 정욕을 자랑삼고 있는지 한번 살펴 보시기 바랍니다. 그런 연약성을 기쁘게 생각할 수 있습니까?

이런 약함이 여러분을 강하게 만듭니까? 그것을 피하기 위하여 만일 그것이 가능하다면 – 여러분은 지옥에까지 뛰어들려고 하지 않으십니까? 스스로 판단하여 보십시오. 사도 바울처럼 그런 것들을 자랑하며 기뻐할 수 있는지를!

마지막으로 기억할 것은 사도 바울에게 이것은 그가 이 서신을 쓰기 십 사년 전에 주어졌던 과거일이라는 것입니다. 그리고 이 서간도 사도 바울이 생애를 마치기 수년 전에 쓰여진 것입니다. 그런 까닭에 사도 바울은 이후에도 달릴 긴 코스를, 싸워야 할 많은 싸움을, 획득하여야 할 많은 승리를 기대하고 있었던 것입니다. 그리고 또한 하나님의 여러 은사와 예수 그리스도를 아는 지식에서 더 많은 것을 받았던 것입니다.

그러므로(만약 이런 것들이 있었다 할지라도) 사도 바울은 그 당시 느끼고 있던 어떤 영적 연약함에서 결코 강하게 되지 않았으리라고는 우리들이 억측할 수 없을 것입니다. 그리스도 안에서 아버지로 성장한 바울이 그 때에도 똑같은 연약성 때문에 힘겹게 애썼다거나 혹은 그가 죽을 때까지 더 향상된 상태로 조금도 나갈 수 없다고는 절대로 억측할 수 없는 것입니다.

이상과 같은 고찰을 통하여 볼 때 사도 바울의 경우는 그도 죄를 지을 수밖에 없었지 않았느냐는 질문과 관계되지 않는 것이며 또한 "아버지께로서 난 자는 죄를 짓지 않는다"는 사도 요한의 주장과도 어긋나는 것이 아니라고 생각됩니다.

* * *

⓱ 그러나 사도 야고보는 그리스도인이 범죄할 수 없다는 주장을 직접적으로 부인하고 있지 않느냐고 반문합니다. 그는 다음과 같이 말했습니다. "우리가 다 실수가 많다"(약 3:2). 그러면서 '실수한다' 는 말이 죄를 짓는다는 말과 동일한 것이 아니냐는 것입니다. 이 경우에는 나도 그렇다고 봅니다. 여기에 언급된 사람들은 죄를 범하였습니다. 그렇습니다. 많은 죄를 지었습니다.

그런데 여기 언급된 사람들은 도대체 누구입니까? 하나님께서 보내시지 아니한 많은 스승이나 선생들이 아닙니까? (아마도 행함이 없이 믿음을 가르치는 쓸모없는 사람들로서 앞에서 신랄하게 책망받은 사람들이 틀림없습니다). 결코 사도 자신이나 참다운 그리스도인을 지칭하는 것은 아닙니다. 앞의 성경 구절에 쓰인 '우리' 라는 말은 (일반적으로는 비유로 쓰이는 말인데) 야고보나 다른 참된 신자들을 포함하고 있지 않습니다. 그것은 다음과 같은 세 가지 이유에서 볼 때 분명합니다.

첫째로 9절에서 같은 '우리' 라는 말을 읽습니다. 곧 "이것으로 우리가 주 아버지를 찬송하고 또 이것으로 우리 사람들을 저주하노니 한 입으로 찬송과 저주가 나는도다." 진실로 이것은 사도나 그리스도 안에서 새로운 피조물이 된 사람의 입에서 나오는 말이 아닙니다.

둘째로 야고보서 3장 1절과 2절 말씀에서 이 사실이 증명됩니다. 즉, "내 형제들아 너희는 선생된 우리가 더 큰 심판을 받을 줄을 알고 많이 선생이 되지 말라"(1절)."우리가 다 실수가 많도다"(2절)라고 되어있습니다. 여기서 '우리' 가 누구입니까? 사도들도 참된 신자들도 아닙니다. 많은 실수로 인하여 더 큰 심판을 받을 것을 알고 있는 사람들입니다. 사도 야고보나 그의 발자취를 따르는 사람들을 가리키는 것은 아닙니다. "육신을 좇아 행치 아니하고 영을 좇아 행한 사람에게는 정죄함이 없기 때문입니다" (롬 8:1 이하 참조).

셋째로 "우리가 다 실수가 많도다"하는 말씀 자체가 '우리' 란 말이 모든 사람 혹은 모든 그리스도인을 말하는 것이 아님을 스스로 증명합니다. 왜냐하면 먼저 '우리가 다' 실수가 많다고 하고 나서 바로 이어 실수가 없는 자에 대하여 언급하고 있기 때문입니다. 그러므로 야고보는 실수하는 자들로부터 명백히 대조 구분하여 '온전한 사람' 이라고 언급하였습니다.

* * *

⓲ 이와 같이 야고보는 자기가 한 말의 뜻을 몸소 명백히 설명하여 확정지었습니다. 그러나 사도 요한은 사람들이 더 의심하지 않도록 야고보 선생보다 몇 년 뒤에 쓴 서한에서 명백한 선언을 함으로써 논쟁의 여지가 없도록 해결했습니다.

그러나 하나의 새로운 문제가 제기됩니다. 어떻게 사도 요한의 말에서 일관성을 발견할 수 있겠느냐 하는 문제입니다. 그는 "하나님께로서 난 자마다 죄를 짓지 아니하느니라"(요일 3:9)."하나님께로서 난 자마다 범죄치 아니하는 줄을 우리가 아노라"(5:18)고 말한 적이 있는가 하면, 다른 곳에서는 "만일 우리가 죄 없다 하면 스스로 속이고 또 진리가 우리 속에 있지 아니하리라"(1:8) 하였고, 또 "만일 우리가 범죄 하지 아니하였다 하면 하나님을 거짓말하는 자로 만드는 것이니 또한 그의 말씀이 우리 속에 있지 아니하니라"(1:10)고 말한 적도 있는 것입니다.

* * *

❿ 얼핏 보아 매우 난처한 문제인 것 같으나 조금만 생각해 보면 쉽게 해결됩니다. 첫째로, 10절 말씀이 8절 말씀의 뜻을 바로잡아 줍니다. 8절의 '만일 우리가 죄없다 하면' 이 10절에는 '만일 우리가 범죄하지 아니하였다 하면' 이라고 되어 있는 것입니다. 둘째로, 여기에서 현재의 관점은 우리가 지금까지 죄를 지었는가 안 지었는가 하는 문제가 아닙니다. 또한 이 구절들은 "우리들이 지금 죄를 행한다, 죄를 범하고 있다"라고도 주장하고 있지 않습니다. 셋째로 9절의 말씀이 8절과 10절의 말씀을 설명하여 주고 있습니다. "만일 우리가 우리 죄를 자백하면 저는 미쁘시고 의로우사 우리 죄를 사하시며 모든 불의에서 우리를 깨끗케 하실 것이요"(9절)라고 하였습니다. 이 말씀은 마치 다음과 같이 말하는 것과도 같습니다. 즉, 이전에 예수 그리스도의 보혈이 모든 죄에서 우리를 깨끗케 하였다고 확신한다고 하여 이제는 그리스도의 보혈이 불필요하다거나 더 이상 깨끗함을 받아야 할 죄가 없다고 말해서는 안 된다는 것입니다. 만일 우리가 죄 없다거나 범죄하지 아니하였다 하면 이는 스스로를 속이고 하나님을 거짓말 하는 자로 만드는 것입니다. 그러나 우리가 우리 죄를 자백하면 저는 미쁘시고 의로우사 우리의 죄를 사하여 주실 뿐만 아니라 모든 불의에서 우리를 깨끗케 하여 주십니다. 이는 우리로 하여금 "가서 다시는 죄를 범치 말게"(요 8:11)하려 하심입니다.

* * *

⓴ 그러므로 사도 요한의 말에는 자기 모순이 없으며 다른 성서 기자들과도 일관성이 있습니다. 이것은 그의 모든 주장을 한 견해로 집약할 때

에 더욱 명백하여집니다.

  첫째로, 그는 예수 그리스도의 피가 모든 죄에서 우리를 깨끗케 한다고 선언하였습니다. 둘째로, 누구든지 나는 범죄치 않았으며 깨끗함을 받아야 할 죄가 없다고 말할 수 없다는 것입니다. 셋째로, 하나님께서는 우리의 과거의 죄를 용서하실 뿐 아니라 또한 장래에 범할지도 모르는 죄에서도 우리를 구원하실 준비가 되어 있으시다는 것입니다. 넷째로, 사도 요한은 말하기를 "내가 이것을 너희에게 씀은 너희로 죄를 범치 않게 하려 함이라 만일 누가 범죄할 수 밖에 없다거나 혹은 범죄하였다 하더라도(글자 그대로) 그는 계속하여 죄에 머물러 있을 필요는 없는 것이다. 그것은 아버지와 함께 대언자 곧 의로우신 예수 그리스도께서 계시기 때문이다"고 했습니다.

  여기까지 아주 분명합니다. 그러나 사도 요한은 혹 이처럼 중요한 문제에 의심하는 자가 있을까를 우려해서 요한일서 3장에서 이 문제를 다시 다루고 자기의 뜻하는 바를 매우 광범위하게 서술하고 있습니다. 즉, 3장에서 그는 말하기를 "자녀들아 아무도 너희를(마치 내가 계속하여 죄 짓는 사람들을 격려나 하였던 것처럼) 미혹하지 못하게 하라 의를 행하는 자는 그의 의로우심과 같이 의롭고 죄를 짓는 자는 마귀에게 속하나니 마귀는 처음부터 범죄함이니라 하나님의 아들이 나타나신 것은 마귀의 일을 멸하려 하심이니라 하나님께로서 난 자마다 죄를 짓지 아니하나니 이는 하나님의 씨가 그의 속에 거함이요 저도 범죄치 못하는 것은 하나님께로서 났음이라 이러므로 하나님의 자녀들과 마귀의 자녀들이 나타나니라"(7~10)고 하였습니다. 여기에서 그 때까지는 마음 약한 사람들이 가질 수도 있었던 의구심들이 마지막 성서기자에 의하여 의도적으로 해결되었고 또 명백하게 결론지어졌습니다.

  그러므로 우리는 사도 요한의 교리나 신약성서의 전체적 취지(tenor)와 일치되는 한 결론을 내릴 수 있는데 그것은 곧 그리스도인은 죄를 짓지 않을 만큼 완전하다는 것입니다.

㉑이것이야말로 모든 그리스도인의 특권입니다. 비록 그가 그리스도 안에서는 어린 아이에 불과할지라도 그런 것입니다. 그러나 두 번째로 악한 생각이나 성품으로부터 해방되었다는 의미에서 완전하다고 주장할 수 있는 사람들은 오직 주 안에서 강한 자와 '악한 자를 이긴 자'(요일 2:13), 아니 '태초부터 계신 이를 아는 자'(13절 이하)들 뿐입니다.

먼저가 악하고 죄된 생각으로부터 자유함을 얻습니다. 그러나 우리는 '악에 관한 생각'이 반드시 '악한 생각'이 아니며 죄에 대한 생각과 죄된 생각과는 아주 뜻이 다르다는 것을 명백히 해야 합니다.

예를 들면 선량한 사람도 살인자에 관하여 생각할 수 있습니다. 그렇다고 그것을 악하고 죄된 생각이라 할 수 없습니다. 은혜로우신 우리 주님께서도 마귀가 "만일 내게 엎드려 경배하면 이 모든 것을 네게 주리라"(마 4:9)고 시험하였을 때 그 마귀의 말을 틀림없이 생각하고 이해하셨을 것입니다. 이것을 가리켜 주님께서 악한 생각이나 죄된 생각을 품으셨었다고 말할 수는 없지 않습니까? 주님은 참으로 그런 생각을 품으실 수가 없습니다. 마찬가지로 진실한 그리스도인도 그런 생각을 품을 수가 없습니다. "무릇 온전케 된 자는 그 선생과 같으리라"(눅 6:40)는 말씀이 있습니다. 그러므로 주님께서 악하고 죄된 생각에서 해방되셨다면 그의 제자인 그리스도인들도 악하고 죄된 생각으로부터 자유함을 얻을 것입니다.

* * *

㉒그렇다면 주인(스승)과 같은 종(제자)에게 있어서 악한 생각은 어디로부터 생기는 것입니까? 만약 생긴다면 사람의 마음으로부터 악한 생각이 나옵니다(막 7:21). 따라서 사람의 마음이 악하지 않는 한 악한 생각이 나올 수는 없습니다. 만일 나무가 썩었다면 그 열매도 썩었을 것입니다. 그러나 나무가 좋다면 그 열매도 좋을 것입니다(마 12:33). 이에 대하여는 우리 주님께서 친히 증거하셨습니다. "좋은 나무마다 아름다운 열매를 맺나니 좋은 나무가 나쁜 열매를 맺을 수 없고 못된 나무가 아름다운 열매를 맺을 수 없느니라"(마 7:17~18).

㉓사도 바울도 참 그리스도인의 이런 특권에 관하여 자신의 체험을 통해 이렇게 말했습니다. "우리의 싸우는 병기는 육체에 속한 것이 아니요 오직 하나님 앞에서 견고한 진을 파하는 강력이라 모든 상상을 파하며 [여기에서는 상상을 이론이라고 보는 것이 차라리 나을 것입니다. 왜냐하면 여기서 '로기스무스'(λογισμους)라는 말은 하나님의 은사나 혹은 말씀에 대한 불신과 자막에서 나오는 모든 이론을 가리키기 때문입니다] 하나님 아는 것을 대적하여 높아진 것을 다 파하고 모든 생각을 사로잡아 그리스도에게 복종케 하느니라"(고후 10:4 이하).

* * *

㉔둘째로, 그리스도인들이 악한 생각으로부터 해방되는 것처럼 악한 성품으로부터 해방됩니다. 앞서 인용한 우리 주님 자신의 말씀으로 보아도 무방합니다. "제자가 그 스승보다 높지 못하나 무릇 온전케 된 자는 그 스승과 같으니라"(눅 6:40)고 하셨습니다.

이 말씀에 바로 앞서 주님께서는 기독교의 가장 숭고한 교리, 그러나 육체에 대하여는 가장 괴로운 말씀을 하셨습니다. 즉, "내가 너희에게 이르노니 너의 원수를 사랑하며 너희를 미워하는 자를 선대하며… 너희의 이 뺨을 치는 자에게 저 뺨도 돌려대라"(눅 6:27,29). 주님께서는 세상 사람들이 이 말씀을 받아들이지 않을 것을 아시고 다음과 같이 계속하여 말씀하셨습니다. "소경이 소경을 인도할 수 있느냐 둘이 다 구덩이에 빠지지 않겠느냐"(눅 6:39). 이것은 마치 주님께서 다음과 같이 말씀하신 것처럼 이해됩니다. "이런 문제에 관하여는 육체와 의논하지 말라. 곧 영적 분별이 없는, 다시 말해 하나님을 이해하는 눈이 아직 열리지 않은 사람들과 의논하지 말라. 의논하면 저들과 네가 함께 멸망하게 될까 염려된다."

바로 그 다음 절에서 주님께서는 우리에게 늘 닥치는 두 가지 반대 이유를 제거하고 계십니다. 실은 이 두 가지 이유로, 현명한 척 하는 우둔한 자들이 모든 경유에 있어 우리를 반대하며 나서고 있습니다. 이 두 가지 반대 이유라는 것은, "이런 것은 너무 무거워서 감당할 수 가 없다" 또는

"저런 것은 너무 높아서 도달할 수가 없다"고 하는 것입니다. 말하자면, '제자가 그 스승보다 높지 못하나니' 그러므로 내가 고난을 받으면 너희는 기쁨으로 나의 발자취를 따라오라. 그리고 그때에 의심치 아니하면 내가 말한 것을 이루어 주리라. '무릇 온전케 된 자는 그 스승과 같으니라' 고 주님께서도 말씀하시지 않았느냐 하는 것입니다. 그러나 스승이신 우리 주님은 모든 죄된 성품으로부터 해방되셨던 분입니다. 그러므로 그의 제자들, 모든 진실한 그리스도인들도 죄된 성품으로부터 해방된 것입니다.

***

㉕ 그리스도인은 누구나 사도 바울과 함께 말할 수 있습니다. "내가 그리스도와 함께 십자가에 못박혔나니 그런즉 이제는 내가 산 것이 아니요 오직 내 안에 그리스도께서 사신 것이라"(갈 2:20). 이 말씀은 외적인 죄와 함께 내적인 죄에서도 해방받은 것을 명백히 묘사하고 있습니다. 그리고 이 말씀은 소극적으로도 표현되었고, 적극적으로도 표현되었습니다.

소극적으로는 "내가 산 것이 아니라"고 하였으니 이는 나의 악한 성질 곧 죄의 몸이 죽었다는 것입니다. 적극적으로는 "내 안에 그리스도께서 사신 것이라"고 하였으니 이는 거룩하고 의롭고 선한 것 전부를 뜻합니다. "내 안에 그리스도께서 사신 것"이라는 말씀과 "내가 산 것이 아니라"는 말씀은 분리시킬 수 없도록 결합된 것입니다. 빛과 어두움이 짝할 수 없고 그리스도와 벨리알이 조화될 수는 없지 않습니까?(고후 6:14,15).

***

㉖ 그러므로 참된 신자들 사이에 살고 있는 사람은 믿음으로써 그의 마음이 정결하여질 것입니다(행 15:9 참조). 이는 "영광의 소망"(골 1:27)이신 예수 그리스도를 마음 속에 모신 사람은 그의 깨끗하심 같이 자신을 깨끗하게 하기"(요일 3:3) 때문입니다. 그리스도께서 마음이 겸손하셨기에, 그는 교만으로부터 깨끗함을 받습니다. 완전한 그리스도인은 자기의 뜻과 욕망으로부터 깨끗합니다. 그리스도께서는 아버지의 뜻을 행하시고 그의 사

업을 이루시는 데 전심하려 하셨을 뿐이기 때문입니다.

완전한 그리스도인은 일반적으로 말하는 성냄(분노)으로부터 깨끗합니다. 그리스도께서 온유하시고 점잖으시며 인내하시고 오래 참으셨기 때문입니다. 성냄이라고 할 때에 나는 여기서 일반적으로 통용되는 상식으로 말합니다. 모든 성냄은 모두 악한 것이 아니기 때문입니다. 성경을 보면 우리 주님께서는 한 번 "노하심으로 둘러보셨다"고 기록되어 있습니다 (막 3:5). 어떤 종류의 노하심으로 둘러보신 것입니까? 그것은 바로 그 앞에 나오는 말, 즉 '쉴뤼푸메노스'(συλλυπουμεγος)가 "저희 마음의 완악함을 인하여 근심하셨다"는 것을 동시에 보여주고 있습니다. 그렇다면 주님께서는 죄에 대하여 노하셨고 같은 순간에 죄인에 대하여 슬퍼하신 것입니다. 허물에 대하여는 노하시고 기뻐하시지 않으셨으나 허물을 저지른 사람에 대해서는 불쌍히 여기신 것입니다. 그 일에 대하여는 연민과 사랑으로 대하셨습니다.

완전한 이들이여! 가서 이와 같이 행동하십시오. 분노하더라도 범죄하지는 마십시오. 하나님을 거역하는 모든 죄에 대하여 분노를 느낄지라도 거역하는 사람만은 사랑하고 동정해야 합니다.

* * *

㉗ 이와 같이 예수님은 그 백성들을 저희 죄에서 구원하십니다. 외적인 죄에서만이 아니라 마음의 죄로부터도 구원하십니다. 악한 생각으로부터 그리고 악한 성품으로부터 구원하시는 것입니다. 그런데 어떤 사람들은 이렇게 말합니다. "그렇다. 우리는 이와 같은 우리의 죄로부터 구원을 받게 될 것이지만 죽기전에 이 세상에서는 아니다. 그렇다면 이 말을 사도 요한의 명백한 말과 어떻게 조화시킬 수 있겠습니까?" 사도 요한은 말하기를 "이로써 사랑이 우리에게 온전히 이룬 것은 우리로 심판날에 담대함을 가지게 함이니 주의 어떠하심과 같이 우리도 세상에서 그러니라"(요일 4:17)고 하였습니다.

여기서 사도 요한은 모든 의문을 풀면서 자기 자신과 다른 살아 있는 그리스도인들에 관하여 말하고 있는데(마치 죽기 전에는 안 된다는 이런 주장을 미리 예견하고 자신이 그 근본에서부터 이를 뒤집어 놓으려는 듯이), 그는 이런 체험이 사람이 죽을 때나 죽은 뒤에 뿐만 아니라 우리의 스승처럼 바로 이 세상에서도 악한 생각과 성품에서 구원받을 수 있다고 단호히 주장하였습니다.

* * *

㉘ 이 말씀은 그의 서신 요한일서 1장 5절 이하에서 한 말씀과 완전히 일치됩니다. 그 말씀이란 곧 "하나님은 빛이시라 그에게는 어두움이 조금도 없으니… 우리가 빛 가운데 행하면 우리가 서로 사귐이 있고 그 아들 예수의 피가 우리를 모든 죄에서 깨끗케 하실 것이라"고 하신 것입니다. 또 말하기를 "만일 우리가 우리 죄를 자백하면 저는 미쁘시고 의로우사 우리 죄를 사하시며 모든 불의에서 우리를 깨끗하게 하실 것이라"(요일 1:9)고 하셨습니다.

여기에서 사도 요한은 죄에서의 구원이 이 세상에서 이루어짐을 말하고 있음이 분명합니다. 그것은 그리스도의 보혈이 죽음의 시각에서나 심판날에 우리를 깨끗하게 하실 것이라고 말한 것이 아니라 현재의 시간에 우리 산 그리스도인들을 모든 죄로부터 깨끗하게 하신다고 말했기 때문입니다.

그리고 또 분명합니다. 만일 죄가 남아있다면 우리는 모든 죄로부터 깨끗함 받은 것이 아닙니다. 우리의 영혼에 조금의 불의라도 남아있다면 우리는 모든 불의에서 씻김을 받은 것이 아닌 것입니다. 어떤 죄인이든 자기 영혼을 행하여 이것은 의인에만 관계되거나 죄책으로부터 우리가 청산되는 것만을 뜻하는 것이라고 말해서는 안 됩니다.

그 까닭은 첫째로 이는 사도 요한이 분명히 구분하여 놓은 것을 함께 혼동시키기 때문입니다. 사도는 먼저 우리 죄를 용서하시고, 그 다음에 또 모든 불의로부터 우리를 깨끗하게 하신다고 말했습니다(요일 1:9). 둘째로는 그렇게 말한다면 이는 행함으로써 의롭다함을 얻는다는 것을 강력히 주장하는 셈이 되기 때문입니다. 만일 여기서 말하는 정결이 단지 우리를 죄책으로부터 깨끗케 하는 것에 불과하다면, 우리는 "저가 빛 가운데 계신 것 같이 우리도 빛 가운데 행하지 않으며"(요일 1:7) 죄책으로부터 깨끗함을 받을 수 없는데, 다시 말하면 의롭다함을 얻을 수 없는 것입니다. 그러기에 이 세상에서 모든 죄와 불의에서 구원함을 받은 것이요, 죄를 짓지 않으며 악한 생각으로부터 자유함을 얻는다는 의미에서 완전하다고 하는 것입니다.

***

㉙ 주님께서는 이와 같이 태초부터 있었던 거룩한 선지자들의 말씀을 성취시키셨습니다. 특히 모세를 통하여 말씀하신 바를 이루셨으니 "네 하나님 여호와께서 네 마음과 네 자손의 마음에 할례를 베푸사 너로 마음을 다하며 성품을 다하며 네 하나님 여호와를 사랑하라"(신 30:6)고 하신 것입니다. 다윗을 통하여 "내 속에 정한 마음을 창조하시고 내 안에 정직한 마음을 새롭게 하소서"(시 51:10)라고 하셨습니다.

가장 주목되는 것은 에스겔 선지자의 말씀으로 곧 "맑은 물로 너희에게 뿌려서 너희로 정결케 하되 곧 너희 모든 더러운 것에서와 모든 우상을 섬김에서 너희를 정결케 할 것이며 또 새로운 영을 너희 모든 속에 두어 새 마음을 너희에게 주어… 너희로 내 율례를 행하게 하리니 너희가 내 규례를 지켜 행할지라… 너희가 내 백성이 되고 나는 너희 하나님이 되리라 내가 너희를 모든 더러운 데서 구원하고… 나 주 여호와가 말하노라 내가 너희를 모든 죄악에서 정결케 하고… 너희 사면에 남은 이방 사람이 나 여호와가 무너진 곳을 건축함을 알며… 나 여호와가 말하였으니 내가 이루리라"(겔 36:25 이하)고 하였습니다.

***

㉚ 그러므로 사랑하는 여러분! 율법과 선지서에 이와 같이 약속되었고 또 복음서에서 은혜로우신 우리 주님과 사도들이 확증시켜 주셨으니, 우리는 "하나님을 두려워 하는 가운데서 거룩함을 온전히 이루어 육과 영의

온갖 더러운 것에서 우리를 깨끗케 해야 합니다"(고후 7:1). 우리는 그의 안식 곧 들어감으로 수고를 면할 수 있는 그런 안식에 들어갈 수 있는 많은 약속이 남아 있음에도 불구하고 우리 가운데 혹 미치지 못할 자가 있을까를 두려워 해야 합니다(히 4:1).

  오직 한 일, 즉 뒤에 있는 것을 잊어버리고 앞에 있는 것을 잡으려고 푯대를 향하여 그리스도 예수 안에서 하나님이 위에서 부르신 부름의 상을 위하여 좇아갑시다. 하나님께 밤낮으로 부르짖어 썩어짐의 종노릇한 데서 해방되어 하나님의 자녀들의 영광의 자유에 이르도록 합시다(롬 8:21).

13

방황하는 생각들
Wandering Thoughts

우리가 죄로부터 구원받게 되도록 죄의 뿌리와 가지를
모두 제거해버릴 수 있도록 '육체와 정신이 오염된 것으로부터'
즉, '모든 악한 기질과 말과 행동으로부터 깨끗하게 될 수 있도록'
'온 마음과, 온 정신과, 온 영혼과, 온 힘을 다하여
주 우리 하나님을 사랑' 할 수 있도록, 그리고 모든 성령의 열매,
즉 '사랑과 기쁨과 화평뿐만이 아니라 오래 참음과 친절과
사랑과 신실과 온유와 절제'가 우리 안에 발견될 수 있도록 기도합시다.
우리 주 예수 그리스도의 영원하신 나라에
충분히 들어갈 수 있을 때까지 이 모든 일이 당신 속에 더욱 더
넘치고 충만하여 더하게 되도록 기도합시다.

13 | 방황하는 생각들
Wandering Thoughts

【 해설 】

　이 설교 바로 앞의 설교 '그리스도인의 완전' 의 결론부분 (II-28)에서 웨슬리는 "그리스도인의 완전이란 이 세상에서 모든 죄로부터 구원받는 것이다. 즉 그리스도인은 죄를 짓지 않다는 면에서, 그리고 모든 악한 생각과 기질로부터 해방된다는 면에서 완전하다"고 하였다. 이런 표현들, 특히 악한 생각에서도 벗어난다는 말은 오해의 소지를 안고 있었다. 이에 웨슬리는 이 설교를 작성하여 '그리스도인의 완전' 바로 다음에 배치하면서, 오해되는 부분들을 시정하며 그의 '그리스도인의 완전' 의 개념을 보충하였다.
　웨슬리는 '방황하는 생각들' 은 적절한 의미에서 죄라고 부르기 어려운 것이며, 이는 성결한 사람에게서도 떠나지 않는 것이라고 설명한다. 이런 생각들은 자신의 의지와 상관없이 떠오르고 스쳐지나가는 것들이기 때문이다. 이는 우리 고체계(의식체계)에서 항상 일어나는 현상이다.
　이와 달리 '악한 생각' 은 내 의지로 결단을 내린 생각이며, 이는 이미 내적인 죄에 속한다. 즉, 방황하는 생각을 나의 의지로 받아들이며 결단을 내린 것이 악한 생각이다. 그리스도인은 떠오르는 방황하는 생각들을 막을 수는 없지만, 그것이 의지화(意志化)되는 것은 피할 수 있다. 웨슬리의 비유에 의하면, 우리는 새가 공중에 나는 것을 막을 수 없지만, 그 새가 내 머리 위에 둥지를 짓는 것은 막을 수 있다는 것이다. 새가 둥지를 짓게 하는 것은 내 의지의 결단에 따른 허락이 있었음을 의미하기 때문이다. 거기에는 나의 책임이 따른다.

마찬가지로 '악에 관한 생각'(A Thought of Evil)과 '악한 생각'(An Evil Thought)도 구분되어야 한다. 악에 관한 생각은 마귀로부터 유발되기도 하지만, 때로는 악에 대한 정확한 이해를 위해 필요하다. 그러나 악한 생각은 이미 그것을 행하려는 의지가 수반된 것이므로 죄(내적인 죄)이다. 웨슬리가 말하는 방황하는 생각은 악에 관한 생각이며 이는 아직 죄가 아니다. 그러나 그리스도인은 그것이 악한 생각이 되지 않도록 언제나 자기의지를 지켜야 한다.

이 설교는 1757년 처음 작성되고, 1760, 1761년 다시 정리되고 1763년 재 출판되었다. 그리고 이 설교는 다른 설교 '신자 안에 있는 죄'와 '신자의 회개'와 함께 읽을 때 더욱 이해가 분명해지며, 그가 말하는 '그리스도인의 완전이 무엇인가' 하는 것도 분명해질 것이다.

【 설교 】

"모든 생각을 사로잡아 그리스도에게 복종케 하니"(고후 10:5)

1 방황하는 생각이 육신을 입고 있을 동안 우리의 마음속에 자리 잡지 못하도록 하나님께서는 "모든 생각을 사로잡아 그리스도에게 복종시킬" 것입니다. 어떤 사람들은 "사람들의 이해가 완전하지 않는 한, 누구나 사랑에 있어서도 완전해질 수 없고," 그리고 모든 감정과 성품이 거룩하고, 공정하고, 선하지 못할 뿐만 아니라 개인적인 생각들이 현명하고 정상적이 되지 못하다면, 모든 방황하는 생각들이 제거될 수 없다고 열렬하게 주장하며 확신해 왔습니다.

2 이것은 매우 중대한 문제입니다. 왜냐하면 하나님을 두려워하며 온 마음을 다해 그분을 사랑하는 사람들 가운데서도 이 일로 인하여 크게 곤혹을 당하는 사람들이 너무도 많기 때문입니다. 이것을 옳게 이해하지 못함으로써 얼마나 많은 사람들이 곤혹을 당하며, 크게 상처를 입고, 무익한 생각, 즉 잘못된 생각 속에 빠지게 됩니다! 다시 말해서 그것은 하나님을 향한 발걸음을 더디게 하는 것이며 자기 앞에 놓여진 경주를 앞두고 나약해지는 일과 같은 것입니다. 즉, 무익하고 해로운 생각에 빠지는 것입니다.

그리고 바로 이것을 오해하고 있기 때문에 많은 사람들은 하나님의 귀한 은사를 내던져 버립니다. 그들은 그들의 영혼 속에서 역사를 일으키시는 하나님을 처음에는 의심하게 되고, 나중에는 부인하도록 유인됩니다. 그리하여 그들은 하나님께서 그들을 떠나시어 그들을 전적인 암흑 속에 내버려둘 때까지 하나님의 성령을 슬프게 하고 있습니다.

3 최근에, 거의 모든 문제를 취급하여 간행된 많은 책들 중에서 방황하는 생각에 대해 언급한 책이 전혀 없는 까닭은 어찌된 일입니까? 침착하고 진지한 마음을 가진 사람들에게 만족을 줄 수 있을만한 책이 하나도 없지를 않습니까? 어느 정도 이 문제를 해결하기 위해 나는 다음의 몇 가지 문제를 논의해 보고자 합니다.

Ⅰ. 여러 가지 종류의 방황하는 생각들은 어떤 것들이 있는가?
Ⅱ. 그것들이 발생되는 일반적인 경우는 무엇인가?
Ⅲ. 방황하는 생각 중에 어떤 것이 죄된 것이고, 어떤 것이 그렇지가 않는가?
Ⅳ. 우리가 여기서 해방되기를 바라거나 기도해야 하는 것들은 어떤 것들인가?

I

❶ 첫째로, 나는 여러 가지 종류의 방황하는 생각들은 어떤 것들이 있는가 하는 문제를 논의하려고 합니다. 그것의 특수한 종류들은 헤아릴 수 없이 많습니다. 그러나 일반적으로는 두 가지 종류가 있습니다. 즉, 하나는 하나님으로부터 떠나 방황하는 생각, 다른 하나는 우리가 염두에 두고 있는 특별한 요점으로부터 떠나 방황하는 생각입니다.

* * *

❷ 전자에 대해서 생각해 본다면, 우리의 모든 생각들은 본래부터 그와 같은 부류에 속하고 있는 것들입니다. 왜냐하면 우리의 생각이 하나님으로부터 떠나 끊임없이 방황하고 있기 때문입니다. 그리하여 우리는 하나님에 대해서 아무 것도 생각하지 않고, 그래서 하나님은 우리의 모든 생각 속에 거하시지도 않으며, 사도 바울의 말처럼 우리가 하나에서 열까지 "이 세상에서 하나님 없이" 살고 있게 됩니다.

우리는 우리가 사랑하는 것을 생각합니다. 그리하여 우리가 하나님을 사랑하지 않기 때문에 우리는 하나님을 생각하지 않습니다. 만약 우리가 잠시나마 생각하도록 강요받는다 할지라도 우리가 그 속에서 기쁨을 발견하지 못하기 때문에, 우리는 이런 생각을 단조로우며, 무미건조하며, 지루하게 느끼게 되고, 그 결과 우리는 될 수 있는 한 빨리 이런 생각을 몰아내고 우리 자신이 생각하기 좋아하는 것으로 되돌아가게 됩니다. 그래

서 이 세상과 이 세상에 속한 문제들, 즉 우리가 무엇을 먹을 것인가, 무엇을 마실 것인가, 무엇을 입을 것인가, 무엇을 볼 것인가, 무엇을 들을 것인가, 무엇을 벌어 들일까 그리고 무엇이 우리의 감각과 상상력을 만족시킬 수 있을 것인가 등의 문제로 모든 시간을 점령당하고 모든 생각을 점거당합니다. 그러므로 우리가 세상을 사랑하는 한, 즉 우리가 본능적인 상태에 머물러 있는 한, 우리의 모든 생각들은 아침부터 저녁까지, 그리고 저녁부터 아침까지 오직 방황하는 생각에 빠져있게 됩니다.

***

❸ 그러나 우리는 너무나 여러 번 "세상에서 하나님 없이" 살고 있을 뿐만 아니라, 하나님께 대항해서 싸우고 있습니다. 왜냐하면 모든 사람들 속에는 날 때부터 "하나님과 대적되는 육욕적인 마음이" 있기 때문입니다. 그러므로 사람들에게 불신적인 생각들이 충만해 있는 것은 이상한 일이 아닙니다.

사람들 마음속으로 "하나님이 없다"고 말하거나, 그렇지 않으면 하나님의 능력과 지혜와 자비와 정의와 거룩함을 부인하지 않는다 할지라도 이에 대해 의심을 품고 있습니다. 그러므로 그들이 때때로 하나님의 섭리를 의심하거나, 적어도, 그 섭리가 모든 사건에 걸쳐 확장된다는 사실을 의심하고 있으며, 또한 그러한 섭리를 인정한다고 할지라도 아직까지 그에 대해 투덜거리거나 불평적인 생각을 가지고 있다는 사실은 별로 놀랄 만한 일이 못됩니다. 이러한 문제들과 밀접히 연관되어 흔히 화를 내고, 악의에 불타며 복수를 하려는 생각에 사로잡힙니다. 그리고 때로는 관능적인 쾌락의 광경 속에 사로잡히게 됩니다. 그로 인해서 세속적이며 관능적인 마음은 점점 더 세속적이고 관능적으로 됩니다. 그리하여, 지금도 그것들은 하나님과 아무런 쓸모도 없는 싸움을 하고 있습니다. 이것이 바로 가장 극심한 종류의 방황하는 생각들입니다.

***

❹ 또 다른 종류의 방황하는 생각은 위에서 언급했던 것과는 전혀 다른

부류의 것입니다. 여기에서는 마음이 하나님으로부터 떠나 방황하는 것이 아니라 그 당시 염두에 두고 있던 특별한 요점으로부터 떠나 생각이 방황하게 되는 것입니다. 예를 들어, 나는 본문의 바로 앞 절에 있는 성경 말씀을 생각해 보려고 합니다. 그 말씀은 "우리가 싸우는 데 쓰는 무기는 육적인 무기가 아니라 하나님의 강한 무기이다"라는 말씀입니다.

나는 이 말씀이 기독교인이라고 지칭되는 모든 사람들에게 해당되어야만 하는 경우의 말씀이라고 생각합니다. 그렇지 못한다면 우리는 그리스도인답지 않게 될 것입니까! 소위 "기독교 세계"라고 일컬어지는 모든 분야를 살펴봅시다. 그들은 어떤 종류의 무기를 사용하고 있습니까! 그들은 어떤 종류의 싸움을 하고 있습니까!

> 악마와 같은 인간들이 서로 서로 물어뜯고 있을 때
> 지옥 같은 전쟁의 불길은 맹렬히 불타게 되네.

이런 기독교인들이 어떻게 서로 사랑하게 되는가를 살펴봅시다. 그들이 터키인들과 미개인들보다 더 나은 점이 무엇이란 말입니까? 기독교인들에게는 발견될 수 없는 미움이 마호메트교인들과 이방인들 사이에서만 발견할 수 있었단 말입니까? 이와 같이 내 마음은 미처 내가 깨닫기 전에 이리저리로 갈팡질팡하게 됩니다. 이 모든 것들이 바로 방황하는 생각입니다. 왜냐하면 그들이 하나님으로부터 떠나 방황하지 않을지라도, 더욱이 하나님과 대적하여 싸우지 않을지라도, 그들은 마음에 품고 있는 특별한 요점으로부터 방황하고 있기 때문입니다.

　(철학적으로 말하기보다 실용적으로 말한다면) 이런 것들이 바로 방황하는 생각의 성격이며 종류입니다. 그러나 방황하는 생각을 품게되는 일반적인 경우는 어떤 것들입니까? 이것이 바로 우리가 두 번째로 생각해 보고자 하는 사실입니다.

　＊＊＊

　❶ 전자의 부류에 속하는 생각들이 발생되는 경우는 일반적으로 죄악된 성품 때문에 기인된 것이라는 사실을 쉽게 관찰할 수 있습니다. 예를 들면, 왜 하나님께서는 자연적인 인간들의 모든 생각, 즉 그들의 어떤 생각 속에서나 계시지 않습니까? 왜냐하면 부한 자나, 가난한 자, 유식한 자나 무식한 자를 막론하고 그가 무신론자라는 분명한 이유가 있기 때문입니다(비록 일반적으로는 그렇게 지칭하지 않을지라도 말입니다). 무신론자는 하나님을 알지도 못할 뿐만 아니라 사랑하지도 않습니다. 왜 사람의 생각이 세상을 따라 방황하게 됩니까? 왜냐하면 그가 우상숭배자이기 때문입니다. 그가 실제에 있어서는, 우상을 예배하지도 않고 나무 조각에 절하지도 않았지만, 그러나 지금 가증스러운 우상숭배에 빠져들고 있으며 세상을 사랑하고 숭배하기 때문입니다. 그는 보이는 것에서부터 그리고 사용 도중 소멸해버리는 쾌락 속에서 행복을 찾으려고 합니다. 왜 그의 생각은 자신의 존재목적과 그리스도 안에 있는 하나님의 지식으로부터 영원히 방황하고 있습니까? 왜냐하면, 그가 불신자이기 때문입니다. 그가 믿음이 없기 때문이며 적어도 사탄과 다를 바가 없기 때문입니다. 그리하여 이와 같이 모든 방황하는 생각들은 불신의 악한 근원으로부터 용이하게, 그리고 자연적으로 솟아나게 됩니다.

　＊＊＊

　❷ 이것은 다음과 같은 경우에 있어서도 마찬가지입니다. 즉, 자존심,

분노, 복수심, 허영심, 정욕, 욕심 등인데 이것들은 모두 각기 그들의 본성에 일치되는 생각을 자아냅니다. 그 특수한 사례들은 낱낱이 열거하기도 힘들며 열거할 필요도 없습니다. 여러 가지 악한 성품들이 어떤 사람의 마음속에 일단 자리잡게 되면, 그것의 여러 가지 방법만큼이나 가장 좋지 않은 종류의 방황하는 생각으로 인해서 영혼은 하나님으로부터 떠나게 됩니다.

* * *

❸ 후자의 부류에 속하는 방황하는 생각이 일어나는 경우는 매우 다양합니다. 그것들 중 대다수는 영혼과 육체간의 자연적 결합에 의하여 생겨납니다. 우리의 이해력은 병든 육신 때문에 얼마나 심각한 영향을 받습니까! 피가 불규칙적으로 순환하게 되면 규칙적인 모든 사고는 중단됩니다. 발광상태가 일어나면 정연한 사고는 사라집니다. 그 뿐만 아니라 정신이 급해지고 어느 정도까지 흥분하게 되면 일시적인 광증과 정신착란증이 모든 안정된 사고를 방해합니다. 이와 똑같은 불규칙적인 사고는 여러 가지 신경병 때문에 일어나는 것이 아닙니까? 이와 같이 '썩어질 육신이 영혼을 괴롭히고 그리고 그것은 여러 가지 일들에 골몰하게 합니다.'

* * *

❹ 그러나 질병이니 영적인 병을 잃고 있을 때에만 그렇게 되는 것입니까? 결코 그렇지 않습니다. 그런 생각은 다분히 어느 때나 일어날 수 있습니다. 심지어는 완전히 건강한 상태에 있을 때에도 발생됩니다. 사람이 아무리 건강하다 할지라도 24시간 동안을 계속 깨어있게 되면 어느 정도정신을 차리지 못하게 됩니다. 왜냐하면, 그가 잠을 자야하지 않겠습니까? 그리고 그가 잔다면 꿈을 꿀 수밖에 없지 않습니까? 그때는 누가 자신의 생각들의 주관자이며, 누가 생각의 질서와 일관성을 유지해 줄 수 있겠습니까? 누가 그 생각을 한 가지 점에 고착할 수 있게 하며, 누가 이들을 이리저리 방황하지 않게 할 수 있겠습니까?

❺ 그러나 우리가 깨어있다고 할지라도 우리가 자신의 생각들을 일정하게 다스릴 수 있을 만큼 항상 깨어있을 수가 있습니까? 바로 이 기관, 즉 신체의 그 성격 때문에 불가피하게 양극단으로 노출되는 것이 아닙니까? 때때로 우리는 너무 괴로우며 우둔하고 맥이 빠져 있기 때문에 일련의 생각을 연결지을 수가 없습니다. 그 반면에 때로는 너무나 활기차게 넘쳐 있습니다. 우리는 사라지지 않는 생각들이 여기저기에서 떠오르기 시작하고 싫어하든지 좋아하든지 간에 이리저리로 우리를 끌고 다니게 됩니다. 그러나 이 모든 것들은 정신의 단순히 자연적인 움직임이나 또는 신경의 작용으로부터 생겨나게 됩니다.

***

❻ 더 나아가 얼마나 많은 방황하는 생각들이, 전혀 우리 자신의 인식과도 상관없이, 그리고 우리 자신의 선택과는 독자적으로, 발생되는 다양한 사상의 결합으로부터 일어납니까? 어떻게 해서 이러한 연관이 형성되는가를 우리는 설명할 수가 없습니다. 그러나 그것들은 수천 가지의 아주 다른 방법으로 형성됩니다. 가장 지혜로운 자나, 거룩한 자들의 힘으로도 사상의 결합을 파괴시킬 수 없으며, 그리고 사상의 필연적인 결과가 어떤 것이든지 일상적인 생각들이 어떤 문제이든지간에 이것을 막을 수는 없는 것입니다. 불꽃을 도화선 끝에 붙여 보십시오. 그러면 그 불은 즉시 다른 쪽으로 번지게 되는 것입니다.

***

❼ 다시 한 번 생각해 봅시다. 어떤 문제에 대해서건 가능한 한 신중하게 우리의 관심을 집중시켜 봅시다. 그러나 특별히 그 문제가 강렬하다면 쾌락이든지 고통이든지 일어나게 되고, 그래서 그것은 우리의 즉각적인 관심을 요청하게 되면, 우리의 생각을 여기에 집착시키게 됩니다. 그것을 가장 확고한 사색을 방해하게 되며 흥미를 끄는 문제로부터 우리의 마음을 옮겨가게 합니다.

❽ 우리의 마음속에 있는 방황하는 생각들의 이러한 원인은 우리의 본성과 일치되는 것입니다. 그러나 이와 같이 그런 생각은 외적인 대상의 여러 가지 충동을 받아서 자연적으로 또는 필연적으로 일어날 수도 있습니다. 눈이나 귀와 같은 감각기관에 어떤 것이든지 자극을 일으키면 마음속에는 어떤 지각이 발생됩니다. 따라서 우리가 보고 듣는 것은 무엇이나 이미 앞서 알고있던 일련의 생각 속에 파고듭니다. 그러므로 우리가 보는데서 어떤 일을 하고 듣는 데서 어떤 것을 말하게 되는 사람들은, 다분히 우리가 이전에 생각했던 요점으로부터 우리의 마음을 방황하게 합니다.

* * *

❾ 의심할 여지없이, 삼킬 자를 끊임없이 찾고있는 악령들은 우리의 마음이 분주하고 어지럽게 되도록 앞에서 언급한 모든 원인들을 이용합니다. 어떤 때에는 이런 방법으로, 다른 때에는 저런 방법으로, 그들은 우리를 괴롭히며 당황하게 할 것입니다. 그리고 하나님께서 허락하시는 한도 내에서, 특별히 악령들이 관심을 사는 문제에 대해 우리의 생각을 방해합니다. 이것은 전혀 이상한 일이 아니며, 그것은 그들이 바로 그러한 생각의 원천을 잘 이해하고 있기 때문입니다. 그리고 그들은 상상력, 이해력 그리고 다른 모든 정신적 기능들이 신체적인 기관의 어느 부분에, 보다 직접직으로 어떻게 연관되어 있는가를 잘 알고 있습니다. 그리고 이러한 결과로서 이 기관들에 영향을 주어 여기에 연관된 행동을 어떻게 유발시킬 것인가를 잘 알고 있습니다.

앞서 말한 어떤 방법을 사용하지 않고서도 그들이 수많은 생각들을 주입할 수 있다는 사실을 여기에 첨가해야 합니다. 정신이 정신에 영향을 미치는 것과 같이 물질이 물질에 영향을 미치는 것은 자연스러운 일입니다, 이러한 사실을 고려하게 된다면, 우리가 염두에 품고 있는 어떤 관점으로부터 떠나 우리의 생각이 그렇게 자주 방황하게 되는 것을 좋게는 생각할 수 없습니다.

❶ 우리가 논의해야 될 세 번째 문제는, 어떤 부류의 방황하는 생각들이 죄악된 것이며 어떤 것이 그렇지 않은가 하는 점입니다. 그래서 첫째로, 하나님으로부터 떠나 방황하게 하고, 하나님이 우리 마음속에 계실 여지가 없도록 하는 모든 생각들은 의심할 필요도 없이 죄악된 것입니다. 왜냐하면, 이 모든 것들이 실제적인 무신론을 함축하기 때문입니다. 그리고 이러한 생각들로 인해 우리가 하나님 없이 세상에서 살려고 하기 때문입니다. 하나님을 반대하는 것, 하나님을 미워하고 대적하는 것, 이 모든 생각들은 보다 더 죄악된 것입니다. 불평불만적인 생각들도 그런 것입니다. 이런 생각들은 결과적으로 '하나님이 우리를 지배하지 못하도록 하겠다'고 말하는 것이 됩니다. 그리고 하나님의 존재나 그의 속성 또는 섭리에 대해 어느 것이나 불신하는 모든 생각들은 죄악된 것입니다.

나는 지금 이 우주 안에 사는 인간들뿐만 아니라 모든 만물을 지배하시는 하나님의 특별하신 섭리에 대해서 말하는 것입니다. 그러한 섭리가 없이는 '참새 한 마리라도 땅에 떨어지지 않으며', 그 섭리로 인해 '우리 머리의 머리카락 하나라도 다 헤아린 바가 됩니다.' 왜냐하면 특별섭리와 대조되는 일반 섭리(통속적으로 이렇게 불리는)에 대해서 그럴듯하고, 듣기 좋은 말로 설명하려고 하지만, 사실은 어떤 것도 전혀 무의미하기 때문입니다.

* * *

❷ 다시 말하자면, 죄악된 기질에서 솟아나는 모든 생각들은 의심할 필요도 없이 죄악된 것입니다. 예를 들어 보자면 복수심, 교만, 육욕, 또는 허영심으로부터 솟아나는 그런 생각들 말입니다. '나쁜 나무는 좋은 열매를 맺지 못합니다.' 그러므로 나무가 나쁘다면 열매 또한 나쁜 것입니다.

* * *

❸ 그래서 어떤 죄악된 기질이든지 이것들을 발생시키거나 지속시키는

것은 틀림없이 죄악된 것입니다. 즉 교만, 허영심, 분노, 세상적인 사랑을 키우는 것, 혹은 이들을 강화시키며 더하게 하는 것, 또한 불경건한 기질, 열정, 애정을 강화시키며 증가시키는 행위들이 바로 그러한 것입니다. 왜냐하면, 악으로부터 흘러나오는 것은 무엇이나 다 악할 뿐이며, 뿐만 아니라 악으로 인도하는 것은 어떤 것이든지 악한 것이기 때문입니다. 하나님으로부터 영혼을 소외시키려고 하는 것은 어떤 것이든지 악한 것이며, 영혼을 세속적으로, 관능적으로, 또한 악하게 만들거나 지속시키는 것은 어떤 것이든지 악하기 때문입니다.

* * *

❹ 그러므로 생각들 자체는 아무리 결백하다고 할지라도, 그럼에도 불구하고 허약함이나 질병, 육체의 자연적 기능 또는 생명결합의 법칙으로 인해 일어나는 생각조차, 마음속에서 죄악적인 기질을 발생시키고 또는 품게하고 증가시킬 때에는 죄가 되는 것입니다. 그것들은 육신의 정욕, 안목의 정욕, 생활의 허영심입니다. 같은 방법으로 다른 사람의 말이나 행동에 영향을 받아 생긴 방황하는 생각들이 만일 잘못된 성향을 유발시키며 키우게 된다면, 그때는 죄가 발생하기 시작합니다. 그리하여, 우리가 악마에 의해 제시되고 주입된 것들을 관찰하게 될 때도 마찬가지가 됩니다. 그런 생각들이 어떤 세속적이거나 악한 기질에 가담하게 될 때에는(우리가 악마에게 자리를 비어주고, 이로써 그들이 우리의 일부분이 된다면, 언제든지 악마가 그렇게 합니다) 그들이 가담한 기질들과 똑같이, 그 생각들은 악하게 됩니다.

* * *

❺ 그러므로 이런 경우들로부터 추측해 본다면, 이 말의 후자의 의미에서의 방황하는 생각, 즉 그 안에서 우리의 이해력이 염두에 품었던 요점에서 떠나 방황하게 되는 그 생각들은, 우리의 혈관 속에 흐르는 피의 순환이나 우리의 뇌 속에 있는 정신이나 악한 것이 아닌 것처럼 그런 생각들도 죄악된 것은 아닙니다. 이런 생각들은 허약한 체질이나 어떤 우연한

허약함이나 질병으로부터 일어나는 것이며, 허약한 체질이나 병든 몸을 가졌다는 사실이 죄가 안 된다는 것처럼 그것들도 무죄한 것입니다. 그리고 신경의 잘못된 상태, 어떤 종류의 질병, 그리고 순간적이거나 영구적인 정신착란증 등이 완전히 무죄한 것이라는 사실을 의심할 자는 아무도 없습니다. 그리고 그것들이 건강한 신체와 결합된 영혼에서 발생되었다고 할지라도 즉, 몸과 영혼의 자연적 결합이나, 혹은 생각에 작용하는 몸의 기관에서 일어나는 수천 가지의 변화들로부터 발생된 것이라고 할지라도 어떤 경우에 있어서나 그것들이 발생된 원인과 마찬가지로 그 병들은 전적으로 무죄한 것입니다. 그리고 그들이 우발적이고도 무의식적으로 우리 생각의 결합에서부터 발생되었을 때에도 그렇습니다.

* * *

❻ 만약 우리의 생각들이 염두에 두고 있던 문제-다른 사람들이 우리의 감각에 여러가지로 영향을 준-로부터 떠나 방황하는 것이라면, 그것들은 똑같이 무죄합니다. 왜냐하면 내가 보거나 들은 바, 그리고 많은 경우에 있어서, 보고 듣고 이해할 수 밖에 없는 것을 이해하는 것이 죄가 되지 않는 것은 눈과 귀를 가지고 있는 것이 죄가 되지않은 것과 마찬가지입니다. 그러나 만일 악마가 방황하는 생각을 주입한다면, 그 생각들은 악한 것이 되지 않겠습니까?

그 생각들은 문젯거리가 되고 그런 의미에서 악한 것입니다. 그러나 그것들이 죄악된 것은 아닙니다. 나는 악마가 들을 수 있는 목소리로 주님과 이야기하는 사실을 아는 바가 없습니다. 그가 '만일 당신이 나에게 엎드려 절하면 이 모든 것들을 당신에게 주겠다' 라고 단지 주님의 마음에만 이야기했던 것입니다. 그러나 악마가 내적으로 말했건 외적으로만 말했건 간에, 우리 주님은 그가 말한 바에 대응하는 생각을 가졌습니다. 그렇다면 주님의 생각이 죄악된 것이었습니까? 우리는 그렇지 않다는 사실을 압니다. 주님에게는 행동이나 말이나 생각에 죄가 없으셨습니다. 사탄이 주님을 따르는 제자들에게 주입할 수 있는 똑같은 종류의 수천 가지 생각들 속에서도 주님은 죄가 없으셨습니다.

***

❼ (부주의한 사람들이 단언했던 것은 무엇이든지 간에, 그 때문에 주님께서 슬퍼하지 않으셨던 자들을 슬퍼하게 하는) 방황하는 생각들 중 어느 것도 완전한 사랑과는 일치될 수 없다는 결과가 나옵니다. 만일 사실이 그렇다면 심각한 고통뿐만 아니라 수면 자체도 완전한 사랑과는 일치되지 못할 것입니다.

심각한 고통, 즉 그 고통이 잇달아 발생하게 될 때에는 언제든지, 그리고 우리가 이전에 여기에 대해 어떻게 생각했던 간에 그 고통은 우리의 생각을 방해하게 되며, 물론 또 다른 방향으로 우리의 생각을 유도하게 될 것입니다. 그 뿐만 아니라 수면 자체도 그렇습니다. 그 이유는 수면은 무감각하고 멍청한 상태이고, 그리고 지상을 방황하는 맥 빠지고, 거칠고 조리없는 사상과 일방적으로 혼합되어 있는 상태이기 때문입니다.

그러나 분명하게 이러한 생각들도 완전한 사랑과 일치될 수는 있습니다. 그래서 이러한 부류는 모든 방황하는 생각들이 있게 됩니다.

IV

❶ 지금까지 관찰해 온 바에 의하면, 우리가 여기서부터 구원받기를 바라며, 기도하게 되는 방황하는 생각들은 어떤 종류가 있는가? 하는 마지막 질문에 분명히 답변하기란 어려운 일은 아닙니다.

방황하는 생각들 가운데 전자의 부류에 속하는 것들, 즉 그 속에서 우리가 하나님으로부터 떠나 마음이 방황하는 모든 것들 하나님의 뜻에 반대되는 모든 것들, 우리가 이 세상에서 하나님 없이 남아 있어야 하는 이 모든 것들로부터, 사랑 안에서 완전하게 된 모든 사람들은 의심할 여지없이 구원을 받게 됩니다. 그러므로 이러한 구원을 우리가 기대할 수 있게 됩니다. 이것을 위해 우리는 마땅히 기도할 수 있고, 마땅히 기도해야만 됩니다. 이러한 부류의 방황하는 생각들은 하나님과 대적되지는 않는다 할지라도 불신을 내포하고 있는 것입니다.

하나님께서는 이 양자 모두를 파괴하실 것이며 완전히 결말을 지으실 것입니다. 그리고 실제로 우리는 이 죄악된 방황하는 생각들로부터 전적으로 구원받게 될 것입니다. 사랑 안에서 완전하게 된 모든 사람들은 이런 것들로부터 구원 받았습니다. 그렇지 않다면, 그들은 죄로부터 구원받지 못할 것입니다. 사람들과 악마들은 그들에게 모든 수단을 동원하여 유혹할 것입니다. 그러나 그들은 하나님을 사랑하는 자들을 지배할 수가 없습니다.

* * *

❷ 후자의 부류에 속하는 방황하는 생각들에 대해서는 그 경우가 매우 다양합니다. 원인이 제거될 때까지는 결과가 중단되기를 합리적으로 기대할 수는 없습니다. 그러나 이러한 원인과 이유들은 우리가 육체에 머물러 있는 한 남아 있게 될 것입니다. 그러므로 우리가 믿을 이유를 가지고 있는 한 그 결과도 역시 남아 있게 될 것입니다.

* * *

❸ 더 특별한 사례를 들어보면, 아무리 거룩하다고 할지라도 영혼이 병든 몸에 거하고 있다고 생각한다면, 그리고 노도와 같은 광기가 일어나도록 뇌가 완전히 병들었다고 생각한다면 모든 생각들은 병이 계속되는 한 거칠어지고, 일관성이 없게 되는 것이 아닙니까?

열병이 '정신착란'이라고 부르는 일시적인 광기를 유발시킨다면 그 정신착란이 제거되기까지 사고의 정확한 연결이 있을 수 있겠습니까? 그 뿐만 아니라 적어도 부분적인 광기를 가져올 만큼 고도로, 소위 신경병이라는 것이 일어나게 된다면, 수많은 방황하는 생각들이 일어나게 될 것입니다. 그래서 그 병이 방황하는 생각들의 원인이 되는 한 이러한 불규칙적인 생각들이 틀림없이 계속될 것이 아닙니까?

❹ 심한 고통으로부터 필연적으로 발생하게 되는 생각들에 대해서도 경우가 똑같은 것이 아니겠습니까? 고통이 계속되는 한, 불가항력적인 자연 질서로 인해서 다분히 방황하는 생각들은 계속될 것입니다. 이러한 자연의 질서는 육체의 천성적인 구조로부터 발생되는 이해력, 판단력, 상상력의 결핍으로 인하여, 혼란되고, 파괴되고, 방해되는 생각들을 갖게 될 것입니다. 얼마나 많은 방해들이 생각이 없고 자의적인 것이 아닌 관념의 결합으로부터 발생됩니까? 이 모든 것들은 우리의 마음을 괴롭히는 썩어질 육신으로부터 직접적 또는 간접적으로 기인되는 것입니다. 그러므로 '이 썩어질 것이 썩지 않은 것으로 옷입혀 질 때' 까지는 이들이 제거되기를 바랄 수는 없습니다.

* * *

❺ 그리고 우리가 흙으로 돌아가게 될 때에는, 지금 우리를 둘러싼 사람들 가운데서 보고 들은 바로 인해서 발생된 방황하는 생각들로부터 구원받을 수 있을 것입니다.

방황하는 생각을 피하기 위해서 우리는 이 세상 밖으로 나아가야만 합니다. 왜냐하면 우리가 세상 속에 남아있는 한, 우리들 주위에 남자들과 여자들이 있는 한, 또한 우리가 볼 수 있는 눈과. 들을 수 있는 귀를 가지고 있는 한, 우리가 매일매일 보고 들은 일들은 분명히 우리의 마음속에 영향을 미치게 될 것이며, 그리고 우리가 앞에서 언급한 악한 생각들이 다분히 파고 들어오고 방해하게 될 것입니다.

* * *

❻ 그리고 악령들이 비참하고 무질서한 세상에 이리저리 오랫동안 떠돌아다니는 한, 그만큼 오랫동안(악령들이 지배적이거나 말거나 간에) 그들은 모든 혈육 속에 거하는 자들을 공격할 것입니다. 심지어 그들은 그들이 파괴할 수 없는 자까지 괴롭힐 것입니다. 그들은 정복하지 못할지라도 공격해 올 것입니다. 그리고 쉬지않고 끈기있는 적의 공격으로부터 우리가 '악한 자가 싸우기를 멈추고 악한 자가 휴식을 취하는 곳' 에 거하게 될 때까

지는 완전한 구원을 기대할 수가 없습니다.

***

❼ 전체를 요약해 봅시다. 악령으로부터 일어난 방황하는 생각들로부터 구원받기를 바라는 것은 악마가 죽거나 잠에 떨어지기를 바라는 것이며, 적어도 악마가 성난 사자처럼 헤매지않기를 바라는 것입니다. 다른 사람에 의해 기인된 방황하는 생각들로부터 구원받기를 기대하는 것은 그 사람들이 지상에서 사라지기를 바라고, 우리가 사람들로부터 완전히 고립되기를 바라며, 그들과 교제를 끊도록 바라는 것이 됩니다. 또는 눈을 가지고 있지만 보지 않거나 귀를 가지고 있지만 듣지 않아서, 목석처럼 무감각하게 되기를 바라는 것입니다. 그리고 육신으로 인해 생긴 악한 생각들로부터 구원받기를 기도하는 것은 결국 우리가 육신을 떠나기를 바라며 기도하는 것이 될 것입니다.

그렇지 않다면, 불가능성과 불합리성을 바라는 기도가 될 것입니다. 즉 이것은 육체와의 결합에 있어서 자연적이고도 필연적인 결과를 바라지 않고 우리의 결합을 썩어질 육신과 함께 계속함으로써 하나님께서 서로 대립되는 것을 화해하시도록 기도하는 것입니다. 이것은 마치 우리가 동시에 천사와 인간이 되고 죽는 자와 불멸하는 자가 되도록 기도하는 것입니다. 그러나 사실에 있어선 그렇지가 않습니다. 영원한 것이 올 때에는 썩어질 것이 사라지기 때문입니다.

***

❽ 우리는 모든 일이 합력하여 선을 이루게 되도록, 그리고 우리 본성의 모든 연약함, 사람들의 모든 방해, 악령들의 모든 공격과 유혹을 견디어 이 모든 일에 참된 승리가 될 수 있도록 영적으로 그리고 이해력을 가지고 기도합시다. 우리가 죄로부터 구원받게 되도록 죄의 뿌리와 가지를 모두 제거해버릴 수 있도록 '육체와 정신이 오염된 것으로부터', 즉 '모든 악한 기질과 말과 행동으로부터 깨끗하게 될 수 있도록' '온 마음과, 온 정신과, 온 영혼과, 온 힘을 다하여 주 우리 하나님을 사랑' 할 수 있도록,

그리고 모든 성령의 열매, 즉 '사랑과 기쁨과 화평뿐만이 아니라 오래 참음과 친절과 사랑과 신실과 온유와 절제'가 우리 안에 발견될 수 있도록 기도합시다.

우리 주 예수 그리스도의 영원하신 나라에 충분히 들어갈 수 있을 때까지 이 모든 일이 당신 속에 더욱 더 넘치고 충만하여 더하게 되도록 기도합시다.

14

성령의 증거 (1)
The Witness of the Spirit

사랑하는 이들이여!
당신 속에 이 소망이 있습니까?
그렇다면 하나님께서 깨끗하게 하신 것 같이 자신을 깨끗하게 하십시오.
당신은 하나님께서 주신 사랑을 가지고 계십니까?
하나님의 자녀라고 일컬음을 받고 있습니까?
그러면 지금 육과 영의 온갖 더러운 것에서 자신을 깨끗하게 하여
하나님을 두려워하는 가운데 거룩함을 온전히 누리십시오,
그리고 당신의 모든 생각이나 말이나 행동이 바로 하나님께서
그리스도를 통하여 받으실 만한 신령한 제사가 되게 하십시오!

14 | 성령의 증거(1)
The Witness of the Spirit

【 해설 】

이 글은 설교라기 보다는 출판할 목적으로 쓰여진 것 같다. 1767년에 출판된 '성령의 증거(Ⅱ)'에서 웨슬리는 1746년에 쓴 설교 '성령의 증거(Ⅰ)'를 인용하면서 "20년 동안 보다 면밀히 검토하여 보았지만 나는 이 설교의 어떤 부분도 삭제할 이유를 찾지 못하였다"고 적고 있다(Works, V, p.125).

웨슬리는 1741년 3월 10일 목요일 브리스톨(Bristol)에서 열린 집회의 아침 설교 본문으로 로마서 8장 15절 이하를 택하였고, 그 설교를 다듬고 수정하여 출판한 것 같다. 1753년 8월 11일 이전에 이 설교를 했다는 기록은 없다. 그러나 웨슬리 초기의 설교 가운데 대부분이 이 설교의 내용을 담고 있다. 웨슬리는 이 설교에서 두 가지 극단을 경계하고 있다. 첫째는, 열광주의자들의 사상을 경계한다. 이 설교에 나오는 열광주의자들은 모라비안 교도들의 영향을 받은 사람들이다(cf. Harrison, Standard Sermons of John Wesley, p.198). 웨슬리는 모라비안 교도들로부터 확신의 교리를 배웠다. 그러나 이들은 칭의와 성화를 동일시하며, 칭의를 받는 순간부터 죽을 때까지 더 거룩할 수도 덜 거룩할 수도 없다고 주장했다. 그들은 그리스도만이 의롭고 거룩하기 때문에 그리스도를 모시는 것이 곧 칭의요 성화라고 주장한 것이다.

이들은 결국 하나님의 계명을 무시함으로써 도덕폐기론자의 잘못에 빠져들게 되었다(work, I, p.323~325). 웨슬리는 이런 주장에 대해 "한편 마귀의 일을 하고 있으면서도 자신들을 하나님의 자녀라고 부질없이 추측하는 것"이라고 비판했다.

둘째로, 웨슬리는 합리주의자들의 사상을 경계하고 있다. 여기에서 말하는 합리주의자들은 당시의 영국국교도를 가리키는 것으로 이들이 주장하는 성령의 증거는 사도시대의 특별한 기적적인 은사로서, 개개인에게 나타나는 것이라기 보다는 공식적으로 나타나는 것이라고 주장했다(Sugden(ed), STS. I, p.263 주해).

이에 대해 웨슬리는 〈이성적이고 종교적인 사람들에게 보내는 두 번째 호소〉라는 논문에서 반박하고 있다. 웨슬리는 이 논문에서 3~5세기의 교부들도 확신의 교리를 가르쳤다고 주장하면서 오리겐(Origen), 크리소스톰(Chrysostom), 아다나시우스(Athanasius) 그리고 어거스틴(Augustine) 등을 인용하고 있다. 뿐만 아니라 그는 루터(Luther), 멜랑히톤(Melanchiton)과 영국교회 신조까지도 인용하면서 확신의 교리를 주장했다. 그러나 이들의 주장이 주로 사변적인 데 치우쳤기 때문에 생명력을 잃어버렸다고 지적하면서 경험적인 측면을 강조했다.

그 결과 웨슬리는 모라비안파들로부터는 율법주의자라는 말을 듣고, 영국국교도들로부터 열광주의자라는 말을 들었다. 그러나 사실 웨슬리는 율법주의자도 아니요, 열광주의자도 아니었다. 웨슬리는 이 설교의 서론에서 말한다. "이런 그릇된 영과 열광주의와 충분한 거리를 지키면서도 하나님의 은사를 부인하지 않고 하나님의 자녀가 가지는 이 큰 특권을 지니고 걸어갈 수도 있지 않겠습니까? 분명 우리는 중용의 도를 걸어갈 수 있습니다." 이 확신의 교리를 웨슬리는 성령의 직접적인 증거와 간접적인 증거(곧 우리 영의 증거)의 공동증거(Joint Witness)로서 정립하였다.

이렇게 함으로써 그는 위에서 언급한 양극단의 주장을 창의적으로 종합하였다고 볼 수 있다. 다시 말해, 성령의 직접적인 증거를 주장함으로써 합리주의자들의 결점을 시정하고, 그런가 하면 이 성령의 직접증거에 성령의 간접증거를 결부시켜서 열광주의자들의 위험을 경계한다. 곧 웨슬리는 성령의 간접적인 증거(곧 우리 양심의 증거)의 필요성을 말함으로써, 성도의 내적인 '직접적 증거(Direct Witness)'라 하나님께로부터 온 것인지, 아니면 마귀에게서 온 것인지를 분별하게 된다고 말했다. 이 양심의 증거에 대해서 웨슬리는 '우리 영의 증거'라는 설교에서 자세히 설명하고 있다.

웨슬리는 이 확신을 올더스게이트에서 극적으로 체험했다. 그 때의 체험이 너무나 감격적이었기에 웨슬리는 초기에 이 확신이 구원에 절대적인 것으로 생각했던 같다. 그러나 그는 후년에 이르러 "확신은 하나님의 자녀에게 주어지는 공통된 특권"이라고 정리하였다(Sugden, STS, Vol. I, p.82 주해). "철저한 확신이 따르지 않아도 거기에는 믿음이 있을 수 있다"(Letters Ⅳ, p.161, 162)라고 시사하였다. 어쨌든 이 교리야말로 메소디스트가 외쳐야 할 교리 가운데 가장 중요한 것 중의 하나이며(Sugden, STS, Ⅱ, p.343~344) 또한 웨슬리가 기독교 교리사에 크게 공헌한 교리인 것이다.

【 설교 】

"성령이 우리 영과 더불어 우리가 하나님의 자녀인 것을 증거하시나니"(롬 8:16)

1 이 성경 말씀을 곡해함으로써 얼마나 많은 사람들이 자기가 확신하고 있는 것을 바로 깨닫지 못해서 큰 손실을 가져왔는지 모릅니다. 영혼의 멸망을 가져오지는 아니하였다고 할지라도 많은 사람들이 자기 자신의 상상으로부터, 나오는 음성을 성경에 있는 '하나님의 영의 증거'라고 잘못 생각하여, 한편 마귀의 일을 하고 있으면서도 자신들이 하나님의 자녀라는 부질없는 추측을 하고 있습니다. 이런 이들은 진실로 가장 나쁜 의미에서의 광신자라 해야 마땅한 사람들입니다.

그들이 이 도리를 깨닫기는 극히 어렵습니다. 특히 그릇된 생각에 빠져 있다면 더욱 어려운 노릇입니다. 그들에게 바른 지식을 갖게 하려는 모든 노력을 그들은 하나님께 대하여 대항하려는 것으로 간주할 것입니다. 그리고 성급하고 격렬한 정신, 곧 그들이 믿음에 대한 열심이라고 부르는 것들 때문에 그들을 보통 방법으로는 깨닫게 할 수 없습니다. 그래서 우리는 이것을 '사랑의 힘으로는 불가능한 일'이라고 말할 정도입니다.

2 많은 이성적인 사람들이 이런 망상의 무서운 결과를 보고, 할 수 있는 한 이것으로부터 멀리하려는 노력을 하였습니다. 그러한 노력 때문에 또 다른 극단으로 기울어질 수밖에 없다고 한다면 누가 놀라겠습니까?

즉, 어떤 사람이 이 증거를 가졌다 할지라도 이 증거에 관해서 다른 사람들이 심한 과오를 범하고 있기 때문에 그 말을 믿지 않으려 한다고 해서, 또 그들이 지나치게 남용되어온 표현을 사용하는 사람들을 모두 광신자라고 즉각적으로 몰아버린다고 해서 누가 놀라겠습니까?

저들이 여기서 말하는 입증이나 증거가 일반 그리스도인의 특권인가 아니면 사도 시대에만 있었던 특수한 은사 중 하나인가 라는 의문을 제기한다 해도 놀랄 일이 아닙니다. 그것을 이해할 만한 일입니다.

3 그러면 우리는 이 양극단 중 어느 쪽으로 기울어야 하는 것입니까? 중용의 위치를 지킬 수는 없습니까? 다시 말해서 이런 그릇된 영과 열광

주의자와의 충분한 거리를 유지하면서, 또한 하나님의 은사를 부인함 없이, 즉 하나님의 자녀가 지니는 이 큰 특권을 포기하지 않고 나갈 수는 없는 것입니까? 분명히 우리는 그 중용의 도를 걸어갈 수 있습니다. 그러기 위하여 하나님 앞에서 다음의 내용을 고찰해 보도록 합시다.

I. 여기에서 말하는 우리 영의 증거 또는 증언이란 무엇입니까? 하나님의 영의 증거란 무엇입니까? 그리고 어떻게 하나님께서 우리 영과 더불어 우리가 하나님의 자녀인 것을 증거하십니까?

II. 이 하나님이 영과 우리의 영이 결합된 증거가 어떻게 인간의 마음의 추측이나 마귀의 현혹으로부터 분명하게 구별됩니까?

❶ 먼저 우리는 우리 영의 증거 또는 증언이란 무엇인가를 고찰해 봅시다. 나는 여기서 하나님의 영의 증거를 무시해 버리고 우리 인간의 영의 이성적인 증거만을 주장하는 사람들에게 다음과 같은 것을 관찰하라고 권하지 않을 수 없습니다.

즉, 본문에서 사도 바울은 우리 영의 증거만을 말하고 있다고 볼 수는 없다는 것입니다. 그래서 우리는 바울이 하나님의 영의 증거에 대해서만 말하고 잇지는 않은가와, 또한 우리 영의 증거에 대해서 조금이라도 말하고 있는가를 관찰해 보아야 합니다. 이것은 원문을 보면 이해가 잘 됩니다. 사도 바울은 바로 그 앞 절에서 "너희는 양자의 영을 받았으므로 아바아버지라 부르짖느니라"하고 이어서 "Αυτό τό πνευμα (어떤 사본에 τό αύτό πνευμα) σαμμαρτυρει τω πνεύματι ήμων ότι έσμέν τέκνα Θεου"라고 했습니다. 이 말씀은 "그 같은 영이 우리 영에게 우리가 하나님의 자녀인 것을 증거하시느니라"로 번역될 수 있습니다(여기의 전치사 σύν은 단지 하나님께서 우리로 하여금 아바 아버지라고 부르짖게 하시는 바로 그 때에 이를 증거하신다는 것을 드러내는 전치사입니다).

그러나 나는 이 번역에 만족하지 않습니다. 왜냐하면 많은 성경 구절들을 보더라도 모든 진실한 그리스도인의 체험에 입각해서 신자에게는 그가 하나님의 자녀라는 하나님의 영의 증거와 또한 우리 영의 증거가 있다는 것이 너무나 분명하기 때문입니다.

* * *

❷ 후자에 관해 말하자면, 하나님의 자녀의 표적(특징)을 묘사하고 있는 여러 성경 구절에서 그 근거를 찾을 수 있습니다. 아주 명백하게 기록되어 있기 때문에 성급한 사람이라도 알게 될 것입니다. 이러한 여러 성경 본문은 고금의 많은 저자들에 의하여 수집되어서 기록되어 있습니다. 그 이상 더 분명히 알고 싶은 사람은 하나님의 말씀을 설교로 듣거나 은밀한 가운데 하나님의 말씀을 명상하고, 또 하나님이 하시는 방법에 대한 지식을 가지고 있는 사람들과 담론(談論)함으로써 더 잘 알 수 있을 것입니다. 그리고 바울이 "형제들아 지혜에는 아이가 되지 말고 악에는 어린아이가 자라 지혜에 장성한 사람이 되라"(고전 14:20)고 한 말대로, 하나님께서 주신 종교는 소멸케 하는 것이 아니라 완전케 하는 것이라는 것을 이해하고 추리해야 합니다. 즉, 이러한 성경의 표적을 자기 자신에게 적용시켜 봄으로써, 자기가 하나님의 자녀인지 아닌지를 알 수 있을 것입니다.

이와 같이 첫째로, 자기가 성령으로 인도함을 받아 거룩한 성품과 행동을 가진 사람인 것을 알게 되면 그 사람은 하나님의 아들인 것입니다 (이에 대해서는 성경이 분명한 확신을 주고 있습니다). 둘째로, 이와 같이 하나님의 영에 의하여 인도함을 받았으니 "그러므로 나는 하나님의 아들이라"고 쉽게 결론지을 수 있을 것입니다.

* * *

❸ 이것과 일치하게 사도 요한은 그의 첫 번 서간에서 다음과 같이 분명히 말하였습니다.

"우리가 그의 계명을 지키면 이로써 저를 아는 줄로 알 것이요"(요일 2:3)

"누구든지 그의 말씀을 지키는 자는 하나님의 사랑이 참으로 그 속에서 온전케 되었나니 이로써 우리가 저 안에 있는 줄을 아노라"(요일 2:5)

"너희가 그의 의로우신 줄을 알면 의를 행하는 자마다 그에게서 난 줄을 알리라"(요일 2:29)

"우리가 형제를 사랑함으로 사망에서 옮겨 생명에 들어간 줄 알거니와"(요일 3:14)

"이로써 우리가 진리에 속한 줄을 알고 또 우리 마음을 주 앞에서 굳세게 하리로다"(요일 3:19)

"말로나 입술로만 피차 사랑하는 것이 아니요 진리와 행위로 함이니라(요일 3:18).그의 성령을 우리에게 주심으로 우리가 그 안에 거하고 그가 우리 안에 거하시는 줄을 아나니 이는 우리에게 주신(순종의) 성령으로 말미암음이니라"(요일 3:24).

* * *

❹ 아마도 세상의 태초부터 지금까지 하나님의 자녀 가운데서, 이런 말을 쓰고 있는 사도 요한이나 그의 글을 받는 그리스도 안에서 아버지된 자들 이상으로, 하나님의 은총과 우리 주 예수 그리스도를 아는 지식에 있어서 앞선 사람은 없을 것입니다. 그렇지만 사도 자신이나 하나님의 전에 기둥된 사람들은 모두 그들이 하나님의 자녀라는 이런 표적들을 결코 무시하지 않고, 자기들의 신앙을 견고히 하기 위하여 자기 영혼에게 적응시킨 것이 분명합니다.

그러나 이것은 다른 것이 아니라 바로 우리 영의 이성적인 증거와 증언과 추리와 이해인 것입니다. 이 모든 것은 다음과 같은 말로 해결 될 수 있습니다. "이런 표적을 가진 사람은 하나님의 자녀입니다. 그런데 우리는 이런 표적을 가졌습니다. 그러므로 우리는 하나님의 자녀인 것입니다."

* * *

❺ 우리들이 가지고 있는 이 표적은 어떻게 나타납니까? 이것이 아직

남아 있는 문제입니다. 우리가 하나님과 이웃을 사랑하며 그의 계명을 지킨다는 것이 어떻게 나타납니까? 이 질문이 의미하는 바는 이것이 타인에게 어떻게 나타나느냐의 문제가 아니라 우리들 자신에게 어떻게 나타나느냐의 문제임을 아셔야 합니다.

그러면 나는 이런 질문을 하시는 분에게 물어보고 싶습니다. 즉, 당신이 살고 있다는 것, 그리고 당신이 지금 고통 가운데 있지 아니하고 편안하다는 것이 어떻게 당신에게 나타납니까? 당신은 즉각적으로 그것을 아시지 않습니까? 그와 마찬가지로 당신의 영혼이 하나님을 향해 살아 있다면, 또한 당신이 넘치는 진노의 고통에서 구원받아 온유하고 잠잠한 영에 속한 평안을 가지고 있다면 당신은 즉각적으로 그것을 알게 될 것입니다.

만약에 당신이 하나님을 사랑하고 즐거워하며 그 안에서 좋아한다면, 같은 방법으로 당신은 그것을 지각하지 아니할 수 없는 것입니다. 또한 당신이 이웃 사랑하기를 자기 몸 사랑하듯 하며, 온 인류에 대해 친절한 생각을 가지고 있고 양선과 인내로 가득 채워져 있다면 당신은 그것을 직접 확신하게 될 것입니다.

그리고 하나님의 자녀의 외적 표적에 대하여서도, 곧 사도 요한이 말하는 바 그의 계명을 지키는 일에 대해서도 만약에 그것이 하나님의 은혜로 당신에게 있는 것이라면, 당신은 의심없이 마음 속으로 그것을 알게 될 것입니다. 당신의 양심은 당신이 매일 하나님의 성호를 진실함과 경건함, 존경하는 마음과 두려운 마음으로 부르지 않고 입술로만 부르는 것은 아닌지, 또 안식일을 기억하여 거룩하게 지키는지 안 지키는지를 당신에게 고합니다. 뿐만 아니라 당신이 부모를 공경하고 있는지, 당신이 대접을 받고자 하는 대로 남을 대접하는지, 당신의 몸을 거룩하고 존귀하게 여기는지, 먹든지 마시든지 절제 있게 하며 이 모든 것을 하나님의 영광을 위해 하는지를 당신에게 고하고 있습니다.

* * *

❻ 이것이 우리 영의 증거입니다. 곧 하나님께서 우리 마음도 거룩하게

하시며 담화에서도 거룩하게 해주셨다는 양심의 증거입니다. 이것이 우리가 양자의 영 안에서 또한 그의 영에 의해 하나님의 말씀 속에 기록된 하나님의 양자된 자에 속하는 성품을 받았다는 의식입니다. 이 성품은 곧 하나님과 온 인류를 사랑하는 마음입니다. 이는 우리들의 아버지 하나님을 어린 아기와 같이 신뢰하며, 모든 걱정을 버리고 하나님만을 바라는 것입니다.

그리하여 우리는 그리스도께서 우리를 위하여 생명을 버리신 것과 같이, 형제를 위하여 생명을 버릴 만큼 진실하고 부드러운 사랑으로 모든 사람을 받아들이는 것입니다. 다시 말해서, 이것은 영에 의하여 그의 아들의 형상과 내적으로 일치되었다는 의식으로, 곧 우리가 하나님 보시기에 기뻐하시는 것들을 행하면서 하나님 앞에서 의와 자비와 진리 가운데로 걷는다는 의식입니다.

* * *

❼ 그러면 이 증거 위에 덧붙여지는, 아니 합쳐지는 하나님의 영의 증거는 무엇입니까? 어떻게 하나님이 우리 영과 더불어 우리가 하나님의 자녀임을 증명합니까? 하나님께 속한 이 심오한 일을 표현할 만한 적당한 말을 발견하기란 어렵습니다. 참으로 하나님의 자녀들이 체험하는 것을 적절하게 표현할 수 있는 말은 없습니다. 그러나 우리는(하나님께로부터 이 표현을 시정하거나 부드럽게 하거나 또는 강하게 하는 법을 배운 사람이 있다면 좋겠지만) 하나님의 영의 증거라는 것은 영혼 위에 나타나는 하나의 내적인상(inward impression on the soul)으로, 이로써 하나님의 영은 우리 영에게 우리가 하나님의 자녀인 것을 직접 증거하신다고 말할 수 있을 것입니다. 즉, 이로써 하나님의 영은 우리 영에게 예수 그리스도께서 나를 사랑하사 나를 위하여 자기 몸을 주셨고, 그로 인하여 나의 모든 죄는 도말 되었으며, 나와 같은 죄인도 하나님과 화목되었다고 증거하시는 것입니다.

* * *

❽ 이 하나님의 영의 증거는 사리(事理)로 보아 우리 자신의 영의 증거에

선행(先行)하여야 하는 것입니다. 이것은 다음의 한 가지 사실만 보더라도 분명 합니다.

즉, 우리는 우리의 마음과 생활이 거룩하다는 것을 의식하기 전에 먼저 우리의 마음과 생활이 거룩하지 않으면 안 되는 것입니다. 다시 말해, 우리가 내적으로나 외적으로나 거룩하다고 하는 우리 영의 증거를 가지기 전에 우리의 마음과 생활이 먼저 거룩해지지 않으면 안 되는 것입니다. 우리는 전적으로 거룩해질 수 있기 전에 하나님을 사랑하여야 합니다. 이것이 모든 성결의 근본입니다.

그러나 하나님께서 우리를 사랑하신다는 것을 우리가 알기 전에는 우리가 하나님을 사랑할 수 없습니다. "우리가 그를 사랑함은 그가 먼저 우리를 사랑하셨음이라." 또한 우리는 그의 영이 우리 영에게 증거하기까지는 하나님의 용서하시는 사랑을 알 수가 없습니다.

그러므로 하나님의 영의 증거가 하나님의 사랑과 모든 성결에 앞서는 것과 같이 그 후에 오는 성령의 증거도 이에 대한 우리의 내적 의식, 즉 이에 대한 우리 영의 증거에 선행하여야 하는 것입니다.

* * *

❾ 하나님의 영이 우리 영과 더불어 "하나님께서 너를 사랑하여 그의 아들을 너의 죄를 위한 화목 제물로 주셨으며, 하나님의 아들이 그를 사랑하사 그의 보혈로써 너를 죄에서 씻었느니라"로 증거하실 때에야 비로소 우리는 그가 우리를 먼저 사랑한 까닭에 하나님을 사랑하게되며, 또한 그로 인하여 우리의 형제도 사랑하게 되는 것입니다. 이것을 우리 자신은 의식하지 않을 수 없는 것입니다. 즉, 우리는 그것이 우리에게 값없이 하나님으로부터 주어진다는 것을 알게 됩니다. 우리가 하나님을 사랑하고 그의 계명을 지키는 것을 알며, 또한 이로써 우리가 하나님께 속한 것을 압니다. 이것이 곧 우리 영의 증거입니다. 우리가 계속해서 하나님을 사랑하고 그의 계명을 지키는 동안은 이것이 하나님의 영의 증거와 더불어 우리가 하나님의 자녀임을 증거하는 것입니다.

❿ 이 문제를 언급함에 있어서 결코 하나님의 영의 역사를 우리 영의 증거에서 배제하는 것처럼 이해해서는 안 됩니다. 절대 그렇지 않습니다. 우리 속에서 선을 행하시는 분은 하나님이시며, 또한 그의 하시는 일을 드러내고 그가 하신 일을 분명하게 가르쳐 주시는 분도 하나님이신 것입니다.

따라서 사도 바울에 의하면 하나님께서 우리들에게 성령을 주시는 목적은 하나님께서 값없이 주신 은혜를 우리가 알도록 하는 데 있으며, 또한 하나님께서 우리들의 순진함과 진실함에 영향을 주셔서 우리 양심의 증거를 강하게 하시고 우리로 하여금 지금 우리가 하나님을 기쁘게 하는 일을 하고 있다는 것을 아주 분명히 분별하도록 하려는 것입니다.

* * *

⓫ 만약 "하나님의 영이 어떻게 우리 영과 더불어 우리가 하나님의 자녀인 것을 즐거워하여 모든 의심을 없애고 그의 아들된 사실을 증명하느냐?"라고 묻는다면 그 해답은 위에서 상고해 본 것에서 분명해집니다.

먼저 우리 영의 증거에 대하여 알아보기로 합시다. 영혼이 어떤 것을 사랑하고 좋아하면 그것을 정확하고 분명하게 아는 것과 같이, 영혼이 하나님을 사랑하고 즐거워하며 기뻐할 때 그것을 친히 그리고 분명히 알게 됩니다. 그리고 영혼이 존재하느냐 존재하지 않느냐가 의심할 여지도 없는 문제인 것과 같이, 영혼이 사랑하며 즐거워하고 기뻐하는 것도 의심할 여지가 없는 것입니다.

그러므로 이것을 공정히 추리한다면, 지금 하나님을 사랑하고 겸손한 사랑과 거룩한 기쁨과 순종하는 사랑을 가지고 그 안에서 기뻐하는 자는 하나님의 자녀인 것입니다. 곧, "나는 이와 같이 하나님을 사랑하고 좋아하며 기뻐한다. 그러므로 나는 하나님의 자녀이다"라고 말하게 될 것입니다.

따라서 그리스도인은 자기가 하나님의 자녀인 것을 결코 의심할 수가 없습니다. 앞의 명제(命題)에 관해서는 성경이 하나님께로부터 왔다는 것에 대한 확신과 똑같은 확신을 가지고 있습니다. 그리고 하나님께 대한 사랑에 대해서도 극히 자명한 내적 증거가 있습니다. 우리 영의 증거는 가장 온전한 확신과 더불어 우리 마음을 장악해서 우리의 아들됨을 증명하여 모든 그럴 듯한 의심을 초월하게 만듭니다.

* * *

❷ 하나님의 증거가 어떻게 우리 마음에 현현(顯現)되느냐 하는 그 방법에 대해서 나는 감히 설명하고 하지 않겠습니다. 그에 대한 지식은 너무도 놀랍고 탁월한 것이어서 나는 그 정도까지 도달할 수가 없기 때문입니다. 바람이 불면 그 소리는 듣지만 그것이 어디서 와서 어디로 가는지 말할 수 없는 것과 같습니다. 사람에게 속한 일은 그 속에 있는 사람의 영이 아니고서는 알 수 없는 것처럼, 하나님께 속한 것도 마찬가지로 하나님의 영이 아니고서는 알 수 없는 것입니다.

그러나 이 사실만은 우리가 알 수 있습니다. 즉, 하나님의 영이 신자에게 그의 양자된 증거를 주신다는 사실입니다. 그리고 이것이 영혼에 나타났을 때, 그 사람은 자신의 아들됨의 실재를 마치 태양의 화염속에 섰을 때 그 빛을 의심할 수 없는 것과 마찬가지로 이것도 의심할 수 없게 됩니다.

❶ 그러면 다음으로 우리는 이 하나님의 영이 우리 영과 함께 하는 증거(joint testimony)를 어떻게 사람 마음의 추측과 마귀의 현혹으로부터 분명하고도 확실하게 구분할 수 있는가 하는 것을 고찰해 보고자 합니다.

자기 영혼을 스스로 속이지 않도록 아주 조심스럽게 이를 상고한다는 것은 하나님의 구원을 갈망하는 모든 사람에게 가장 지대한 문제가 아닐 수 없습니다. 이것이 잘못되면 그 사람은 대체로 가장 치명적인 결말을 맞이하게 됩니다. 왜냐하면 이런 과오를 범한 사람이 자기의 실수를 발견하였을 때에는 이미 늦어서 해결할 수 없기 때문입니다.

***

❷ 그러면 먼저 이 증거를 인간이 그 마음에 갖는 추측으로부터 어떻게 구별할 것입니까? 죄를 깨닫지 못해본 사람은 늘 은근히 자기를 높여 특별한 영적 일에 있어서 마땅히 생각해야 할 그 이상으로 생각합니다. 육신의 생각으로 쓸데없이 교만해진 자가 참 그리스도인의 특권에 대하여 이야기를 들었을 때, 자기도 틀림없이 그들 축에 끼일 수 있다고 생각하며 나아가서는 자기도 이런 것을 이미 가졌노라고 생각하는 것은 결코 이상한 일이 아닙니다. 이런 예가 지금도 세상에 많습니다. 각 시대에도 많이 있었습니다. 그러면 성령이 우리 영과 더불어 증거하시는 이 참 증거를 해로운 억측에서 어떻게 구별해 낼 수 있겠습니까?

***

❸ 나는 대답합니다. 성경에 이것들을 분별해 내는 표적들이 많이 있습니다. 성경 말씀은 아주 평이하게 이 하나님의 영이 신자의 영과 더불어 참되고 순수한 증거를 동반하는 것과 그 후에 오는 여러 가지 환경들을 묘사하고 있습니다.

이를 조심스럽게 비교하며 이런 말씀에 귀를 기울여 열심히 듣는자는 누구든지 분명한 것을 알게 될 것입니다. 영의 참 증거와 그럴 듯한 거짓 증거 사이에는 모든 면에서 큰 차이가 있음을 알게 될 것입니다. 이 양자를 혼동할 위험도 없고 그럴 가능성도 없다는 것을 알게 될 것입니다.

***

❹ 이리하여 하나님의 은사를 공연히 헛되게 하는 사람은 참으로 원하기만 한다면 자기가 지금까지 하나님에 대한 심한 망상에 빠져 있었고, 하나의 거짓을 믿고 있었구나 하는 넋을 분명히 알게 될 것입니다. 왜냐하면 성경이 이 은사에 앞서 또는 수반하거나 그 뒤를 따르는 여러 가지 명

백한 표적을 말하고 있기 때문입니다. 이 은사들을 전에는 몰랐어도 조금만 생각하면 모든 의심을 초월하여 깨달을 수 있을 것입니다.

예를 들면 성경은 회개 곧 죄를 깨닫는 것을 늘 사죄(赦罪)의 증거에 앞서 오는 것이라고 묘사하고 있습니다. 그러므로 "회개하라 천국이 가까웠느니라"(마 3:2) "회개하고 복음을 믿으라"(막 1:15), "너희가 회개하여 각각 세례를 받고 죄사함을 받으라"(행 3:19)고 하였습니다.

우리 교회도 이와 일치하여 늘 회개를 사죄나 사죄의 증거 앞에 놓고 있습니다. 하나님께서는 진심으로 회개하고 거짓없이 그의 거룩한 복음을 믿는 자를 용서하시며 사면해 주십니다. 전능하신 하나님께서는 진심에서 우러난 회개와 참 믿음을 가지고 자기에게 돌아오는 모든 자에게 사죄의 약속을 하셨습니다.

그러나 그런 사람은 이러한 회개와는 인연이 없는 자이며 상하고 통회하는 심정을 모르는 자입니다. 뿐만 아니라 죄의 기억으로 인해 근심해 보지도 못했으며, 견딜 수 없는 무거운 짐을 느껴 보지도 못한 자인 것입니다. 그런 사람은 이런 참회의 고백을 반복하지만 자기가 무엇을 말하는지를 모르는 자입니다. 단지 하나님께서 듣기 좋도록 하려는 것뿐입니다.

그리고 하나님께서 이에 앞서 하시는 일(곧 회개 – 역자 주)이 없었다면 그는 단지 그림자만 붙잡았을 뿐 하나님의 자녀되는 참된 특권을 알지 못하고 있었다는 것을 마땅히 믿어야 됨에도 불구하고 믿지 못하는 것입니다.

***

❺ 다시 성경은 하나님께로부터 태어남을 크고 능력있는 변화라고 묘사합니다. 그런데 이러한 하나님으로부터의 출생은 우리가 하나님의 자녀라는 증거보다 앞서야만 합니다. 이 변화는 흑암에서 광명으로의 변화요, 사탄의 세력에서 하나님께로 옮겨지는 변화입니다. 사망에서 생명으로 옮겨지는 것이니 곧 사망에서의 부활입니다.

사도 바울은 에베소에서 말했습니다. "허물과 죄로 죽었던 너희를 살리셨도다"(엡 2:1). "허물로 죽은 우리를 그리스도와 함께 살리셨고 또 함께 일으키사 그리스도 예수 안에서 함께 하늘에 앉히시느니라"(엡 2:5,6).

그러나 그는 우리가 지금 말하고 있는 사람의 이와 같은 변화에 대해 무엇을 알고 있습니까? 그는 이 문제에 대해서는 전혀 모르고 있는 것입니다. 그는 당신에게 자신이 늘 그리스도인이었다고 말합니다. 그는 언제 그러한 변화가 필요했는지를 알지 못하고 있습니다. 이것을 곰곰이 생각한다면 아마도 자기가 영적으로 태어나지 못했다는 것을 알게 될 것입니다. 자기가 아직 하나님을 알지 못하고 자연의 소리를 하나님의 음성으로 잘못 알고 있음을 깨닫게 될 것입니다.

* * *

❻ 그러나 우리는 과거에 체험했거나 또는 체험하지 못한 것들을 이리저리 생각하는 가운데, 현재의 이 표적들을 통해서 주제넘게 스스로 속이고 있는 자들 속에서 하나님의 자녀를 손쉽게 구별해 낼 수 있을 것입니다. 성경은 이 성령의 증거에 따르는 주 안에서의 기쁨을 겸손한 희락이라고 묘사하고 있습니다. 이 기쁨은 용서함 받은 죄인으로 하여금 아주 겸손하게 "오, 나는 미천합니다. 나는 무엇입니까? 내 아비의 집은 어떤 곳입니까? 이제는 내가 눈으로 주를 뵈옵나이다. 그러므로 내가 스스로 한탄하며 티끌과 재 가운데서 회개하나이다" 라고 부르짖게 만드는 기쁨입니다. 겸손이 있는 곳에 온유와 인내와 양선과 오래 참음이 있습니다. 거기에 부드러움과 복종과 유화와 선함이 있으며 말로 표현할 수 없는 영혼의 부드러움이 있는 것입니다.

그런데 이러한 열매들이 교만한 사람들의 추측으로 생긴 영의 증거에 따르는 것입니까? 그 정반대입니다. 그런 사람은 그들이 하나님의 사랑 안에 있다는 자신감을 가지면 가질수록 더욱 교만해집니다. 자기를 높이며 높일수록 그의 행동은 건방지게 됩니다. 자기가 보다 강한 증거를 가지고 있다고 상상하면 할수록 그는 자기 주위에 있는 사람들을 깔보게 됩니다.

그리하여 어떤 책망도 받아들일 수 없게 되며 어떤 거슬리는 일도 참을 수 없게 되는 것입니다. 또한 보다 온유하고 친절하며 가르칠 만하고 듣기는 빨리하고 말하기는 더디하는 대신에, 듣기는 더디 하고 말하기는 빨리하며 누구에게도 배우려하지 않고 성격이 팔팔하고 과격해져서 대화를 나누면서도 화를 내게 되는 것입니다. 그래서 때로 그 사람은 하나님의 손에서 일을 빼앗아 마치 원수를 삼키려는 것처럼 모양에서나 말과 모든 품행에서 맹렬해지게 됩니다.

* * *

❼ 다시 한 번 성경은 우리에게 가르칩니다. 하나님을 사랑하는 것의 분명한 표적은 "그의 계명을 지키는 것입니다"(요일 5:3). 우리 주님께서도 친히 이렇게 말씀하셨습니다. "나의 계명을 지키는 자가 나를 사랑하는 자이다"(요 14:21).

사랑은 즐겨 순종하고자 합니다. 사랑은 무엇이든 사랑하는 자에게 받아들여질 만한 것을 즐겨 하고자 합니다. 하나님을 참으로 사랑하는 자는 그의 뜻이 하늘에서 이루어진 것처럼 땅 위에서 그 뜻을 행하기를 서두릅니다. 그러나 이것이 하나님을 사랑하는 척하는 주제넘은 사람들의 특징입니까? 아닙니다. 그들에게 있어서 하나님의 사랑은 그의 계명을 불순종하고 지키지 않는 자유를 주고 있는 셈입니다. 아마 하나님의 진노가 두려울때는 하나님의 뜻을 행하려고 했을 것입니다.

그러나 지금은 자기 자신들이 율법 아래 있지 않다고 보는 까닭에 율법을 지킬 의무가 없다고 생각하고 있습니다. 그러므로 선을 행하는 데도 전보다 열심히 없으며, 악을 피하는 데도 덜 조심하고, 자기 마음과 입술을 지키는 데도 소홀합니다. 뿐만 아니라 자기를 부정하고 매일 자기 십자가를 지는 데도 전보다 진실하지 못합니다.

한마디로 말해서 자기가 자유함을 받았다고 상상한 까닭에 생활의 전모가 변화된 것입니다. 그는 이미 경건에 이르는 연습을 하지 않으며 혈과 육과 싸우는 것뿐 아니라 정사와 권세와 싸우는 일도, 어려운 일을 참는 일도, 좁은 문으로 들어가기 위하여 애쓰는 일도 하지 않습니다. 그들은 천국으로 가는 아주 쉬운 길, 넓고 평탄하고 꽃까지 피어있는 길을 발견한 것입니다. 그리고선 거기서 자기 영혼을 향하여 "영혼아, 편히 쉬고 먹고 마시며 즐거워하자"라고 하고 있습니다.

이것은 자기 영의 참다운 증거를 갖지 못하였다는 결과임을 부정할 수 없습니다. 그 사람은 자신이 갖지 못한 표적들을 가졌다고 의식할 수 없습니다. 곧 겸손하시고 온유하신 순종과 진리의 하나님의 영이 거짓을 증거하거나 분명히 마귀의 자녀인 사람을 하나님의 자녀라고 증거할 수는 없는 것입니다.

* * *

❽ 스스로 속이는 불쌍한 자여, 당신 자신을 발견하십시오. 하나님의 자녀라고 자부하고 있는 자여, 스스로 자기 안에 증거가 있어서 모든 원수를 능히 대적할 수 있다고 말하는 자여! 그대 자신을 발견하십시오.

당신은 저울에 달아서 모자라는 사람입니다. 성소의 저울에 달아서 모자라는 사람입니다. 주님의 말씀이 이미 그대의 영혼을 시험하여 그대는 버림받은 은(銀)이라고 증명하였습니다. 당신은 마음이 겸손하지 못합니다. 그러므로 지금까지 예수의 영을 받지 못하였습니다. 당신은 자비롭지 못하고 온유하지 않습니다. 그러므로 그 기쁨은 아무 가치가 없으며 주 안에 있는 기쁨이 아닙니다.

당신은 하나님의 계명을 지키지 않습니다. 그러므로 당신은 하나님을 사랑하지도 않고 성령을 가진 자도 아닙니다. 하나님의 영이 당신의 영과 더불어 그대가 하나님의 자녀인 것을 증거하지 않는 것입니다. 하나님의 말씀이 분명하듯이 이것은 분명하고 확실합니다. 오, 하나님께 부르짖으십시오. 당신의 눈에서 비늘이 떨어지도록 부르짖어서 하나님께서 당신 자신을 있는 그대로 아시게 하십시오. 그대는 사형선고를 받았으나 마침내는 죽은 자를 일으키시는 음성, 곧 "안심하라, 그대의 죄를 사하였느니라. 그대의 믿음이 그대를 성케 하였느니라"는 말씀을 듣도록 하십시오.

❾ 그러나 자기 안에 진짜 증거를 가진 사람이 어떻게 이를 억측과 구별할 수 있겠습니까?

나는 반문합니다. 당신은 어둠에서 빛을 어떻게 구분하십니까? 또 대낮에 태양빛에서 별빛과 가물거리는 촛불을 어떻게 구별하십니까? 이 양자 사이에 본질적인 고유한 차이가 있지 않습니까? 당신의 감각기관이 올바르다면 당신은 그 차이를 즉각적으로나 직접적으로 알 수 있지 않습니까?

이처럼 영적 광명과 영적 흑암 사이에도, 아니 의의 태양과 함께 우리 마음 위에 비쳐지는 빛과 단지 우리 자신의 흥분의 불꽃에서 일어나는 깜박거리는 빛 사이에도 차이가 있는 것입니다. 그리고 이 차이도 우리의 영적 감각기관이 올바르다면 즉각적으로나 직접적으로 감지될 수 있는 것입니다.

***

❿ 우리가 이런 것을 분별할 수 있는 방법에 대한 보다 자세하고 철학적인 설명을 요구한다거나, 하나님의 음성을 알 수 있는 어떤 표준 또는 본질적인 표적을 요구한다면 그것은 억지입니다. 그렇습니다. 하나님에 관해 아주 많은 지식을 가진 사람이라도 대답 할 수 없는 것입니다.

그 예로 바울은 아그립바 앞에서 이렇게 대답했습니다. 한 현명한 로마인이 다음과 같이 질문했다고 생각해 봅시다. "그대는 하나님의 아들의 소리를 듣는 일에 대하여 말하고 있다. 그러나 그것이 하나님의 음성이었다는 것을 어떻게 아느냐? 어떤 표준, 어떤 본질적인 표적으로 그것이 하나님의 음성인 줄 아느냐? 이것을 인간의 소리나 천사의 음성과 구별하는 방법을 나에게 설명하라."

여러분은 바울이 이런 쓸데없는 요청에 대답해 보려고 한 번이라도 시도했으리라고 믿을 수 있습니까? 바울은 그 음성을 듣는 순간 의심없이 하나님의 음성인 것을 알았던 것입니다. 그러나 그가 이것을 어떻게 알았는가 하는 것을 누가 설명할 수 있겠습니까? 아마 이 설명은 누구도 심지어는 천사라도 하지 못할 것입니다.

❶❶ 한 걸음 더 나아가 하나님께서 지금 어떤 사람에게 "네 죄가 사하여 졌느니라"하고 말씀하셨다고 생각해 봅시다. 하나님께서는 그 사람이 하나님의 음성을 알게 되기를 원하실 것이 틀림없습니다. 그렇지 않다면 하나님께서는 쓸데없이 말씀하시는 게 됩니다.

하나님께서는 언제나 하시고자 하실 때 바로 그 자리에서 하시는 분입니다. 또 하나님께서는 실제로 수행하십니다. 따라서 우리 영혼은 이것이 '하나님의 음성'이라고 확신하게 됩니다. 그러나 자기 속에 그 증거를 가지고 있는 사람일지라도 그 증거를 아직 가지지 못한 사람에게 설명할 수는 없는 것입니다. 또 설명할 수 있다고 기대해서도 안 됩니다.

만약 하나님께 속한 이런 일들을 체험해 보지 못한 사람들에게 증명해 보일 수 있는 어떤 육적인 매개물이나 설명해줄 수 있는 방법이 있다고 한다면, 이것은 육에 속한 사람이라도 하나님의 영의 일들을 알고 식별할 수 있다는 말이 됩니다.

이것은 사도 바울이 주장한 것과는 정반대입니다. 바울은 말하기를 "저는 깨닫지 못하나니 이런 일은 영적으로라야 분별함이니라"고 하였습니다. 신령한 것은 신령한 감각만으로 알 수 있는 것입니다. 육에 속한 사람은 이런 신령한 감각기관을 가지고 있지 않습니다.

***

❶❷ 그러나 나의 영적 감각기관이 올바른 형편에 놓여 있는지를 어떻게 알 수 있습니까? 이것 역시 대단히 중요한 문제입니다. 만약 그가 잘못되어 있다면 그 사람은 끝없는 과오나 미혹에 빠지게 될 것입니다. 그렇다면 자신이 성령의 음성을 절대로 잘못 알아듣지 않고 있다는 것을 어떻게 분명히 알 수 있습니까?

당신은 당신의 영이 증거하는 바에 의해서, 곧 하나님을 향한 선한 양심의 대답에 의해서 알 수 있습니다. 아니 하나님의 역사로 당신의 영에 이루어진 그 열매에 의하여 당신은 하나님의 영의 증거를 알 수 있을 것입니다. 그래서 당신은 과연 미혹에 빠져 있지 않고 당신 자신의 영혼을 속이고 있지 않는다는 것을 알게 될 것입니다.

  마음 속을 주장하고 계시는 성령의 즉각적인 열매는 곧 사랑과 희락과 화평과 자비와 겸손과 온유와 양선과 오래참음입니다. 또 외적인 열매는 모든 사람에게 선을 행하며 누구에게도 악을 행치 않는 것입니다. 빛 가운데로 걷는 것, 열심히 하나님의 모든 계명을 한마음으로 순종하며 걸어가는 것입니다.

    ***

❸ 이런 열매들에 의해서 당신은 마귀의 현혹으로부터 하나님의 음성을 구별할 수 있을 것입니다. 교만한 영은 우리를 하나님 앞에서 겸손하게 만들지 못합니다. 그 영은 당신의 마음을 부드럽게 해서 하나님을 찾기 위해 애통해하거나 그분을 사랑하는 마음으로 녹아지게 할 수 없습니다.

  당신으로 하여금 이웃을 사랑하게 하고, 온유와 양선과 절제를 주어 하나님의 전신갑주를 입도록 하는 존재는 하나님과 사람의 적이 아닙니다. 스스로 분쟁하지 않으며 죄를 멸망시키는 자는 마귀가 아닙니다. 이 일은 바로 마귀의 일을 멸망시키려고 오신 하나님의 아들 외에는 어느 누구도 할 수 없습니다.

  그러므로 성결이 하나님께 속한 것처럼 죄라는 것은 마귀에게 속한 것이고, 당신이 속에 가지고 있는 증거는 마귀에게 속한 것이 아니라 하나님께 속한 것이 틀림없습니다.

    ***

❹ 그렇다면 당신은 하나님의 이 말할 수 없는 선물에 대해 "감사합니다"라고 말할 수 있을 것입니다. 우리가 의뢰하는 분을 알 수 있게 해주시고, 그 아들의 영을 우리 마음에 보내사 아바 아버지라고 부르게 하시며, 지금도 우리의 영과 더불어 우리가 하나님의 자녀인 것을 증거해 주시는 하나님께 감사드립시다.

  그리고 당신은 입술로만이 아니라 생활로 그를 찬미해야 한다는 것을 기억하십시오. 하나님께서는 당신을 하나님의 것이라고 인치셨습니다. 그러니 몸으로나 마음으로나 하나님께 영광을 돌리십시오. 여러분의 몸과 마음은 하나님의 것입니다.

사랑하는 이들이여!
당신 속에 이 소망이 있습니까? 그렇다면 하나님께서 깨끗하게 하신 것 같이 자신을 깨끗하게 하십시오. 당신은 하나님께서 주신 사랑을 가지고 계십니까? 하나님의 자녀라고 일컬음을 받고 있습니까?
그러면 지금 육과 영의 온갖 더러운 것에서 자신을 깨끗하게 하여 하나님을 두려워하는 가운데 거룩함을 온전히 누리십시오. 그리고 당신의 모든 생각이나 말이나 행동이 바로 하나님께서 그리스도를 통하여 받으실 만한 신령한 제사가 되게 하십시오!

15

성령의 증거 (2)
The Witness of the Spirit

우리가 어떤 미혹(delusion)에 빠지는 것을 막고
보호하기 위하여 하나님께서는 우리가 하나님의 자녀라는
두 가지 증거를 주시는 것입니다.
이 사실은 그것들을 연대적으로 증거 합니다.
그러므로 "하나님이 짝지어 주신 것을 사람이 나누지 못할지니라."
두 가지 증거가 연합되어 있는 동안에는 우리들이
미혹을 당할 수 없는 것입니다.
우리는 그 증거들을 믿을 수 있습니다.
그 증거들은 신뢰하기에 아주 적당한 것으로
또 다른 증명을 필요로 하지 않습니다.

15 | 성령의 증거(2)
The Witness of the Spirit

【설교】

"성령이 친히 우리 영으로 더불어 우리가 하나님의 자녀인 것을 증거하시나니" (롬 8:16)

❶ 성경을 하나님의 말씀으로 믿는 사람은 이와 같은 진리의 중요성을 의심할 수 없습니다. 계시된 이 진리는 단 한 번 불명료하고 우연하게 나타난 것이 아니라, 자주 분명하고 엄숙하며 확실한 목적을 가지고 계시되어 있습니다. 그리하여 하나님의 자녀의 독특한 특권 중 하나를 나타냅니다.

* * *

❷ 그리고 이 진리의 좌우에는 위험한 이론들이 있는 까닭에 이 진리를 설명하고 변호할 필요성은 더욱 절실합니다. 만일 우리가 이것을 부정하면 우리들의 종교는 단지 형식적인 것으로 추락할 위험이 있습니다. 또한 경건한 모양은 가지고 있어서 경건의 능력을 부정하지 않는다 하더라도

그것을 등한시할 위험이 있는 것입니다.

　뿐만 아니라, 우리가 그것을 인정한다고 해도 무엇을 인정하는지를 분명히 이해하지 못한다면 광신의 무질서에 빠져들기 쉽습니다. 그러므로 하나님을 두려워하는 사람들을 이런 위험에서 지키는 것은 대단히 필요한 일이며 이를 위하여 이 중대한 진리를 성서적이며 이성적으로 설명하고 확증할 필요가 있는 것입니다.

　＊ ＊ ＊

　❸ 이 주제에 관하여 그 동안 명백하게 쓰여진 글이 극히 적었고, 또한 이 문제의 그릇된 견해에 대해서 변론하여 잘 설명된 글이 매우 드물기 때문에 이에 대한 논의가 더욱 필요한 것 같습니다. 그리고 의심할 여지가 없는 것은 이 설명들 중 적어도 대부분이 '자기의 말하는 것이나 자기의 확증하는 것도 깨닫지 못하는' 사람들의 조잡하고 비성서적이고 비이성적인 설명에 의하여 시도되었다는 것입니다.

　＊ ＊ ＊

　❹ 이 교리를 명백하게 이해하고 설명하고 변호하는 것은 소위 메소디스트들과 더 밀접하게 관계되는 일입니다. 왜냐하면 이것이 하나님께서 온 인류에게 전하라고 그들에게 주신 증거 중 중요한 부분인 까닭입니다. 오랜 시간 동안 거의 잊혀졌고 또 상실되었던 이 위대한 복음적 진리가 재발견되고 하나님의 자녀들의 경험에 의하여 확증된 것은 메소디스트들이 성경을 상고할 때 하나님께서 주신 특별한 축복으로 이루어진 것입니다.

II

　❶ 그러면 무엇이 성령의 증거 입니까?
　원어의 '마르튀리아(μαρτυρία)'라는 말은(여러 곳에서 그렇게 번역되어 있듯

이) 증인(witness) 또는 증거(testimony), 기록(record)으로 번역할 수 있습니다. 그리하여 영역(英譯) 요한일서 5장 11절에 "또 기록은 이것이니 하나님이 우리에게 영생을 주신 것과 이 생명이 그의 아들 안에 있는 그것이니라" 라고 한 '기록' (record 우리말 성경에는 '증거'라고 번역됨 – 역자주)으로써, 곧 모든 영감된 기록에서 "하나님께서 우리에게 영생을 주시고 이 영생은 그의 아들 안에 있다"고 증언하신 요점 곧 증거(testimony)를 의미하는 것입니다.

우리가 지금 말하고 있는 '증거'는 하나님의 영에 의하여 우리의 영에게 주어지고 또 우리의 영과 더불어 증언하는 증거입니다. 성령은 증거하시는 인격체(Person)이십니다. 그가 우리에게 증거하시는 것은 "우리가 하나님의 자녀이다"라는 것입니다. 이 증거의 즉각적인 결과는 '성령의 열매'로, 곧 사랑과 희락과 화평과 오래참음과 자비와 양선 등입니다.

이런 것들이 없이는 이 증거 자체가 계속될 수 없습니다. 그도 그럴것이 이 증거는 어떤 외적 죄를 범하거나 잘 알려진 의무를 이행치 아니함에 의해서 뿐만 아니라 어떤 내적인 죄를 허용함에 의해서도, 즉 한마디로 말씀드려 하나님의 성령을 근심케 하는 것들에 의하여 어쩔 수 없이 없어지고 마는 것입니다.

***

❷ 나는 인간의 언어를 가지고 하나님께 속한 깊은 것들을 설명한다는 것이 참으로 힘들다는 것을 여러 해 전에 알았습니다. 참으로 인간의 언어에는 하나님의 영께서 그의 자녀들 속에서 일하시는 것을 적당하게 표현할 수 있는 말이 없습니다. 그러나 어쩌면 나는 (하나님께 직접 배운 사람이 이 표현을 시정하고 부드럽게 하고 또는 강하게 하기를 바라면서) 성령의 증거란 말을 영혼에 주어지는 내적 인상(inward impression)에 의하여 하나님의 영이 나의 영에게 "네가 하나님의 자녀요, 예수 그리스도께서 너를 사랑하사 너를 위하여 자신을 주셨고 너의 모든 죄는 도말되었으니 너도, 아니 너까지도 하나님께 화목되었다"고 즉각적이고 직접 증거하시는 것으로 이해했다고 할 것입니다.

❸ 그 후 20년 동안 더 상고해 보았지만 이 증거의 일부라도 취소할 만한 어떤 근거도 발견하지 못하였을 뿐 아니라, 이것을 보다 잘 이해시키기 위하여 이 표현의 어디를 어떻게 변경할 것인지 그 방법도 얻지 못하였습니다. 만약 하나님의 자녀 가운데 어느 누가 이에 대해 보다 명료한 표현을 지적한다면 첨가하겠고, 또 하나님의 말씀과 더욱 일치하는 표현을 제시한다면 나는 기쁜 마음으로 위에서 말한 내 표현을 포기할 것입니다.

* * *

❹ 그러나 하나님의 영이 어떤 외적 음성으로 이를 증거하신다는 것을 의미하는 것은 아니라는 사실을 주의하시기 바랍니다. 하나님께서는 때때로 내적 음성으로 증거하시지만, 그렇다고 해서 늘 그렇게 하신다는 것은 아닙니다. 또한 하나님께서 항상 사람의 마음에 특정한 성경 말씀을 주셔서 지시하신다고도 생각하지 않습니다(종종 그렇게 하시기도 합니다만).

하나님께서는 직접적인 영향이나 설명할 수 없는 어떤 강한 작용을 통해 영혼 위에 역사하셔서 폭풍과 성난 물결은 지나가고 아주 잔잔해지며, 마음은 예수님의 품 안에 있는 것처럼 안정되고, 죄인이 하나님과 화목케 되며, 모든 허물의 사함을 얻게 됨을 분명히 확신케 하시는 것입니다.

* * *

❺ 그러면, 이에 관하여 논쟁이 되는 점은 무엇입니까? 이는 성령의 증거가 있을 수 있느냐 없느냐의 문제가 아닙니다. 성령이 우리 영과 더불어 우리가 하나님의 자녀임을 증거하시느냐 하시지 않느냐가 아닙니다. 성경과 완전히 상충되는 편을 택하고 진리의 하나님을 거짓말쟁이로 만들지 않고서, 이것을 부인할 사람은 아무도 없습니다. 그러므로 성령의 증거가 있다는 것은 모든 사람에 의하여 인정되고 있는 것입니다.

* * *

❻ 또한 우리가 하나님의 자녀라는 간접적인 증거가 있느냐 없느냐의 질문도 아닙니다. 이 간접적인 증거는 아주 정확히 말하기는 힘들지만 하

나님께 대한 선한 양심의 증언과 거의 같은 것입니다. 또 이것은 이성의 결과, 즉 우리가 우리의 영혼 속에서 느끼는 것에 대한 성찰이라 하겠습니다.

엄격히 말씀드리면 이것은, 일부는 하나님의 말씀에서 오고 또 일부는 우리들 자신의 체험에서 오는 것입니다. 하나님께서 언명하시기를 "성령의 열매를 가진 자는 모두 하나님의 자녀다"라고 합니다. 체험 또는 내적 의식은 "나는 성령의 열매를 가졌다"라는 고백입니다. 여기서 나는 합리적으로 "그런 까닭에 나는 하나님의 자녀다"라고 결론을 짓는 것입니다. 이것은 모든 사람들이 다 인정할 것이므로 논쟁의 여지가 없습니다.

***

❼ 우리는 성령이 열매가 없이도 성령의 참된 증거가 있을 수 있다고 주장하는 것이 아닙니다. 반대로 성령의 열매가 이 증거를 통해 즉시 생겨난다고 주장합니다. 증거가 처음으로 주어졌다 해도 항상 똑같은 정도는 아니지만 그 후 얼마 안 있으면 곧 열매가 솟아나는 것입니다. 그러나 이 증거 자체가 늘 똑같이 강하고 분명하지 않는 것처럼 기쁨이나 평강이 늘 같은 상태에 있는 것은 아닙니다. 사랑도 마찬가지입니다.

***

❽ 문제의 요점은 여기 있습니다. 즉, 성령의 직접 증거가 과연 조금이라도 있는가 없는가에 있습니다. 바꾸어 말하면, 열매에 대한 의식에서 솟아나는 증거 이상의 성령의 어떤 다른 증거가 있는 것은 아닌가 하는 문제입니다.

❶ 나는 그런 증거가 있다고 믿습니다. 본문이 분명하고 자연스럽게 그

런 뜻을 드러내고 있습니다. "성령이 우리 영으로 더불어 우리가 하나님의 자녀임을 증거하시느니라." 이처럼 같은 것을 함께 증거하고 있는 두 증거가 있음이 분명합니다. 즉, 하나님의 영의 증거와 우리 영의 증거입니다.

돌아가신 런던의 감독(Edmund Gibson을 말함. 1748년 사망 – 역자 주)은 이 말씀을 본문으로 하는 그의 설교에서, 본문 말씀이 그 표현에 드러내고 있는 증거를 어떤 사람이 의심할 수 있다는 데 대해 놀라움을 표현했습니다. 그래서 그 감독은 말하기를 '우리 영의 증거' 라는 것은 우리들의 진실성(sincerity)에 대한 의식이라고 하였습니다. 즉, 이를 좀더 분명히 표현하면 이는 성령의 열매에 대한 의식이란 말입니다. 우리의 영이 성령의 열매 곧 사랑, 희락, 화평, 오래참음, 자비, 양선 등에 대해 의식할 때 "우리는 하나님의 자녀다"라고 쉽게 추리할 수 있습니다.

***

❷ 어느 훌륭한 사람이 다른 증거란 우리들의 선행에 대한 의식이라고 주장하는 것도 사실입니다. 그는 이를 하나님의 영의 증거라고 확신합니다. 그러나 이것은 우리들의 영의 증거에 속하는 것, 즉 말의 통속적 의미 중 진실성에 포함되는 것입니다. 그와 같이 사도는 "우리가 세상에서 하나님의 거룩함(순전함)과 진실함으로 힘은 … 우리 양심의 승거하는 바니 이것이 우리의 자랑(기쁨)이라"고 하였습니다. 여기서 진실이라 함은 우리들의 내적 의향과 동시에 최소한도 우리의 말과 행동을 언급하고 있음이 분명합니다.

그러므로 이는 다른 증거가 아니요 앞에서 말한 바와 같은 것, 즉 진실함에 대한 의식의 한 가지라고 할 수 있는 선행의 의식인 것입니다. 결과적으로는 결국 단 하나의 증거가 있을 뿐입니다. 그러므로 본문이 두 개의 증거를 말하고 있다고 해서 그 중 하나는 우리들의 선행의 의식이요, 또 하나는 진실함의 의식인 것은 아닙니다. 이것은 모두 우리 영의 증거에 포함되어 있는 것이 분명합니다.

❸ 그러면 다른 증거는 무엇입니까? 이것은 만약 본문 자체만으로는 분명하지 못한다면 바로 전절(前節)에서 쉽게 알 수 있습니다. 즉, "너희는 다시 무서워하는 종의 영을 받지 아니 하였고 양자의 영을 받았으므로 아바 아버지라 부르짖느니라"하고 곧 이어서 "이 영이 우리 영과 더불어 우리가 하나님의 자녀임을 증거하시느니라"고 하였습니다.

* * *

❹ 더 나아가서, 이 증거는 이와 병행하는 성경구절(갈 4:6)에 의하여 잘 설명됩니다. "너희가 아들인고로 하나님이 그 아들의 영을 우리 마음 가운데 보내사 아바 아버지라 부르게 하셨느니라." 이것이 연구를 통해 나온 결과나 또는 변론의 결과에서 오는 증거가 아니고 무엇입니까? 즉각적이고 직접적인 것이 아닙니까? 이 영이 우리 마음 속에 주어지는 생각이라든가 이성에 의한 어떤 추리에 앞서 아바 아버지라고 부르짖는 것이 아닙니까? 그리고 우리가 자세히 들으면 마음을 울리는 말씀이 아닙니까? 위의 본문들은 가장 명백하게 성령의 직접 증거를 묘사하고 있는 것입니다.

* * *

❺ 하나님의 영의 증언이 사리(事理)로 보아서 우리 영의 증언에 선행(先行)하여야 한다는 것은 이런 고찰에 의하여 분명해질 것입니다. 즉, 우리는 우리가 거룩하다는 것을 의식할 수 있기 전에 우리 마음과 생활이 거룩해져야 하는 것입니다. 또한 우리는 온전히 거룩하여질 수 있기 전에 하나님을 사랑하여야 합니다. 이것이 모든 성결의 근본입니다. 우리는 하나님께서 우리를 사랑하신다는 것을 알기까지는 하나님을 사랑할 수 없습니다. "우리가 사랑함은 그가 먼저 우리를 사랑하셨음이라"(요일 4:19). 그리고 하나님의 영이 우리 영에게 증거하시기 전에는 우리들에 대한 하나님의 사랑을 알 수 없는 것입니다. 그렇게 되어야만 이것을 믿을 수 있으며 다음과 같이 말할 수 있게 됩니다.

"이제 내가 사는 것은 나를 사랑하사 나를 위하여 자기 몸을 버리신 하나님의 아들을 믿는 믿음 안에서 사는 것이라."

그때에, 그때에만 우리의 분깃(interest)이 그의 보혈에 있음을 느끼고 말할 수 없는 기쁨으로 외칩니다. 당신은 나의 주시며 나의 하나님이십니다.

하나님의 영의 증거는 하나님의 사랑과 모든 성결에 선행해야 하는 까닭에, 그 결과 하나나님의 영이 증거도 이에 대한 우리들의 의식에 선행하여야 합니다.

* * *

❻ 이 성서적인 교리를 확인하기 위하여 하나님의 자녀들의 체험을 말씀드리는 것이 좋겠습니다. 이것은 두세 사람이나 소수의 체험이 아니라 셀 수 없이 많은 사람들의 체험입니다. 이 교리는 이 시대에서 뿐 아니라, 온 세대에 있어서 구름떼와 같은 현재와 과거의 많은 증인들에 의하여 확인되고 있는 것입니다. 더 나아가 이것은 여러분이나 나의 체험에 의하여 확인되고 있습니다.

성령은 나의 영에게 "너는 하나님의 자녀이다"라고 증거하시고 이에 대한 증거를 주셨습니다. 그리하여 나는 곧 이어 "아바 아버지여!"라고 외쳤습니다. 나는 (여러분들이 그랬듯이) 어떤 성령의 열매를 생각하고 의식하기 전에 이렇게 행한 것입니다. 이 증거를 받는 때부터 사랑과 희락과 화평 등 성령의 모든 열매가 넘쳐 흘렀습니다. 처음으로 나는 들었습니다.

"너의 죄는 사하여졌느니라!
너는 수락되었노라!"

나는 들었노라.

그러자 내 마음에선
　천국이 솟아 올랐도다.

***

　❼ 그러나 이 고백은 먼저 하나님의 자녀들의 체험을 통하여 직접적인 증거가 있기 전에는, 그들이 하나님의 사랑 안에 있다는 것을 결코 몰랐었노라고 언명하고 있습니다. 뿐만 아니라, 이것은 죄를 깨닫고 그들에게 머물러 있는 하나님의 진노를 느끼는 자들에 의해서도 확증되었습니다. 이들은 하나님의 영의 직접 증거 – 하나님은 자비하셔서 불의한 자에게도 죄와 허물을 더 이상 기억하지 않는다고 하시는 성령으로부터의 직접적인 증거 – 가 아니고서는 만족할 수 없는 것입니다.

　이들 중 어떤 이에게 "하나님께서 당신에게 사랑과 희락과 화평을 허락해 주신 것을 돌이켜 생각해 보면, 당신이 하나님의 자녀임을 알 수 있을 것입니다"라고 말해 보십시오. 그러면 그는 곧 "이 모든 것에 의한다면 나는 마귀의 자녀가 아닐까요? 나는 마귀가 하나님을 사랑하는 것보다 더 하나님을 사랑하지 않습니다. 즉, 나의 육에 속한 마음은 하나님과 원수입니다. 성령 안에서 희락이 없습니다. 내 영혼은 슬퍼서 죽을 지경입니다. 화평이 없습니다. 내 마음은 흉흉한 바다나 폭풍우를 만난 바다와 같습니다." 라고 대답할 것입니다.

　이런 영혼들이 하나님의 증거, 곧 (저들의 그 마음이나 생활에 있어서 선하다든가 진실하다든가 성경에 일치한다든가 하는 증거가 아니라) "하나님께서는 경건치 않은 자를 의롭게 하시느니라"(롬 4:5) 하시는 그 증거에 의하지 않고서 그 외의 어떤 방법으로 위로를 받을 수 있겠습니까?

　사람은 그가 의롭다함을 얻기 전에는 완전히 경건치 못하며 참다운 성결이 부재하는 존재입니다. 또한 사람은 자기가 행한 어떤 의로운 행위 때문이 아니라 그저 하나님께서 값없이 주시는 긍휼에 의하여, 즉 전적으로 오직 하나님의 아들께서 나를 위하여 행하시고 고난 당하신 일 때문에 하나님께 수락되었다고 의식할 때까지는, 참으로 선한 것을 행하지 않으며 또 행하지도 못하는 존재입니다. 사람이 의롭다함을 입는 것이 율법의 행위에 있지 않고 믿음으로 된다면 달리 말할 수 없지 않습니까? 그렇다면 그가 칭의에 선행하는 것으로 어떤 내적, 외적 선을 의식한다고 할 수 있습니까? 우리들이 그리스도 예수 안에 있는 구속으로 말미암아 하나님의 은혜로 값없이 의롭다하심을 얻기 전에는 지불할 것이라고는 아무 것도 가지고 있지 못한 것이 아닙니까? 즉, 우리 안에는 선한 것이 아무 것도 없고 본질적으로 필수불가결한 선은 외적인 것이나 내적인 것이나 아무 것도 없다는 것을 의식하고 있지 않습니까? 사람이 다음과 같은 지점, 곧

"나는 이것 외에 아무 변명도 하지 않으렵니다.
주여, 나는 멸망으로 정죄된 몸입니다.
그러나 당신은 죽으셨지요?"

하는 상태에 도달하기 전에 의롭다 함을 입은 사람이 있습니까?. 그렇게 될 수 있습니까?

***

❽ 그러므로 이런 증거의 사실을 부인하는 사람은 결국 믿음으로 말미암는 칭의를 부인하는 것입니다. 이런 사람은 이것을 아직 경험하지 못하고 의롭다하심을 입지 못하였든가, 아니면 사도 베드로가 말한대로 "그의 옛 죄를 깨끗케 하심"(του καθαρισμου των παλαι αυτου αμαρτιων)을 잊었다는 결론이 됩니다. 옛 죄에서 깨끗함을 받았다는 것은 하나님께서 베드로의 영혼에 역사하셔서 그의 옛 죄가 도말되었을 때의 모습입니다.

***

❾ 세상 자녀들의 경험을 보아도 하나님의 자녀들의 이 체험은 확인됩니다. 많은 사람들이 하나님을 기쁘게 하려고 합니다. 어떤 이는 고통을 겪으면서까지 그렇게 합니다. 그러나 그들은 누가 자기의 죄를 요서함 받

은 것을 알고 있다고 말하면 가장 어이없는 일로 여기지 않겠습니까? 그들 가운데 이 사실을 믿는 척이라도 하는 사람이 있습니까?

아직도 그들 중 다수는 스스로의 진실성을 의식하고 있습니다. 그들 대부분은 자기들의 영의 증거, 즉 그들 자신이 옳다고 하는 의식을 어느 정도 의심 없이 가지고 있습니다. 그러나 이것이 그들에게 용서함을 받았다는 의식, 즉 하나님의 자녀라는 지식을 가져다 주지는 않습니다. 그렇습니다. 이것을 알지 못하기 때문에 저들은 진실해지면 진실해질수록 일반적으로 더욱 불안해합니다. 따라서 본문은 우리가 당신의 자녀라고 직접 증거하시는 일 없이, 우리 영의 증거만 가지고는 도저히 만족스럽게 깨달아질 수 없다는 것을 명백히 가르쳐 주고 있는 것입니다.

그러나 이에 대하여 많은 반대가 있습니다. 그 중에서 몇 가지를 생각해 보는 것이 좋을 줄 압니다.

***

❶ 첫째로, "성경에 기초하지 않은 교리를 체험으로 증명한다는 것은 충분하지 못하다"고 합니다. 이 말은 의심할 여지가 없이 옳은 것이며 진리입니다. 그러나 이 말은 지금의 문제에 해당될 수 없습니다. 왜냐하면 성경에 그 교리의 기초가 잘 나타나 있기 때문입니다. 그러므로 체험은 이 교리를 입증하기에 충분합니다.

***

❷ 그러나 미친 사람들, 프랑스의 예언자들과 그 외에 여러 종류의 광신자들은 저들이 이 증거를 체험하였다고 상상한다며 비웃고 있습니다. 그들 중 적지 않은 수가 오래 지속하지는 못하였습니다. 다만 그런 체험

을 한 것은 사실입니다. 그러나 저들이 체험하지 못했다고 해서 다른 사람들까지도 이것을 체험하지 못하였다고 할 수는 없는 것입니다. 이는 마치 미친 사람이 자기를 왕이라고 상상한다고 해서 진짜 왕이 없다는 증명은 되지 않는 것과 같습니다.

"이 체험을 열렬히 변호하던 사람들 중 많은 사람이 성경을 비난하게 되었다"라고 말하는 사람이 있습니다. 아마 그랬을 겁니다. 그러나 반드시 그렇다고만 할 수는 없습니다. 성경을 귀중히 여기는 수천의 많은 사람들이 이것을 변호하고 있습니다. 이로써 많은 사람이 치명적으로 자신을 속이며 허세를 부리고 있다고 비난하지만 성서적인 교리는 사람들이 그것을 남용하여 자신을 파멸로 이끌었다고 해서 잘못된 것일 수는 없는 것입니다.

* * *

❸ "나는 이것을 의심의 여지가 없는 진리로 인정합니다. 성령의 열매가 곧 성령의 증거이다"라고 말하는 사람이 있습니다. 의심할 여지가 없다고 할 수는 없습니다. 수천의 사람이 이를 의심했고 또 거침없이 부인했습니다. 이 말에 대해서는 이 정도로 끝내겠습니다. 만일에 이 증거가 충분하다면 그 외의 다른 증거는 필요하지 않을 것입니다. 그러나 다음의 경우에 해당되지 않을 때에는 필요합니다.

① 성령의 열매가 전적으로 결여(缺如)된 경우-이는 직접적인 증거가 주어졌을 때를 가정한 말입니다.

② 이것을 깨닫지 못하는 경우 - 이 경우는 하나님의 사랑 안에 있으면서도 그것을 알지 못하고 있다는 것을 주장하는 것이 됩니다. 그렇습니다. 증거에 의하지 않고서는 이것을 알지 못합니다.

그런데 우리는 이것을 주장하려고 합니다. 즉, 간접적인 증거가 구름 아래 있을 때에도 이 직접적인 증거는 우리를 밝게 비춰 줄 수 있다는 것입니다.

***

❹ 둘째로, "이 증거를 주장하는 목적은 우리가 하는 고백이 순수하다는 것을 증명하려는 데 있지만 그것은 이를 증명하지 못한다"고 반대 합니다. 나는 그런 증명이 이 주장의 목적이 아니라고 답변하겠습니다. 이것은 어떤 고백에 선행하는 것이라기 보다는, 우리가 타락했고 미완성의 상태며 죄책을 가지고 의지할 곳이 없는 죄인임을 고백하는 일에 앞서는 것입니다. 이는 증거를 받는 자로 하여금 저들이 하나님의 자녀라는 것을 확신케 하려는 데 목적이 있는 것입니다.

바꾸어 말하면, 저들이 그리스도 예수 안에 있는 구속으로 말미암아 하나님의 은혜로 값없이 의롭다함을 얻은 자가 되었음을 확신케 하려는 데 있는 것입니다. 그렇다고 해서 그들의 옛 생각이나 말이나 행동들이 성경의 규례와 일치된다고 생각하는 것은 아닙니다. 도리어 반대로 저들이 마음에서나 생활에서나 전적으로 죄인임을 전제합니다. 그렇지 않다면 하나님께서는 경건한 자를 의롭다고 하시되 저들의 행위의 공로로 말미암아 의롭다고 하시는 것이 됩니다.

그러므로 나는 이런 모든 반대의 밑바탕에는 우리들이 의롭다함을 입는 것은 행위로 말미암는다는 가정(假定)이 있다고 생각하지 않을 수 없습니다. 왜냐하면 하나님께서 의롭다하심을 입은 자들에게 행위로 말미암지 않는 의를 주신다고 확신하는 사람은 누구든지 성령의 열매에 선행하는 하나님의 증거가 있다는 것을 쉽게 인정하게 되는 까닭입니다.

***

❺ 셋째로, 어떤 반대자는 "어느 복음서 기자는 '너희 하늘에 계신 아버지께서는 구하는 자들에게 성경을 주시리라'고 말했고, 또 다른 복음서 기자는 같은 말을 '좋은 은사'라고 했다. 곧 성령의 증거하시는 방법은 좋은 은사를 주심으로써 행하는 것이라는 것을 명백히 보여 주려고 하는 것이다"라고 말합니다. 그러나 이 주장들의 문구 안에는 증거에 관한 아무런

언급도 없습니다.

***

❻ 넷째로, 어떤 사람들은 "성경은 말하기를 '그 실과로 나무를 아느니라 모든 것을 시험하라 영들을 시험하라 너희 자신을 시험하라' 하였다"라고 말합니다.

옳은 말입니다. 그러므로 자기 안에 증거를 가졌다고 믿는 사람은 모두 이것이 하나님께로부터 온 것인가 시험하여 보십시오. 열매가 따르면 하나님께로부터 온 것이고, 열매가 따르지 않으면 하나님께로부터 온 것이 아닙니다. 확실히 나무는 그 실과로 알려 지나니 우리는 이에 의하여 이것이 하나님께로부터 온 것이니 아닌지를 증명 합니다.

이 직접 증거는 성경에 언급되어 있지 않습니다. 즉, 직접 증거만 언급된 적은 한 번도 없고 다른 증거와 연관되어서 공통 증거로 우리 영과 더불어 우리가 하나님의 자녀임을 증거하고 있습니다.

성경에 이렇게 언급되어 있지 않다고 증명할 수 있는 자가 누구입니까? "너희가 믿음이 있는가 너희 자신을 시험하고 너희 자신을 확증하라 예수 그리스도께서 너희 안에 계신 줄을 너희가 스스로 알지 못하느냐"(고후 13:5). 저들이 간접적인 증거나 직접적인 증거에 의하여 이것을 알았다는 것은 아주 분명합니다. 저들이 이것을 몰랐다는 것은 도서히 증명될 수가 없습니다. 먼저는 내적 의식에 의해서이고, 그 다음에는 사랑과 희락과 화평 등에 의하여 분명히 증명되지 않습니까?

***

❼ 그러나 외적, 내적 변화에서 일어나는 증거는 부단히 성경 안에 언급되어 있다고 합니다. 그렇습니다. 우리는 성령의 증거를 확인하기 위하여 그것에 대해 부단히 언급합니다.

"이로써 성령의 역사를 망상과 구별하기 위하여 여러분이 열거한 특징은 모두 우리의 안과 위에서 이루어지는 변화를 말하고 있다"고 하는 사람도 있는데 진실로 그렇습니다.

❽ 또 반대자들은 "성령의 직접 증거는 가장 큰 망상에 빠지는 것을 막지 못합니다. 즉, 자신의 증거를 신뢰할 수 없는 때에 이런 직접적 증거가 그 사람에게 믿어지겠는가? 증거가 확언하는 것을 증명하기 위하여 어떤 다른 것으로 비약해야 된다는 말인가?" 하고 말합니다.

나는 답변합니다. 우리가 어떤 미혹(delusion)에 빠지는 것을 막고 보호하기 위하여, 하나님께서는 우리가 하나님의 자녀라는 두 가지 증거를 주시는 것입니다. 이 사실을 그것들을 연대적으로 증거 합니다. 그러므로 "하나님이 짝지어 주신 것을 사람이 나누지 못할지니라." 두 가지 증거가 연합되어 있는 동안에는 우리들이 미혹을 당할 수 없는 것입니다. 우리는 그 증거들을 믿을 수 있습니다. 그 증거들은 신뢰하기에 아주 적당한 것으로 또 다른 증명을 필요로 하지 않습니다.

"직접 증거는 다만 확언만 하고 아무 것도 증명하지는 못한다"고 말하는 사람도 있습니다. 두 증거에 의하여 모든 말씀은 성립됩니다. 그러므로 성령께서 우리 영과 더불어 증거하실 때 하나님이 목적하신대로 우리가 하나님의 자녀인 것을 충분히 확인하는 것입니다.

* * *

❾ 반대자들은 "당신이 변화를 가지고 있다는 것은 우리 구주께서 십자가 상에서 당하신 그런 심한 시련의 경우가 아닌 한 충분한 근거가 된다. 사실 우리가 그런 모양의 시련을 당하는 일은 있을 수 없다"고 합니다. 그러나 나는 말하지만 여러분이나 나 또는 다른 하나님의 아들도 그런 모양으로 시험을 당할 수 있습니다. 다만 성령의 직접적인 증거가 없이는 우리들이 하나님의 자녀라는 신뢰를 유지할 수는 없을 것입니다.

* * *

❿ 마지막으로, 반대자들은 "이것을 가장 열렬히 주장하는 사람들은 아주 거만하고 누구보다 사랑이 없는 부류의 사람들이다" 라고 비난합니다. 아마 아주 과격한 사람이라면 거만하고 사랑이 없을지도 모르겠습니다만, 이를 아주 견고히 주장하는 사람들의 대부분은 내적으로나 외적으로 아

주 온유하고 겸손합니다. 즉, 어린 양과 같은 주님의 참다운 추종자들인 것입니다.

위의 반대는 내가 들은 것 중에서 가장 그럴 듯한 것으로 상당한 설득력을 가지고 있다고 생각됩니다. 그러나 나는 누구든지 이런 반대와 답변을 함께 조용히 공정하게 고찰해 본다면 그것들이 하나님의 영께서 직접으로 또는 간접으로 우리들이 하나님의 자녀라고 증거하신다는 이 위대한 진리의 사실을 약화시키거나 파멸시키는 것이 아니라는 것을 쉽게 깨달을 수 있으리라고 생각합니다.

❶ 이 모든 것을 요약하면 이렇습니다. 즉, 성령의 증거는 신자의 영혼에 주어지는 하나의 내적 인상입니다. 이에 의하여 하나님의 영은 저들의 영과 더불어 저희가 하나님의 자녀임을 증거하는 것입니다. 여기서는 성령의 증거가 있느냐 없느냐가 문제되지 않았습니다.

문제는 이미 직접적인 증거가 있느냐 없느냐인데, 다른 말로 사면 성령의 열매의 의식에서 일어나는 증거 이외에 다른 어떤 증거가 있느냐 없느냐였습니다. 우리는 그런 증거가 있다고 믿습니다. 왜냐하면 이것이 본문에 자연스럽게 나타난 명백한 뜻이며, 또한 앞절의 말씀이나 이와 병행되는 갈라디아서의 말씀에 더 잘 설명되어 있기 때문입니다. 또한 사리로 보아서 이 증거는 그 열매보다 먼저 있어야 하는 까닭입니다.

그리고 이 하나님의 말씀의 분명한 의미는 수업이 많은 하나님의 자녀들의 체험에 의하여 확증되는 까닭입니다. 그렇습니다. 죄를 깨닫는 자나, 이 직접적인 증거를 찾기까지 안정을 느낄 수 없었던 자들의 체험에 의하여 확증됩니다. 아니, 세상의 자녀들 곧 증거를 가지지 못하고 죄가 용서함 받은 것은 아무도 알 수 없다고 말하는 사람들의 체험에 의해서까지도 확인 되는 것입니다.

* * *

❷ 여기에 반하여 이 교리를 다음과 같이 반대하는 사람도 있었습니다. "성경에 의하여 지지되지 않는 교리를 증명하기에는 체험만으로는 부족하다. 미친 사람이나 여러 광신주의자들이 이런 증거를 상상한다. 성령의 증거의 목적은 우리들의 고백이 순수하다고 증명하는 데 있다. 그렇지만 그 증거는 그 목적과 합치하지 않는다. 성경은 말하기를 '열매로 나무를 알지니' 라고 하였고, 또 '너희 자신을 시험하고 너희 자신을 확증하라'고 하였다. 이 직접적인 증거는 하나님의 모든 책에는 결코 언급된 바가 없다. 이것은 우리가 가장 큰 망상에 빠지는 것을 막지 못한다. 그리고 마침내는 그리스도께서 홀로 당하신 그런 시련의 경우가 아닌 한 우리 속에 이루어진 변화가 넉넉한 증거가 된다. 우리는 이에 답변합니다.

① 체험이라는 것은 성경에 근거한 교리를 확증하기에 넉넉합니다.
② 많은 사람들은 자기네들이 경험하지 못한 것을 경험한 듯이 상상하지만, 이것이 참 체험에 대한 편견은 될 수가 없습니다.
③ 이 증거의 목적은 우리들이 하나님의 자녀임을 확신케 하는데 있는데 이 증거는 그 목적을 이룹니다.
④ 성령의 참된 증거는 그 열매, 곧 사랑과 희락과 화평 등에 의하여 이루어집니다. 그러나 열매들이 앞서는 것이 아니요 열매는 그 뒤에 따르는 것입니다.
⑤ 바로 "예수 그리스도가 네 안에 있는 줄 네가 알지 못하느냐?" 한 성경 말씀 속에 간접적인 증거가 언급되어 있지 않다는 것은 증명될 수 없습니다.
⑥ 하나님의 영이 우리 영과 더불어 증거하심으로써 우리를 모든 미혹에 빠지지 않게 보호하여 주십니다. 그리고 우리가 시험 속에 있을 때에

우리 영들의 증거가 불충분하거나 우리가 하나님의 자녀라는 하나님의 영의 직접적인 증거에 의한 확인이 없다면, 우리는 모두 그 시험에 빠져 버리고 말 것입니다.

* * *

❸ 이로써 우리는 다음과 같은 두 가지 추론을 얻을 수 있습니다.

첫째, 누구든지 성령의 열매와 격리된 어떤 가상의 성령의 증거를 신뢰하여서는 안 됩니다. 만일 하나님의 영이 우리가 하나님의 자녀임을 참으로 증거하시면, 그 성령의 열매 곧 사랑과 희락과 화평과 오래 참음과 자비와 양선과 충성과 온유와 절제가 결과로 따르는 것입니다.

이런 열매는 심한 유혹을 당하고 있는 동안에는 일시적으로 구름에 가리워질 수도 있습니다. 그리하여 유혹을 당하는 사람, 즉 사탄이 밀까부르듯 흔들고 있는 사람에게는 나타나지않습니다.

하지만 이 열매의 본질적인 부분(substantial part)은 설사 그것이 두터운 구름 아래에 있다고 할지라도 남아 있는 것입니다. 성령 안에 있는 기쁨이 시련의 기간에는 없어질 수도 있는 것이 사실입니다. 그렇습니다. '흑암의 세력'과 '흑암의 때'가 계속되는 동안에는 영혼이 심히 민망하게 될 수 있습니다. 그러나 일반적으로 회복되어 마침내 말할 수 없는 영광스러운 즐거움으로 (벧전 1:8) 기뻐하게 되는 것입니다.

* * *

❹ 둘째, 추론은 아무도 증거를 갖지 못한 어떤 상상적인 성령의 열매에 안주해서는 안 된다는 것입니다. 우리가 자신 속에 이런 증거를 가지기 훨씬 이전에도 하나님께로부터 오는 희락과 화평과 평강과 사랑을 미리 맛볼 수 있을 것입니다. 즉, 하나님의 영이 우리의 영과 더불어 "우리가 예수의 보혈로 인한 구속 곧 죄사함을 얻느니라"고 증거하시기 전에도 이런 화평과 희락과 사랑을 예상할 수 있습니다.

그렇습니다. 우리가 사랑하는 자로 수락되어 마침내는 이 수락에 대한 증거를 가지기 전에도 어느 정도의 오래 참음과 양선과 충성과 온유와 절제를 가질 수 있습니다(그것은 그림자가 아니며 선행적 은총으로 말미암아 실제로 어느 정도는 소유할 수 있습니다).

그러나 이것은 결코 신뢰할 만한 것은 못됩니다. 만일 그렇다면 우리의 영혼이 망하는 지경에 이를 것입니다. 우리 마음 속에서 하나님의 영이 "아바 아버지여!"라고 외칠 때까지 계속해서 하나님께 부르짖는 것이 현명합니다. 이것이 하나님의 자녀들의 특권입니다. 이것이 없이 우리는 복잡한 의심과 두려움이 없는 확고한 평화를 얻을 수 없습니다.

그러나 우리가 한번 이 양자의 영을 받으면 "모든 지각에 뛰어나며 모든 의심과 두려움을 내어 쫓는 평강이 우리의 마음과 생각을 그리스도 예수 안에서 지키실 것입니다(빌 4:7). 그리고 성령의 순수한 열매, 곧 내적 외적 성결을 소유하게 될 때에 하나님께서는 우리들에게 한 번 주셨던 증거를 끊임없이 주실 것입니다. 이것은 의심할 여지가 없는 하나님의 뜻입니다. 그러므로 우리는 하나님의 영의 증거나 우리가 의와 거룩함 가운데 걷고 있다는 의식의 증거를 빼앗길 필요가 없는 것입니다.

16

우리 자신의 영의 증거
The Witness of Our Own Spirit

죄로 인하여 죽은 우리를 하나님께서는 살리셨습니다(엡 2:25).
그리고 이제는 우리 주 그리스도 예수와 연합하여 살고 있습니다(롬 6:11).
그러나 우리는 은혜의 계약에 따라 행하는 것을 기뻐하며
거룩한 사랑과 행복한 복종을 기뻐합니다.
우리가 그리스도의 은혜로 의롭다함을 얻게(딛 3:7) 되었으므로
우리에게 베푸신 하나님의 은혜는 헛되지 않았다(고전 15:10)는 사실,
하나님께서는 우리에게 아무 것도 요구하시지 않으시면서
우리가 뜻하고 힘쓰는 일 때문이 아니요,
어린 양의 피로 인하여 우리를 하나님 자신과 화해시켜 주셨으므로
하나님이 내려 주신 능력으로 우리가 그 계명의 길을 달려가고 있다는
사실을 알고 기뻐합니다.

16. 우리 자신의 영의 증거
The Witness of Our Own Spirit

【 해설 】

부르와쉬(Burwash)는 이 설교를 원래 웨슬리의 설교 '성령의 증거'에 대한 부록이라고 보고 있다. 웨슬리는 이 설교에서 성령의 직접 증거와는 구분되는 '우리 자신의 영의 증거'가 무엇인가를 밝히여 하고 있다.

웨슬리는 우리 영의 증거를 양심의 증거라고 말하고 있다. 웨슬리가 본 설교에서 말하고 있는 양심은 단순히 자연적 의미에서의 양심이 아니라 성서에서 말하는 양심이다. 그는 이 양심의 기능을 무엇보다도 먼저 선악의 판별력으로 보고 있다. 이 선악의 기준은 어디까지나 성서에 근거하고 있는 것이다. 웨슬리에게 있어서 선악의 기독교적인 표준은 하나님의 말씀, 즉 '신구약 성서의 문서들' 이다.

인간은 누구나 거리낌 없는 양심을 갖기 원한다. 그러나 이 거리낌 없는 양심은 인간의 노력으로 얻어지는 것이 아니라, 예수 그리스도를 믿는 믿음 위에서만이 가능하다. "이 닦아 둔 것 외에 능히 다른 터를 닦아 둘 자가 없으니 이 터는 곧 예수 그리스도라"(고전 3:11). 그러므로 이 거리낌 없는 양심의 증거라는 것은 하나님께서 우리 속에서 역사하셨다는 사실에 대한 우리 양심의 증거인 것이다.

그러면 이 양심은 구체적으로 무엇을 증거하는가? 그것은 순전함(Simplicity)과 성실함(Sincerity)이다. 웨슬리는 1726년~1727년 경에 프랑스와 페넬송(Franois Fenelson)의 책을 많이 읽었다. 그 중에서도 그의 「Discourse on Simplicity」라는 책을 감명 깊게 읽고 그 순전함(혹은 단순성)이라는 개념에 매력을 느꼈다(Tuttle, John Wesley. His life and theology, p.146). 웨슬리는 페넬송(Fenelson)과 같이 단순성을 "불필요한 모든 것으로부터 영혼을 자유롭게 하는 은총"(Letters, Ⅵ, p.128)이라고 정의했다. 다시 말하면, 우리의 관심을 세상으로부터 돌려 하나님께로 집중시키는 것이다.

"성실성이란 무엇인가?" 1746년 5월 12일 제3회 연회에서 웨슬리는 이 질문에 대해 "이는 하나님의 뜻을 알고 순종하려는 의욕이며 지극히 작은 것에 충성하는 것이다"(눅 19:17)라고 말했다. 또 "성실성은 모든 의지의 기초인가?"라는 질문에 웨슬리는 "그렇다"라고 대답하면서 "아무 것도 이것이 없이는 불가능하다"라고 덧붙여 말하였다. 웨슬리에 의하면 하나님의 은혜로서의 양심의 증거는 그리스도인의 기쁨의 기초이다. "이것이 본래의 의미에서 그리스도인의 기쁨의 기초입니다. 내가 기뻐하는 것은 성령이 내 영에 대하여 내가 어린 양의 피로 사신 바 되었다는 것, 또는 어린 양을 믿음으로써 내가 그리스도의 지체요, 하나님의 자녀요, 천국의 상속자(고전 12:27, 롬 8:16,17)라는 사실을 증거해 주기 때문입니다"라고 말했다.

웨슬리에 의하면 이와 같이 '우리 영의 증거'는 세속적인 기쁨과는 다른 기쁨을 우리에게 제공한다. 이 기쁨은 첫째로 자연적인 기쁨, 곧 세상 즐거움에서 오는 기쁨과는 다른 것이며 둘째로, 양심이 어두워져서 선악이 무엇인가를 모르기 때문에 오는 기쁨도 아니요 셋째로, 양심의 경화 또는 둔감 때문에 생긴 기쁨도 아니다. 이 기쁨은 우리 마음속에 살아 계시는 우리 주 예수 그리스도로 말미암아 우리가 믿음으로 영원한 생명을 누리는 (롬 5:21)데서 오는 기쁨인 것이다.

이처럼 웨슬리는 성서의 말씀에 따라서 판단하며, 또 나 자신의 하나님을 향한 욕망(양심의 순전성)과 하나님의 뜻을 행하려는 그 의욕(성실성)에 있어서 성령의 직접적인 증거가 뒷받침되어야 한다고 주장한다.

【 설교 】

"우리가 세상에서, 특별히 너희에게 대하여
하나님의 거룩함과 진실함으로써 하되
육체의 지혜로 하지 아니하고 하나님의
은혜로 행함은 우리 양심의 증거하는 바니
이것이 우리의 자랑이라"(고후 1:12)

1 우리가 신앙과 사랑에 머물러 있는 한 이것은 그리스도를 진심으로 믿는 모든 사람들의 목소리입니다. 우리 주님은 말씀하십니다. "나를 따르는 자는 어두움에 다니지 아니하고"(요 8:12). 그리고 그는 빛을 지닌 동안 기뻐합니다. "그리스도 예수를 주로 받아들였으니"(골 2:6). 그는 주 안에서 행합니다. 그리고 그가 그렇게 행하는 동안 사도의 권고가 영혼 속에 날마다 들려옵니다. "주 안에 서 항상 기뻐하라 내가 다시 말하노니 기뻐하라"(빌 4:4)

2 그러나 우리가 집을 모래 위에 짓지 않도록 하기 위해 (비가 내리고, 바람이 불고, 홍수가 일어나 그 집에 부딪힐 때에 집이 무너져, 그 무너짐이 대수롭지 않은(마 7:26,27 참고) 일이 되지 않게 하기 위해) 나는 이번 설교에서 무엇이 그리스도인의 기쁨의 본질이며 기반인가를 말하고자 합니다.

일반적으로 우리는 그것이 사도에 의해 기술된 바와 같이 양심의 증거로 생겨나는 영의 행복한 평화, 또는 고요한 만족이라는 것을 알고 있습니다. 그러나 이것을 더 철저히 이해하기 위하여 사도의 모든 말을 숙고할 필요가 있습니다. 그렇게 되면 양심이라는 말, 또는 그 양심의 증거라는 말이 무엇을 의미하는지, 그리고 어떻게 이 증거를 가진 자가 항상 기뻐하는 것인지 하는 것들이 쉽게 밝혀질 것입니다.

3 이제 이 양심이라는 말의 의미를 살펴 보고자 합니다. 누구나의 입에 오르내리는 이 말의 의미는 무엇입니까? 얼마나 크고 많은 책들이 이 주제에 관해 쓰여져 왔으며, 또 그것을 설명하기 위하여 어떻게 고대와 현대의 모든 학문이 철저히 탐구되어 왔는가 하는 점을 생각할 때 그것을 발견하기가 대단히 어려운 일이었다는 것은 상상할 수 있을 것입니다.

그러면서도 나는 두려워합니다. 이러한 모든 탐구를 볼 때 이 양심이란 말은 빛을 많이 받아오지 못했던 것입니다. 저자들이 오히려 사태를 혼란시켜 온 것은 아닙니까? 그 자체로는 간단하고 이해하기 쉬운 주제를 그들이 "무지한 말로 이치를 어둡게 하여(욥 38:2) 난처하게 만들어 버린 것은 아닙니까? 왜냐하면 단지 난해한 말을 제거하기만 하면 정직한 마음을 가진 사람은 누구나 즉시 그 사실을 이해할 수 있기 때문입니다.

4 하나님은 우리를 생각하는 존재로 지으셨습니다. 우리는 현재의 사실을 인정하고 과거의 일들을 숙고하거나 회고할 수 있습니다. 특히 우리는 우리 자신의 마음이나 생활을 통과하는 모든 사항들을 인정하며, 우리가 느끼고 행하는 모든 것을 알 수가 있습니다. 그러면서 그것이 통과해 가는 동안, 혹은 지나가 버린 후 언제라도 그것을 인지할 수가 있습니다. 인간이란 자각적 존재라는 사실을 의미하는 것입니다.

인간은 자기에 관한 현재 또는 과거의 사항, 자기 자신의 기질이나 외적 행동, 이 양자에 대한 자각, 즉 내적인 지각을 소유하고 있습니다. 그러나 우리가 보통 양심이라고 부르는 것은 그 이상의 어떤 면을 내포하고 있습니다. 그것은 단순히 우리의 현재에 대한 지식이나 이전 생활의 기억은 아닙니다. 과거 혹은 현재의 사항 중 어느 쪽인가를 기억하고 그것을 증언하는 일은 양심의 역할 중 하나에 불과한 것이며 가장 작은 것이기도 합니다. 양심의 일은 변호하거나 고발하고, 찬성하거나 반대하며, 방면하거나 정리하는 일입니다.

5 최근의 어떤 저자들은 새 이름을 부여해서 그것을 도덕적 지각이라고 부르기도 했습니다. 그러나 그 전의 칭호가 다음의 이유만으로도 새로운 칭호보다 훨씬 좋게 여겨집니다. 그 전의 이름이 새로운 이름보다 사람들 사이에 비교적 더 많이 통용되었고 익숙해서 이해하기 쉽기 때문입니다. 그리고 그리스도인으로서는 또 하나의 이유에서 그 편이 좋게 여겨집니다. 그것은 성서적이요, 하나님의 지혜가 성서에 사용되도록 선택해 주신 말이기 때문입니다. 그리고 성서, 특히 사도 바울의 편지 가운데서 그 말이 사용되고 있는 의미로 본다면 우리는 양심을 세상에 태어나는 모든 영혼 속에 하나님이 심으신 하나의 기능 혹은 능력이라고 이해하는 것이 좋습니다. 양심의 능력에 의하여 자기 자신의 마음과 생활, 기질, 사고, 발언, 행동 가운데서 무엇이 바르고 무엇이 나쁜가를 알게 되는 것입니다.

6 그러나 사람들이 선과 악을 구별할 수 있는 판정의 표준은 무엇입니까? 그들의 양심이 인도를 받아야 되는 표준은 무엇입니까? 바로 사도가 다른 곳에서 가르치고 있는 바와 같이 이교도의 표준은 "그 마음 속에 쓰여져 있는 율법"(롬 2:15)입니다. 바울 사도는 말합니다.

> 외적인 율법을 가지지 않은 이방인들이 외적인 율법이 정한 바 그 율법대로 행한다면 그들 자신이 그들에게 율법이 되는 것입니

다. 하나님의 손가락에 의해 율법이 그들 마음 속에 쓰여져 있기 때문입니다. 그들이 올바르게 행하고 있는지는 그들의 양심이 함께 증언하며 그들의 이성이 그 행위를 서로 고발하고 변명합니다. 즉, 그러한 행위를 무죄로 하기도 하며 옹호하기도 합니다(롬 2:14,15). 그러나 선악의 기독교적 표준은 하나님의 말씀, 즉 신구약 성서입니다. 성령의 감동을 받아서(벧후 1:21) 옛 예언자나 거룩한 사람들(눅 1:70)이 쓴 모든 것입니다. 하나님의 영감으로 쓰여졌고 참으로 사람을 교육하는 일에, 혹은 하나님의 온전하신 뜻을 가르치는 일에 유익하며 그것에 반대되는 것을 책망하고 잘못은 고쳐주며 의로 인도하고, 의를 행하도록 교육하는 것이 성서의 전부입니다(딤후 3:16).

이것이 그리스도인의 발 아래를 비쳐주는 등불이요 모든 길을 밝혀주는 빛입니다. 바울 사도는 이것만을 선한 것과 악한 것은 판별하는 표준으로 수용하는 것입니다. 직접적이거나 명백한 추단(推斷)에 의하여 성서를 통해 명령하신 것 이외에는 아무 것도 선으로 보지 않습니다. 성서의 말씀으로든가 혹은 부정할 수 없는 추론으로써 성서에 금지되어 있는 것 이외에는 아무 것도 악으로 보지 않습니다. 성서가 직접적으로나 혹은 명백한 추론으로 금지하지도 않으며 명하지 않은 것은 모두 중성의 성질이라고 믿고 있습니다. 그 자체가 선도 악도 아닌 것입니다. 이것이 모든 사항에 있어서 그리스도인의 양심이 따라야 할 전부이며 또한 유일한 외적 표준이기 때문입니다.

7 그리고 만일 어떤 이의 양심이 사실상 이것으로 인도되고 있다면 그 사람은 바로 그때 "선한 양심으로 하나님께 드리는 응답"(벧전 3:21)을 가지고 있는 것입니다. '선한 양심'이란 다른 곳에서 사도에 의하여 "거리낌 없는 양심"(행 24:16)으로 말해졌습니다. "오늘날까지 내가 범사에 양심을

따라 하나님을 섬겼노라"(행 23:1)라는 표현을 또 다른 때에 사도는 다음과 같이 사용하고 있습니다. "나도 하나님과 사람을 대하여 항상 양심에 거리낌이 없기를 힘쓰노라"(행 24:16).

그런데 이것을 이루기 위해서는 먼저 하나님 말씀의 바른 이해, 즉 그 가운데 계시되어 있는 우리에 관한 "선하시고 기뻐하시고 온전하신 뜻"(롬 12:2)으로서의 이해가 요구됩니다. 왜냐하면 그 표준이 무엇인지를 알지 못하면 우리가 그것을 행하는 일이 불가능하기 때문입니다.

그리고, 우리 자신에 대한 참된 지식이 요구됩니다. 이것은 우리 마음과 생활, 내적인 기질과 외적인 대화, 그 모두에 대한 지식입니다. 왜냐하면 그것을 알지 못하면 그것들을 우리 표준과 비교하는 일이 불가능하기 때문입니다. 또 요구되는 것은 우리 마음과 생활, 기질과 행동, 사고와 발언과 행위가 그 표준, 즉 하나님의 말씀과 일치하는 것입니다. 왜냐하면 이와 일치하지 않는 양심을 갖고 있다면 그것은 단순히 악한 양심일 수밖에 없기 때문입니다. 마지막으로 이러한 우리의 표준과의 일치에 대한 내적 지각이 요구됩니다. 이 습관적인 지각, 내적인 자각 그 자체가 진정한 의미에서 착한 양심이며 "하나님과 사람 앞에서 거리낌 없는 양심"(행 24:16)입니다.

8 그러나 이처럼 거리낌 없는 양심을 가지기를 원하는 사람은 모두 바른 기초를 놓도록 유의하지 않으면 안 됩니다. 아무도 이 기초 이외에 다른 기초를 놓을 수 없습니다. 그 기초는 예수 그리스도이십니다(고전 3:11). 이것을 기억해야 합니다. 그리고 조심해야 합니다. 산 믿음에 의하지 않고 예수 그리스도 위에 설 수 있는 자는 아무도 없기 때문입니다. "이제 내가 육체 가운데 사는 것은 나를 사랑하사 나를 위하여 자기 몸을 버리신 하나님의 아들을 믿는 믿음 안에서 사는 것이라"(갈 2:20).

즉, 나의 마음 속에 계시되어 있는 아들을 믿는 믿음에 의해 살고 있다고 공공연하게 증언할 때까지는 아무도 예수와 함께 하는 자가 아닙니다.

믿음만이 눈에 보이지 않는 것에 대한 증거이며, 확신이며, 실증인 것입니다. 믿음에 의하여 우리의 이해의 눈이 열리고 그 속에 신적인 빛이 부어져서 하나님의 법의 기이한 것을 보게 됩니다(시 119:18). 하나님의 율법의 탁월함과 순수함, 율법과 그 가운데 포함되어 있는 모든 계명의 높이, 깊이, 길이, 넓이를 보게 됩니다.

우리가 믿음에 의해서 '그리스도의 얼굴에 있는 하나님의 영광'(고후 4:6)을 보게 되고, 또한 우리 자신 안에 있는 모든 것과 우리 영혼의 깊은 내면의 움직임을 거울로 보는 것처럼 알게 됩니다. 이 믿음에 의해서만 하나님의 사랑을 우리 마음 속에 받아 들일 수 있으며, 이로 말미암아 그리스도가 우리를 사랑하신 것처럼 우리도 서로 사랑할 수 있게 됩니다. 하나님의 백성인 모든 이스라엘에게 다음과 같은 은혜로운 약속이 성취된 것도 믿음에 의한 것입니다. "내 법을 저희 생각에 두고 저희 마음에 이것을 기록하리라"(히 8:10).

이 사실로 인하여 그들 영혼 속에 하나님의 거룩하시고 완전하신 율법과의 온전한 일치가 이루어지며 '모든 생각을 사로잡아 그리스도에게 복종하게'(고후 10:5)되는 것입니다. 그리고 나쁜 나무가 좋은 열매를 맺지 못하는 것과 같이 좋은 나무는 나쁜 열매를 맺을 수 없습니다.

그러므로 신자는 생활은 물론이요 그 마음이 하나님의 계명의 표준에 온전히 따르고 있을 때에 하나님께 영광을 돌리고 사도와 함께 말 할 수가 있습니다. "우리가 세상에서 특별히 너희에게 대하여 하나님의 거룩함과 진실함으로써 하되 육체의 지혜로 하지 아니하고 하나님의 은혜로 행함은 우리 양심의 증거하는 바니 이것이 우리의 자랑이라"(고후 1:12).

9 "우리는 행했다"(고후 1:12). 원어로 사도는 이것을 한 단어 '아네스트라페멘'(ἀνεστράφημεν)으로 표현하고 있습니다. 그 의미는 대단히 넓은데, 우리의 모든 태도 뿐 아니라 영혼이나 육체에 관계되는 내적이고 외적인 모든 상태를 포함합니다. 그것은 우리의 마음, 혀, 손, 지체의 모든

움직임을 포함하며 모든 우리의 행위와 발언, 힘과 기능의 사용, 하나님과 인간에 관해서 우리가 받은 모든 은사를 사용하는 그 방식에까지 미치고 있습니다.

10 "우리가 이 세상에서 행했다"(고후 1:12). 이것은 세상의 불경건한 사람들에게서 일어나는 일입니다. 다만 하나님의 자녀들 가운데서만이 아니라(이것은 비교적 드문 경우일 것입니다). 악마의 자녀들 가운데서도 행해지는 일입니다. 악한 자 가운데서(ἐν τω πονηρω), 악한자의 지배 하에 놓여 있는 사람들 가운데서 행해지는 일입니다. 이것은 어떤 세상입니까? 이 세상은 끊임없이 호흡하고 있는 그 영에 의하여 얼마나 철저하게 채워져 있습니까! 선이신 우리의 하나님께서 선을 행하시는 것처럼, 이 세상의 신과 그 모든 자녀들은 악이며 하나님의 모든 자녀들에 대해서(허용되는 한도 내에서) 악을 행합니다. 그 아비처럼 그들은 언제나 잠복하고 기다리면서 삼킬 자를 찾아 두루 다닙니다(벧전 5:8).

이 세상에 속해 있지 않은 사람들을 멸하기 위하여 부정수단이나 폭력, 비밀한 간계, 노골적인 포학을 휘두릅니다. 계속 우리의 영혼을 향하여 싸움을 부추기며 옛 무기 혹은 새 무기로 또는 모든 종류의 책략으로 우리 영혼을 악마의 덫에로, 멸망에 이르는 넓은 길로 이끌어 가려고 애쓰는 것입니다.

11 이러한 세상에서 우리는 하나님께서 주신 솔직함과 진실함으로 모두 행했습니다(고후 1:12). 먼저 솔직함(Simplicity)에 대하여 말해 봅시다. 이것은 우리 주님께서 '밝은 눈'(눅 11:34)이라는 이름으로 권해 주신 것입니다. 주님은 말씀하십니다. "네 몸의 등불은 눈이라 네 눈이 성하면 온 몸이 밝을 것이요"(눅 11:34). 이 의미는 다음과 같습니다. 모든 발언이나 행위의 저변에 깔려 있는 의향은 몸에 비교하면 눈과 같습니다. 그러므로 만일 당신의 영혼의 눈이 성하다면 당신의 모든 행위는 밝을 것입니다.

하늘의 빛, 사랑과 평화와 성령 안에서의 기쁨의 빛으로 가득해지는 것입니다.

우리 마음의 눈이 오직 하나님께 집중되어 있을 때, 우리가 시간과 영원 가운데서 하나님만을 우리의 운명, 힘, 행복, 큰 보상, 모든 소유물로 바라볼 때, 바로 그 때에 우리의 마음은 단순해지며 솔직해집니다. 즉, 동요치 않는 견해, 하나님의 영광을 조성하고 그의 신성한 의지에 따르며, 그것을 이루는 단순한 의향이 우리의 영혼 전체에 흐르고 우리의 마음 전체를 채우며 우리의 모든 사고, 욕구, 목적의 불변하는 샘이 될 때, 솔직함은 바로 거기에 있게 되는 것입니다.

12 둘째로 "우리는 세상에서 하나님의 진실함으로 행했습니다"(고후 1:12). 솔직함과 진실함의 차이는 다음과 같습니다. 솔직함이 의향에 관계되어 있는 반면, 진실함은 실천에 관계되어 있습니다. 그리고 이 진실함은 이미 기록된 바와 같이 우리의 말만이 아니라, 모든 행동에 관계되어 있는 것입니다.

사도 바울 자신은 가끔 이 말을 진실을 말하는 것, 혹은 간계, 궤계, 거짓을 말하지 않는 것이라는 좁은 의미로 사용하고 있으나 여기서는 그렇게 이해해서는 안 됩니다. 여기서 이 말은 좀 더 폭 넓은 의미로 사용되고 있습니다. 즉, 우리가 솔직함으로 노리는 표적을 실제적으로 맞춘다는 의미를 가집니다.

따라서 우리가 하나님의 영광을 위하여 실제로 모든 일을 행하는 것을 의미합니다. 우리의 모든 발언이 이 일을 향하여 있을 뿐이요, 실제로 그것에 도움이 되며 우리의 모든 행위가 이 큰 목적을 위하여 한결같은 수단이 되어서 고요하게 계속 흐릅니다. 우리의 모든 생활 속에서 하나님을 향해 똑바로 움직여 가며, 또 끊임없이 움직여 가는 일입니다. 성결의 길, 정의와 자비와 진리의 길을 차근차근 계속해서 걸어 나가는 것입니다.

13 이 진실은 사도에 의해 '신적 진실' 혹은 '하나님의 진실'(ειλικρινέια Θεου)이라 불리워지고 있습니다. 이는 우리가 그것을 이교도의 진실로 오해한다든지 혹은 혼동하는 일이 없게 하기 위함입니다.(이교도들도 그들 사이에 일종의 진실을 가지고 있었으며, 그에 대해서 상당한 존경심을 갖고 있었기 때문입니다). 더욱이 사도가 이것을 하나님의 진실이라고 말하는 것은 모든 기독교적 미덕의 경우도 마찬가지겠지만, 이 진실이 향하고 있는 대상과 목적을 표시하기 위함입니다. 왜냐하면 궁극적으로 하나님을 향하지 않는 것은 모두 '세상의 더러운 것'(벧후 2:20) 가운데로 빠져 버리고 말기 때문입니다.

사도는 그것을 하나님의 진실이라고 부름으로써 창조자를 지적하고 있습니다. "각양 좋은 은사와 온전한 선물이 다 위로부터 빛들의 아버지께로서 내려오나니"(약 1:17). 빛의 아버지를 지적하고 있는 것입니다. 이 사실은 다음의 말씀으로 더욱 분명해집니다 "육체의 지혜로 하지 아니 하고 하나님의 은혜로 행함은 우리 양심의 증거하는 바니 이것이 우리의 자랑이라"(고후 1:12).

14 "육적인 지혜로가 아니라"(웨슬리는 '인간적인 지혜'를 '육적인 지혜'로 번역하고 있다). 마치 사도는 다음과 같이 말하려고 한 듯합니다. "우리는 이 세상에서 자연적인 이해력에 의해서도, 자연적으로 얻은 지식이나 지혜에 의해서도 솔직함과 하나님의 진실을 따라 행동할 수가 없습니다. 좋은 지각, 좋은 성질, 좋은 훈계 등등… 어떠한 힘에 의해서도 이러한 솔직함을 얻거나 이러한 진실을 실행할 수가 없습니다. 그것은 우리의 모든 철학적 금언은 물론이요, 우리의 모든 타고난 용기와 결의 보다도 우월합니다. 습관의 힘도, 인간 교육의 가장 세밀한 규칙도 우리를 이처럼 훈련시킬 수는 없습니다. 나 바울도 내가 즐기던 모든 이로운 것에도 불구하고 자연적인 상태에 있으면서 또 그것을 단지 육적인 상대적 지혜에 의해 추구하는 한 그 상태에 도달하기란 전혀 불가능하였습니다." 그렇지만 확

실히 사람에게 이것이 가능하다면 바울만큼 지혜로 거기에 도달할 수 있을 것이라고 생각하는 사람도 없습니다. 왜냐하면 우리는 바울 만큼 본성과 교육 양면에 모든 은사를 받은 사람을 상상할 수 없기 때문입니다. 아마도 그 당시에 생존했던 어떤 사람에게도 그는 뒤지지 않았다고 생각됩니다.

그는 타고난 능력 이외에 받을 수 있는 모든 교육을 받은 이점을 가지고 있습니다. 바울은 다소의 대학에서 공부했고, 후에 그 당시 전 유대 민족 가운데서 지식과 인격에 있어서 가장 존경 받고 있던 가말리엘의 문하에서 교육을 받았습니다. 그리고 그는 종교교육에 관하여 최고의 이점을 모두 갖추고 있었습니다. 그는 바리새인의 자손이며, 바리새인으로서 가장 엄격한 종파 혹은 단체에서 교육을 받았습니다. 바리새파는 다른 모든 단체와는 달리 한층 현저한 엄격성을 그 특징으로 하고 있었습니다.

그리고 바울은 그의 동년배들보다 훨씬 더 앞섰습니다. 하나님을 기쁘시게 한다는 생각이 들면 누구 보다도 열심을 내었습니다(갈 1:14). 그리고 '율법의 의'에 있어서는 흠이 없는 사람이었습니다(빌 3:6). 그러나 그는 그것으로써 솔직함과 하나님의 진실에 도달할 수 없었습니다. 그것은 전적으로 헛된 수고에 불과했습니다.

뼛속에 사무치는 찢 밑은 깊은 느낌 속에서 그는 마침내 부드럽지 않을 수 없었습니다. "그러나 무엇이든지 내게 유익하던 것을 내가 그리스도를 위하여 해로 여길뿐더러 내 주 그리스도 예수를 아는 지식이 가장 고상함을 인함이라 내가 그를 위하여 모든 것을 잃어 버리고 배설물로 여김은"(빌 3:7,8)

15 바울이 도달한 것은 우리 '주 예수 그리스도에 대한 특별한 지식'(빌 3:8), 혹은 거의 같은 의미를 지닌 다른 표현으로 '하나님의 은혜로 말미암은'(롬 3:24) 방법 이외의 방법은 아니었던 것입니다. 때때로 하나님의 값없이 주시는 사랑, 인간의 대가를 요구하시지 않는 긍휼은 '하나님의 은혜'

라는 말로 이해됩니다.

그것으로 인하여 죄인인 나는 그리스도의 공로로 이제 하나님과 화해하고 있는 것입니다. 그러나 여기에서 그것은 차라리 '우리 속에서 활동하셔서 하나님의 기뻐하시는 뜻을 따라 우리에게 의욕을 일으켜 일하게 하시는'(빌 2:13) 성령이신 하나님의 능력을 의미하고 있습니다. 언제나 전자의 의미로써의 하나님의 은혜, 곧 하나님의 용서하시는 사랑이 우리 영혼에 나타나자마자 후자의 의미로써의 하나님의 은혜, 곧 성령의 능력이 그 가운데 생겨납니다.

그리고 이제는 인간에게는 불가능했던 일들이 하나님께는 가능하게 되었습니다. 이제는 우리가 행동을 바르게 정돈할 수가 있습니다. 그리스도로 말미암아 우리를 강하게 하시는 사랑의 빛과 능력에서 모든 것을 할 수가 있습니다. 우리는 이제 육의 지혜로는 결코 가질 수 없는, 우리가 세상에서 '솔직함과 하나님의 진실함으로 행했다'는 '양심의 증거'(고후 1:12)를 가지게 되는 것입니다.

16 이것이 본래 의미에서의 그리스도인의 즐거움의 기초입니다. 그러므로 우리는 이제 이 증거를 자기 속에 가지고 있는 자가 어떻게 언제나 기뻐할 수 있는가를 쉽게 이해할 수 있을 것입니다. 그는 말할 수 있습니다. "내 영혼이 주를 찬양하며 내 마음이 하나님 내 구주를 높입니다"(눅 1:46,47). 나는 하나님을 기뻐합니다. 왜냐하면 하나님은 공로 없이 주시는 그 자신의 사랑, 즉 인간에게 요구하시는 바가 없는 그리고 부드러운 긍휼로 말미암아 하나님의 능력으로 내가 이제 서 있는 이 구원의 상태 가운데로 나를 부르셨기(롬 5:2) 때문입니다.

나는 기뻐하지만 그것은 성령이 내 영에 대하여 나를 어린 양의 피로 사신 것, 또는 어린 양을 믿음으로써 내가 '그리스도의 지체요 하나님의 자녀요 천국의 상속자'(고전 12:27, 롬 8:16,17)라는 사실을 증거해 주기 때문입니다. 나는 기뻐하지만 그것은 나에 대한 하나님의 사랑이 같은 성령으로 인하여 나에게 하나님을 사랑하도록 시키며, 그래서 하나님을 위하여 모든 사람의 자손, 하나님이 지으신 모든 심령을 사랑하도록 역사하기 때문입니다. 나는 기뻐하는데 그것은 하나님이 다음의 사실을 깨닫게 하시기 때문입니다.

그것은 '그리스도 안에 있었던 마음'(빌 2:5), 즉 내 마음 속의 모든 움직임에서 하나님만을 바라보는 밝은 눈이라고 할 만한 단순성과 나를 사랑하셔서 나를 위하여 자기 몸을 주신(엡 5:25) 분 위에 내 영혼의 사랑의 눈을 언제나 집중시키는 능력, 내가 생각하고 혹은 말하며 혹은 행동하는 모든 것에서 하나님의 빛나는 마음에만 고착시키는 능력입니다. "육체와 함께 정과 욕심을 십자가에 못박았느니라"(갈 5:24). "위엣 것을 생각하고 땅엣 것을 생각지 말라"(골 3:2). 즉, 하나님 이외에는 아무 것도 바라지 않는 청정성(淸淨性)입니다.

하나님 형상의 회복, '하나님의 모양대로'(창 1:26) 영혼을 갱신하는 성결, 하나님의 영광에 부응하도록 우리의 모든 발언과 행위를 인도하시는 하나님의 진실, 이런 것들을 하나님은 느끼게 해 주십니다.

나는 또 다음의 사실로 인해 기뻐하고 있으며 또 다시 기뻐할 것입니다. 그것은 내 양심이 성령 안에서, 성령이 끊임없이 그 위에 부어주시는 빛으로 인하여 나에게 증거하고 있기 때문입니다. 내기 부르심을 받은 그 부르심에 합당하도록 살아가는 일(엡 4:1), 마치 뱀 앞에서 도망하는 것처럼 죄에서 도망하여 모든 종류의 악을 멀리하는 일(살전 5:22), 기회가 있는 한 모든 종류의 가능한 선을 사람들에게 행하는 일, 나의 모든 행동에서 주를 따르며 주께서 선하게 보시는 일을 행함을 내 양심이 증거하고 있는 것입니다.

나는 기뻐하는데 그것은 하나님의 성령이 영감을 통하여 내 모든 행위가 하나님 안에서 이루어지도록 하며, 그뿐 아니라 내 안에서 이 모든 행위를 하게 하는 이는 실상은 하나님이라는 사실을 보고 또 느끼기 때문입니다. 나는 내 마음 속에서 빛나는 하나님의 빛을 통하여 하나님의 길을 걷는 능력을 가지고 있으며, 그래서 하나님의 은혜로 인하여 내가 좌로도 우로도 벗어나지 않는다는 사실을 알고 기뻐하는 것입니다.

17 이상이 장성한 그리스도인이 끊임없이 기뻐하는 것들의 기초요, 그 성질입니다. 이 모든 것에서 우리는 첫째, 이것이 자연적인 기쁨은 아니라는 것을 쉽게 추측할 수 있을 것입니다. 그것은 어떠한 자연적인 원인으로부터도, 어떠한 쾌활한 기분의 돌발적인 흐름으로부터도 발생하지 않습니다. 어쩌면 일시적인 기쁨의 충동을 줄 지도 모릅니다. 그러나 그리스도인은 항상 기뻐하는 것입니다. 그것은 육체적인 건강이나 안일, 체질의 강인성과 건전성으로 말미암는 것이 아닙니다. 왜냐하면 그 기쁨은 질병이나 고통 중에서도 강한 힘을 발휘하기 때문입니다. 뿐만 아니라 전보다도 훨씬 더 강해지는 것입니다.

많은 그리스도인들은 육체가 고통으로 인해 지쳐 있거나 병으로 기진해 있을 때에, 그들의 영혼이 가득 채워진 것과 같은 기쁨을 결코 경험한 일이 없었던 것입니다. 더구나 그 기쁨은 외적인 성공, 사람들의 호의, 현세의 재산의 풍부함을 그 원인으로 할 수 없습니다. 그것은 그들이 모든 종류의 외적인 불행에 의하여 시련을 겪었을 때 하나님을 기뻐해 왔기 때문입니다.

그들은 보이지 않는 하나님을 말할 수 없는 기쁨으로 사랑했습니다. 그리고 그와 같은 상황 속에 놓여진 사람들만큼 그렇게 하나님을 기뻐한 사람들은 존재하지 않았습니다. 그들은 이 세상의 오물이나 쓰레기와 같은 대접을 받았습니다. 모든 것이 부족하여 이리저리 방황했습니다. 굶주리고 떨며 헐벗은 몸으로 방황했습니다. 조롱을 받았을 뿐 아니라 결박을 당하고 감옥에 갇히기도 했습니다(히 11:36). 뿐만 아니라 마침내는 기쁨으로 자기들의 갈 길을 끝까지 달리고 임무를 다하기만 한다면 목숨도 아깝지 않다고 생각하였습니다(행 20:24).

18 상술한 고찰에서 우리는 둘째로, 그리스도인의 기쁨은 양심의 우맹(愚盲)에서, 선을 악으로부터 분간하지 못하는 데서 생겨난 것이 아니라는 것을 추측해도 좋을 것입니다. 그는 이해할 수 있는 눈이 뜨이기 전까지는 이 기쁨에 대해 전혀 문외한이었습니다. 그는 영적인 선악을 분별하는 적당한 영적 지각을 가지기 전까지는 그것을 알지 못했던 것입니다. 그런데 이제 그의 영의 눈은 밝아졌습니다. 이전에는 이처럼 그의 눈이 날카로웠던 적이 결코 없었습니다.

그는 보통 전혀 놀랄 것이 없는 가장 작은 일일지라도 재빨리 지각합니다. 티끌이 태양 광선 속에서 보이는 것처럼 빛 가운데를, 영원한 태양 광선 속을 걷고 있는 자에게는 죄의 모든 티끌이 보이는 것입니다. 또 그는 양심의 눈을 더 이상 감지 않습니다. 잠은 그에게서 떠나 버렸습니다. 그의 영혼은 언제나 환히 깨어 있습니다. 더 이상 허송 세월을 하거나 팔짱을 끼고 쉬는 일이 없습니다. 항상 탑 위에 서서 주께서 자기에게 무엇을 말씀하시는가를 듣고 있습니다. 그리고 언제나 이 사실, '보이지 않는 그분을 보는'(히 11:2) 것을 기뻐합니다.

19 셋째로, 그리스도인의 기쁨은 양심의 둔감 혹은 경화(硬化)에서 생긴 것이 아닙니다. 그러므로 미련한 마음이 어두워신(롬 1:21) 사람들 가운데, 그 마음이 경화되어 무감각해지고 지각이 둔화되어서 영적인 이해력을 가지지 못한 사람들 가운데 일종의 기쁨이 생겨날 수 있다는 것은 사실입니다. 그 지각 없는 무감각한 마음 때문에 그들은 죄를 범하는 일까지도 기뻐할 수 있을 것입니다. 그리고 이것을 그들의 자유라고 부를 지도 모릅니다. 실상 그것은 단순한 영혼의 명정(酩酊), 영의 완전한 무감각, 마비된 양심의 어리석은 무신경입니다.

이와는 반대로 그리스도인은 이전에는 상상도 할 수 없었던 가장 예민한 감성을 가지게 됩니다. 하나님의 사랑이 그의 마음을 지배하게 된 이후 가지게 된 양심의 민감성을 그는 한 번도 가져본 적이 없습니다. 그리고 하나님이 날마다 그의 기도를 들어주셨다는 사실이 또한 그의 영예요, 기쁨인 것입니다.

> 아, 나의 민감한 영혼은
> 도망치고 싶어라
> 오싹하는 악의 첫 접근을
> 눈동자처럼 재빨리
> 아주 가벼운 죄의 접촉도
> 느껴지도록

20 결론을 말한다면 그리스도인의 기쁨은 복종에 의한 기쁨입니다. 하나님을 사랑하고 그 계명을 지키는 데서 오는 기쁨입니다. 그것은 계명을 지키는 일로써, 즉 행위에 의한 계약 조건을 성취해야만 하듯이 그것을 지킴으로써 얻어지는 그런 기쁨이 아닙니다. 그렇게 되면 그것은 마치 우리가 행위나 의로써 하나님께 받아들여지는 것처럼 되어 버립니다.

그렇지 않습니다. 우리는 이미 그리스도 예수로 말미암아 하나님의 긍휼하심으로 용서를 받았고 그분께 받아들여졌습니다. 우리 자신의 복종에 의하여 죄와 죽음으로부터 생명을 얻을 수 있는 것이 아니며, 이것 또한 우리는 하나님의 은혜로 말미암아 이미 가지고 있습니다.

죄로 인하여 죽은 우리를 하나님께서는 살리셨습니다(엡 2:25). 그리고 이제는 우리 주 그리스도 예수와 연합하여 살고 있습니다(롬 6:11). 그러나 우리는 은혜의 계약에 따라 행하는 것을 기뻐하며 거룩한 사랑과 행복한 복종을 기뻐합니다. 우리가 그리스도의 은혜로 의롭다함을 얻게(딛 3:7) 되었으므로 우리에게 베푸신 하나님의 은혜는 헛되지 않았다(고전 15:10)는 사실, 하나님께서는 우리에게 아무 것도 요구하시지 않으시면서 우리가 뜻하고 힘쓰는 일 때문이 아니요, 어린 양의 피로 인하여 우리를 하나님 자신과 화해시켜 주셨으므로 하나님이 내려 주신 능력으로 우리가 그 계명의 길을 달려가고 있다는 사실을 알고 기뻐합니다.

하나님은 우리로 전쟁하게 하려고 능력으로 내게 띠 띠워(시 18:39) 주셨고, 우리는 기쁨으로 믿음의 선한 싸움을 싸우는 (딤전 6:12) 것입니다. 믿음과 우리 마음 속에서 살아 계시는 분으로 인하여 '영원한 생명을 누리는' (롬 5:21) 일을 기뻐합니다.

우리의 기쁨이란 우리의 아버지께서 지금도 일하시는 (요 5:17)것처럼 (우리 자신의 힘 혹은 지혜로 인해서가 아니요, 그리스도 예수 안에서 자유롭게 해주시는 하나님의 성령의 능력에 의하여) 우리도 또한 하나님의 일을 행하는 것입니다. 하나님께서 그 눈에 합당하게 보시는 것을 우리 가운데서 모두 이루어 주시는 것처럼! 영원토록 그에게 찬양이 있기를 바랍니다!

17

광야의 상태
The Wilderness State

당신은 어떤 어리석을 욕망이나, 종류나 정도에 관계없이
지나친 애정에 굴복하지 않았습니까? 만일 그랬다면 당신의 우상을
끊어버리지도 않았는데 어떻게 하나님의 사랑이 마음 속에
자리잡을 수 있겠습니까? 자기 자신을 속이지 마십시오.
하나님은 조롱을 받으실 분이 아닙니다. 하나님은 분쟁이 있는 마음에는
거하실 수 없습니다. 여러분의 마음속에 '들릴라'(Delilah)를 품는 한
하나님께서 계실 곳은 없습니다.
여러분이 오른쪽 눈을 빼어서 내던지기 전에 하나님의 빛을
다시 회복할 수 있을 거라고 기대하는 것은 허사입니다.
더 이상 지체하지 마십시오! 하나님께서 당신에게 그렇게 해 주실수 있도록
그분께 부르짖으십시오! 당신의 무력함과 무능함을 탄식하십시오!
주님의 도우심을 받아 좁은 문으로 들어가십시오!
천국을 힘써 빼앗으십시오!
하나님의 지성소에서 모든 우상을 내던지십시오!
그러면 즉시 주님의 영광이 나타날 것입니다

17 광야의 상태
The Wilderness State

【해설】

영국의 신비주의자 윌리암 로(William Law)는 1749년에 「Spirit of Prayer」라는 책을 출판했다. 이 책에서 그는 인간을 사랑하시는 하나님의 역사도 중요하지만 그보다 더 중요한 것은 인간의 고통에 대한 하나님의 침묵이라고 말하였다. 왜냐하면 이와 같은 하나님의 침묵의 기간을 통해서 사람은 더 나은 신앙의 상태에 이르게 되고, 아름다운 영혼을 갖게 된다고 생각했기 때문이다(cf. part II, p.175).

신비주의자들은 하나님의 침묵의 상태를 '암흑의 상태'(The State of Darkness)라고 불렀다. 이것은 그들에게 있어 구원의 한 단계인 것이다. 그리고 그들은 이 구원의 단계를 각성(Awakening), 정화(Purgation), 조명(illumination), 암흑(Darkness), 연합(Union)으로 설명하고 있다(cf. Underhill, The Mytic, p.54).

그러나 웨슬리는 신비주의자들과 같이 구원의 단계를 인간적인 행위에서 설명하지 않고 하나님의 은총의 역사에서 이해한다. 곧 하나님의 선행적 은총(Prevenienting Grace)으로 시작하여 의롭게 하는 은총(Justifying Grace)과 거룩케 하는 은총(Sanctifying Grace)에 대해 사람이 회개와 믿음으로 반응하여 하나님 앞에 의롭다함을 받아서 신생하고 성장하며 하나님께 가까이 나가는 것으로 본다.

웨슬리는 신비주의자들이 입장과는 다르게 '암흑의 상태'와 '괴로움의 상태'를 구분하여 설명하였다. 그에 의하면 '암흑의 상태'는 하나님의 사랑을 상실한 상태이나, '괴로움의 상태'는 아직도 하나님 안에 있는 상태이다. 웨슬리는 다음과 같이 말한다. "암흑 속에 빠진 사람은 하나님의 평화를 잃어버리지만 괴로움을 당한 사람은 그렇지 않습니다. 오히려 그 반대로, 바로 그 괴로움 속에 있을 때에 은혜뿐만 아니라 평화가 넘쳐납니다"(설교 '여러 가지 시련으로 인한 괴로움', V.1 참조). 웨슬리는 '암흑의 상태'를 '광야의 상태'와 같은 의미로 표현한다. 그는 그의 설교 '광야의 상태'에서 말하기를 이스라엘 민족이 홍해를 건넌 후에도 광야의 상태를 만난 것처럼, 사람이 한 번 구원을 체험한 후에도 하나님의 백성을 위해 준비된 안식에 들어가지 못하고 황무지와 짐승이 부르짖는 광야로 가는 경우가 있다고 하였다.

웨슬리는 이 설교에서 광야의 상태가 어떤 성격이며, 또 그들에 대한 해결책이 무엇인가를 지적하고 있다. 그에 의하면 광야의 상태는 믿음과 사랑, 기쁨과 평화, 그리고 능력이 상실된 상태이다. 또한 이러한 상태에 이르게 된 원인은 죄와 무지와 유혹에 있다, 그러므로 사람이 이같은 광야의 상태에서 벗어나기 위해서는 죄와 무지 그리고 유혹에서 벗어나야 한다고 그는 주장한다.

웨슬리는 신자도 질병이나 재앙, 또는 궁핍같은 시련 때문에 괴로움을 당할 수 있다고 보았다. 그러나 그럼에도 불구하고 신자는 산 신앙과 평화, 희망과 기쁨, 그리고 하나님께 대한 사랑과 거룩한 상태를 유지할 수 있는 것이다. 그리므로 이런 상태는 '암흑의 상태' 안에 있는 신자와는 구분되어야 한다.

이상과 같은 내용을 웨슬리는 그가 1755년 6월 9일 처음으로 행한 설교 '여러 가지 시련으로 인한 괴로움'에서 설명하고 있다.

【 설교 】

"지금은 너희가 근심하나 내가 다시
너희를 보리니 너희 마음이 기쁠 것이요
너희 기쁨을 빼앗을 자가 없으리라" (요 16:22)

1 하나님께서 이스라엘 민족을 노예생활에서 인도해 내심으로 그들을 위해 위대한 구원을 베푸신 후에도, 그들은 즉시 하나님께서 조상들에게 약속하셨던 땅으로 들어가지 못하고 '길 없는 광야'에서 방황 하였으며 수많은 시련과 괴로움을 당하였습니다.

이와 마찬가지로 하나님께서 하나님을 두려워하는 자들을 죄와 사탄의 속박에서 구원해 주신 후에도, 즉 그들이 그리스도 예수 안에서 이루어진 속량을 통하여 오직 하나님의 은혜로 값없이 의롭다함을 얻게 된 후에도 '하나님의 백성을 위해 준비된 안식' 속에 들어가는 자는 많지 않습니다. 이런 자들 중의 대부분은 하나님께서 인도해 주시는 평탄한 대로에서 길을 잃고 방황하게 됩니다. 말하자면 그들은 '황무지와 짐승이 부르짖는 광야'로 가게 됩니다. 거기서 그들은 여러 가지 시련을 겪고 고통을 당합니다. 어떤 사람들은 이스라엘 민족이 당한 사건에 대해서 언급하면서 이를 '광야의 상태'라고 규정했습니다.

2 물론 이런 사람들이 처해 있는 상황은 아주 동정받을 만합니다. 일

반적으로 납득되지 않지만 그들은 사악하고 쓰라린 병에 걸려서 괴로워하고 있습니다. 이 병은 일반적으로 잘 알려져 있지 않기 때문에 그들이 치료책을 발견하기란 매우 어렵습니다. 흑암의 상태에 빠져 있으면서도 자기 자신의 무질서한 성격에 대해 깨닫지 못합니다. 그래서 형제들은 말할 것도 없고 그들을 가르치는 스승들까지도 그 병이 어떤 것인지 어떻게 해야 그 병을 고칠수 있는지를 대부분 알지 못합니다. 그렇기 때문에 첫째 이 병의 성격은 무엇이며, 둘째 어떻게 치료할 수 있는가를 더 탐구할 필요가 있는 것입니다.

❶ 첫째, 그렇게도 많은 사람들이 하나님을 믿고 난 후 빠지게 되는 이 병의 성격은 무엇입니까? 그 병은 어떤 요인으로 형성됩니까? 그리고 그 증상은 어떤 것입니까?

하나님께서 한때 그들의 마음 속에 넣어 주셨던 신앙을 상실한 때에는 당연히 이런 병이 생깁니다. 광야에 있는 사람들은 그들이 한 때 맛 보았던 보이지 않는 것들의 신적인 '증거', 곧 만족할 만한 확신을 현재는 가지고 있지 않습니다. 그들 한 사람 한 사람은 "내가 지금 살고 있는 것은 나를 사랑하시고 나를 위하여 자기 몸을 내어 주신 하나님의 아들을 믿는 믿음으로 사는 것이다"라고 고백할 수 있었던 성령의 내적 증거를 지금은 가지고 있지 않습니다. 하늘의 빛은 지금 그들의 마음 속을 비추지 않고 있으며, 그들은 보이지 않는 그분을 보지 못합니다.

뿐만 아니라 암흑은 다시 그들의 영혼의 얼굴을 감싸고 눈을 멀게합니다. 성령은 더 이상 그들의 영과 함께 그들이 하나님의 자녀라는 사실을 증거하지 않습니다. 또한 하나님은 그들의 심령 가운데 '아바 아버지' 라고 불리는, 그들을 양자로 삼으시는 성령으로 머물러 계시지 않습니다.

그들은 지금 하나님의 사랑에 대한 확실한 신뢰가 없고, 하나님 앞에 거룩한 용기를 가지고 가까이 나갈 수 있는 자유도 없습니다.

"그가 나를 죽이실지라도 나는 그를 신뢰하리라"는 고백은 더 이상 그들의 마음 속에서 우러나오지 않습니다. 이제 그들은 힘을 잃고 다른 사람들처럼 의지가 약해집니다.

***

❷ 그래서 둘째로, 사랑을 상실하는 데까지 이르게 됩니다. 참되고 살아 있는 신앙을 소유하게 됨과 동시에 그 사랑은 강해지기도 하고 약해지기도 하는 것입니다. 그러므로 믿음을 상실한 자는 하나님의 사랑도 빼앗깁니다. 그들은 이제 "주님, 주님께서는 모든 것을 아십니다. 그러므로 제가 주님을 사랑하는 줄을 주님께서 아십니다"라고 고백할 수 없게 됩니다. 그들은 이제 하나님을 진실로 사랑하는 모든 사람들과 같이 하나님 안에서 행복하지 못합니다. 지난 날처럼 하나님 안에서 기뻐하지도 않고 하나님의 향기를 흠향 하지도 않습니다. 지난 날 그들은 주를 기다렸으며 주의 이름만을 사모하였지만, 이제는 비록 완전히 소멸되지는 않았다고 할지라도 그 주님을 향한 소망이 냉랭해지고 소멸하게 됩니다.

주님에 대한 사랑이 냉랭해짐에 따라 이웃에 대한 사랑도 역시 감소됩니다. 사람들의 영혼을 위한 열심, 사람들의 행복을 빌던 열망, 사람들과 하나님을 화해시키려는 열렬하고 부단한 적극적인 열망이 지금 그들에게 없습니다. 그들은 잃어버린 양에 대한 자비로운 마음을 느낄 수도 없고, 유혹에 빠진 무지한 자들을 너그럽게 대할 수도 없습니다.

그들은 한때 모든 사람을 온유하게 대하고, 진리를 반대하는 사람들을 관대한 마음으로 바로잡아주었으며, 어떤 사람이 범죄한 것이 드러났을 때도 온유한 마음으로 그들을 인도했습니다. 그러나 여러 날동안 불안한 상태를 겪은 후 분노가 힘을 되찾고 거기다 강퍅함과 신경질이 그들을 넘어뜨리기 위해 거세게 몰려옵니다. 그렇기 때문에 그들이 때때로 '악을 악으로 갚거나 욕을 욕으로 갚는데' 까지 이르지 않는 것이 다행입니다.

* * *

❸ 셋째로, 믿음과 사랑을 상실한 결과 그들은 성령으로 인한 기쁨을 잃게 됩니다. 왜냐하면 죄사함에 대한 감사가 사라지게 되면 결과적으로 오게 되는 기쁨도 남아 있을 수 없기 때문입니다. 성령께서 우리의 영과 함께 우리가 하나님의 자녀임을 증거하시지 않는다면 내적인 증거로 생기는 기쁨 역시 그치게 될 것입니다.

이와 같이 한때 하나님의 영광에 대한 소망 안에서 말로 다 할 수 없는 기쁨으로 가득 차 있던 사람들이 이제는 '충만했던 불멸의 소망' 을 빼앗기고 그 소망으로 누렸던 기쁨도 빼앗깁니다. 또 하나님의 사랑이 마음 속에 가득 차 있다고 하는 의식으로부터 생기는 기쁨마저 상실하고 맙니다. 원인이 제거되면 결과까지 제거되기 때문입니다. 샘이 막히게 되면 더 이상 샘물이 흘러나와 목마른 영혼의 갈증을 적셔 줄 수 없기 때문입니다.

* * *

❹ 넷째로, 믿음과 사랑과 기쁨을 잃는 동시에 '사랑의 모든 지각을 초월한 하나님의 평안' 도 잃게 됩니다. 마찬가지로 마음의 감미로운 평안과 정신적인 침착성도 사라집니다. 그리고 고통스러운 의혹이 되살아납니다. 도대체 우리가 믿었었는지, 앞으로 믿을 수 있을 것인지 하는 의혹이 되살아나는 것입니다.

우리는 의심하기 시작합니다. 도대체 우리가 마음 속에서 성령의 진정한 증거를 발견하였는지, 아니면 속아서 우리의 본성의 음성을 하나님의 음성으로 착각한 건 아닌지, 하나님의 음성을 듣고서 그분의 면전에서 은혜를 발견할 수 있을 지를 의심하게 됩니다. 그리고 이런 의심은 굴욕적인 공포, 즉 고통을 주는 두려움과 결합합니다. 우리가 믿기 전에 그랬던 것처럼 하나님의 진노를 두려워하게 됩니다. 하나님의 면전에서 추방당하지나 않을까 두려워하는 것입니다. 그리하여 우리는 완전히 해방되었던 죽음의 공포 속으로 다시 떨어집니다.

❺ 그러나 그렇다고 해서 이것이 전부는 아닙니다. 왜냐하면 평화와 상실과 능력의 상실도 수반되기 때문입니다. 예수 그리스도를 통하여 하나님과 화평하는 자는 누구나 모든 죄를 지배할 수 있는 능력을 가지고 있다는 것을 우리는 알고 있습니다.

그러나 언제든지 하나님의 화평을 잃게 되면 역시 죄를 지배할 수 있는 능력도 잃게 됩니다. 하지만 그 평화가 남아 있는 한 능력도 남아있습니다. 예컨대 그것은 그 사람의 본성이나 성품, 교육, 직업에서 생기는 죄가 어떤 것이든지 모두 정복할 수 있는 능력이며, 뿐만 아니라 그 때까지 그가 정복할 수 없었던 악한 성격과 욕망까지도 극복할 수 있는 능력입니다. 죄는 더 이상 그를 지배할 수 없게 됩니다.

그러나 지금은 죄를 극복할 수 있는 능력이 없습니다. 그가 힘껏 싸우려고 하지만 죄를 이길 수 없고 영광의 면류관이 그의 머리에서 벗겨집니다. 대적들은 다시 그를 지배하게 되고 그를 노예의 상태로 끌고 갑니다. 영광은 그에게서 떠나고 그의 마음 속에 있던 하나님의 나라도 사라져 버립니다. 그는 성령 안에 있는 평안과 기쁨에다 의로움까지 잃어 버리게 됩니다.

***

A-❶ 많은 사람들이 '광야의 상태'라고 불러온 본성이 바로 이런 것입니다. 그 본성의 원인이 무엇인가 라는 두 번째 질문을 통해서 충분히 납득될 수 있습니다.

사실 이 원인은 매우 다양합니다. 그러나 그 원인 중에서 노골적이며 독단적이고 주권적인 하나님의 뜻은 감히 열거할 수 없습니다. 주님은 '주의 종들의 번영'을 기뻐하시지 인간의 자손들을 괴롭히거나 비탄에 젖게 하는 일은 기뻐하시지 않습니다. 변치 않는 하나님의 뜻은 성령 안에서 누리는 화평과 기쁨을 수반하는 우리의 성화(聖化)입니다. 이런 것들은 하나님의 값없는 선물입니다.

하나님께서는 하나님의 은혜로운 선물을 하나님 편에서 아낌없이 주신다는 사실을 확신하고 계십니다. 하나님께서는 주신 것에 대해 결코 후회하지 않으시고, 또 우리에게 주신 것을 결코 다시 빼앗지도 않으십니다. 어떤 사람이 말하는 것처럼 하나님께서는 우리를 절대 버려두지 않으십니다. 단지 우리가 하나님을 버리는 것입니다.

* * *

❷ 내적인 암흑의 가장 일반적인 원인은 여러 가지 종류의 죄입니다. 보통 불행에 혼잡을 일으키는 원인은 바로 죄입니다. 먼저 범법의 죄에 대해 말하겠습니다. 이 죄는 종종 순간적으로 영혼을 어둡게 하는 것입니다. 특별히 그 죄는 자기가 알고 있거나 의도적인 것이거나 교만의 죄일 경우 더욱 그러합니다. 예를 들면, 만일 지금 하나님 얼굴의 밝은 빛 가운데서 행하는 사람이 술에 취하거나 부정해지며 또 다른 악한 행위를 저지른다면, 바로 그 순간 전적인 암흑에 빠지게 된다는 사실은 별로 이상하지 않습니다. 바로 이 순간 하나님께서 용서하시는 자비를 특별히 베풀어 주심으로써 그런 행위를 막아주시는 경우는 매우 드뭅니다. 그러나 일반적으로 하나님의 선하심에 대한 남용과 하나님의 사랑에 대한 크나큰 모욕은 즉시 하나님으로부터의 소외나 마음 속에 어두움을 가져옵니다.

* * *

❸ 그러나 그들이 하나님의 빛 가운데 거하는 동안은 하나님의 뜻을 매우 염치없이 거역하거나, 하나님의 풍성하신 선하심을 거역하는 경우가 그리 흔치 않습니다. 그 빛은 태만의 죄에 굴복함으로써 더욱 빛을 잃게 됩니다. 이것은 실제, 즉각적으로 성령을 소멸시키지 않고 서서히 성령을

소멸시킵니다.

　전자는 물을 불에다 쏟아 붓는 것에 비유할 수 있으며, 후자는 불에서 연료를 제거하는 것에 비유할 수 있습니다. 자애로우신 성령님은 하나님께서 우리를 떠나시기 전에 자주 우리의 태만을 꾸짖으십니다. 많은 내적 견제와 은밀한 경고를 하나님께서 주시는 경고를 하나님께서 주시는 것입니다. 그러므로 단지 고의적으로 계속되는 일련의 태만의 죄만이 우리를 전적인 어둠 속으로 이끌고 가는 것입니다.

＊＊＊

❹ 아마도, 태만의 죄보다는 은밀한 기도를 등한시하는 일이 이런 경우를 더 자주 일으키게 됩니다. 은밀한 기도에 대한 결핍은 어떤 다른 의식으로도 보충할 수 없습니다. 우리가 만일 하나님과 교제할 수 있는 모든 기회를 사용하지 않는다면, 그리고 하나님 앞에서 심금을 토로하지 않는다면, 우리의 영혼 속에 있는 하나님의 생명은 더 이상 자라지 못할 뿐만 아니라 지속되지도 못할 것이 확실합니다.

　그러므로 우리가 기도하는 일을 등한시한다면, 또는 직업이나 교우관계, 취미 생활로 인해 영혼의 비밀스런 연습을 방해받는 일을 경험 한다면(결과적으로는 같은 일이 되겠지만 대수롭지 않게 생각해서 불성실한 태도로 기도한다면), 그 사람의 생명은 분명히 부패하고 말 것입니다. 우리가 오랫동안 자주 기도를 중단한다면 그 생명은 점차 소멸될 것입니다.

＊＊＊

❺ 신자들의 영혼을 자주 암흑 속으로 빠뜨리는 태만의 또 다른 죄는 유대인들의 율법 하에서도 아주 강하게 요구되고 있는 다음의 사실을 분명히 하는 것입니다. 즉, "너는 네 형제를 마음으로 미워하지 말며 이웃을 인하여 죄를 당하지 않도록 그를 반드시 책선하라"는 말씀입니다. 우리가 마음 속으로 형제를 미워하거나 죄를 범하는 사람을 보고 견책하지 않고 죄를 짓도록 내버려 둔다면 그것은 곧 우리의 영혼을 빈약하게 만드는 것입니다.

그 결과 우리는 그의 죄에 동참자가 됩니다. 우리의 이웃을 견책하는 일을 게을리함으로써 그의 죄는 곧 우리 자신의 죄가 됩니다. 우리는 하나님 앞에서 그 죄에 대한 책임을 지게 됩니다. 이웃의 위험을 보고서 아무런 경고도 하지 않았기 때문입니다. 따라서 그가 자기의 죄 때문에 죽게 된다면 하나님께서는 우리의 손에서 그의 피값을 정당하게 요구하실 것입니다. 그러므로 우리가 성령을 슬프게 한다면 하나님의 얼굴의 광채를 잃어버리게 되는 것은 아주 당연한 일입니다.

* * *

❻ 우리가 능력을 잃어버리게 되는 세 번째 원인은 어떤 내적인 죄에 굴복하는 경우입니다. 예를 들면, 우리는 "마음이 교만한 자를 여호와께서 미워하신다"는 말씀을 잘 알고 있습니다. 비록 마음 속에 있는 교만이 외적인 언행으로 나타나지 않을지라도 말입니다. 평안과 기쁨으로 가득찬 영혼이 악령의 유혹에 얼마나 쉽게 넘어가고 있습니까? 사람이 실제로 소유한 이성으로 은혜와 지혜와 능력을 가지고 있다고 생각하는 것은 얼마나 자연스럽습니까? 그가 분수에 넘치는 생각을 하는 것이 과연 자연스러운 일입니까? 자기가 이미 받은 것을 받지 않은 것처럼 꾸미며 찬사를 받는 일이 과연 자연스러운 일입니까?

그러나 하나님께서 끊임없이 '교만한 자를 비웃으시며 겸손한 자에게 은혜를 베푸신다'는 것을 생각한다면, 이러한 행동은 이전에 우리의 심중을 비쳐 주었던 빛을 완전히 소멸시키지는 않는다고 할지라도 분명히 그 빛을 어둡게 하는 행위임에 틀림없습니다.

* * *

❼ 그 발단이나 이유가 무엇이든지 간에 분노에 빌미를 제공함으로써 똑같은 결과가 발생하게 될 것입니다. 뿐만 아니라 그러한 분노가 비록 '진리를 위한 열정'이나 '하나님의 영광을 위한 열정'이라는 구실이 된다고 하더라도 결과는 마찬가지입니다. 사랑의 열정 이외의 모든 열정은 세속적이고 육욕적이며 악마적입니다. 그것은 분노의 불꽃입니다. 그것은

단순히 죄악적인 분노 그 이상도 그 이하도 아닙니다. 온유하고 관대한 하나님의 사랑에 대해 이보다 더 큰 적은 없습니다. 이 둘은 한 마음 속에 공존하지 못하고 또 그렇게 될 수도 없습니다.

분노가 커지는 만큼, 사랑과 성령에 의한 기쁨은 감소합니다. 이런 일은 특히 성을 내는 경우 분명하게 나타납니다. 형제들 중 누구에게 화를 내는 일, 즉 사회적이거나 종교적인 유대를 통해 맺어진 형제들 중 누구에게 화를 내는 경우가 그렇습니다. 만일 단 한 시간 동안이라도 정신이 막아내지 못하고 성내는 일에 굴복당한다면 우리는 성령의 사랑스런 영향력을 상실해 버리게 됩니다. 따라서 사람들을 개심시키기는커녕, 자기 자신을 망치게 되고 우리를 공격해 오는 원수의 희생물이 되고 맙니다.

* * *

❽ 그러나 우리가 사탄의 유혹을 알고 있다고 가정할지라도 우리는 또 다른 진영으로부터 공격을 받게 됩니다. 격정과 분노는 잠자고 사랑만 깨어 있을 때, 우리는 우리의 영혼을 위태롭게 하는 욕망에 빠질지도 모릅니다. 이것은 우리의 마음을 어둡게 합니다. 이것은 어리석은 욕망과 헛되고 지나친 열정의 분명한 결과입니다.

가령 우리가 어떤 물건이나 사람, 사건에 우리의 애정을 쏟는다면, 우리가 하나님과 하나님을 섬기는 일 외에 다른 어떤 욕망을 품게 된다면, 또 어떤 피조물에게서 행복을 구하게 된다면 질투하시는 하나님께서는 분명히 우리와 대적하실 것입니다. 왜냐하면 하나님께서는 다른 어떤 경쟁자도 용납하시지 않기 때문입니다. 그리고 만약 우리가 하나님의 경고의 음성을 듣지 않고, 하나님께로 우리의 심령을 돌이키지 않는다면, 또 우리가 계속 우상으로 인해 주님을 슬프게 하고 다른 신들을 추종한다면, 우리는 즉시 냉랭해지고 황폐해지며 메마르게 될 것입니다. 그리고 이 세상의 신은 우리의 마음을 눈멀게 하고 어둡게 할 것입니다.

* * *

❾ 그러나 우리가 어떤 실질적인 죄에 굴복하지 않더라도 사탄은 끊임

없이 우리를 공격합니다. 만일 우리가 '우리에게 주어진 하나님의 은사를 불일 듯 일으켜 세우지' 않는다면, 그리고 '좁은 문으로 들어가려고 애쓰지' 않는다면, 또 '승리를 위하여 힘을 다해 싸우는 일에 열심을 내지' 않고 공격하는 자들에게 하늘 나라를 점령당하고 만다면, 그것만으로도 충분히 사탄에게 유리한 입장을 내주는 것이 됩니다. 단지, 싸움이 필요없다고 생각하는 것에 불과하다면 우리는 반드시 정복되고 말 것입니다. 그러므로 관심을 두지 말고 우리의 마음이 쇠잔해지도록 해봅시다. 그리고 태만해져 봅시다. 그러면 원래의 암흑이 즉시 되살아나서 우리의 영혼 속에 퍼지게 될 것입니다.

그러므로 우리가 정신적인 태만에 굴복한다면 그것으로 족하고 결과적으로는 우리의 영혼이 어두워지게 될 것입니다. 이런 일이 더디게 온다고 할지라도, 살인이나 음행처럼 하나님의 빛을 분명히 소멸시키고 말 것입니다.

* * *

❿ 그러나 어둠의 원인이(태만의 죄든 범죄이든, 또한 내적인 죄든 외적인 죄든지 간에) 반드시 우리와 가깝게 있는 것은 아니라고 생각하는 일은 당연합니다. 때로 현재의 괴로움을 당하게 된 결과는 아주 먼 거리에 떨어져 있을 수도 있습니다. 그것은 몇 일, 몇 주, 몇 달 전에 범한 죄 때문인지도 모릅니다.

그러므로 그렇게 오래 전에 지은 죄 때문에 하나님께서 지금 하나님의 빛과 평화를 거두어 가시는 것은(어떤 사람은 처음으로 겪는 일인지도 모르지만) 하나님의 엄격한 권위보다는 오히려 하나님의 깊은 자비와 인내를 입증해 주는 것입니다. 하나님께서는 우리가 잘못된 것을 알고, 인정하고 바로잡기를 지금까지 오랫동안 기다리셨습니다. 만약 우리가 그렇게 하지 않는다면, 하나님께서는 마침내 불쾌해 하시며 우리를 회개하도록 만드실 것입니다.

B-❶ 우리를 어두움에 빠뜨리는 또 다른 일반적인 원인은 무지입니다. 이 무지도 여러 가지 종류가 있습니다. 사람들이 성경을 알지 못할지라도 구약이나 신약에 나오는 모든 신자들이 예외없이 때때로 어두움에 빠졌다는 구절이 있을 거라고 생각한다면, 이러한 무지는 그들이 예상한 어두움을 자연스럽게 그들에게 가져올 것입니다. 우리들 사이에서는 얼마나 일반화된 사실입니까! 이것을 예상하는 사람은 거의 없지 않습니까? 사람들은 이것을 예상하도록 교육받았고 또 그들의 지도자들이 그런 식으로 그들을 지도한다는 사실은 놀랄 만한 일이 아닙니다.

로마 교회의 신비주의적인 작가뿐만 아니라, 우리 교회의 영적이고 경험주의적인 대부분의 작가들은(이전 세기 동안에 살았던 극히 소수의 사람들을 제외하고) 분명히 의심할 여지가 없는 확신을 가지고 이것을 성서적인 교리로 설정하였으며, 또 그것을 입증하기 위해 많은 성경구절들을 인용하였습니다.

***

❷ 영혼 속에서의 하나님의 역사하심에 대해 무지한 것 역시 빈번히 이러한 어두움을 일으킵니다. 사람들은 그들이 항상 찬란한 믿음 속에서 언제까지나 살 수 없다고 생각하여 이런 생활은 단지 더 저급한 생활 방법이기에, 보다 더 고상한 생활을 하는 것은 분별있는 위로에서 떠나 적나라한 믿음으로(성령 안에서 사랑과 평화와 기쁨을 박탈장한 의미에서의 '적나라하다'는 뜻일 것입니다) 살아야 하며, 사람들의 빛과 기쁨의 상태도 좋지만 어둡고 메마른 상태가 보다 더 좋다고 생각합니다(왜냐하면 그들은 특히 로마 교회의 작가들에게 교육을 받아서 너무 많은 청교도들이 그 작가들의 그럴 듯한 주장을 검토도 하지 않고 받아들였기 때문입니다).

또한 우리가 교만이나 세상적인 사랑, 지나친 자기애로부터 깨끗해질 수 있는 것은 오직 이렇게 무지함으로써만 가능하고, 그리하여 사람들은 우리가 항상 빛 가운데서 살아야 할 것을 기대하지도 말고 바라지도 말아야 한다고 생각합니다. 여기에는 다른 이유가 있겠지만 로마 교회의 대부분의 경건한 사람들은 어둡고 불안한 생활을 하였고, 한때 하나님의 빛을 받았다고는 하지만 곧 상실해 버렸기 때문입니다.

* * *

C-❶ 어두움의 일반적인 세 번째 원인은 유혹입니다. 주님의 촛대가 우리 머리 위에서 비추면 유혹은 언제나 달아나고 전부 사라져 버립니다. 하나님께서 우리를 적들과 평화롭게 해주시는 동안에는 모든 것이 내적으로나 외적으로나 평온할 것입니다. 그 때 우리가 이제는 싸움이 없게 될 거라고 생각하는 것은 아주 자연스러운 일입니다. 그래서 이 평온은 몇 주간은 물론 몇 달, 몇 년 동안이나 계속되는 경우도 있습니다.

그러나 일반적으로는 오히려 그 반대입니다. 즉, 곧바로 바람이 불고, 비가 내리고, 홍수가 다시 밀려옵니다. 성부와 성자도 모르면서 결과적으로 하나님의 자녀들을 미워하게 되는 사람들은 하나님께서 그들의 입에 물린 재갈을 풀어 주실 때 여러 가지로 증오를 말할 것입니다. "육을 따라 난 사람이 영을 따라 난 사람을 박해한 것과 같이 지금도 그렇다"는 옛 말씀처럼, 똑같은 원인이 지금도 똑같은 결과를 가져오고 있습니다. 마음 속에 아직까지 남아 있는 악이 다시 새롭게 활동할 것이며, 그 외에도 분노와 고통의 많은 원인들이 솟아나려고 할 것입니다.

그리고 동시에 시탄은 틀림없이 매서운 창을 던질 것이니, 영혼은 이 세상뿐 아니라 혈육을 가진 인간과 악마의 지배의 세력과 이 시대를 다스리는 암흑의 세력과 하늘에 있는 허다한 악한 영들을 상대로 싸워야만 할 것입니다.

그래서 그렇게 다양한 공격들이 즉각적으로 가장 난폭하게 전개될 때, 나약한 신도들에게는 괴로움뿐만 아니라 어두움도 생긴다고 해서 이상할 것은 없습니다. 그들이 마음 속으로 경계하고 있지 않는다면 이러한 공격들은 미처 예상하고 있지 않을 때 순식간에 일어납니다. 그 일이 닥쳐오리라고 전혀 기대하지 않고, 재앙의 날은 이제 더 이상 오지 않을 것이라고 자위하고 있을 때에 더욱 그렇습니다.

❷ 마치 우리가 모든 죄로부터 정결하게 된 것처럼, 전에 우리가 자신을 너무 높이 평가하고 있었다면, 마음 속에 일어나는 이런 유혹의 힘은 대단히 강렬할 것입니다. 그러나 첫사랑으로 우리들의 마음이 뜨거워져 있는 동안에는 오히려 이렇게 생각하고 있는 편이 자연스러울지도 모릅니다.

우리는 하나님께서 전능으로 믿음의 역사를 우리 가운데 성취하셨다는 사실을 얼마나 쉽게 믿습니까? 우리들이 전혀 죄를 느끼지 못하였기 때문에 자신에게는 죄가 없고, 영혼이 온통 사랑으로 가득차 있다고 얼마나 쉽게 믿습니까? 우리가 정복하고 살해했다고 생각했던 적으로부터 오는 날카로운 공격이 우리들의 영혼에 많은 괴로움을 던져주고, 완전한 암흑 속으로 우리를 던질지도 모릅니다. 우리가 단순한 신앙으로 즉시 하나님께 부르짖고 자신을 내맡기는 대신 이런 적들과 상의하려고 할 때는 더욱 그렇습니다. 그것은 하나님만이 시련으로부터 우리를 구원하실 방법을 홀로 아시기 때문입니다.

이런 것들이 두 번째 암흑의 통상적인 원인입니다. 세 번째로 우리는 무엇이 이것을 치료할 수 있는 가를 묻게 됩니다.

***

❶ 치료 방법이 한 가지 뿐이며, 모든 경우에나 똑같은 것으로 생각하는 것은 대단히 치명적인 잘못입니다. 그러나 이런 잘못은 경험있는 기독교인이라고 자처하는 많은 사람들에게 대단히 일반적이며, 스스로를 이스라엘의 선생이고 타인의 영혼을 지도하는 자라고 자부하는 사람들에게 있어서도 매우 일반적인 사실입니다. 따라서 병의 원인은 무엇이든지 간

에 그들은 한 가지 약밖에 모르고 그것밖에 사용할 줄 모릅니다.

그들은 즉시, 소위 복음이라는 것을 전하기 시작합니다. 위로를 주는 일이 그들의 유일한 목표입니다. 이 목적을 달성하기 위해서 그들은 가련하고 무력한 죄인에 대한 하나님의 사랑과, 그리스도의 보혈의 효력에 대하여 매우 부드럽고 관대하게 말합니다. 그러나 이것은 임시변통에 불과할 뿐이며 가장 나쁜 경우입니다. 왜냐하면 그렇게 말하는 일이 육체를 죽이지는 않지만, 하나님의 특별한 자비가 없이는 그들의 육신과 영혼이 모두 지옥에서 멸하게 되기 때문입니다.

이렇게 고르지 못한 칠을 하는 회칠장이들, 거짓 약속을 파는 상인들에 대해서 적절한 언급을 한다는 것은 매우 어려운 일입니다. 그들은 무지하기 때문에 다른 사람들에게 알지도 못하면서 부여한 호칭이 오히려 잘 어울립니다. 그들은 영적인 거짓 의사들입니다. 그들은 이것을 분별없이 모든 것에 적용함으로써 하나님의 약속을 악하게 남용합니다.

그러나 실제로 육체의 병을 치료하는 것처럼 영혼의 병을 고치는 것은 그 원인이 여러 가지인 만큼 고치는 방법도 여러 가지입니다. 그러므로 제일 먼저 할 일은 그 원인을 발견하는 것이며, 그래야만 자연히 그 치료 방법을 제시할 수 있을 것입니다.

***

❷ 예를 든다면, 암흑을 가져오는 것이 죄입니까? 무슨 죄입니까? 어떤 종류의 외적인 죄입니까? 양심은 당신이 하나님의 성령을 슬프게 하는 어떤 죄를 범했을 때 당신을 고발하는 것입니다. 하나님께서 당신에게서 떠나시고, 하나님과 함께하는 기쁨과 평화가 사라지게 되는 까닭은 이 때문입니까? 그렇다면 당신이 가증한 것을 단호히 물리치기 전에 평화와 기쁨이 다시 찾아 오리라고 어떻게 기대할 수 있겠습니까?

> 악인은 그 길을 버리라 죄인들아 너희 손을 깨끗이 하라
> 너희들의 악행에서 돌이키라

그리하면 너희 빛이 어둠속에서 비춰오며
주님께서 다시 오셔서 풍성한 긍휼을 베푸실 것이다.

***

❸ 만일 아무리 자세히 살펴 보아도 자신의 영혼을 가리고 있는 어떤 죄악도 발견할 수 없다면 그 다음에는 하나님과 당신 사이를 분리 시켜 놓는 태만의 죄가 조금이라도 있는지를 살펴 보십시오.

당신은 형제에 대해서 죄를 묵묵히 참지 못하지 않았습니까? 당신의 면전에서 그들이 죄를 짓는 것을 보고 비난하지 않았습니까? 당신은 하나님의 모든 규례를 따라 삽니까? 공중기도나 가정 기도, 개인적인 기도를 하고 있습니까? 그렇지 못하고 당신이 잘 알고 있는 의무 중에서 어느 것 하나라도 습관적으로 소홀히 하고 있다면 어떻게 하나님의 빛이 당신에게 끊임없이 비쳐지기를 기대할 수 있습니까?

서둘러서 당신에게 아직 남아 있는 것을 강하게 하십시오. 그러면 당신의 영혼은 살게 될 것입니다. 오늘 당신이 그분의 음성을 듣거든 하나님의 은혜로 부족한 것을 보충하십시오. 배후에서 "이것이 길이다. 이 길을 걸어라"라고 말하는 음성을 듣게 되거든 마음을 완악하게 하지 마십시오.

더 이상 하늘로부터 오는 부르심에 거슬려서는 안 됩니다. 태만의 죄든지 범법의 죄든지 간에 제거되기까지는 어떤 위로라도 거짓된 것이며 기만입니다. 그것은 겉만 치료할 뿐이지 속은 여전히 염증을 일으키게 됩니다. 당신이 하나님과 함께 평안을 누리기 전에는 마음의 평안을 찾을 수 없습니다. 그 평안은 '회개에 합당한 열매'가 없이는 누릴 수 없는 것입니다.

***

❹ 아마도 여러분은 성령 안에서 당신의 모든 평화와 기쁨을 방해하는 태만의 죄에 대해서는 조금도 의식하지 못하고 있을 것입니다. 그렇다면 쓰라림의 근원이 되는 내적인 죄가 마음 속에 일어나 당신을 괴롭히는 일

이 없다는 말입니까? 당신의 영혼이 메마르고 황폐한 것은 당신의 마음이 살아 계신 하나님으로부터 떨어져 있기 때문이 아닙니까? 당신은 자신에 대해 분수에 넘치는 생각을 해본 적은 없습니까?

당신은 어떤 면에서 자신의 그물에 제사하며 자신의 초망 앞에 분향하지 않았습니까? 당신이 어떤 일에 성공했을 때 그것이 자신의 용기와 힘과 지혜 때문이라고 생각하지 않았습니까? 당신은 이미 받지 않은 것을 받은 것처럼 자랑하지는 않았습니까? 당신은 우리 주 예수 그리스도의 십자가 외에 어떤 다른 것에 영광을 돌리지는 않았습니까?

만약 그렇다면 당신이 가야할 길이 있습니다. 당신이 교만에 빠져 있다면 하나님의 손길로 스스로를 낮추십시오. 그러면 주님께서 여러분을 높이실 것입니다. 또한 분노에 여지를 줌으로써 하나님께서 당신을 떠나시도록 강요하지 않았습니까? 당신은 불경한 사람 때문에 스스로 성내지 않았습니까? 혹 행악자로 인하여 투기하지 않았습니까? 당신은 형제의 죄를 보고(사실이든 상상이든지 간에) 화를 낼 정도로 그들에게 멀어짐으로써 위대한 사랑의 율법에 대해 죄를 범하지 않았습니까?

그렇다면 주님을 바라보십시오. 그러면 당신에게 새로운 능력이 소생될 것이며 까다롭고 냉담한 모든 마음이 사라질 것입니다. 또한 사랑과 평안과 기쁨이 모두 소생되어서 다른 사람들과 항상 친절히게 지낼 수 있을 것입니다. 그리고 하나님께서 그리스도 안에서 여러분을 용서하신 것같이 서로를 관용하며 용서하는 심정을 가질 수 있을 것입니다.

당신은 어떤 어리석을 욕망이나, 종류나 정도에 관계없이 지나친 애정에 굴복하지 않았습니까? 만일 그랬다면 당신의 우상을 끊어버리지도 않았는데 어떻게 하나님의 사랑이 마음 속에 자리잡을 수 있겠습니까? 자기 자신을 속이지 마십시오. 하나님은 조롱을 받으실 분이 아닙니다. 하나님은 분쟁이 있는 마음에는 거하실 수 없습니다. 여러분의 마음속에 '들릴라'(Delilah)를 품는 한 하나님께서 계실 곳은 없습니다. 여러분이 오른쪽 눈을 빼어서 내던지기 전에 하나님의 빛을 다시 회복할 수 있을 거라고 기대하는 것은 허사입니다.

더 이상 지체하지 마십시오! 하나님께서 당신에게 그렇게 해 주실수 있도록 그분께 부르짖으십시오! 당신의 무력함과 무능함을 탄식하십시오! 주님의 도우심을 받아 좁은 문으로 들어가십시오! 천국을 힘써 빼앗으십시오! 하나님의 지성소에서 모든 우상을 내던지십시오! 그러면 즉시 주님의 영광이 나타날 것입니다.

* * *

❺ 대개의 경우 여러분의 영혼을 암흑 속으로 빠뜨리는 것은 바로 노력의 결핍, 정신적인 태만입니다. 당신은 그런 대륙에서 편안히 살고 있습니다. 그 해안선에는 전혀 싸움이 없습니다. 그래서 당신은 평온하고 아무 것에도 관심이 없습니다. 당신은 겉으로만 의무를 지키는 평탄한 길에 주저 앉아서 머무르는 데 만족해 할 뿐입니다. 그러는 동안 당신의 영혼이 죽어간다는 사실이 놀랍지 않습니까?

주님 앞에서 생기를 되찾으십시오! 일어나서 먼지를 털어 버리십시오! 큰 축복을 얻기 위해서 하나님과 씨름해 보십시오! 하나님께 당신의 영혼을 쏟아 놓기 위해 기도하되 불굴의 노력으로 계속하십시오! 당신은 아무 것도 기대할 수 없게 되며 하나님과 빛과 생명으로부터 점점 멀어지게 될 것입니다.

* * *

❻ 만일 자신을 철저하고 공정하게 검토해 본 결과 현재로는 정신적인 태만이나 다른 어떤 내적이며 외적인 죄에 굴복한 적이 없다면, 그럴 때에는 과거를 회상하십시오. 당신이 예전에 가졌던 기질과 말과 행동을 생각해 보십시오. 주님 앞에서 의로웠습니까? 자리에 누워 주님과 교통하며 잠잠하십시오. 어느 때이건 하나님의 영광의 길을 거역한 적은 없는지 기억해 보십시오.

만일 회개하지 않은 어떤 죄책이라도 당신의 영혼에 남아 있다면, 당신이 회개하여 새롭게 되고 죄와 더러움을 씻어 주는 샘에서 믿음으로 씻김을 받을 때까지 당신은 그냥 암흑 속에 있을 수밖에 없습니다.

***

❼ 만일 병의 원인이 죄가 아니라 무지라고 한다면 치료 방법이 전적으로 달라질 것입니다. 그것은 성서에 대한 무지, 즉 무지한 주석가들 때문에 생긴 무지일지도 모릅니다. 그들이 여러 가지 특별한 점에 있어서는 박학다식할 지도 모르지만 적어도 이 점에 있어서만은 무지 한 것입니다.

이런 경우, 우리가 무지로부터 기인된 암흑을 제거하려면 바로 그 무지 자체가 제거되어야만 합니다. 우리는 잘못 이해되어 왔던 성서의 참 뜻을 밝히지 않으면 안 됩니다, 내 계획은 이런 식으로 해석되어 온 모든 성경 구절들을 다 고찰하려는 것은 아닙니다. 나는 모든 믿는 자들이 조만간에 어두움 가운데서 행할 수 밖에 없다는 사실을 입증하기 위해서 흔히 인용되고 있는 두서너 개의 구절만을 언급하려고 합니다.

***

❽ 이것들 중 한 구절은 이사야 50장 10절의 말씀입니다. "너희 중에 여호와를 경외하며 그 종의 목소리를 청종하는 자가 누구뇨 흑암 중에 행하여 빛이 없는 자라도 여호와의 이름을 의뢰하며 자기 하나님께 의지할지어다." 그러나 본문이나 그 상황을 고찰해 볼 때 여기에 언급된 인물이 이전에 빛을 소유했었다는 것을 어떻게 증명할 수 있겠습니까? 죄를 자각하고 있는 사람은 주님을 두려워 하고 그 종의 목소리에 귀를 기울입니다. 한 사람의 영혼은 지금도 어두움에 잠겨 있고 하나님의 얼굴의 광채를 보지 못하고 있지만, 그럼에도 불구하고 그에게 '주의 이름을 의지하고 그의 하나님께 끊임없이 거하도록' 권면하지 않으면 안 됩니다. 그러므로 이 본문은 그리스도를 믿는 자도 때로는 어둠 속을 걸어갈 수밖에 없다는 사실을 입증하고 있는 데 불과합니다.

***

❾ 이와 똑같은 교훈을 말하고 있는 것으로 생각되는 또 다른 본문은 호세아 2장 14절입니다. "그러므로 내가 저를 개유하며 거친 들로 데리고 가

서 말로 위로하리라"

이 말씀에서 생각할 수 있는 것은 하나님이 모든 믿는 자들을 광야로, 즉 죽음과 암흑의 상태로 이끌고 갈 것이라는 사실입니다. 그러나 이 말씀이 조금도 그런 뜻을 나타내고 있지 않는다는 것은 분명합니다. 왜냐하면 이 말씀이 특정한 신자에 대해서 말하고 있다고는 절대로 볼 수 없기 때문입니다. 이것은 분명히 유대민족만을 언급한 것 같습니다. 만약 특정한 사람에게 적용된다고 할지라도 그 말씀의 분명한 뜻은 이런 것입니다. "나는 사랑으로 그를 이끌고 그 다음으로 그의 죄를 자각시키리라 그리고는 나의 용서하는 자비로 그를 위로하리라."

* * *

❿ 또 같은 추론을 가져오고 있는 세 번째 성경 구절은 이미 위에서 인용했던 말씀입니다. "지금은 너희가 근심하나 내가 다시 너희를 보리니 너희 마음이 기쁠 것이요 너희 기쁨을 빼앗을 자가 없느니라"(요 16:22).

이 말씀은 '하나님께서 잠시 후에는 모든 믿는 자들로부터 떠나실 것이며, 믿는 자들이 이런 슬픔을 맛보지 못한다면 사람들에게서 도저히 빼앗을 수 없는 기쁨을 소유하게 되지 못할 것이라' 는 뜻을 의미하는 것이라고 생각되어 왔습니다.

그러나 이 말씀의 전체적인 상황을 고려해 볼 때 주님께서는 다른 사람들이 아니라 사도들에게 개인적으로 말씀하고 계시다는 사실이 드러납니다. 또한 주님께서는 특정한 사건, 즉 자신의 죽음과 부활에 대해 말씀하고 계십니다.

"조금 있으면 너희가 나를 보지 못한다. 다시 말해서 내가 무덤 속에 있게 된다. 그러나 다시 잠시 후에 나를 보게 될 것이다. 그 때는 내가 죽은 자들 가운데서 살아나기 때문이다. 내가 부활한 후에 너희를 다시 만나게 될 것이다. 너희 마음은 기쁨으로 충만하게 될 것이며, 그 때에는 너희에게 준 기쁨을 빼앗을 사람이 없을 것이다"

우리가 알고 있는 이 모든 사실은 사도들에게 특별한 경우에만 문자 그대로 성취되었습니다. 그러나 하나님께서 모든 신자들을 이와 똑같이 취급하신다고는 추론할 수 없습니다.

* * *

❶❶ (더 이상 설명하지 않겠지만) 똑같은 교훈을 증명하기 위해 인용되어 온 네 번째 본문은 베드로전서 4장 12절입니다. "사랑하는 자들아 너희를 시련하려고 오늘 불시험을 이상한 일 당하는 것같이 이상히 여기지 말라." 이 말씀도 앞서의 예처럼 그 요점과는 아주 무관합니다. 문자 그대로 제시된 본문은 다음과 같습니다.

"사랑하는 이들이여, 여러분 중에서 불같은 일이 있거든 이상하게 생각하지 마십시오. 그것은 여러분을 시험하기 위해서입니다." 이 말이 내적인 시련에는 적용될 수 있다고 할지라도 그것은 이차적인 의미이며, 본래의 의미는 의심할 필요도 없이 순교에 대한 것이고 그 순교와 관련된 것입니다.

그러므로 이 성구도 인용된 목적과는 전혀 맞지 않습니다. 따라서 우리는 구약이든 신약이든 이것보다 더 나은 말씀이 있다면 한 번 인용해 보라고 모든 사람들에게 도전할 수 있는 것입니다.

* * *

❶❷ 그러나 영혼을 위해서는 암흑이 빛보다 훨씬 더 유익하지 않겠습니까? 하나님의 역사는 우리가 내적인 고통을 당하고 있는 동안 마음 속에서 가장 신속하고 효과적으로 수행되지 않겠습니까? 믿는 자들은 기쁨보다는 슬픔에 의해 보다 신속하고 철저하게 순결해지지 않을까요? 즉, 끊임없는 평화보다는 고민과 고통과 괴로움과 정신적인 순교가 훨씬 더 유익하지 않겠느냐는 말입니다.

신비주의자들은 이런 식으로 가르치며 이것을 기록하고 있지만 하나님의 말씀에 근거한 가르침은 아닙니다. 하나님의 부재가 우리 마음속에서 하나님의 역사를 가장 완전하게 한다는 말은 성서의 어디에도 없습니다. 도리어 성서는 하나님의 임재와 성부, 성자의 분명한 고통을 밝히고 있습니다.

이런 사실에 대한 강력한 인식은 한 시대 동안의 하나님의 부재보다 비록 한 기간 동안이라고 할지라도 더욱 효과적입니다. 성령 안에서의 기쁨은 그 기쁨이 없는 것보다는 훨씬 효과적으로 영혼을 정결하게 할 것입니다. 그래서 하나님의 평안은 세속적인 감정의 불순물로부터 영혼을 정결하게 하는 최상의 수단이 됩니다.

그러므로 하나님의 나라가 둘로 쪼개져 있다든가 하나님의 평화나 성령에 의한 기쁨이 우리가 의로워지는 데 장애물이 된다고 하면서 우리가 구원을 받은 것은 신앙에 의해서가 아니라 불신에 의해서이며, 희망에 의해서가 아니라 절망에 의해서라고 하는 식의 우매한 독선을 버리십시오.

***

⓭ 사람들이 이와 같은 망상에 빠져 있는 한, 당연히 '어둠속에서' 행할 수밖에 없습니다. 원인이 제거되기 전에는 결과가 중단될 수 없습니다. 그러나 원인이 제거되었을 때에도 결과가 즉시 종식되리라고 생각해서는 안 됩니다. 무지나 죄 때문에 어두움이 생겼을 때, 그 중에서 어느 하나가 제거되었다고 해서 지금까지 해를 받았던 빛이 즉시 회복될 수는 없습니다. 빛은 하나님께서 값없이 주시는 선물이기 때문에 조만간 하나님께서 기뻐하실 때 회복시켜 주실 것입니다.

죄를 지었을 경우, 그 빛이 즉시 회복되리라고 생각하는 것은 합리적이지 못합니다. 죄는 형벌 이전에 시작되었습니다. 그러므로 죄가 없어진 후에도 형벌은 남아 있게 될 것입니다. 이것은 사물의 자연적인 법칙에 있어서도 마찬가지입니다. 화살이 살 속에 박혀 있는 한 상처는 치료되지 않습니다. 또 화살촉이 뽑히자마자 상처가 낫는 것도 아닙니다. 고통과 아픔은 그 후에도 오랫동안 남는 것입니다.

***

⓮ 마지막으로, 만일 암흑이 다양하고 격심하고 예기치 않은 유혹 때문에 생겼다면, 이것을 제거하거나 방지하는 최선의 방법은 사람들이 악한

세상에 살고 있고 사악하고 교활한 악령들 사이에서 살아야 하며 모든 악을 행할 수 있는 심정을 가지고 있다는 사실로 미루어 보아, 믿는 자들에게는 언제나 시험이 있다는 것을 예상하며 살도록 가르치는 것입니다.

또한 그들이 생각하는 바와 같이 성화의 온전한 역사는 단번에 이루어지지 않는다는 사실을 깨닫게 해야 합니다. 그들이 처음 믿기 시작하였을 때는 갓 태어난 어린 아이에 불과했습니다. 그러나 그가 점차 성장해가면서 그리스도의 장성한 분량에 이르기까지는 수많은 폭풍우를 예상해야만 합니다.

무엇보다도 그들에게 가르쳐 주어야 될 것은, 모진 강풍이 불어 닥칠 때에도 사탄과 상의하지 말고, 오직 기도하며 하나님 앞에 그들의 영혼을 쏟아 놓고 그들의 고민을 주님 앞에 내놓아야 한다는 것입니다. 우리는 주로 이런 사람들에게 위대하며 귀중한 약속을 적용시킬 수 있습니다. 무지한 사람이라면 그 무지가 제거되기 전에는 이것을 적용시킬 수 없는데, 하물며 회개하지 않은 죄인들에게는 더욱 그럴 것입니다. 이런 사람들에 대해서 우리는 아낌없는 깊은 우정으로 우리 주 하나님의 마음을 알려 주고 예부터 변치 않고 계속되는 하나님의 온유한 자비를 상세히 설명해 주어야 될 것입니다.

이렇게 행할 때 비로소 우리가 하나님의 신실하심에 거하게 되며, 하나님의 말씀에 최선을 다하게 되고, '모든 죄악에서 정결하게 하기 위하여' 우리를 위해 흘리신 그리스도의 보혈의 공로 속에 거하게 될 것입니다. 그렇게 되면 하나님께서는 하나님 자신의 말씀을 입증하시게 되며 우리의 영혼을 고통 속에서 구원하실 것입니다. 하나님께서는 "일어나 빛을 발하라 이는 내 빛이 이르렀고 여호와의 영광이 네 위에 임하셨음이니라"고 말씀하실 것입니다. 뿐만 아니라 만일 여러분이 겸손하게 하나님과 함께 걷는다면 그 빛은 점점 밝아져서 밝은 대낮처럼 빛날 것입니다.

18

은혜의 수단
The Means of Grace

나는 이것을 주장합니다.
그리고 하나님이 나의 도움이시기 때문에 내 생명이 끝날 때까지
주장할 것입니다. 하나님의 은혜로 말미암아 죽음에 이르기까지
나는 그러한 의미로서의 수단을 신뢰할 것입니다.
즉 하나님은 약속하신 바를 모두 충실히 실행하심을 믿을 것입니다.
그리고 하나님은 그러한 방식으로 나를 축복하신다고 약속하셨기 때문에
그것이 하나님의 말씀대로 될 것을 신뢰합니다.

18 은혜의 수단
The Means of Grace

【해설】

웨슬리는 모라비안과의 만남에서 신앙의 본질에 대한 새로운 이해를 얻었다. 그러나 그 후에 웨슬리는 모라비안의 가르침 속에서 비성서적인 요인을 발견하고 모라비안과 결별하게 되었다. 웨슬리와 모라비안과의 갈등은 1739년과 1740년 사이의 겨울에 시작되었다.

1739년 10월 독일에서 새로 온 모라비안 선교사 P.M. 몰더(Philip Menry Molther)가 웨슬리의 지도 아래 있던 페터레인회(Fetter Lane Society)에서 설교하기 시작했다. 몰더는 이 모임의 멤버들이 참된 신앙을 가지지 못하였으며 오직 그들 마음에 영혼을 구원하려는 불타는 열정만 있다고 보았다.(cf. Daniel Benbamced, The Memories of James Hutton: Comprising the Annals of His Life and Connection with the United Brethren, London: Hamilton, Adanls and Company, 1856, p.53).

그러면서 몰더는 이 페터레인회의 멤버들에게 '정숙주의'(Stilness)의 교리를 가르쳤다. 즉 성령이 오셔서 믿음의 선물을 주시기를 기다리면서 아무 것도 하지 말고 가만히 침묵하며 기다리라는 것이다. "은혜의 수단을 사용하지도 말고, 교회에 나가지도 말고, 성례전에 참여하지도 말고, 금식하지도 말고 기도도 필요없으며, 성경을 읽지도 말고, 선행도 행하지 말고, 영적인 선행도 쌓으려고 노력할 필요가 없다"(Journal. II. p.328~330)고 가르쳤다.

웨슬리는 몰더의 잘못된 가르침에 반대해서 여러 가지로 그들의 잘못을 시정해 보려고 노력하였다. 그러나 그 노력이 성공하지 못했다. 그래서 그는 결국 페터레인을 떠나 파운더리(Foundery)에서 새로운 모임을 시작했다.

웨슬리는 모라비안과 같이 칭의는 공로에 의해서 받는 것이 아니라 오직 믿음으로만 받는다고 주장했다. 그러나 믿음으로만 받는다고 해서 은혜의 수단을 사용하지 않고 가만히 기다린다는 데 대해서는 반대했다. 그렇다면 모라비안이 근본적으로 은혜의 수단을 사용하는 것을 인간의 공로라고 생각하는데 반하여 오직 믿음으로만 구원받는다는 말과 은혜의 수단을 사용한다는 말이 서로 모순되지 않으면서 주장될 수 있을까?

여기서 우리는 웨슬리의 선행적 은총의 개념을 생각해 볼 필요가 있다. 웨슬리는 선행적 은총으로 말미암아 인간은 선택의 능력을 회복하여 은혜의 수단을 사용할 수 있고, 은혜의 수단으로 말미암아 죄를 깨달을 수 있으며, 죄를 깨달으므로 회개하고, 회개함으로 믿음을 가질 수 있다고 보았다. 따라서 은혜의 수단은 공로가 아니며 인간은 자신의 공로로는 구원받을 수 없다는 것이다. 그러므로 웨슬리는 한편으로는 정숙주의의 위험에서, 또 한편으로는 공로사상에서 벗어날 수 있었던 것이다(Charles Rogers, The Concept of prevenient Grace in the Theology of John Wesley, Duke University ph. D. Dissertation, 1967, p.271,272).

【 설교 】

"너희가 나의 규례를 떠나 지키지 아니하였도다"
(말 3:7)

❶ 생명과 불멸이 복음으로 말미암아 밝혀진 오늘날 무슨 규례(Ordinances)가 존재하는 것입니까? 이 기독교적인 섭리의 시대에 하나님의 은혜의 통상적 매개로써 하나님이 정하신 수단(Means ordained of God)이라는 것이 존재하는 것입니까?

이것은 사도시대의 교회에서 자신들을 이교도라고 공공연하게 말하는 사람들 외에는 결코 제기할 수 없었던 질문이었습니다. 왜냐하면 그리스도인 전체가 그리스도께서 사람들의 영혼 속에 그 은혜를 전달하기 위하여 어떤 외적 수단을 정하셨다는 것에 의견의 일치를 보고 있었기 때문입니다.

그들의 끊임없는 실천은 이것을 의논할 여지가 없도록 하였습니다. 왜냐하면 "믿는 사람이 다 함께 있어 모든 물건을 서로 통용하고"(행 2:44), "저희가 사도의 가르침을 받아 서로 교제하며 떡을 떼며 오로지 기도하기를 힘썼기"(행 2:42) 때문입니다.

* * *

❷ 그러나 시간이 경과함에 따라 많은 사람의 사랑이 식어가자(마 24:12) 어떤 사람들은 수단을 목적으로 잘못 알고, 종교를 하나님의 형상을 따라

마음을 새롭게 하는 것으로 생각하기보다는 오히려 이러한 외적 행위를 하는 것으로 간주하기 시작했습니다.

그들은 모든 명령이 거짓없는 믿음을 동반하는 "깨끗한 마음에서 우러나오는 사랑을 목표로 하며"(딤전 1:5) 주 하나님을 마음을 다해 사랑하고 이웃을 자신처럼 사랑하는 일과 "하나님의 능력을 믿는 믿음으로"(골 2:12) 교만, 분노, 악한 욕망에서 깨끗해짐을 받는 것을 목표로 하고 있다는 사실을 잊어버리고 말았습니다. 사람들은 다음과 같이 상상한 것 같습니다. '종교는 주로 이러한 외적 수단으로 성립되지는 않지만 그러나 그런 것들 중에는 하나님께서 매우 기뻐하시는 무언가가 존재하고 있다. 그리고 그런 것들이 율법의 보다 중대한 사항, 정의, 자비이거나 하나님의 사랑에 있어 합당치 못할지라도 하나님 편에서 볼 때 그것들은 받아들일 만한 그 어떤 것이다.'

* * *

❸ 이처럼 은혜의 수단을 악용하는 사람들에게 그런 것들이 정해진 목적에 부응하지 못했다는 것은 분명한 일입니다. 사람들을 건전하게 하기 위한 것이 오히려 전락의 기회를 마련해 준 것입니다. 그들은 거기서 은혜를 받기는 커녕 자기들의 머리 위에 저주를 떨어지게 했을 뿐입니다. 마음과 생활에서 전보다 더 거룩해지기는 커녕 이전보다 더한 지옥의 자식이 되었습니다.

그런 것들이 악마의 자식들에게 하나님의 은혜를 전달하지 못했다는 것을 명백하게 깨달은 사람들은 이 특별한 경우로부터 일반적인 결론 – 그런 것은 하나님 은혜를 전달하는 수단이 아니다 – 을 끌어내기 시작했습니다.

* * *

❹ 그러나 하나님의 규례를 악용한 사람들의 수가 그것을 경멸한 사람들보다도 훨씬 많았습니다. 그리고 마침내 위대한 이해력을 소유한 이들이요(가끔 이 이해력은 상당한 학식과 결합되어 있다), 사랑의 사람들이요, 진정한 내적 종교를 경험으로 잘 알고 있는 것 같은 사람들이 나타난 것입니다

다. 이러한 사람들 중 어떤 사람은 그 당시에 빛을 발하는 유명한 사람들이었습니다. 불신앙의 범람을 몸으로 저지한 일로 인해 교회에서 우대를 받은 사람들이었습니다.

이런 거룩하고 존귀한 사람들이 맨 처음에 생각했던 것은 외적인 종교가 마음의 종교를 가지지 않는다면 전혀 가치가 없는 것이라는 사실이었습니다. 그들이 보이고 싶다고 생각한 것은 "하나님은 영이시니 예배하는 자가 신령과 진정으로 예배드려야한다"(요 4:24)는 것, 그러므로 외적 예배는 하나님께 바쳐진 마음이 아니면 헛수고라는 것, 외적인 하나님의 계율은 내적인 성결을 전진시킬 때 크게 유익하지만 그렇지 않을 때에는 유익이 없고 헛된 것이며, 헛된 것이라기보다는 사소한 것이라는 사실, 더구나 외적인 하나님의 계율이 내적인 성결을 대신하여 사용될 때에는 그런 것은 하나님께서 전적으로 혐오할 만한 것이라는 사실입니다.

* * *

❺ 그러나 다음과 같은 사실이 발생했다고 해도 조금도 이상하지 않습니다. 이러한 사람들이 전 교회적으로 퍼져있으며, 이 세상에서 참된 종교를 내쫓아버린 저 하나님의 두려운 계율을 굳게 확신하여 하나님의 영광을 위해, 또 그 치명적인 사망으로부터 영혼을 회복하기 위해 너무도 열심인 나머지 외적인 종교는 무조건 무(無)요 기독교 안에 전혀 있을 자리가 없는 것처럼 말했다고 해도 말입니다. 그들이 언제나 심사숙고하여 자기들의 생각을 표현하지 못했다고 하더라도 놀랄 것은 없습니다.

그러므로 조심해서 듣지 않는 사람은 모든 외적인 수단은 전혀 무익하다고 보며 하나님께서 그것을 인간의 영혼에 은혜를 전달하시고자 하는 통상적인 매체로 삼지 않으셨다고 비난한 것처럼 보일지도 모릅니다.

아니, 그뿐만이 아니라 거룩한 사람들 가운데에도 결국 이런 오류에 스스로 빠지는 수가 많습니다. 특히 자기가 택한 것이 아니고 하나님의 섭리로 이러한 모든 규례에서 차단되어버린 사람들이 그러했습니다. 그것은 아마도 그들이 이리저리 방황하고 땅 속의 움막이나 동굴 속에 살고 있었기 때문일 것입니다. 이러한 사람들은 모든 외적인 수단을 박탈당했지만 하나님의 은혜를 경험하고 있었음으로 고의로 외적인 수단을 그만둔 사람들에게도 같은 은혜가 주어질 것이라고 추측했는지 모릅니다.

* * *

❻ 얼마나 쉽게 이 생각이 퍼지고 사람들의 마음속에 교묘하게 스며드는지를 여러 가지 경험이 보여주고 있습니다. 특히 죽음의 잠에서 완전히 깨어나서 죄의 심각성을 깨닫고 자기들이 이 죄를 해결할 수 없다고 느끼기 시작한 사람들의 경우가 그렇습니다. 이런 사람들은 보통 자기들의 현재의 상태에 싫증을 느끼고 거기서 도피하고자 모든 방법을 시도함으로써 어떤 새로운 것이라도, 즉 어떤 새로운 편안하고 부담없는 제안이라도 받아들일 용의가 언제든지 있습니다.

그들은 아마도 일반적인 외적 수단을 시도해 보고서 안심할 수 없었을 것입니다. 차라리 그들이 발견한 것은 더욱더 쌓이는 양심의 가책과 두려움과 슬픔과 유죄판결이었는지도 모릅니다. 그러므로 이러한 사람들을 설득시켜서 그러한 외적 수단을 모두 그만두는 것이 좋겠다고 믿게 하는 일은 쉽습니다.

그들은 이미 그렇게 보이지만 쓸데없이 애쓰고 불같은 상태 속에서 수고하느라고 지쳐있습니다. 그들은 자기들의 영혼이 전혀 만족을 얻지 못하는 것을 포기하며 아픔만 주는 수고를 그만두고자 합니다. 그래서 나태한 무활동 속으로 잠겨버리기 위한 구실이 있으면 어떤 것이든 기꺼이 수용하는 것입니다.

II

❶ 나는 다음의 논의에서 은혜의 수단이 어떤 것인가를 자세히 고찰하

고자 합니다. 나는 은혜의 수단을 하나님의 정하신 외적표시, 말, 혹은 행동으로 이해하고 있습니다. 그 정하신 목적은 선행적인 창의나 성화의 은혜를 하나님의 사람들에게 전달하는 보통의 매개라는 것입니다.

내가 '은혜의 수단' 이라는 표현을 사용하는 것은 그보다 더 좋은 표현을 모르기 때문이요, 오랜 세월에 걸쳐서 그 말이 그리스도 교회안에서(영국교회에서) 일반적으로 사용되어왔기 때문입니다. 특히 우리 교회는 이 은혜의 수단과 영광의 소망을 인하여 하나님께 감사하라고 지도하고 있습니다. 그리고 성례전은 '내적인 은혜에 외적 표상이오, 그것을 받는 수단' 이라고 가르치고 있습니다.

이 수단의 주된 것은 다음과 같습니다. 은밀한 기도나 대중과 함께하는 기도, 성서연구(성서를 듣고 심사숙고하는 것을 의미한다.), 주를 기념하기 위하여 떡을 먹고 포도주를 마시며 주의 성찬을 받는 일, 이런 것이 하나님에 의하여 그 은혜를 사람들의 영혼에 전달하는 통상적인 매개라고 우리는 믿습니다.

***

❷ 그러나 수단이 지닌 모든 가치는 그것이 실제로 종교의 목적에 부응하고 있는가에 달려있다고 생각합니다. 따라서 그러한 모든 수단은 목적에서 분리될 때 무(無)나 공(空) 이하가 되는 것입니다. 실제로 하나님의 지식과 사랑에 부응하지 않는다면 하나님의 눈에 좋게 여겨지지 않습니다. 그뿐만 아니라 차라리 하나님 앞에서 혐오받을 만한 것이요, 그의 코에 악취가 될 것입니다. 하나님은 그것을 참으시는 데 지치셨습니다. 더구나 그런 것이 종교를 위한 수단으로 사용되지 않고 일종의 종교의 대용물(Commutation)로 사용된다면 실로 곤란한 일입니다.

이처럼 하나님의 무기를 하나님 자신에게 돌려대며, 기독교를 사람들의 마음속에 심어주려고 제정된 수단에 의해 기독교가 사람들의 마음 밖으로 밀려난다면 이것이 얼마나 어리석고 사악한 일인지 말로 다 표현하기 힘듭니다.

❸ 또 단언컨대, 만일 어떤 외적 수단이 하나님의 영으로부터 분리되었다면 전혀 유익이 없을 것이며, 하나님의 지식 혹은 사랑에 조금도 부응할 수가 없을 것입니다. 물론 땅 위에서 이루어지는 도움은 모두 하나님께서 주시는 것입니다. 자신의 전능하신 능력으로 그 눈에 합당하다고 여기시는 것을 우리 가운데서 행하시는 이는 하나님뿐이십니다.

그리고 모든 외적 사물은 하나님께서 역사하시지 않는다면 다만 약하고 또 비천한 요소에 불과합니다. 그러므로 어떤 수단이든지 거기 무슨 고유한 힘이 있을 것이라고 상상하는 자는 모두 크게 그릇된 생각을 하고 있는 것입니다. 그것은 성서도, 하나님의 능력도 모르는 일입니다. 기도에서의 말들, 성서를 읽을 때의 문자, 들리는 음향, 주의 성찬에서 받은 떡과 포도주 안에는 전혀 특별한 힘이 없다는 사실을 우리는 모두 알고 있습니다.

모든 좋은 선물의 부여자는 하나님이시며, 하나님이야말로 모든 은혜의 창시자이십니다. 모든 능력은 하나님에서 나오는 것이오, 그러한 수단을 통하여 하나님의 능력이 우리 영혼에 전달되는 축복이 존재하는 것입니다. 또 전혀 그러한 수단이 존재하지 않을지라도 하나님께서는 같은 은혜를 주실 수 있다는 것을 우리는 알고 있습니다.

이런 의미에서 우리는 확언해도 좋습니다. 하나님에 관해서 말한다면 수단이라고 할 수 있는 것은 그와 유사한 것이라도 존재하지 않습니다. 왜냐하면 하나님께서는 어떠한 수단으로도, 혹은 수단에 의하지 않고서도 자신이 기뻐하시는 일을 다 하실 수가 있기 때문입니다.

***

❹ 다시 주장합니다. 온갖 수단을 다 쓴다고 해도 우리는 단 한가지의 죄도 속량할 수 없습니다. 죄인이 하나님과 화해할 수 있는 것은 그리스도의 피를 통해서 뿐입니다. 우리의 죄를 위한 다른 속량이나 우리의 죄와 불결을 씻을 다른 샘은 전혀 존재하지 않습니다. 그리스도를 믿는 사람은 누구나 그리스도를 신뢰하는 일 이외에는 전혀 공적이 없다는 것을

깊이 확신합니다. 자기가 하는 어떤 행위에도, 곧 기도를 드리거나 성서를 탐구하고 하나님의 말씀을 듣는다거나 떡을 먹고 잔을 마시는 일을 하여도 공적은 없는 것입니다.

그러므로 만일 '그리스도가 은혜의 유일한 수단' 이라는 표현이 그리스도가 은혜를 받기 위한 유일한 공적이며 원인임을 뜻한다면 그것은 하나님의 은혜를 아는 사람에 의해 부정될 까닭이 없는 것입니다.

***

❺ 그러나 다시 한 번 말하지 않으면 안 되겠습니다. 이것은 우울한 사실이지만, 오늘날 그리스도인이라는 사람들이 대부분 그 영혼을 멸망케 할 정도로 은혜의 수단을 악용하고 있습니다. 의심할 여지없이 능력은 사라지고 형식만 남은 믿음으로 만족하고 있는 것이 모든 그리스도인의 실정입니다. 그들은 이와 같은 일을 하면서 자기들은 이미 그리스도인이며 (물론 그 그리스도는 아직 그들 마음속에 계시되어 있지 않으며 하나님의 사랑도 그들 마음속에 부어지지 않았습니다.), 은혜의 수단을 사용하고 있다는 이유만으로 자기들은 아주 정상적인 그리스도인이라고 상상하는 것입니다.

그래서 그들은 언젠가는 확실히 거룩하게 할 어떤 종류의 힘이 그런 수단 속에 존재하고 있음을 멋대로 꿈꾸고 있거나(아마 거의 의식하지 못할 테지만), 혹은 그러한 수단을 사용하는 일이 공적이라서 그것이 확실히 하나님을 움직여 그들에게 성결을 부어 주시도록 하고, 성결이 없이도 그들이 받아들여지게 될 것이라는 꿈을 꾸고 있습니다.

***

❻ 그들은 모든 기독교적 건축의 저 위대한 기초인 "너희가 은혜로 구원을 얻은 것이라"(엡 2:5)는 말씀을 실상은 조금밖에 이해하고 있지 못합니다. 우리가 죄에서 구원받아 죄의 책임과 권세에서 구원을 얻고 하나님의 호의와 형상에로 회복되는 일은 우리들 자신의 행위나 공적 혹은 가치에 전혀 의존하는 것이 아니고, 무조건으로 주어진 은혜이며, 하나님의 긍휼하심에 의한 것으로 하나님의 사랑하시는 독생자의 공적에 의한 것입

니다.

우리들이 이처럼 구원을 받은 것은 우리, 혹은 다른 피조물들이 갖추고 있는 힘, 지혜, 강함으로 인한 것이 아니라 모든 것에서 모든 것을 이루시는 성령의 은혜와 능력에 의한 것입니다.

* * *

❼ 그러나 중요한 문제는 남아 있습니다. "이 구원이 하나님의 선물이요, 행위라는 것을 우리는 알고 있습니다. 그러나 어떻게 해서 거기에 도달할 수 있는 것입니까?"

만일 당신이 "믿으시오, 그리하면 구원을 받을 것입니다"라고 말한다면 구원받지 못한 사람은 이렇게 대답할 것입니다. "그러겠습니다. 그러나 어떻게 하면 믿을 수 있게 되는 것입니까?" 그러면 또 당신은 "하나님을 대망하십시오"라고 말합니다. "옳습니다. 그러나 어떻게 해야 내가 기다리게 될까요? 은혜의 수단으로 입니까? 그렇지 않으면 그것이 없이도 되는 것입니까? 구원을 가져오는 하나님의 은혜를 그러한 수단을 사용함으로써 대망해야합니까? 그렇지 않으면 그것을 버림으로써 대망해야합니까? 어떤 방법으로 해야합니까?"

* * *

❽ 하나님의 말씀이 이처럼 중요한 점에 대해서 전혀 가르쳐 주고 있지 않다는 사실, 혹은 하늘로부터 우리 인간을 위하여 우리의 구원을 위하여 내려오신 하나님의 독생자가 우리의 구원에 그렇게도 긴밀하게 관련되어 있는 문제에 관해서 미해결 상태로 남겨두고 가셔야 했다는 사실을 상상하기란 어렵습니다.

사실 하나님의 독생자는 그렇게 가시지 않았습니다. 그는 우리에게 가야할 길을 보여 주신 것입니다. 우리는 오직 하나님의 말씀에 귀를 기울이고 거기에 기록되어 있는 것을 탐구해야만 합니다. 그리고 만일 우리가 단순히 그 결정을 따른다면 의혹이 있을 가능성은 전혀 없는 것입니다.

❶ 그러므로 성서의 결정을 따라 하나님의 은혜를 열망하는 사람은 모두 그것을 하나님이 정하신 수단에 의하여 대망해야만 합니다. 은혜의 수단을 버리지 말고 그것을 사용하여 하나님의 은혜를 열망해야 됩니다.

하나님의 열망하는 자는 첫째, 그것을 기도의 방법으로 대망해야합니다. 이것은 우리 주님이 분명하게 말씀하신 지시입니다. 산상수훈에서 종교가 어떻게 성립되었는가를 자세히 설명하시고 그 중요한 면을 기록한 뒤에 주님께서는 첨가해서 말씀하셨습니다. "구하라 그러면 너희에게 주실 것이요 찾으라 그러면 찾을 것이요 문을 두드리라 그리하면 너희에게 열릴 것이나 구하는 이마다 얻을 것이요 찾는 이가 찾을 것이오 두드리는 이에게 열릴 것이니라"(마 7:7,8)

여기서 우리는 가장 명백한 방식이 지시되어 있음을 알 수 있지만, 매우 값비싼 진주인 하나님의 은혜를 찾아내기 위해 탐구하지 않으면 안 됩니다. 하나님 나라에 들어가기를 바란다면 구하고, 찾고, 문을 두드리는 일을 계속해야만 합니다.

* * *

❷ 전혀 의심하지 않도록 우리 주님께서는 이 점을 특이한 방식으로 상세하게 언급하고 계십니다. 그분은 한 사람 한 사람의 마음에 호소하십니다. "너희 중에 누가 아들이 떡을 달라하면 돌을 주며 생선을 달라 하면 뱀을 줄 사람이 있겠느냐 너희가 악한 자라도 좋은 것으로 자식에게 줄줄 알거든 하물며 하늘에 계신 너희 아버지께서 구하는 자에게 좋은 것으로 주시지 않겠느냐?"(마 7:9,11)

주님께서는 다른 경우 모든 좋은 것을 한 가지 속에 포함시켜 표현하셨는데, "하물며 너희 천부께서 구하는 자에게 성령을 주시지 않겠느냐?"(눅 11:13)라고 말씀하셨습니다. 특히 관심을 가져야 할 것은 구하라는 명령을 받은 사람들이 아직도 성령을 받지 않았다는 사실입니다. 그럼에도 불구하고 우리 주님은 이 수단을 사용하도록 그들에게 명령하시고 그것이 유효하다고 약속하고 계십니다. 구하면 그 크신 행사 위에 긍휼을 베푸시는 하나님으로부터 성령을 받게 될 것입니다.

* * *

❸ 만일 우리가 하나님으로부터 어떤 선물이라도 받으려고 생각한다면 그 수단을 사용하는 것이 절대적으로 필요하다는 사실은 위의 말씀 바로 전의 구절에서 더욱 분명해집니다. "주께서 또 그들에게 이르시되" 그들이란 주님이 어떻게 기도할 것을 가르쳐 주신 바로 그 사람들입니다.

"너희 중에 누가 벗이 있는데 밤중에 그에게 가서 말하기를 벗이여 떡 세 덩이를 내게 빌리라 내 벗이 여행 중에 내게 왔으나 내가 먹일 것이 없노라 하면 저가 안에서 대답하여 이르되 나를 괴롭게 하지 말라 문이 이미 닫혔고 아이들이 나와 함께 침소에 누웠으니 일어나 네게 줄 수가 없노라 하겠느냐 내가 너희에게 말하노니 비록 벗됨을 인하여서는 일어나 주지 아니할지라도 그 간청함을 인하여 일어나 그 요구대로 주리라 내가 또 너희에게 이르노니 구하라 그러면 너희에게 주실 것이요."(눅 11:5, 7-9)

친구라는 이유로는 일어나 청을 들어주지 않을는지 모르지만 극성스럽게 조르면 그것 때문에 일어나서 친구의 청을 들어줄 것입니다. 우리가 이 수단으로 끈질기게 구하면 하나님께로부터 받을 수 있다는 사실을 주님께서 더 이상 어떻게 언명하실 수 있겠습니까?

* * *

❹ 예수님께서 제자들에게 "항상 기도하고 낙망치 말아야 될 것을 저희에게 비유로 하여" 말씀하셨습니다(눅 18:1). 그대로 하면 그들이 어떠한 기원을 해도 그것을 하나님께서 이루어 주십니다.

"어떤 도시에 하나님을 두려워 아니하고 사람을 무시하는 한 재판관이 있는데 그 도시에 한 과부가 있어 자주 그에게 가서 내 원수에 대한 나의 원한을 풀어주소서 하되 그가 얼마 동안 듣지 아니하다가 후에 속으로 생각하되 내가 하나님을 두려워 아니하고 사람을 무시하나 이 과부가 나를 번거롭게 하니 내가 그 원한을 풀어주리라 그렇지 않으면 늘 와서 나를 괴롭게 하리라 하였느니라"(눅 18:1-5).

주님께서 이것을 실제 상황에 적용시켜 말씀하셨습니다. "불의한 재판관의 말한 것을 들으라"(눅 18:6). 그녀가 구하는 것을 그치지 않고 거절하여도 단념하지 않았으므로 그는 그녀의 원한을 풀어주리라고 한 것입니다.

"하물며 하나님께서 그 밤낮 부르짖는 택하신 자들의 원한을 풀어주지 아니 하시겠느냐 저희에게 오래 참으시겠느냐 내가 너희에게 이르노니 속히 그 원한을 풀어주시리라"(눅 18:7,8). 만일 그들이 기도하고 그리고 낙심하지 않는다면 말입니다.

* * *

❺ 은밀한 기도로 하나님의 축복을 대망하라는 충분하고도 명백한 지시가 우리가 입술로 간구하는 것을 이 수단으로 획득할 것이라는 적극적인 약속과 함께 주어졌습니다. 주님은 우리에게 말씀하십니다. "너는 기도할 때에 네 골방에 들어가 문을 닫고 은밀한 중에 계신 네 아버지께 기도하라 은밀히 보시는 네 아버지께서 갚으시리라"(마 6:6).

* * *

❻ 다음의 말씀을 보면 이같은 내용이 더욱 분명해집니다. 그것은 하나님께서 우리에게 사도를 통하여 주신 것으로 여러 사람 앞에서나 혹은 개인적으로 하는 기도와 거기에 부가된 축복과 관계된 것입니다. "너희 중에 누구든지 지혜가 부족하거든 모든 사람에게 후히 주시고 꾸짖지 아니 하시는 하나님께 구하라"(약 1:5). "너희가 얻지 못함은 구하지 아니함이요"(약 4:2). 너희가 구한다면 "하나님은 후히 주시고 꾸짖지 아니 하시리라"(약 1:5).

이것은 불신자에게 주는 지시가 절대 아닙니다. 그들은 하나님의 용서의 은혜를 알지 못합니다. 왜냐하면 사도도 다음과 같이 첨가해서 말했기 때문입니다. "오직 믿음으로 구하라"(약 1:6). 그렇지 않으면 "무엇이든지 주께 얻기를 생각하지 말라"(약 1:7).

여기에서 믿음이란 말의 의미는 바로 그 말씀 가운데 마치 이에 대한 반대를 미연에 방지하는 목적이 있었던 것처럼 사도 자신에 의하여 정해져 있습니다. "오직 믿음으로 구하고 조금도 의심하지 말라"(약 1:6). "조금도 의심하지 말라"(μηδὲν διακρινόμενο). 하나님께서 기도를 듣지 않으시고 그 마음의 소원을 성취시켜 주시지 않으면 어쩌나 하고 의심하지 말아야 합니다.

여기에서 말하는 신앙이 온전한 기독교적 의미를 지니고 있다고 생각한다는 것이 대단히 불경스럽고 불합리한 일이라는 것은 다음의 사실로 분명해집니다.

성령은 이 신앙(여기서는 지혜로 불리어지고 있지만)을 자기 자신이 소유하고 있지 않다는 것을 알고 있는 사람에게 그것을 하나님께 구하도록 명령합니다. 여기에 "그것은 주어질 것이다"(약 1:6) 라는 적극적인 약속이 첨가되어 있습니다.

그리고 그러한 가정 다음에 다음과 같은 생각이 첨가됩니다. 그것을 구하기 전에 그것을 소유하고 있지 않다면 그것은 그에게 주어지지 않을 것이라는 생각입니다. 그러나 누가 이러한 추측을 허용할 수 있겠습니까? 그러므로 이미 인용된 것들만이 아니라 이 구절에서도 하나님의 은혜를 원하는 자는 모두 기도의 방법으로 그것을 대망해야한다고 추론하여야 할 것입니다.

* * *

❼ 둘째로, 하나님의 은혜를 바라는 자는 누구나 성서를 탐구함으로써 그것을 대망하여야 합니다. 이 수단의 사용에 관한 주님의 지시도 마찬가지로 간단하고 분명합니다. 그는 불신앙의 유대인에게 말씀하셨습니다. "이 성경이 곧 내게 대하여 증거하는 것이로다"(요 5:39). 그들이 주를 믿도록 하기위해 주님은 그들에게 성서를 살펴보도록 명령하셨습니다.

"이것은 명령이 아니요 다만 그들이 성서를 탐구했었다는 사실을 주장하는데 불과하다."하는 반대는 뻔뻔스러우리만큼 잘못되어 있습니다. 나는 그것을 강조하는 사람들에게 바랍니다. 이러한 말씀 "Ερευνατε τάς γραφάς"이상 어떻게 그 명령을 더 분명하게 표현할 수 있는지 알고 싶습니다. 이것은 아주 많은 단어들로 표현할 수 있는 것만큼 단호한 표현입니다.

그리고 하나님께로부터 어떠한 축복이 이 수단을 사용할 때 주어지는가는 베뢰아인들에 관한 기록에서 분명해집니다. 그들은 사도 바울에게 들은 후에 그것이 사실인가 알아보려고 날마다 성경을 자세히 공부했습니다. 그리하여 그들 가운데 많은 사람이 믿었습니다(행 17:11,12). 즉 하나님께서 정하신 방법에 의하여 하나님의 은혜를 발견한 것입니다.

아마도 '마음으로 말씀을 받아들인'(행 17:11) 사람들 중 어떤 이들은 실제로 바울 사도가 말한 것처럼 '믿음은 듣는 데서 생기는 것'(롬 10:17)에 이어서 성경을 읽음으로써 확실해졌던 것입니다. 그러나 이미 관찰된 바와 같이 성서를 탐구한다는 일반적인 개념 속에는 듣는 일과 읽는 일 외에 명상하는 일도 포함되어 있습니다.

***

❽ 그리고 성서를 탐구하는 일은 하나님께서 우리에게 참된 지혜를 주시게 할 뿐 아니라 한층 굳게 하며 또 더해주시는 수단이라는 사실을 우리는 디모데에게 권면한 바울의 말씀에서 배웁니다. "또 네가 어려서부터 성경을 알았나니 성경은 능히 너로 하여금 그리스도 예수 안에 있는 믿음으로 말미암아 구원에 이르는 지혜가 있게 하느니라."(딤후 3:15). 같은 진리(즉 이것이 하나님께서 그 다양한 은혜를 인간에게 전달하시기 위해 정하신 위대한 수단이라는 사실)가 바로 그 다음에 계속되는 말씀에서 논해지고 있습니다.

모든 성경은 하나님의 감동으로 된 것으로, 따라서 모든 성서는 절대로 잘못이 없으며 진실합니다. "교훈과 책망과 바르게함과 의로 교육하기에 유익하니 이는 하나님의 사람으로 온전케 하며 모든 선한 일을 행하기에 온전케 하려 함이니라"(딤후 3:16,17).

* * *

❾ 유의해야 할 점은 이 사실이 주로 디모데가 어릴 때부터 알아온 성경에 대해 직접적으로 말하고 있다는 점입니다. 그것은 구약성경이었음에 틀림없습니다. 왜냐하면 신약성경은 그 때 기록되지 않았기 때문입니다. 그러므로 사도 바울이 구약성경을 경시했다는 말은 당치 않은 소리입니다(물론 그는 "지극히 큰 사도들보다 조금도 못할 것이 없으며"(고후 11:5), 그러므로 현재 세상에 있는 어느 누구보다 조금도 못할 것이 없다고 나는 가정하고 있습니다).

하나님의 말씀의 절반을 매우 경시하고 있는 이들이여, 언젠가 놀라고 망하지(행 13:14) 않기 위하여 조심하십시오. 당신들은 실로 성령이 다음과 같이 분명히 선언하신 것 중 절반을 경시하고 있는 것입니다. 즉 그것은 "교훈과 책망과 바르게함과 의로 교육하기에 유익하다"는 사실 때문에 하나님께서 정하신 수단으로써 '유익하다'는 것입니다. 그 목적은 "하나님의 사람으로 온전케 하며 모든 선한 일을 행하기에 온전케 하려 함"(딤후 3:16,17)인 것입니다.

* * *

❿ 또 성서를 탐구하는 일은 단지 하나님의 사람들을 위해, 이미 하나님의 얼굴 빛 가운데서 행하는 사람들을 위해서만 유익한 것은 아닙니다. 어두움 속에 있어 자기들이 알지 못하는 분을 찾고 있는 사람들에게도 마찬가지입니다. 베드로는 다음과 같이 말했습니다.

"또 우리에게 더 확실한 예언이 있어…"(벧후 1:9). 문자대로 번역하면 "이리하여 예언의 말씀은 우리들에게 더욱 확실한 것이 되었다"는 것입니다. Καί ἔχομεν βεβαιότερον τόν προφητικὸν λόγον. 이 사실은 우리가 "그의 위엄을 친히 본 자들이라"(벧후 1:16)는 사실, 또 "지극히 큰 영광 중에서 이러한 소리가 그에게 났다"(벧후 1:17)는 사실로 확인되고 있는 것입니다.

이 예언의 말씀(사도는 성경을 그렇게 부르고 있습니다)에 대해서 그는 말합니다. "(예언은) 어두움에 비취는 등불과 같으니 날이 새어 샛별이 너희 마음에 떠오르기까지 이것을 주의하는 것이 가하니라"(벧후 1:19). 그러므로 마음 속에 날이 밝아 오기를 바라는 모든 사람들은 성경을 탐구함으로써 그것을 대망해야 합니다.

* * *

⓫ 셋째로, 하나님의 은혜가 더해지기를 바라는 사람은 누구나 주의 성찬에 참여함으로써 대망해야 합니다. 왜냐하면 이것도 주님께서 주신 명령이시기 때문입니다.

"주 예수께서 잡히시던 밤에 떡을 가지사 축사하시고 떼어 가라사대 이것은 너희를 위하는 내 몸이니 이것을 행하여 나를 기념하라 하시고", 즉 내 몸의 신성한 표상으로 행하라는 것입니다. 이와 같이 "잔을 가지시고 이 잔은 내 피로 세운 새 언약이니" 즉 그 계약의 신성한 표상이니 "이것을 행하여 마실 때마다 나를 기념하라 하셨으니 너희가 이 떡을 먹으며 이 잔을 마실 때마다 주의 죽으심을 오실 때까지 전하는 것이니라"(고전 11:23, 26). 당신들은 공공연히 하나님과 천사들과 사람들 앞에서 이런 표상으로 주의 죽으심을 명시하는 것입니다. 당신들은 주께서 하늘 구름을 타고 오실 때까지 자신들이 주의 죽으심을 엄숙하게 기념하고 있다는 사실을 분명히 나타내는 것입니다. 다만 먼저 "자기를 살피고 그 후에" 참여할 것입니다(고전 11:28). 자신이 이 거룩한 규정의 본질과 목적을 이해하고 있는가 그렇지 않은가, 참으로 그리스도의 죽음에 자신을 순종하는 자로 드리기를 바라고 있는가, 그렇지 않은가를 살피고 의심을 없이한 후에 이 떡을 먹고 이 잔을 마셔야 합니다(고전 11:28).

그러므로 여기에서도 우리 주님께서 먼저 내리신 "먹고 마시라"는 지시가 사도들에 의하여 명확히 되풀이되고 있습니다($ἐσθιέτω$, $πινέτω$, 둘다 명령법임). 이 말씀은 단순한 허가가 아니요, 명백하고 뚜렷한 명령입니다. 이 명령은 믿음으로 이미 평화와 기쁨으로 충만해 있는 사람들에게도, 혹은 "우리 죄의 기억은 우리에게 있어서 슬픔뿐이요 그 무거운 짐은 견딜 수 없습니다"(기도서의 성찬식 순서 중에서 인용)라고 성실하게 말할 수 있는 사람들에게도 모두 주어지는 것입니다.

***

❶❷ 그리고 또한 이것이 하나님의 은혜를 받는 정해진 수단이라는 사실은 그 앞의 장에 있는 다음과 같은 사도의 말에서 명백해집니다. "우리가 축복하는 바 축복의 잔은 그리스도의 피에 참예함이(혹은 그리스도의 피와 사귐(Communication)을 가지는 일이) 아니며 우리가 떼는 떡은 그리스도의 몸에 참예함이 아니냐"(고전 10:16). 이 떡을 먹고 이 잔을 마시는 일은 외적으로 보이는 수단이 아닙니까? 그 수단으로 하나님은 우리 영혼 속에 모든 영적인 은혜 곧 성령안에서 의와 평강과 희락을 전달하시는 것입니다.

이러한 것들은 우리를 위해 한 번 찢기신 그리스도의 몸과 한 번 흘리신 그리스도의 피로써 얻어지는 것입니다. 그러므로 참으로 하나님의 은혜를 바라는 자는 누구나 이 떡을 먹고 이 잔을 마셔야 합니다.

IV

❶ 하나님께서는 자신이 담구뵐 망노를 매우 분명하게 지적하셨지만 그에 대한 반대는 무수히 많습니다. 그것은 자기 눈으로 자신을 현명하게 보는 사람들이 때때로 반대의사를 표명한 것입니다. 이러한 반대가운데 몇 가지는 고려해야 될 필요성이 있습니다. 그 의견들 자체가 중요하기 때문이 아니라 그런 것들이 가끔, 특히 근년에 이르러 더욱 그렇지만 절름발이를 길에서 넘어지게 하며 사탄이 광명의 천사로 나타나기까지 잘 달려온 사람들을 괴롭히고, 전복시키기 위해 사용되어 왔기 때문입니다.

이러한 반대 중 가장 중요한 것은 "당신은 이러한 수단(당신이 수단이라고 부르는)을 신뢰하지 않고 사용할 수 없다"는 것입니다. 이 말이 어디에 쓰여져 있는지 알고 싶습니다. 그 주장에 대한 분명한 성경의 말씀을 내게 보여주기를 바랍니다. 그렇지 않으면 나는 그것을 수락할 수 없습니다. 왜냐하면 그들이 하나님보다 더 현명하다고는 인정할 수 없기 때문입니다.

만일 그들의 주장대로라면 그리스도가 그것을 알고 계셨을 것이 틀림없습니다. 그리고 만일 그리스도가 그것을 알고 계셨다면 확실히 우리에게 경고해 주셨을 것입니다. 그 사실을 벌써 계시하셨을 것입니다. 그러므로 그리스도가 그렇게 하지 않으셨기 때문에 예수 그리스도에 의한 모든 것을 살펴보아도 그 근거가 전혀 없기 때문에, 나는 그리스도의 계시가 하나님께로부터 온 것이라고 하는 사실을 확신하는 것과 마찬가지로 그들의 주장이 완전히 잘못되어 있다고 확신하고 있습니다.

"그러나 당신이 그것을 신뢰하고 있는지 아닌지를 알아보기 위해 잠시 동안 그 일을 그만두어 보시오." 하나님께 복종하는 행위를 내가 신뢰하고 있는지를 알아보기 위하여 하나님을 거스려야하다니요! 당신은 이 충고를 인정하십니까? "선을 이루기 위하여 악을 행하자"(롬 3:8)고 당신은 고의적으로 가르치십니까? 그렇게 가르치는 자들에 대한 하나님의 판결을 두려워하십시오. 그들은 "정죄 받는 것이 마땅합니다"(롬 3:8).

만일 당신이 그런 일을 그만두었을 때 마음에 고민이 생긴다면 당신은 그런 일에 신뢰를 두고 있었던 것이 분명합니다. 어림없는 이야기입니다. 하나님을 고의로 거스렸을 때에 내가 마음에 고민을 느낀다면 하나님의 영이 또한 나와 다투고 계신 것이 분명합니다. 고의로 죄를 범하여도 내가 마음에 고통을 느끼지 않는다면 타락한 마음 상태로 떨어져 있음이 분명합니다.

그러나 '그런 것을 신뢰한다' 는 사실로 인하여 당신이 갖는 의미는 무엇입니까? 그것으로 하나님의 축복을 구합니까? 만일 이 방법으로 대망한다면 그렇게 하지 않고서는 다다를 수 없다고 믿는 것을 의미합니까?

나는 이것을 주장합니다. 그리고 하나님이 나의 도움이시기 때문에 내 생명이 끝날 때까지 주장할 것입니다. 하나님의 은혜로 말미암아 죽음에 이르기까지 나는 그러한 의미로서의 수단을 신뢰할 것입니다. 즉 하나님은 약속하신 바를 모두 충실히 실행하심을 믿을 것입니다. 그리고 하나님은 그러한 방식으로 나를 축복하신다고 약속하셨기 때문에 그것이 하나님의 말씀대로 될 것을 신뢰합니다.

* * *

❷ 둘째로 "그것은 구원을 행위로 얻으려고 하는 일이다"라는 반대가 있습니다. 당신은 자신이 쓰고 있는 그러한 표현의 의미를 알고 있습니까? 사도 바울의 편지에서 그것은 모세 율법의 의식적 행위를 지킴으로써 구원을 얻으려 한다거나, 우리 자신의 행위로 인한 의의 공적을 통하여 구원을 얻게 되리라고 기대하는 것을 의미합니다. 그러나 이 둘 중 어느 한 쪽이 내가 하나님께서 정하신 방식으로 품게 되는 대망이나, 또는 하나님께서 그렇게 약속하셨으므로 거기서 나와 만나 주실 것이라는 기대 속에 함축될 수 있겠습니까?

나는 실제로 하나님께서 말씀을 성취하실 것이라는 사실, 그 방식으로 나와 만나시고 축복해 주실 것이라는 사실을 기대합니다. 그러면서 내가 한 행위나 의의 공적 때문이 아니요, 다만 하나님이 독생자의 공로와 고난과 사랑에 의해서 그렇게 하시리라는 것을 압니다. 독생자는 언제나 하나님께서 기뻐하시는 분입니다.

* * *

❸ 셋째로 격렬한 반대를 받아온 것은 "그리스도가 유일한 은혜의 수단"이라는 사실입니다. 나는 그것이 단순한 말의 유희라고 대답합니다. 당신이 설명해 보십시오. 그리하면 그러한 반대는 사라질 것입니다. "기도는 은혜의 수단"이라고 말할 때 우리는 기도가 하나님의 은혜가 전달되는 매개라고 이해합니다. "그리스도가 은혜의 수단"이라고 말할 때 당신은 그가 은혜의 유일한 대가이며 구매자(The sole price and purchaser)라고 이해하고나 혹은 "그리스도로 말미암지 않고는 아무도 아버지께로 올 사람이 없다"(요 14:6)라고 이해하는 것입니다. 그런데 누가 그것을 부정합니까? 그런 사람은 전적으로 질문에서 벗어나 있습니다.

❹ 네 번째 반대는 "성경이 우리로 구원을 대망하도록 인도하지 않는가?"라는 것입니다. 다윗은 이렇게 말하지 않았습니까? "나의 영혼이 잠잠히 하나님만 바람이여 나의 구원이 그에게서 나는도다"(시 62:1). 그리고 이사야도 다음과 같이 말하면서 우리에게 같은 사실을 가르쳐 주고 있지 않습니까? "여호와여 우리가 주를 기다렸나이다"(사 26:8). 이 모든 것은 부정할 수 없습니다. 구원은 하나님의 선물이기 때문에 우리는 의심할 여지 없이 하나님을 앙망하여야 합니다.

그러나 어떻게 앙망해야 하는 것입니까? 만일 하나님 자신이 길을 정하셨다면 하나님을 앙망하는데 그보다 더 좋은 길을 발견할 수 있습니까? 하나님께서 길을 지정하신 일과 또 그 길이 무엇인가는 자세히 밝혀져 있습니다.

당신이 인용한 예언자의 말씀 그 자체가 이 사실을 의심의 여지가 없는 것으로 만들어 줍니다. 왜냐하면 글 전체가 다음과 같기 때문입니다. "여호와여 주의 심판하시는 길에서(혹은 정하신 길에서) 우리가 주를 기다렸사오며"(사 26:8). 그리고 같은 길에서 다윗도 기다린 사실이 충분히 증명되고 있습니다. "주여 나는 당신의 구원하시는 치유를 기다렸사오며 당신의 율법을 지키었나이다. 주여 당신의 정하신 길을 내게 가르치소서 나는 끝까지 이를 지키리이다"(시 119:33)

* * *

❺ 어떤 사람은 말합니다. "확실히 그렇기는 하지만 하나님은 또 하나의 길을 지정하셨습니다. 즉 '가만히 서서 주의 구원을 보라' 는 것입니다."

당신이 인용한 성경의 말씀을 살펴봅시다. 그것이 쓰여진 맨 처음 부분의 전후 관계를 살펴보면 다음과 같습니다.

"바로가 가까워 올 때에 이스라엘 자손이 눈을 들어 본즉… 심히 두려워하여… 모세에게 이르되 애굽에 매장지가 없으므로 당신이 우리를 이끌어 내어 이 광야에서 죽게 하느뇨 모세가 백성에게 이르되 너희는 두려워말고 가만히 서서 여호와의 구원하심을 보라 여호와께서 모세에게 이르시되 이스라엘 자손을 명하여 앞으로 나가게 하고 지팡이를 들고 손을 바다 위로 내밀어 그것으로 갈라지게 하라 이스라엘 자손이 바다 가운데 육지로 행하리라"(출 14:10 이하).

이것이 곧 그들이 가만히 서서 본 하나님의 구원이었습니다. 그들은 힘을 다하여 앞으로 나가면서 그것을 본 것입니다. 이런 표현이 나타난 또 하나의 구절은 다음과 같습니다.

"혹이 와서 여호사밧에게 고하여 가로되 큰 무리가 바다 저편에서 당신을 치러 옵니다. 왕이 두려워하여 여호와께로 낯을 향하여 간구하고 온 유다 백성에게 금식하라 공포하매 유다사람이 여호와께 도우심을 구하려 하여 유다 모든 성읍에서 모여와 여호와께 간구하더라 여호사밧이 여호와의 전 새 뜰 앞에서 회중가운데 서서 가로되… 그 때에 여호와의 신이 야하시엘에게 임하였으니… 야하시엘이 가로되 이 큰 무리로 인하여 두려워하거나 놀라지말라… 내일 너희는 마주 내려가라… 이 전쟁에는 너희가 싸울 것이 없나니 항오를 이루고 서서 너희와 함께 한 여호와가 구원하는 것을 보라 너희는 두려워하며 놀라지말고 내일 저희를 마주 하여 나가라 하셨느니라 하매… 이에 백성들이 일찍이 일어나서 나가니라 그리고 그들이 노래와 찬송을 시작할 때에 여호와께서 복병을 두어 암몬 자손과 모압과 세일 산 사람을 치게 하시므로… 그리고 서희가 피자에 살육하였더라"(대하 20:2 이하).

이것이 유다 사람들이 본 구원이었습니다. 그러나 어떻게 이 모든 것이 우리가 하나님의 정하신 수단에 의하여 하나님의 은혜를 대망해서는 안 된다고 하는 것을 입증합니까?

* * *

❻ 나는 이제 한 가지 반대만을 더 말하겠습니다. 그것은 진정 한 의미에서 이 항목에 속하지 않는 것입니다. 그렇지만 너무나 자주 주장되어 왔기 때문에 빼놓을 수가 없습니다.

"너희가 세상의 초등 학문에서 그리스도와 함께 죽었거든 어찌하여 세상에 사는 것과 같이 의문에 순종하느냐"(골 2:20)라고 사도 바울은 말하지 않았는가? 그러므로 그리스도와 함께 죽은 자인 그리스도인은 이미 규례를 사용할 필요가 없다"는 것입니다.

당신은 말합니다. "만일 내가 그리스도인이라면 나는 그리스도인의 규정에 얽매어 있지 않다"라고. 확실히 그것이 불합리한 것이기에 당신은 일견 다음의 사실을 이해할 것이 틀림없습니다. 여기 지적되고 있는 것은 그리스도의 규정이 될 수가 없습니다. 그것은 유대교의 규정임에 틀림없습니다. 그것에 대해서는 이미 그리스도인이 구속받지 않는다는 것이 확실합니다.

그리고 동일한 사실이 바로 뒤에 계속되는 말에서도 분명합니다. "붙잡지도 말고 맛보지도 말고 만지지도 말라"(골 2:21). 이것은 모두 분명히 유대 율법의 옛 규정을 언급한 것입니다.

그러므로 이 반대는 여러 반대 의견 중에서도 가장 비약한 것입니다. 그리고 이 모든 반대에도 불구하고 저 위대한 진리는 틀림없이 확고하게 존속할 것입니다. 즉 하나님의 은혜를 바라는 사람은 모두 하나님께서 정하신 수단에 의하여 그것을 대망해야합니다.

❶ 그러나 하나님의 은혜를 대망하는 사람은 모두 하나님이 정하신 수단에 의해 그것을 기다려야 한다는 것이 인정된다 하더라도, 여전히 다음과 같은 질문을 받게 될지 모릅니다. 그것은 그 정하신 수단을 사용하는 순서와 방법에 대한 질문입니다.

전자에 관해서 말합시다. 하나님 자신이 죄인을 구원으로 이끌어 오실 때에 그러한 수단을 사용하는 것을 용이하게 하는 일종의 순서가 있다는 것을 우리는 인정할 수 있습니다. 우둔하고 상식이 없는 비천한 인간은 하나님의 일 같은 것을 전혀 생각하지 않고 자기 마음대로 길을 걷고 있습니다.

그 때 뜻밖에 하나님께서 그를 만나주십니다. 아마도 각성시키는 설교, 혹은 대화를 통해서든가 어떤 두려워할 만한 섭리에 의해서 전혀 외적인 수단에 의하지 않고 확신을 주는 영의 직접적인 타격을 통해서 그를 만나주실 것입니다. 이제 장차 올 진노를 면하려는 욕구가 있기에 어떻게 그것을 할 수 있는지를 일부러 들으러 갑니다.

만일 마음에 호소해 주는 말을 하는 설교자를 만난다면 그는 놀라서 실제로 설교자가 말한대로인가를 확인하기 위해 성서를 살피기 시작합니다. 듣고 읽을수록 그는 더욱더 확신하게 됩니다. 그리고 밤낮으로 그것에 대해 명상합니다. 아마도 그는 성서에서 들었거나 읽었던 것을 설명하고 권장하는 어떤 다른 책을 찾아 낼 것입니다.

그리고 그런 모든 수단을 통하여 죄의식의 화살이 그의 영혼 속에 더욱 깊이 박혀집니다. 그는 그의 생각 속에 언제나 맨 먼저 떠오르는 하나님의 일에 대해서 이야기하기 시작합니다. 하나님께 기도하기 시작합니다. 물론 두려움과 부끄러움 때문에 거의 무엇을 말해야 좋을지를 알지 못하지만 말입니다.

그러나 이야기를 할 수 있든지 없든지 간에 단지 "말로 다 할 수 없는 신음"(롬 8:26)일지라도 그는 기도하지 않을 수가 없습니다. 그러면서 "지존무상하며 영원히 거하시는자"(사 57:15)가 자기 같은 죄인에게 눈길을 돌려 주실지가 의심스러우므로 회중 가운데서 하나님을 아는 사람들, 특히 신앙이 깊은 사람들과 함께 기도하기를 원합니다.

그러나 여기서 그는 다른 사람들이 주의 성찬상에 나아가는 것을 봅니다. 그는 생각합니다. '그리스도는 이대로 행하라고 말씀하셨다. 나는 왜 이대로 행하지 않는가? 나는 너무도 큰 죄인이다. 나는 합당치 않다. 나는 가치가 없는 자이다.' 잠시 이렇게 주저하는 마음과 싸운 뒤에 그는 돌파

해 나갑니다. 그리고 하나님께서 자신의 뜻에 맞는 방식으로 그의 마음을 향하여 "네 믿음이 너를 구원했다 평안히 가라"(막 5:34)고 말씀하시기까지 하나님의 길, 곧 듣고 읽고 명상하고 기도하고 주의 성찬에 참여하는 일을 계속 하는 것입니다.

* * *

❷ 하나님께서 취하시는 이 순서를 관찰함으로써 우리는 특정한 영혼에 대해서 어떤 수단을 추천하면 좋을지를 배울 수 있습니다. 만일 그러한 수단 가운데 어리석고 조심성이 없는 죄인을 움직이는 것이 있다면 그것은 아마도 듣는 일 혹은 대화일 것입니다.

그러므로 구원을 받고 싶다는 생각이 조금이라도 있는 사람에게 위의 수단을 추천하여도 좋을 것입니다. 자신의 죄짐을 느끼기 시작하는 사람에게는 다만 하나님의 말씀을 들을 뿐 아니라 그것을 읽는 일도(아마 다른 진지한 책도 좋을 것입니다) 죄의식을 심화시켜주는 수단이 될지 모릅니다. 그에게 읽은 것을 명상하도록 권하는 것이 좋지 않을까요? 그렇게 하면 그가 읽은 것이 그의 마음에 충분한 영향을 미칠지도 모르니까요.

그뿐 아니라 특히 같은 길을 걷고 있는 사람들끼리 그것에 대한 이야기를 하며 그러면서도 부끄러워하지 않도록 권하는 것도 좋지 않을까요? 고뇌와 비애가 그를 사로잡았을 때 당신은 그에게 그 영혼을 하나님 앞에 쏟아 붓도록 열심히 권면해야하지 않겠습니까?

"항상 기도하고 낙망치 말도록"(눅 18:1)해야 합니다. 그가 자신의 기도의 무가치함을 느끼고 있을 때, 당신은 하나님과 함께 활동하여 그에게 주의 집으로 나아가서 하나님을 두려워하는 모든 사람들과 함께 기도하도록 상기시켜주어야 하지 않습니까? 그리고 만일 그가 그렇게 한다면 주께서 죽으실 때에 하신 말씀을 그는 곧 기억하게 될 것입니다.

이 사실은 이때야말로 우리가 신성한 영의 활동을 보좌하지 않으면 안 되는 때라는 분명한 암시입니다. 이렇게 해서 우리는 우리 자신의 뜻을 따라서가 아니라 바로 하나님의 섭리와 하나님의 영이 앞서가서 길을 열어 주심을 따라서 하는 것입니다.

* * *

❸ 그렇지만 우리가 성서에서 이 점에 관하여 특정한 순서를 지키라는 명령을 전혀 발견하지 못한 것과 마찬가지로 하나님의 섭리와 영도 특정한 순서를 변함없이 고수하는 경우는 전혀 없습니다. 그리고 여러 종류의 사람들을 그 가운데로 인도하는 수단(그 수단에서 그들은 하나님의 축복을 발견하는 것이지만)은 천 가지의 다른 형태를 가진 다양한 것이어서 순서가 바뀌어 있기도 하며 또 결합되어 있기도 합니다. 그러면서도 여전히 우리의 지혜는 하나님의 섭리와 그 영의 인도를 따라야만 합니다. 이 점에 관해서(좀더 특별하게는 우리가 하나님의 은혜를 구하는 그 수단에 관해서) 우리를 인도해 주는 것은 부분적으로는 하나님의 외적 섭리입니다. 이것은 우리에게 어떤 때는 하나의 수단을, 또 어떤 때는 다른 수단을 사용하도록 기회를 줍니다. 어떤 때는 우리의 경험이 우리를 인도해 줍니다. 하나님의 자유로운 영이 우리 마음속에서 활동하는 것을 가장 기뻐하는 것은 우리의 경험을 통해서 입니다.

하나님의 구원을 갈구하며 탄식하는 모든 사람에게 있어서 확실한 일반적인 규칙은 이것입니다. 언제나 기회가 주어질 때 하나님이 정하신 모든 수단을 사용해 보십시오. 왜냐하면 하나님께서 어떤 수단을 통해서 구원하시는 은혜를 가지시고 당신을 만나주실지 아무도 모르기 때문입니다.

* * *

❹ 그러한 수단을 사용하는 방법에 관해 이야기할 때(실상 그러한 수단이 그것을 사용하는 사람에게 조금이라도 은혜를 끼치게 될지는 전적으로 그것을 사용하는 방법에 달려 있는 것이지만) 먼저 당연히 해야할 것은 하나님께서는 모든 수단 이상의 분이시라는 사실을 언제나 생생하게 의식하는 일입니다.

그러므로 전능하신 분을 제한하는 일을 그만두십시오. 하나님께서 무슨 일이든지 원하는 때에 하시는 것입니다. 자신이 정하신 수단의 어느 것에 의해서든지 혹은 아무 수단도 사용하지 않고도 하나님은 그 은혜를 전달하실 수 있습니다. 아마도 하나님께서는 그것을 바라고 계실 것입니다. "누가 주의 마음을 알았느뇨 누가 그의 모사가 되었느뇨"(롬 11:34) 그러므로 매 순간 하나님의 나타나심을 구하십시오. 그 때가 당신이 하나님의 정하신 것을 수단으로 사용하고 있을 때이거나, 이전이거나, 그 이후이거나, 혹 당신이 그것을 사용함을 방해받고 있을 때이거나 어쨌든 매 순간 하나님께 방해받는 일은 없습니다. 하나님께서는 언제나 그것을 바라고 계십니다. "이는 여호와시니 선하신 소견대로 하실 것이니라"(삼상 3:18).

둘째, 당신이 어떤 수단을 사용하기 전에 깊이 명심하도록 하십시오. 그 수단에는 아무 힘도 없습니다. 그 자체는 보잘것없는, 죽은, 공허한 것입니다. 하나님께로부터 떨어지면 그것은 마른 잎사귀요, 그림자입니다.

또 내가 그것을 사용하는 데에도 아무 공적이 없습니다. 그것을 사용하는 일 그 자체에 하나님을 기쁘시게 하는 것은 아무것도 없습니다. 그것을 사용했다고 해서 내가 하나님의 손에서 무슨 호의를 받을 만한 자격이 있는 것은 아닙니다. 하나님께서 명하시므로 하는 것입니다. 하나님께서 그 방식으로 대망하도록 인도하시므로 그 방식으로 하나님의 값없이 주시는 은혜를 대망하는 것입니다. 그 값없이 주시는 자비에서 우리의 구원은 오는 것입니다.

당신은 마음 속에 이것을 정해 두십시오. 즉 단순히 되어진 행위 그 자체(opus operatum)는 아무 유익이 없습니다. 하나님의 영에 의하지 않는 공적은 전혀 없습니다. 따라서 하나님이 정하신 것일지라도 당신이 오로지 하나님만을 신뢰하지 않는다면 영혼에 은혜를 전혀 전달하지 못합니다. 다른 한편, 하나님을 참으로 신뢰하고 있는 자는 모든 외적인 규정에서 끊어져 지구의 중심부에 갇혀버린다고 해도 하님의 은혜에는 부족함이 없습니다.

셋째로 모든 수단을 사용할 경우에 하나님만을 구하십시오. 모든 외적인 것에서부터 오직 하나님의 영의 능력과 그 아들의 공로로 눈길을 돌리십시오. 그 행위 자체에 집착하지 않도록 조심하십시오. 당신이 그것에 집착하면 모든 것이 헛된 수고가 됩니다. 하나님 이외의 것은 아무것도 당신의 영혼을 만족시킬 수가 없습니다. 그러므로 모든 것에서, 모든 것을 통하여, 모든 것 위에 하나님에게만 눈길을 두십시오.

또한 모든 수단을 단순히 수단으로 사용하여 그 자체를 위해서가 아니라 당신의 영혼을 의와 참된 성결에로 갱신시키기 위하여 정해진 방법으로만 사용할 것을 기억하십시오. 그것들이 실제로 이런 방식으로 사용된다면 좋겠지만 그렇지 않다면 배설물이요, 찌꺼기에 불과한 것입니다.

끝으로 그 수단을 사용한 뒤에 당신이 자신을 어떻게 평가하고 있는지에 유의하십시오. 어떤 위대한 일을 한 것처럼 지나치게 스스로 기뻐하고 있지는 않은지 조심하십시오. 만일 그렇게 기뻐하고 있다면 모든 것이 독으로 바뀌게 됩니다.

"하나님께서 역사하시지 않았다면 이것은 무슨 유익이 될 것인가? 나는 죄에 죄를 거듭해 오지 않았는가? 얼마나 오랫동안 기다려야했는가? 오 주여, 구원하옵소서, 그렇지 않으면 나는 망합니다. 이 죄를 나의 책임으로 돌리지 마옵소서"하고 고백하십시오.

만일 하나님이 거기 계신다면, 만일 하나님의 사랑이 당신의 마음 속에 넘치고 있다면, 당신은 이를테면 그 외적 행위를 잊어버린 것입니다(은혜의 수단인 외적행위). 당신은 하나님께서 만유시요, 만유 안에 계신 것을 느낍니다! 겸비하십시오! 하나님 앞에서 낮추십시오!

하나님께 모든 찬미를 드리십시오. "그리스도 예수 안에서 영광이 대대로 무궁하기를 원합니다"(엡 3:21). 당신의 모든 뼈로 하여금 외치게 하십시오. "내가 여호와의 인자하심을 영원히 노래하며 주의 성실하심을 내 입으로 대대에 알게 하리이다"(시 89:1).

19

돈의 사용에 대하여
The Use of Money

오늘이라고 불리우는 바로 이 날에 주님의 음성을 듣고 순종하십시오.
이 시간부터라도 주님의 뜻을 따르십시오.
모든 일에 있어서 주님의 말씀을 실천하십시오.
내가 주 예수의 이름으로 당신에게 간절히 바라는 것은
"당신이 부르심의 존엄성에 합당하게 행동해야 된다"는 것입니다.
더이상 타성에 빠지지 말고 당신의 손에 주어지는 일은
무엇이든지 전력을 다하여 행하십시오.
더이상 낭비하지 마십시오.
유행과 무정견, 그리고 혈육이 요구하는 모든 비용을 제거하십시오.

19 돈의 사용에 대하여
The Use of Money

【 해설 】

웨슬리는 기독교인이 세상에서 어떻게 살아야 하는가에 대한 구체적인 문제에 깊은 관심을 가지고 있었다. 이런 관심을 그의 설교 '험담의 치유'(The Cure of Evil - Speaking), '선한 청지기'(The Good Steward), '생활 습성의 개혁'(The Reformation of Manner)에서 잘 드러나 있다. 본 설교 '돈의 사용'도 웨슬리가 얼마나 구체적인 문제에 깊은 관심을 가졌는가를 잘 보여주고 있다.

웨슬리는 1744년 2월 17일 금요일의 일지에서 다음과 같이 쓰고 있다.

"오후에 여러 사람이 모여 있는 가운데 나는 기회가 있는 대로 "세속의 재물로 친구를 삼으라"고 충고했다. 그래서 굶주린 자에게는 빵을 주고, 헐벗은 자에게는 입을 것을 주라고 했다… 하나님께서는 그들의 마음을 열어주셨다. 그래서 거의 50파운드나 모금하게 되었다. 이것을 가지고 나는 즉시 부지런하긴하지만 아직은 어려움을 겪고있는 사람들을 위해 면직과 모직류의 의류들과 신들을 준비하기 시작했다. 열흘 후에 2차로 기부금을 모았는데 약 30파운드 가량이 모아졌다."

이 금액은 오늘날의 돈으로 따지면 아주 많은 돈에 해당된다. 런던의 신도회는 거의 극빈자들로 이루어졌기 때문에 이 같은 모금이 제 1차 메소디스트의 연회가 열린 해에 있었다는 사실은 기억될 만한 것이었다.

이 내용으로 웨슬리는 여러 번 설교했다. 그러나 이 설교는 1760년에야 비로소 그의 설교집 제 4권에 실리게 되었다. 이 설교의 근본 사상은 이미 1736년 1월 29일 마태복음 6장 19절에서 23절을 본문으로 한 산상수훈 설교에 잘 나타나 있다.

이 설교에서 웨슬리는 세가지 규칙을 말했다. 첫째, "될 수 있는 대로 많이 벌어라(Gain All You Can)". 둘째, "될 수 있는 대로 많이 저축하라(Save All You Can)". 셋째, "될 수 있는 대로 많이 주라(Give All You Can)".

이와 같은 웨슬리의 사상은 그가 후에 쓴 설교들 '부의 위험'(The Danger of Riches), '부에 대하여'(On Riches), 그리고 '재물 축적의 위험'(On the Danger of Increasing Riches)에 계속 반영되고 있다.

웨슬리는 1766년 '의사록'에서 많은 메소디스트들이 부요하게 됨을 따라 이 세상에 소망을 두게 되었다고 개탄하며 이런 못된 습성을 고치기 위해서 본 설교를 공개적으로 어디에서나 읽을 것을 권고했다. 웨슬리는 '기독교가 무기력해지는 이유'(Causes of the Inefficacy of Christianity)라는 설교에서 이렇게 말하고 있다.

> "내가 세상을 떠나 사라지기 전에 하나님께서 나에게 다시 한 번 힘을 주사, 할 수 있는 대로 많이 벌어 저축은 하였으나, 할 수 있는 대로 다른 사람들에게 나누어 주지 않는 사람에게 큰 소리로 외칠 수 있게 되기를 바랍니다… 메소디스트들은 그들이 부요하게 되었기 때문에 더욱 더 이기적인 사람들이 되었습니다."

웨슬리는 그가 설교한 것을 실천했다. 그는 78세때 쓴 '부의 위험' 이라는 설교에서 다음과 같이 말했다.

"내가 다른 사람에 대해서 말하는 것처럼 나 자신에 대해서 자유롭게 말하겠습니다. 나는 영혼이나 육체를 해치지 않고 내가 할 수 있는 대로(즉 저술활동을 통해서) 힘껏 벌었습니다. 나는 종이 한 장도, 물 한 컵도 의도적으로 낭비하지 않았고 내가 할 수 있는 대로 힘껏 했습니다... 그러나 나는 할 수 있는 대로 힘껏 주었기 때문에 뜻한 바대로 이 세상에 재물을 쌓아 놓지 않게 되었습니다."

웨슬리는 늘 "내가 고의적으로 10파운드 이상을 남기고 죽으면 누구나 나를 거짓말쟁이나 도적으로 불러도 좋다"고 말하였다. 사실 그가 죽은 뒤에 남은 것이라고는 책들을 제외하고는 옷과 서랍속의 쓰다 남은 잔돈 얼마와 그의 영구를 운반할 가난한 상여꾼에게 줄 6파운드 밖에 없었다. 웨슬리는 책 판매를 통해 일년에 약 1,000파운드의 이익금을 얻었으나, 일생 동안 남을 도와준 금액은 약 30,000파운드에 이르렀다고 한다.

【 설교 】

"내가 너희에게 말하노니 불의의 재물로
친구를 사귀라 그리하면 없어질 때에
저희가 영원한 처소로 너희를 영접하리라"(눅 16:9)

1 주님께서는 세리들과 죄인들을 용납하신 사실에 대해 불평하는 자들에게 탕자에 대한 매우 훌륭한 비유를 말씀하셨습니다. 그리고나서 특별히 또 다른 종류의 인간관계에 대해서 하나님의 자녀들에게 말씀하셨습니다. 주님께서는 서기관들이나 바리새인들에게보다는 그의 '제자들에게' 말씀하셨던 것입니다.

어떤 부자에게 관리인이 있었습니다. 이 관리인이 재산을 낭비한다는 말이 들려 주인이 그 관리인을 불러다 말했습니다. "내가 네게 대하여 들은 이 말이 어찜이뇨 네 보던 일을 셈하라 청지기 사무를 계속 하지 못하리라"(눅 16:1,2). 주님께서는 그 불의한 관리인이 궁핍한 때를 대비해서 준비한 방책을 말씀하신 후에 "그의 주인이 그 불의한 관리인을 오히려 칭찬했다"고 덧붙여 말씀하셨습니다. 즉 그 관리인은 시기적절한 방책을 강구하였고, 주님께서는 여기에 다음과 같이 중요한 통찰을 첨가하셨습니다. "이 세대의 아들들이 자기 시대에 있어서는 빛의 아들들보다 더 지혜로움이니라"(8절). 이 세상 외에 어떤 다른 문제도 요구하지 않는 사람들은 "빛의 아들들보다 더 지혜롭습니다"(그들이 절대적으로 그런 것은 아닙니다. 왜냐하면, 그들은 모두 하늘 아래서 가장 어리석고 지독하게 미친 사람들이기 때문입니다. 그러나 '자기 세대에 있어서는' 현명합니다. 보다 일관성이 있다고 생각하는 그들은 자인된 원칙에 대해서 더욱 충실하고 자신의 목표를 보다 꾸준히 추구합니다). 즉 예수 그리스도의 얼굴에서 하나님의 영광의 빛을 본 자들보다 현명합니다.

그렇다면 위에 인용된 말씀을 따르십시오. 그리고 불의한 관리인에게 배우십시오. 필요한 때에, 현명하게, 시기적절한 대비책으로 "불의한 재물로 친구를 사귀라"(눅 16:9). 여기에서 '재물'이라고 함은 부(富)나 금전을 의미합니다. 재물을 획득할 때 흔히 불의한 방법을 사용하기 때문에, 또 비록 그 재물이 정당하게 얻어졌다고 할지라도 대체로 불의하게 사용되기 때문에 '불의한 재물'이라고 하는 것입니다.

특별히, 하나님의 자녀들은 가능한 한 최선을 다함으로써 '재물로 친구를 사귀어야' 됩니다. 당신이 실패하고 흙으로 돌아가 하늘 아래 있을 자리가 없을 때 먼저 간 자들 중 '당신에게 도움을 받았던 사람들이 당신을 영원한 처소로' 영접하도록 친구를 사귀어야 합니다.

2 기독교의 가장 훌륭한 지혜 중 한 가지에 대해 주님께서는 그를 따르는 모든 사람들에게 훈계하고 계시는데 그것은 바로 "돈을 올바르게 사용하라"는 말씀입니다. 이 문제에 대해서는 세상 사람들도 나름대로 말해 왔지만 하나님께서 세상에서 택하신 사람들은 충분하게 논의하지 않은 것 같습니다. 기독교인들은 이 문제의 중요성이 요구하는 것이 일반적으로 훌륭한 재능을 사용하는 것이라고 생각해 보지는 않았습니다. 가장 큰 유익이 되도록 어떻게 이것을 사용할 것인가를 깨닫지 못했던 것입니다.

이것을 세상에 소개하심은 하나님의 슬기롭고 은혜로우신 섭리 중에 한 예입니다. 사실, 거의 모든 세대와 국가에 걸쳐 시인들과 웅변가들과 경탄할 만한 하나의 철학자들의 태도는 돈이 세상을 몹시 부패시키고 도의를 땅에 떨어뜨리고, 인간 사회를 패역하게 하는 것이라고 경계하는 것입니다. 따라서 다음과 같은 말은 우리의 귀에 아주 익숙합니다.

'Ferrum, ferropue nocentius aurum'
금은 날카로운 칼보다 더욱 유해하다.

여기서부터 비탄에 찬 불평이 나타납니다.

'Eff odiuntur opes, irritarmenta malorum'
부의 축적은 모든 악을 유발시킨다.

뿐만 아니라 어떤 유명한 작가는 자기 국민들에게 모든 악덕을 단번에 종식시키기 위해서 "모든 돈을 바다에 내던지라"고 무게있게 권유하고 있습니다.

'In mare proximum, Summi materiem mari!'

그렇지만, 이 모든 것이 단지 호언장담에 불과한 것은 아닙니까? 그 말 속에 보다 확실한 이치가 있습니까? 결코 그렇지 않습니다. 하지만 세상이 타락했다고 해서 그것이 금과 은 때문입니까? 우리들은 '일만 악의 뿌리'가 '돈을 사랑하는데' 있다는 사실을 알고 있습니다. 그러므로 금이나 돈 자체가 악한 것은 아닙니다. 잘못은 돈에 있는 것이 아니라 그것을 사용하는 사람들에게 있습니다. 돈을 잘못 사용할 때도 있지 않습니까?

그렇지만 그 반면에 바르게 사용될 수도 있습니다. 가장 악하게 사용될 수 있는 것처럼 충분히 선하게도 사용될 수 있습니다. 돈은 생의 제반 문제들에 있어서 모든 문명 국가들에게 말할 수 없이 큰 공헌을 합니다. 돈은 모든 종류의 상업을 함에 있어서(기독교인들이 가지고 있는 지혜대로만 사용한다면) 그리고 모든 선을 행함에 있어서 가장 편리한 수단입니다.

만일 인간이 무죄한 상태에 있거나 모든 사람들이 '성령으로 충만해' 있다면, 예루살렘의 초대교회에서처럼 어떤 사람도 자기 것을 자기 것으로 여기지 않고 각 사람의 필요를 따라 나누어 준다면, 천국 시민들이 어떤 종류의 돈도 가지고 있다고 생각할 수 없는 것처럼 돈의 사용은 폐지될 것입니다. 인류의 현재 상태에서 가장 고귀한 목적을 충족시키는 돈은 하나님의 훌륭한 선물입니다.

하나님의 자녀들의 수중에 있는 돈은 배고픈 자녀들에게 먹을 것을, 목마른 자들에게 마실 것을, 헐벗은 자들에게 입을 것을 제공해 줍니다. 그리고 돈은 여행자들이나 타향인들에게 거처할 곳을 마련해 줍니다. 그것은 과부들에게는 남편과 같은 자리를, 고아들에게는 아버지와 같은 자리를 차지합니다.

우리는 억눌린 자들을 보호할 수 있으며, 병든 자에게는 건강을, 고통받는 자에게는 안위를 줄 수 있습니다. 눈 먼 자에게는 눈이 되고 절름발

이에게는 발이 될 수도 있습니다. 뿐만 아니라 죽음의 문에서 끌어 올릴 수도 있습니다.

3 그러므로 하나님을 경외하는 자들이 이 가치있는 달란트를 어떻게 사용할 수 있을까하는 방법을 알고, 어떻게 영광된 목적에 응답할 수 있으며, 가장 최상의 수준으로 응답할 수 있을까를 배우는 것은 아주 중요한 일입니다. 즉, 불의한 재물에 대한 진실한 관리인으로서 어떻게 자기 자신을 입증할 수 있는지를 정확히 고찰함으로써 이 일을 하기 위해 필요한 모든 교훈을 세 가지 단순한 규칙으로 축소해 볼 수 있을 것입니다.

❶ 이 법칙의 첫째는 "될 수 있는 대로 많이 벌어라"라는 것입니다(귀 있는 자는 들을지어다). 이 점에 있어서 우리는 세상의 자녀들과 똑같이 말하고 있는지도 모릅니다. 우리는 똑같은 처지에서 그들과 만나게 됩니다. 그리고 이렇게 하는 것이 우리들의 본분이기도 합니다. 본래의 값보다 더 비싸게 사들이지도 말고, 그렇다고 너무 싸게 지불하지도 않으면서 될 수 있는 대로 많은 것을 벌어야 합니다. 그리고 생명을 희생시키며 돈을 벌거나(결과적으로 똑같은 일이 되겠지만), 혹은 건강을 해치면서까지 돈을 벌어서는 안됩니다.

그러므로 우리는 여하한 종류의 직업일지라도 지나치게 고되거나 오랜 노동을 하게 되어 건강을 해치는 직업은 어떤 이득이 있다고 하더라도 취하지 말고 또 계속하지도 말아야 합니다. 우리의 본성이 요구하는 바에 따라 적당히 먹고 잠자는 시간마저 필연적으로 빼앗아버리는 직업은 어떤 것이라도 시작하지도 말고 계속하지도 말아야 합니다.

실제로, 커다란 차이점이 여기에 있습니다. 어떠한 직업들은 절대적으로, 그리고 전적으로 비소를 많이 취급하거나 해로운 무기물을 취급하고 또는 용해된 납이 들어 있는 오염된 공기를 들이마시게 해서 결국 건강한 신체를 파괴시켜 버립니다. 모든 사람이 모두 그렇지는 않겠지만 허약한 체질을 가진 사람들은 건강을 해치게 됩니다.

저술을 하는 데 많은 시간을 소비하는 사람들도 그렇습니다. 앉은 자세로 글을 쓰면서 위장에 압박을 주거나 불편한 자세로 오랜 시간은 앉아있게 되는 경우들입니다. 어떤 이유 때문이든지 건강이나 체력을 파괴시키는 것이라면 우리는 찬성할 수 없습니다. '인간의 생명은 음식보다' 중하며, '몸이 또한 의복보다' 귀중한 것입니다(마 6:25). 그러나 우리가 이미 그러한 직업에 종사하고 있다고 하더라도 가능한 한 조속히 직업을 바꾸게 된다면, 우리의 수익은 다소 줄어들게 되지만 건강을 해치지는 않게 될 것입니다.

* * *

❷ 두 번째로, 우리는 우리의 몸을 해치지 말아야 하는 것처럼 우리의 마음을 해치지 않는다는 한도 내에서 될 수 있는 대로 많이 벌어야 됩니다. 왜냐하면 그 어느 쪽에도 해를 끼쳐서는 안 되기 때문입니다. 어떤 경우에 있어서도 우리는 건강한 마음을 지닌 정신을 보전하여야 합니다. 그렇기 때문에 국법을 어기거나 하나님의 율법을 거역하는 죄악된 거래행위에 종사해서도 안 되고 이를 계속해서도 안 됩니다.

그와 같은 것에는 법으로 보장된 국왕의 관세를 포탈하거나 사취하는 행위까지 필연적으로 포함됩니다. 왜냐하면, 동료의 재물을 빼앗는 것이 죄가 되는 것처럼 왕의 권리를 사취하는 것도 죄악이기 때문입니다. 우리가 집과 의복을 소유할 권리가 있는 것처럼 국왕은 관세를 맡을 충분한 권리를 가지고 있습니다. 직업 자체는 순수하다고 할지라도 지금의 처지로는 그렇지 않은 종류의 직업도 있습니다. 적어도 영국에서는 그렇습니다.

예를 들면, 사기와 속임수가 없이는 사업을 제대로 유지할 수 없고 양심에는 거리끼지만 고객들에게 선심을 사지 않고서는 사업이 운영되지 않는다고 합시다. 우리가 상업의 관례를 따르려면 어떤 이익이 있더라도 그런 직업을 절대로 피해야 합니다. 왜냐하면 돈을 벌기 위해서 우리의 영혼을 팔아서는 안 되기 때문입니다.

그러나 몸과 마음을 해치지 않고 많은 사람들이 완전한 결백성을 유지하면서 영위할 수 있는 직업이라고 해도 당신에게는 이것이 불가능할지도 모릅니다. 당신은 반복되는 경험을 통해 당신의 영혼을 파괴시키는 회사와 연류되지 않을 수 없으며 분리될 수도 없다는 사실을 깨닫게 됩니다. 신체적인 구조가 다양한 것처럼 영혼의 구조 속에는 개별성이라는 특징이 있을지도 모릅니다. 그래서 어떤 사람들에게는 안전하게 영위될 수 있는 직업일지라도 당신에게는 결정적으로 해로운 직업이 될 수 있습니다.

나는 많은 경험을 통해서 무신론자나 이신론자가 되지 않고서는 수학이나 산수, 또는 대수를 완벽할 정도로 연구할 수가 없다는 것을 깨달았습니다. 그러나 어떤 사람들은 아무런 불편조차 느끼지 않고 자기 생애를 통해 그러한 학문을 연구합니다. 그러므로 아무도 다른 사람을 위해 결정을 내려 줄 수는 없습니다. 각자 자기 스스로 판단해야 하고 특히 자기 영혼에 해롭다고 생각되는 것은 무슨 일이든지 삼가야 합니다.

***

❸ 세 번째로, 우리는 이웃을 해치지 않는 한도 내에서 될 수 있는 대로 많이 벌어야 합니다. 우리의 이웃을 자기 자신처럼 사랑한다면 그를 해칠 수 없으며 해쳐서도 안 됩니다. 우리가 자기 자신처럼 모든 사람을 사랑한다면 남들이 가지고 있는 재산 중 어느 것 하나에라도 해를 입혀서는 안 됩니다.

내기나 과대한 청구서로 혹은 우리 나라의 국법이 금하고 있는 과도한 이자를 청구하거나 취득함으로써 토지나 가옥의 이득을 탈취해서는 안 됩니다(의약품이 아무리 필요하다고 할지라도, 또는 법조문이나 그 외에 어떤 다른 경우 때문이라고 할지라도 말입니다). 그러므로 전당업은 폐지되어야 합니다. 아무리 우리가 타인들에게 이득을 준다고 할지라도 공정한 사람들은 이 전당업이 악으로 치우쳐 있다는 사실에 비통해 하고 있습니다.

만약 그렇지 않다고 할지라도 '선을 가져오기 위해 악을 행하는 일'을 용납할 수는 없습니다. 우리가 형제애적인 우애를 생각한다면 시장가격보다 비싸게 물건을 팔수는 없습니다. 그리고 자신의 이익을 도모하기 위해 이웃의 장사를 망치려고 궁리할 수는 없습니다. 더구나 이웃이 필요로 하는 사람들이나 고용인들을 꾀어내거나 채용해서도 안 됩니다. 이웃의 재산을 집어 삼키면서 이익을 얻는 사람은 누구나 지옥의 형벌을 면치 못할 것입니다.

* * *

❹ 우리가 이웃의 육체를 해치면서 이익을 도모해서도 안 됩니다. 건강을 해치기 쉬운 물건은 어떤 것이라도 따라서는 안 됩니다. 보통 럼주라고 말하는 불같이 독한 술이나 알코올성이 강한 주류들이 특히 그러한 것들입니다. 사실 이러한 주류들은 어떤 면으로는 약효가 있는 것이 사실입니다. 기술이 좋은 의사만 있다면 이것들을 사용하게 될 경우는 거의 없겠지만, 이런 주류들을 신체적인 질병에만 사용해야 될 것입니다. 그러한 목적만을 위해서 이런 주류들을 사고 팔게 된다면 사람들의 양심은 깨끗하게 보존될 수 있을 것입니다.

과연 그러한 사람들이 어디 있겠습니까? 자신의 건강을 위해서만 술을 구입하는 사람들이 어디 있겠습니까? 영국에 단 열명이라도 깨끗한 양심을 가진 주정업자들이 있습니까? 그렇다면 내 말을 용서해 주십시오. 보통 이것을 파는 사람이나 사려고 하는 사람들은 모두가 독살자들입니다.

그들은 인정이나 소중히 생각하는 마음도 없이 폐하의 신하들을 도매급으로 살인했습니다. 그들은 양떼를 모는 사람처럼 사람들을 지옥으로 내몰았습니다. 그들의 얻은 이득이란 과연 무엇입니까? 사람들의 피 외에 또 무엇이 있겠습니까? 그들의 거대한 재산과 호화스러운 궁궐들을 누가 부러워하겠습니까?

저주가 그들에게 편만합니다. 하나님의 저주는 그들의 석조 건물과 대들보와 가구들을 쪼갤 것입니다. 하나님의 저주는 그들의 정원과 산책길과 작은 숲 속에 떨어질 것입니다. 이 저주는 지옥의 바닥까지 태우는 불길입니다.

피, 피가 그 곳에 있습니다. 주춧돌, 마루, 벽, 지붕이 온통 피로 물들어 있습니다. 비록 당신이 "자색옷을 걸치고 호사스럽게 먹을 수 있다"(눅 16:19)고 할지라도 당신은 피의 사람인 것이며, 그 외에 당신이 바랄 것이 무엇이란 말입니까? 또한 당신의 후손들에게 피밭을 물려 주리라고 생각하는 것 외에 당신이 바랄 것이 무엇이란 말입니까? 당신은 희생할 수도 있으나 그렇게는 안 됩니다. 하늘에는 하나님이 계시기에 당신의 이름은 뿌리째 뽑혀지게 될 것입니다. 당신이 육신이나 영혼을 파멸시킨 사람들처럼 당신의 기념비도 당신과 더불어 파멸되고 말 것입니다.

***

❺ 그러나 비록 정도는 낮다고 할지라도 인간의 생명과 건강을 다루는 외과 의사, 약제사, 내과 의사들이 자신들의 수익을 늘리기 위해 똑같은 죄에 동참하는 것은 아닙니까? 조속히 제거시킬 수도 있었던 고통이나 질병을 고의적으로 오래 끄는 자들이 아닙니까? 재물을 약탈하기 위해 환자의 치료를 연장한 자는 누구입니까?

가능한 한 빨리 병을 고치지 않고 가능한 한 조속히 모든 병마와 고통을 제거시키지 않는 자가 어떻게 감히 하나님 앞에서 깨끗할 수가 있겠습니까? 결코 그럴 수는 없습니다. 자기의 이웃을 자기 몸처럼 사랑하며, 대접을 받고자 하는 대로 남을 대접하지 않는다면 어떤 사람도 하나님 앞에서 깨끗할 수가 없다는 사실은 너무나 명백한 일이기 때문입니다.

***

❻ 그것의 대가는 너무 큽니다. 자기의 마음 속으로 이웃을 해침으로써 획득한 것은 무엇이든지 다 그렇습니다. 직접적이든 간접적이든 부정하고 무절제한 방법을 행함으로써 얻게 된 이득 말입니다. 그러나 이런 일은 하나님을 두려워하거나 참으로 그를 기쁘시게 하려는 자라면 도저히

할 수 없는 성질의 것입니다. 선술집, 음식점, 오페라 하우스, 연극 공연장 그리고 대중을 위한 장소나 유행적인 오락장에서 일하는 사람들은 누구나 이 점을 고려해야 합니다.

만일, 당신이 하는 일이 모든 사람의 영혼에 유익을 끼친다면 그 일에 종사하는 당신은 결백한 사람입니다. 그러나 직업 자체가 악하거나 여러 가지 죄 가운데로 당신을 빠뜨리는 것이라면, 당신은 그 직업을 두렵게 생각해야 되며 비통하게 여겨야만 됩니다. 그 날에 하나님께서 "그들은 그들의 불의함 때문에 패망하였다. 나는 너희들의 손에서 그들의 피값을 도로 찾을 것이다"라고 말씀하시지 않도록 조심합시다.

* * *

❼ 이러한 주의나 제한성을 잘 지켜야 하지만, 돈에 관해서 "될 수 있는 대로 많이 벌어라"라고 하는 것은 기독교적인 지혜의 가장 중요하고 위대한 법칙을 지킨다는 것은 세속적인 직업에 종사하는 모든 사람들의 본분이기도 합니다. 정직하게 노력하여 "될 수 있는 대로 많이 벌어야 합니다." 가능한 한 모든 노력을 다하십시오. 시간을 헛되게 보내지 마십시오. 만일 당신이 자신과 하나님과의 인간관계를 잘 이해하게 된다면 당신에게 주어진 어떤 것도 낭비해서는 안 된다는 것을 알게 될 것입니다. 당신에게는 미망히 당신의 시간이 없을 것입니다.

모든 직업은 매일, 그리고 매 시간 충분한 일감들을 제공할 것입니다. 열심히 일거리를 찾아 일하게 된다면 당신이 처해 있는 직업을 통해서 어리석고 무익한 오락을 즐길 여유가 없을 것입니다. 당신에게 유익함을 줄 일들이 얼마든지 있습니다.

그러므로 무슨 일을 하든지 전력을 다하십시오. 되도록 신속히 그 일을 하십시오. 그날 할 일을 결코 내일로 미루지 말고, 그 시간에 할 일을 다음 시간으로 미루지 마십시오. 오늘 일을 내일로 미루어서는 안 됩니다. 가능한 한 최선을 다하여 일을 하고 졸거나 하품을 하지 마십시오. 온 정력을 그 일에 쏟으십시오. 수고를 아끼지 마십시오. 어떤 일이라도 중도에 그치지 말며 경박하고 부주의한 태도로 하지 마십시오. 노력과 인내로 성취할 수 있는 일이라면 그 일을 못 다한 채 남겨두지 마십시오.

***

❽ 당신의 사업에 하나님께서 주신 모든 지혜를 사용함으로써 될 수 있는 대로 많이 버십시오. 우리는 이렇게 행하는 자가 얼마나 적으며 또 어떻게 해서 조상들과 같이 잘못된 전철을 밟게 되는가를 생각해볼 때 놀라게 됩니다. 하나님을 알지 못하는 자들이 하는 일은 무엇이든지 당신에게 본이 되지 못합니다. 기독교인들이 무슨 일을 하든지 잘하지 못하면 수치스러운 것입니다.

당신은 어제 한 일보다 오늘 더 좋은 일을 할 수 있도록 다른 사람의 경험과 자신의 경험, 독서, 사색을 통해 끊임없이 무엇인가를 배워야 합니다. 그리고 당신이 배운 것은 무엇이든지 실천하도록 하고 당신에게 부과된 모든 일에 최선을 다하도록 하십시오.

❶ 정직한 지혜와 불굴의 노력으로 될 수 있는 대로 많은 것을 벌었다면 기독교인들이 신중하게 행해야 될 두 번째 규칙은 "될 수 있는 대로 많이 저축하라"는 것입니다. 귀중한 달란트를 바다에 내던지지 마십시오. 그런 어리석은 짓은 이방인 철학자들이나 행하게 하십시오. 재물을 무익한 경비로 쓰지 않도록 하십시오. 그것은 재물을 바다에 던지는 것과 같습니다. 단지 육신의 정욕이나 안목의 정욕, 생활을 허영심을 충족시키기 위해 조그만 재물이라도 사용하지 마십시오.

***

❷ 귀중한 달란트의 일부를 육신의 정욕을 만족시키기 위해, 즉 즐거움

이라든지 관능적인 기쁨을 얻기 위해 낭비하지 않도록 하십시오. 특별히 식도락을 증대시켜서는 안 됩니다. 내가 말하려고 하는 바는 단지 포식과 과음을 피하라는 뜻만은 아닙니다. 성실한 이교도들도 이런 짓은 정죄할 것입니다.

그러나 정규적이며 평판이 비교적 좋은 종류의 관능, 즉 우아한 미식주의(美食主義)도 있습니다. 그것은 즉시로 배탈을 나게 하거나(적어도 감각적으로) 이해력을 손상시키는 것은 아닙니다. 그렇지만 그와 같은 쾌락들은 (지금 여기서 이들의 어떤 다른 결과에 대해 말하려는 것은 아니지만) 많은 경비가 없이는 유지하기 힘듭니다. 이 모든 경비를 끊어버리십시오. 멋을 내는 일이나 화려한 것을 경멸하고 단지 몸에 필요한 것만으로 만족하십시오.

***

❸ 안목의 정욕을 만족시키기 위해 값비싼 의복이나 불필요한 장신구를 소유하는데 귀중한 달란트를 낭비하지 마십시오. 당신의 집을 호화롭게 꾸미기 위해 낭비하지 마십시오. 즉 불필요하고 값비싼 가구, 비싼 그림, 유화, 치장, 장서를 사고, 필요 이상의 훌륭한 정원을 꾸미는데 낭비하지 마십시오.

단지 그렇게 할 줄밖에 모르는 당신의 이웃으로 하여금 죽은 자들로 죽은 자를 장사하게 하십시오. 그러나 우리 주님은 "그것이 너와 무슨 상관이냐"고 하시며 "너는 나를 따르라"고 말씀하셨습니다. 당신은 기꺼이 그 말씀을 따르기 원하십니까? 그렇다면 당신도 그렇게 할 수 있습니다.

***

❹ 생활의 허영심을 만족시키기 위해서나 사람들의 존경과 칭찬을 받기 위해 아무 것도 쓰지 마십시오. 이 낭비의 동기는 위에서 언급했던 사실 중에서 어느 한 쪽이 아니면 양쪽과 흔히 관련됩니다. 사람들은 식사를 하거나 의복과 가구를 사는 데 경비를 쓰고 있는데, 그것은 단순히 식욕을 즐기거나 눈을 만족시키고 모든 상상력을 만족시키기 위해서만이 아니라 그들의 허영심을 만족시키기 위해서이기도 합니다. 당신이 자색옷

과 고운 베옷을 입고 날마다 호화스럽게 산다면 의심할 필요도 없이 많은 사람들은 당신의 그 우아한 식도락과 관대함과 친절함에 대해서 칭찬할 것입니다. 그러나 너무 비싼 대가로 그들의 칭찬을 사서는 안됩니다. 오히려 하나님께로부터 오는 칭찬에 만족하십시오.

***

❺ 만일 그 사람이 이러한 욕망을 충족시키는 것이 욕망의 증대를 가져온다는 사실을 생각한다면, 누가 감히 이러한 증대를 위해 경비를 지출하겠습니까? 이보다 분명한 사실이 어디 있겠습니까? 일상적인 경험이 말해주듯이, 욕망이 충족되면 될수록 점점 더 욕망은 자라게 됩니다.

그러므로 당신의 미각과 다른 감각들을 즐겁게 하기 위해 가진 달란트를 낭비한다면, 당신은 관능성을 위해 더 많은 대가를 지불해야 합니다. 당신의 눈을 즐겁게 하기 위해 돈을 쓴다면, 즉 쓰는 대로 부패해 버리고 마는 어떤 쾌락에 더욱 집착하기 위해 돈을 쓴다면, 그것은 호기심을 증가시키는 것입니다.

사람들이 흔히 칭찬하는 물건을 사려고 할 때 당신은 더욱 허영심을 갖게 됩니다. 그렇지만 예컨대 이미 충분한 허영심, 관능성, 호기심을 경험하지 않았습니까? 여기에 더 보태야 할 필요가 있다는 말입니까? 그래도 당신은 이런 것을 위해 돈을 쓰겠습니까? 도대체 어떤 생각에서 입니까? 단지 돈을 쓰려는 것입니까? 문자 그대로 돈을 바다에 던지는 것이 오히려 덜 어리석은 일이 아니겠습니까?

***

❻ 왜 당신은 자신뿐만 아니라 자녀들을 위해 화려한 식사와 값비싼 의복 및 기타 사치스러운 물건을 구입하는데 돈을 함부로 낭비해야 합니까? 왜 당신은 필요 이상의 자랑이나 정욕, 허영심이나 우매함, 그리고 해로운 욕망을 그들에게 가져다주어야 합니까? 그들에게는 더이상 그것이 필요하지 않습니다. 이미 충분히 가지고 있습니다. 자연은 그들을 위해 충분한 공급을 하고 있습니다. 왜 당신은 그들의 유혹과 함정을 증대시키기

위해 그리고 그들을 많은 슬픔 속에 빠져들게 하기 위해 그렇게 많은 돈을 써야만 하는 것입니까?

* * *

❼ 자녀들에게 돈을 낭비하게 하지 마십시오. 만일 당신에게 지금 소유하고 있는 재물을 그들의 육신의 정욕, 안목의 정욕, 생활의 허영심을 만족시키고 증대시키기 위해 낭비해도 좋다고 하는 충분히 믿을 만한 근거가 있을지라도 자녀들과 당신의 영혼을 멸망시킬지도 모르는 이러한 함정을 저들의 인생길에 파놓아서는 안 됩니다. 몰록신은 물론 바알신에게 당신의 자녀들을 제물로 바쳐서는 안 됩니다.

당신의 자녀들을 불쌍히 여기십시오. 죄악을 증가시킴으로써 결과적으로 그들을 영원한 멸망의 구렁텅이로 빠져 들어가게 할 것이라고 당신이 쉽게 예측할 수 있는 것을 자녀들의 인생길에서 제거하십시오.

자녀들에게 재산을 아무리 많이 남겨주어도 지나치지 않다고 생각하는 얼빠진 부모들이 있다는 것은 얼마나 놀라운 사실입니까? 자녀들에게 화살이나 죽음을 아무리 많이 남겨주어도 좋다는 말입니까? 어리석음이나 해로운 욕망, 교만과 정욕, 야망과 허영심, 그리고 영원히 타오르는 지옥의 불길조차 아무리 많이 남겨 주어도 좋다는 말입니까?

오, 가련한 인생이여! 당신은 두려울 것이 없는 곳에서 두려움을 느끼고 있습니다. 만일 지옥에서 당신이 눈을 들게 된다면 당신과 당신의 자녀들은 모두 '결코 죽지 않는 벌레'와 '결코 꺼지지 않는 불'을 지겹게도 소유하게 될 것입니다!

* * *

❽ 혹시 당신이 나와 같은 경우에 처한다면 어떻게 하겠습니까? 당신이 막대한 유산을 남기게 된다면 말입니다. 내가 그렇지 않을지는 모르지만 마땅히 해야 할 바를 알고 있다는 사실은 의심할 여지가 없습니다. 내가 믿기로는, 만약 내가 나이가 적든지 많든지 간에 돈의 가치를 알고 돈을 올바로 사용할 줄 아는 아들이 하나 있다면 내가 가진 재산의 대부분을 그

아들에게 넘겨주는 것이 절대적으로 불가피한 의무가 된다고 생각합니다. 그리고 나머지 자녀들에게는 그들이 지금까지 살아온 대로 생활할 수 있을 정도의 돈을 주겠습니다.

그렇지만 만약 자녀들이 모두 다 돈의 올바른 사용법을 모르고 있다면 그들에게 각각 궁핍하지 않을 정도의 돈을 줄 것이고 나머지 돈은 하나님의 영광을 위해서 가장 최선이라고 생각되는 방법으로 쓸 것입니다.

❶ 그러나 될 수 있는 한 많이 벌고 저축하는 데까지 겨우 이르고 나서, 다 된 것처럼 생각해서는 안됩니다. 만일 거기서 그치고 더 높은 목표를 향해 나가지 않는다면 모든 것이 다 허사로 돌아갑니다. 만일 돈을 쌓아 놓기만 한다면 진실한 의미에서 저축한다고 말할 수 없습니다. 돈을 광 속에 파묻느니 차라리 바다에 던지는 것이 낫습니다. 당신의 금고나 영국 은행에 돈을 넣어 두는 것은 돈을 땅 속에 파묻는 일과 마찬가지입니다. 돈을 사용하지 않는 것은 결과적으로 돈을 버리는 것입니다.

그러므로 만일 당신이 불의한 재물로 친구를 사귈 생각이 있다면 앞서 말한 두 가지 규칙에다 세 번째 규칙을 추가시켜야 됩니다.

첫째는 될 수 있는 대로 많이 벌고, 둘째는 될 수 있는 대로 저축하고, 그리고나서 "될 수 있는 대로 많이 주십시오."

***

❷ 이러한 근거와 이유를 알기 위해서 당신은 천지의 소유주이신 하나님께서 당신을 인간이 되게 하시고 세상에 보내셨을 때 소유주로서가 아니라 청지기로서 삼으셨다는 것을 생각하십시오. 하나님은 당신에게 잠시 동안 여러 가지 종류의 재물을 위탁하셨습니다. 그러나 이 모든 것의

완전한 소유권은 아직까지 하나님께 있는 것이고 하나님으로부터 분리 될 수 없는 것입니다. 당신 자신도 당신의 것이 아니고 하나님의 소유인 것처럼, 당신이 즐기고 있는 것은 모두 다 하나님의 것입니다.

당신의 영혼과 육체도 마찬가지입니다. 당신의 것이 아니고 하나님의 것입니다. 당신의 재물은 특히 더 그렇습니다. 그리고 하나님께서는 가장 분명하고 명확하게 말씀하셨는데, 즉 예수 그리스도를 통해 받아드려지고 거룩한 재물이 될 수 있는 방법으로 우리가 그 모든 것들을 하나님을 통해 사용할 수 있다고 말씀하셨습니다. 그리고 이와 같이 가볍고 용이하나 봉사에 대해서는 영원히 가치 있는 영광으로 상주하실 것을 약속 하셨습니다.

***

❸ 우리들이 세상적인 재물을 사용하는 것에 대하여 하나님께서 우리에게 주신 교훈은 다음과 같은 조항으로 요약될 수 있습니다.

만일 당신이 충실하고 현명한 청지기가 되기를 바란다면, 현재 당신의 수중에 위탁하셨으나 하나님께서 원하신다면 다시 그 권리를 돌려드릴 수 있는 하나님의 소유물 중에서 우선 첫째로 당신에게 필요한 것을 공급하십시오. 즉, 먹을 음식, 입을 의복, 신체를 건강하고 강하게 보존하기 위해서 적절히 요청되는 바를 공급하십시오.

두 번째로 아내와 자녀, 하인, 그리고 당신 가족에 속한 다른 모든 이들에게 이것을 공급하십시오. 만일 이렇게 한 후에 여분이 남으면 믿음의 식구들을 위해 선용하십시오(갈 6:10). 그래도 여분이 남으면 기회가 있는 대로 모든 사람들에게 선용하십시오.

이렇게 함으로써 당신은 될 수 있는 대로 모든 것을 주는 것입니다. 뿐만 아니라 건전한 의미에서 당신이 가지고 있는 모든 것을 주는 것이 됩니다. 이런 방법으로 주는 것은 모두 하나님께 바치는 것이 되기 때문입니다. 당신이 가난한 자들에게 주는 것 뿐만 아니라, 당신 자신이나 당신의 가족에게 필요한 물건을 공급하기 위해 소비하는 것은 '하나님께 속한 물건을 하나님께 돌려보내는 것' 입니다.

***

❹ 만일 당신과 당신 가족을 위해 돈을 소비하는데 있어서 마음 속에 때때로 의문이 생길 경우 그러한 의심을 없애는 손쉬운 방법이 있습니다. 조용하게 그리고 진지하게 물어보십시오.

① 이것을 지출할 때 나의 신분에 맞게 행동하고 있는가?
지금 나는 주님의 재산의 소유주로서가 아니라 청지기로서 행동하고 있는가?
② 주님의 말씀에 복종하는 마음으로 이렇게 하고 있는가?
주님께서 어떤 성경 말씀을 통해서 나에게 그렇게 행할 것을 요청하고 계시는가?
③ 이러한 행동과 소비가 예수 그리스도를 통해서 하나님께 바치는 희생제물이 될 수 있는가?
④ 바로 이러한 일 때문에 내가 의인들의 부활이 있을 때 상급을 받을 수 있다고 믿을 만한 근거가 있는가?

이러한 문제들 때문에 발생된 의심을 제거하기 위해 당신은 더 이상 어떤 일도 할 필요가 없습니다. 오직 이 네 가지 항목만을 생각해야 당신이 가야할 길이 분명해 질 것입니다.

***

❺ 만일 아직까지도 어떤 의심이 남아있다면 이 질문에 따라 기도함으로써 자신을 더욱 검토해야 할 것입니다. 양심에 가책이 없도록 하고 마음을 감찰하시는 하나님께 다음과 같이 말씀드릴 수 있는지를 시험해 보십시오.

"주님, 당신은 제가 음식과 의복과 가구를 위해 이 돈을 쓰려는 것을 아십니다. 당신은 제가 저에게 맡겨진 재산 중 그 일부를 당신의 계획에 따라 지출함에 있어서 당신의 재물을 맡은 청지기로서 성실하게 행동하고 있다는 것을 아십니다. 당신은 당신이 명령하신대로, 그리고 당신께서 명령하셨기 때문에 제가 이렇게 행한다는 것을 아십니다. 제가 당신께 간절히 비옵기는 이것이 예수 그리스도를 통해 받아들여질 수 있는 거룩한 희생제물이 되게 하옵소서. 그리고 당신께서 모든 사람들에게 일한대로 갚아 주실 때에 이러한 사랑의 행위에 대해서 저도 보상받을 수 있으리라는 증거를 주옵소서."

지금 당신의 양심에 성령 안에서의 증거가 있다면 이 기도는 하나님께서 기쁘게 받으시는 기도이며, 의심할 필요도 없이 그 지출은 바르고 선한 것이고 그와 같은 행동은 당신을 부끄럽게 만들지 않을 것입니다.

***

❻ 당신은 "불의한 재물로 친구를 사귀라"는 것이 무슨 뜻인지를 알게 되고, 그리고 당신이 실패했을 때 그들이 당신을 영원한 거처로 영접할 수 있도록 하기 위해서 어떤 방법을 써야 할 것인가를 알게 됩니다. 또 그것이(달란트와 돈에 관련되어 있는 한) 참된 기독교인의 '신중성의 본질과 범위' 라는 사실도 알게 됩니다.

그렇다면 하나님께서 주신 부단한 근면과 모든 지혜를 적용하여 영적으로나 육체적으로나 당신과 당신의 이웃을 해치지 않고 될 수 있는 대로 많은 것을 벌어들이십시오. 어리석은 욕망에 빠지는 데 사용되는 모든 비용을 중단하고 될 수 있는 대로 많은 것을 저축하십시오. 즉 육신의 정욕과 안목의 정욕과 생활의 허영심을 충족시키려는 목적으로 소비되는 모든 경비를 중단함으로써 말입니다. 살거나 죽거나 자신과 자녀들을 어리석음에 빠뜨리는 데 아무쪼록 경비를 낭비하지 마십시오.

당신이 가진 모든 것을 주십시오. 바꾸어 말한다면 당신이 가진 모든 것을 하나님께 드리십시오. 유대인처럼 이것저것 쪼개어 인색하게 굴지 마십시오. 십일조나 삼십조, 십오조만이 아니라 하나님께 속한 것을 모두 하나님께 돌려드리십시오.

　당신이 가진 모든 것을 더하지도 말고 덜하지도 말고 자신과 가족과 믿음의 식구와 인류를 위해서, 당신이 청지기 직분을 마치게 될 때 청지기로서 훌륭한 평가를 받을 수 있는 그러한 방법으로 모든 것을 사용하십시오. 당신은 일반적이거나 특별한 규칙에 따라 하나님이 지시하시는 그러한 방법으로, 당신이 행하는 모든 일이 하나님께 대해 '향기로운 재물'로 드려질 수 있는 그런 방법으로, 그리고 주님께서 모든 성도들과 함께 재림하실 때에 이 모든 행위가 보상받을 수 있는 그런 방법으로 드리십시오.

＊＊＊

❼ 형제들이여! 우리가 만일 주님의 재물을 이와 같이 관리하지 않는다면 어떻게 현명하거나 충실한 청지기가 될 수 있겠습니까? 우리는 하나님의 말씀으로만이 아니라 우리의 양심으로도 이 사실을 입증할 수 없습니다. 그렇다면 무엇 때문에 우리가 지체합니까? 무엇 때문에 혈육이나 이 세상 사람들과 계속 의논해야만 합니까? 우리들의 왕국, 우리들의 지혜는 이 세상에 속한 것이 아닙니다. 이방인들의 관습은 우리에게 아무런 소용도 없습니다. 그들이 그리스도의 추종자가 아니라면 더이상 따를 수가 없습니다.

　오늘이라고 불리우는 바로 이 날에 주님의 음성을 듣고 순종하십시오. 이 시간부터라도 주님의 뜻을 따르십시오. 모든 일에 있어서 주님의 말씀을 실천하십시오. 내가 주 예수의 이름으로 당신에게 간절히 바라는 것은 "당신이 부르심의 존엄성에 합당하게 행동해야 된다"는 것입니다. 더이상 타성에 빠지지 말고 당신의 손에 주어지는 일은 무엇이든지 전력을 다하여 행하십시오. 더이상 낭비하지 마십시오. 유행과 무정견, 그리고 혈육이 요구하는 모든 비용을 제거하십시오.

　하나님께서 당신에게 맡겨 주신 모든 것을 믿음의 식구들과 모든 사람에게 선을 행하는데 사용하십시오. 이것은 '의로운 자의 지혜' 중에서도 중요한 것입니다. 당신 자신 뿐만 아니라 당신이 가지고 있는 모든 것을 하나님의 아들 독생자를 당신에게 주신 하나님에 대한 영적 희생 제물로 드리십시오. 그러면 "장래에 자기를 위하여 좋은 터를 쌓아 영생을 취하게 되는"(딤전 6:19) 것입니다.

20

관용의 정신
Catholic Spirit

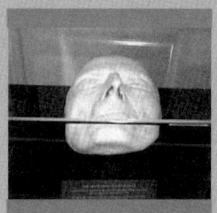

주님의 전능하신 은혜로 구원을 받아
나는 영광스러운 자유를 맛보게 되었네.
이 세상 넓은 품에 안겨 그분께 속한 무리들과 연합되고
성도들과 함께 기쁨을 맛본다네.
그들은 가장 순결한 빛 속에서
하나님과 함께 동행하는 자들이라네.

20 관용의 정신
Catholic Spirit

【 해설 】

이 설교는 1750년 설교집 제 3권에서 처음으로 출판되었다. 그러나 웨슬리는 1749년 9월 8일 뉴캐슬(New Castle)에서, 그리고 같은 해 11월 3일 브리스톨(Bristol)에서 이 설교를 한 적이 있다. 이 설교는 1755년 H.콕(H.cock)에 의해서 따로 출판되었었는데 여기에는 '관용적인 사랑'(Catholic love)이란 제목의 찬송이 첨가되어 있다.

어떤 사람들은 웨슬리가 이 설교에서 "내 마음이 네 마음을 향하여 진실함과 같이 네 마음도 진실하냐… 가로되 그러면 나와 손을 잡자"(왕하 10:15)는 말을 본문으로 택한 것을 인용하면서 그는 교리보다는 성실성에 더욱 관심을 두었던 사람이라고 하면서 마치 웨슬리는 신학적 문제에는 별로 관심이 없었던 사람인양 말한다. 사실 웨슬리는 그런 인상을 풍기는 말을 본 설교에서 하고 있다. "그러면 나와 손을 잡자는 이 말은 내 의견에 동의하라는 뜻이 아닙니다. 그럴 필요는 없습니다. 나는 그것을 기대하거나 원하지도 않습니다. 그렇다고 내가 여러분의 의견에 동의하겠다는 뜻도 아닙니다. 나는 결코 그렇게 할 수 없습니다. 모든 의견을 그대로 두고 단지 나와 손을 잡자는 것입니다(II, 1).

그러나 웨슬리는 늘 '중요하며 근본적인 교리들' 과 '단순한 견해들' 을 구분하고 있는 것에 주목하여야 한다(Robert Chiles, Theological? Transition in American Methodism:1790~1935, p.23) 여기에서 단순한 견해란 그리스도의 사랑과 은총의 역사에 상반되지 않는 의견이나 종교의 사소한 부분을 말한다(F. Midebrandt, Christianity According to the Wesley, p.10~11).

웨슬리의 중요하고도 근본적인 교리들로는 대체적으로 원죄, 그리스도의 신성, 속죄, 신앙 의인, 성령의 역사 및 삼위일체 등을 들 수 있다. 웨슬리의 너그러운 태도는 단순한 의견 차이에 있어서만 적용되는 것이다. 어떤 의견에 있어서 웨슬리는 다른 사람과 의견을 달리하는 것으로써 동의하기를(agree to disagree) 주저하지 않았다. 그러나 '중요한 교리'에 있어서는 절대 양보하지 않았다.

그 예로 1763년 웨슬리는 고시문(Model Deed)을 기초하였는데, 거기에서 그는 메소디스트 채플(Methodist chaple)은 오직 그의 신약약주와 네 권의 설교집에 포함된 것 이외에 다른 교리를 설교하지 않는 사람들에 의해서만 사용될 수 있다고 규정하였다.

또 웨슬리는 그의 순회 설교자 2명이 미국으로 건너가기를 열망했을 때에 그들이 감리교회의 교리와 규정에 순종하지 않았기 때문에 미국으로 가는 것을 허락하지 않았다(Hildebrandt, op.cit., p.10~11). 이런 것으로 볼 때 웨슬리가 교리에 무관심하고 실제적인 번민 상소하였다는 주장은 정당한 것이라고 볼 수 없다.

그렇다고 웨슬리가 편협주의적인 분파주의에 빠진 것은 아니다. 그는 마태복음 5장 47절에 대한 약주에서 이렇게 쓰고 있다.

"또 너희 형제들에게만 인사하면(마 5:47), 우리 주님은 다른 분파들이 서로 가지고 있는 편견들을 바라보면서 자기의 추종자들이 그런 편협한 생각에 사로잡히는 것을 원치 않는다는 사실을 일러주신다. 하나님은 교회를 파멸로 몰아 넣는 불행한 분열과 재분열 속에서 이 편견에 대해서 보다 많은 우려를 표명하실 것이다. 그러므로 우리는 최소한도 그들이 분파나 교파에 개의하지 말고 그리스도 안에서 우리들의 형제들을 정중하게 포용하는 데까지 나아가야 할 것이다."

이와 같은 웨슬리의 사상은 오늘날의 에큐메니칼 운동에 하나의 지표가 될 수 있으리라고 생각한다. 본질적으로 교리를 굳게 지키면서도 의견의 자유를 허용함으로써 기독교의 동일성(identity)과 적응성(relevance)을 더불어 유지할 수 있는 것이다. 이런 점에서 아웃틀러(Outler)교수가 지적한 대로 웨슬리를 어떤 특정 교파의 영웅으로 보기보다는 에큐메니칼 신학자라고 보는 것이 타당할 것이다.

웨슬리는 다음과 같이 말하였다.

"애매한 이유 때문에 스스로 관용정신의 소유자라고 자칭하는 자여… 가서 먼저 그리스도의 복음의 첫째 요소를 배우라. 그러면 당신은 진정으로 관용정신의 소유자가 되는 것을 알게 될 것이다(Ⅲ, Ⅰ)."

【 설교 】

"예후가 거기서 떠나가다가 자기를
맞이하러 오는 레갑의 아들 여호나답을
만난지라 그의 안부를 묻고 그에게 이르되,
내 마음이 네 마음을 향하여 진실함과 같이
네 마음도 진실하냐 하니
여호나답이 대답하되 그러하니이다 이르되
그러면 나와 손을 잡자"(왕하 10:15)

1 사랑의 위대한 빚을 갚지 아니하는 사람들까지도 사랑해야 한다는 것, 즉 "네 이웃을 네 몸과 같이 사랑하라"고 하는 고귀한 법칙을 우리는 인정하고 있으며, 이 명령을 듣는 모든 사람들에게 이 사실을 입증하고 있습니다. 그런데 그것은 옛날 열심당들에 의해 주장된 형편없는 조문, 즉 네 이웃이나 친척, 친지, 친구를 사랑하고 네 원수를 미워하라는 말을 따르라는 것은 아닙니다.

그것은 "네가 너희에게 말한다 원수를 사랑하고 너희를 저주하는 자들에게 축복하며 너희를 미워하는 자들을 위해 선을 베풀라 또한 악의적으로 너희를 이용하는 자들과 너희를 박해하는 자들을 위하여 기도하라 그리하여 악한 사람에게나 선한 사람에게나 똑같이 해를 비추어주시고 의로운 사람에게나 불의한 사람에게 똑같이 비를 내려 주시는 하늘에 계신 너희 아버지의 자녀임을 모든 인류에게 보여 주도록 하라"는 말씀을 따르라는 것입니다.

2 하나님을 사랑하는 사람들에게 우리가 빚지고 있는 특별한 사랑이 있다는 것은 분명합니다. 그래서 다윗은 "땅에 있는 성도는 존귀한 자니 나의 모든 즐거움이 저희에게 있도다"라고 말했습니다.

그런데 다윗보다 더 위대하신 분은 "새 계명을 너희에게 주노니 서로 사랑하라 내가 너희를 사랑한 것같이 너희도 서로 사랑하라 너희가 서로 사랑하면 이로써 모든 사람이 너희가 내 제자인 줄 알리라"고 말씀하셨습니다(요 13:34,35).

이것은 또한 사도 요한이 자주 강력하게 주장했던 사랑입니다. 그는 말하기를 "우리가 서로 사랑할지니 이는 너희가 처음부터 들은 소식이라"(요일 3:11). " 그리스도께서 우리를 위하여 목숨을 버리셨으니 이로써 우리가 사랑을 알고 우리도 형제들을 위하여 목숨을 버리는 것이 마땅하니라"(요일 3:16)고 하였습니다.

그리고 다시 말하기를 "사랑하는 자들아 우리가 서로 사랑하자 사랑은 하나님께 속한 것이니 사랑하는 자마다 하나님께로 나서 하나님을 알고 사랑하지 아니하는 자는 하나님을 알지 못하나니 이는 하나님은 사랑이심이라"(요일 4:7,8) "우리가 하나님을 사랑한 것이 아니라 오직 하나님이 우리를 사랑하사 우리 죄를 위하여 화목제로 그 아들을 보내셨음이니라 사랑하는 자들아 하나님이 이같이 우리를 사랑하셨은즉 우리도 서로 사랑하는 것이 마땅하니라"(요일 4:10,11)라고 말했던 것입니다.

3 모든 사람들이 이 진리를 시인하고 있는데 실천도 하고 있습니까? 일상적인 경험은 이 사실과 반대되는 현상을 보여줍니다. 기독교인들 중 주님께서 주신 계명에 따라 다른 사람을 사랑하는 사람들이 어디에 있단

말입니까! 얼마나 많은 장애물들이 그 길을 가로막고 있습니까! 여기에는 거대하고 보편적인 장애물들이 있습니다.

첫째로 사람들이 동일한 생각을 하지 않고 있다는 점입니다. 그 결과 두 번째로, 사람들이 공동의 보조를 맞추지 않고 있다는 점입니다. 그렇지만 몇 가지 사소한 점에 있어서는 각자의 감정이 다른 것과 같이 그들의 행동 역시 달라질 수밖에 없습니다.

4 그러나 외적으로 완전한 결합을 방해할지도 모르는 예배에 대한 의견이나 형식에 차이가 있다고 해서 그러한 차이가 사랑에 의한 우리들의 결합을 막을 필요가 있습니까? 우리의 생각이 같지 않다고해서 똑같이 사랑할 수 없다는 말입니까? 우리는 서로 의견이 틀리다고 해서 한 마음이 될 수 없다는 말입니까? 의심할 필요도 없이 우리는 사랑으로 하나가 되어야 할 것입니다. 비록 사소한 차이가 있어도 하나님의 모든 자녀들은 사랑 안에서 연합되어야 할 것입니다.

5 이런 점에서 예후의 예를 들 수 있는데, 그는 여러 가지 복잡한 성격을 가지고 있었지만 모든 독실한 기독교인들이 모방해야 될 훌륭한 가치가 있었습니다. "예후가 거기서 떠나가다가 자기를 맞이하러 오는 레갑의 아들 여호나답을 만난지라 그의 안부를 묻고 그에게 이르되, 내 마음이 네 마음을 향하여 진실함과 같이 네 마음도 진실하냐 하니 여호나답이 대답하되 그러하니이다 이르되 그러면 나와 손을 잡자"

본문의 말씀은 자연히 두 부분으로 나누어지게 됩니다. 첫째 부분은, 예후가 여호나답에게 "내 마음이 네 마음을 향하여 진실함과 같이 네 마음도 진실하냐?"하고 질문을 던지는 부분이고, 둘째 부분은 여호나답이 "그러하니이다"하는 대답을 듣고 "그러면 나와 손을 잡자"고 제안하는 부분입니다.

❶ 그러면 첫 번째로, "내 마음이 네 마음을 향하여 진실함과 같이 네 마음도 진실하냐?"하고 예후가 여호나답을 향해 던졌던 질문에 대해 생각해 봅시다.

이 말씀 속에서, 먼저 우리가 생각해 볼 수 있는 것은 예후가 여호나답의 소신에 대해서는 아무것도 묻지 않았다는 점입니다. 그러나 분명히 여호나답은 통상적이 아닌 참으로 자신에게 특별한 의견을 가지고 있었던 것이 틀림없습니다. 그리고 그것이 실생활에까지 밀접한 영향을 끼친 것이 분명합니다.

이와 같이 그는 그의 후손들에게 이것을 지키게 할 정도로 매우 강력하게 강조하였습니다. 이 사실은 여호나답이 죽고 오랜 세월이 흐른 뒤에 예레미야가 보여 준 설명들을 통하여 그 증거가 드러나고 있습니다.

"아야사냐와 그 형제와 그 모든 아들과 레갑 온 족속을 데리고… 내가 레갑 족속 사람들 앞에 포도주가 가득한 사발과 잔을 놓고 마시라 권하매 그들이 가로되 우리는 포도주를 마시지 아니하겠노라 레갑의 아들 우리 선조 요나답 혹은 여호나답이(만약 우리 선조 요나답 곧 레갑의 아들이라고 말하였으면 덜 애매했을 것입니다. 그리고 그는 자신을 사랑하고 존경하는 의미에서 아마도 후손들이 자신의 이름으로 호칭되기를 열망했을 것입니다) 우리에게 명하여 이르기를 너희와 너의 자손은 영영히 포도주를 마시지 말며 집도 짓지 말며 파종도 하지 말며 포도원도 재배치 말고 두지도 말고 너희 평생에 장막에 거처하라… 우리 선조 요나답이 우리에게 명한 대로 다 준행하였노라"(렘 35:3,10).

***

❷ 그러나 예후는(그는 세속적이며 종교적인 면에 있어서 매주 격노하기 쉬운 태도를 지니고 있었던 것 같습니다) 이러한 사실을 전혀 개의치 않고 여호나답을

자신이 충분한 자유의사를 가지도록 했습니다. 그런데 그들 중 어느 누구도 상대방에게 자기가 주장하고 있는 의견에 대해 조금이라도 동조하게 하려고 한 것처럼 보이지는 않습니다.

***

❸ 오늘날 역시 많은 훌륭한 사람들이 특수한 의견을 가질 수 있으며, 그들 중 어떤 사람은 여호나답이 그랬던 것처럼 이 점에 대해 독특한 의견을 내세울 수도 있습니다. 그런데 우리가 단지 부분적으로 알고 있는 한 모든 사람들이 모든 일을 똑같이 인식할 수는 없을 것입니다.

몇몇 사람들이 일상생활 뿐만 아니라 종교생활에 있어서 동일하거나 일정하지도 않은 생각을 가지게 되는 것은 현재의 인간 지식이 얕고 빈약하기 때문에 발생되는 필연적인 결과입니다. 이런 사실은 세상의 시초부터 그래 왔고 '만물이 회복될 때까지' 진행될 것입니다.

***

❹ 그러나 더 나아가서, 모든 사람들은 자신이 고수하고 있는 모든 독특한 의견들이 옳다는 것을 필연적으로 믿고 있지만(어떤 의견도 사실이 아니라고 믿는 것은 아무런 의견이 없다는 것과 마찬가지입니다. 그런고로 모든 사려깊은 사람들은 'humanum est errare et neceire' 즉 '과오를 범하는 것은 인간이며 용서히는 자는 신이다' 라는 사실로 미루어 보아 인간은 누구나 다 그렇다는 사실을 확신하게 됩니다.

여러 가지 일에 대해 무지하고 어떤 일을 하는 데 있어서 실수를 범하게 되는 것은 필연적인 인간조건인 것입니다. 그러므로 이와 같은 사실이 자기 자신의 경우에도 해당된다는 것을 깨닫게 됩니다. 인간은 일반적으로 자신이 과오를 범하고 있다는 사실을 알고 있습니다. 그러나 어떤 특수한 경우에 그가 과오를 범하고 있는지에 대해서는 알지 못하고, 알 수도 없는 것입니다.

***

❺ 내가 말하려고 하는 바는 인간은 '알 수가 없다' 는 사실입니다. 그

이유는 극도의 무지가(똑같은 일이 되겠지만) 혹은 극도의 편견이 얼마나 편만하게 되는가에 대해서 아무도 말할 자가 없기 때문입니다. 이런 것은 흔히 민감한 마음 속에서도 대단히 확고하게 자리잡혀 있기 때문에, 아주 깊이 뿌리박혀 있는 것을 후에 가서 뽑아버리기란 불가능할 것입니다.

만일 그가 이에 수반되는 제반 경우를 알지 못하면서 어떤 실수가 어느 정도 잘못되었는가 하는 것을 감히 말할 수 있겠습니까? 왜냐하면 모든 허물은 일종의 의지의 일치를 전제로 하므로 마음을 감찰하시는 주님만이 유일하게 판단하실 수 있기 때문입니다.

그러므로 모든 현명한 사람들은 다른 사람이 그에게 허용하기를 바라는 똑같은 생각의 자유를 다른 사람들에게도 허용해야 할 것입니다. 다른 사람들이 자신의 의견을 받아들이도록 강요하지 말아야 하는 것은 다른 사람들이 자신의 의견을 받아들이도록 강요하지 말아야 하는 것과 마찬가지입니다. 현명한 사람은 다른 사람들이 자신과 다르다는 사실을 인식하면서 오직 사랑안에서 연합되기를 바라는 사람들에게 "내 마음이 네 마음을 향하여 진실함과 같이 네 마음도 진실하냐" 하는 단 하나의 질문만을 던지는 것입니다.

* * *

❻ 두 번째로, 우리는 여기에서 여호나답의 예배 방식에 관해서는 아무런 질문도 하지 않고 있다는 사실을 알 수 있습니다. 이 점에 있어서 역시 그들 사이에 아주 현격한 차이가 있음이 분명하다는 것을 알 수 있습니다. 왜냐하면 그의 모든 자손들처럼 여호나답이 예루살렘에서 하나님을 예배하였다는 사실을 자연스럽게 믿을 수 있기 때문입니다.

반면에, 예후는 그렇지 않았습니다. 예후는 종교보다는 오히려 국가 시책에 대해 더 많은 관심을 가지고 있었습니다. 그러므로 예후가 바알 숭배자들을 살해하고 이스라엘 중에서 바알을 멸하였다고 할지라도 "비근한 여로보암의 죄 곧 금송아지를 섬기는 죄에서는 떠나지 않았던 것"입니다(왕하 10:29).

❼ 그러나 정직한 마음을 가진 사람, 즉 양심에 거리낌이 없기를 바라는 사람들 사이에도 여러 가지 견해의 차이가 존재하는 한 하나님을 예배하는 방법도 여러 가지라는 사실을 반드시 받아들여야만 합니다.

왜냐하면 다양성은 행동의 다양성을 수반하기 때문입니다. 모든 시대에 있어서 최상의 존재자에 대한 의견처럼 다양했던 것은 없었으므로 하나님을 예배하는 방식에 있어서도 사람들이 서로 다른 견해를 가지고 있었다는 것은 당연한 일입니다.

이런 일이 이방인들 세계에서 있었다고 할지라도 그것은 전혀 놀랄만한 사실이 아니었습니다. 왜냐하면 우리는 그들이 '자기의 지혜로는 하나님을 알지 못했고' 따라서 하나님을 예배하는 방법조차 알지 못했다는 사실을 알기 때문입니다. 그러나 기독교 세계에서도 일반적으로 '하나님은 영이시니 그에게는 신령과 진정으로 예배해야 된다'는 사실에는 모두 의견을 같이하지만, 하나님을 예배하는 특수한 방식에 있어서는 이방사람들처럼 아주 다양하다는 사실이 이상하지 않습니까?

* * *

❽ 그렇게 많은 다양성 중에서 우리가 어떤 방법을 선택해야 합니까? 다른 사람을 위해 선택하거나 또 다른 사람에게 지정해 줄 수 있는 사람은 아무도 없습니다. 누구나 다 순전함과 하나님의 성실성을 가지고 자기 자신의 양심의 지시를 따라야만 합니다. 그는 자신의 마음에 충분히 설득되어야 하며, 그런 다음에는 자기 자신이 생각하는 가장 좋은 견해에 따라 행동해야 됩니다.

어떤 사람도 다른 사람에게 자신의 법칙에 따라 행동하도록 강요할 권리는 없습니다. 하나님은 그 누구에게도 형제의 양심을 지배하는 권리를 주시지 않았습니다. 따라서 모든 사람들은 자신에 대해 하나님께 책임을 져야 되듯이 스스로 자기 자신을 관장해야만 합니다.

* * *

❾ 그러므로, 그리스도를 따르는 모든 사람들이 기독교적 제도가 가지

는 특성 때문에 통상적으로 지칭되고 있는 교회라고 하는 특별한 회중들의 일원이 되어야 하지만(이것은 하나님을 예배하는 특별한 방법을 뜻하는 말이며, 따라서 두 사람이 서로 동의하지 않는다면 함께 행동할 수는 없습니다) 개인의 양심을 제외한 지상의 어떤 권력으로도 이 회중이 아니면 저 회중을 좋아하라든지, 이런 특별할 예배방식이 아니면 저런 예배방식을 따르라고 강요할 수 없습니다.

나는 자신의 출생지에 따라서 우리가 속해야 될 교회가 정해진다는 사실이 일반적임을 알고 있습니다. 예를 든다면, 영국에서 태어난 사람은 영국 교회양식에 따르는 교인이 되고, 결과적으로 그 영국 교회가 규정한 특별한 방법으로 하나님을 예배한다는 사실입니다.

나는 한때 이런 주장에 대한 열렬한 옹호자였습니다. 그러나 다시 이러한 열정을 누그러뜨려야 할 여러 가지 이유들을 발견하였습니다. 나는 이 주장이 이기적인 사람들조차 극복하지 못할 정도로 매우 어려운 문제들이 뒤따른다는 사실을 염려합니다. 하지만 절대로 그럴 수 없는 것은 만일 이 규정이 시행되었다면 카톨릭 교회로부터 종교 개혁이 있을 수 없었기 때문입니다. 즉 이것은 종교 개혁 전체가 근거로 하고 있는 개인적 판단의 권리를 전적으로 파괴하기 때문입니다.

***

❿ 그러므로, 나는 감히 자신의 예배 형식을 다른 사람들에게 강요할 생각은 없습니다. 나는 이러한 생각이 참으로 기본적이며 사도적인 것이라고 믿습니다. 그러나 내 믿음이 다른 사람의 믿음을 위한 법칙이 될 수는 없습니다. 그러므로 나는 나와 사랑으로 묶여야 될 사람들에 대해서 "당신은 우리 교회에 소속되어 있습니까? 우리 교회 회중입니까? 나와 똑같은 교회 행정 형태를 받아들이며 똑같은 교회 직책을 인정하십니까? 내가 하나님께 예배드릴 때 하는 것처럼 똑같은 형식의 기도에 참여하십니까?" 하는 식의 질문을 하지는 않겠습니다.

"당신은 내가 하는 것과 똑같은 자세와 방식으로 성만찬을 받습니까?

세례 예식에 있어서 세례받은 자에게 보증을 허락하는 일과 그 시행 방법, 또한 세례 받아야 할 사람의 연령문제에 있어서 나와 같은 생각입니까?"하고 묻지는 않겠습니다. 그뿐 아니라 세례나 성만찬을 인정하느냐 인정하지 않느냐도 묻지 않겠습니다.

일단 이 모든 문제들은 제쳐둡시다. 그 문제를 논의할 필요가 있다면 보다 적당한 때에 서로 이야기할 수 있을 것입니다. 현재 나의 유일한 질문은 "내 마음이 네 마음을 향하여 진실함과 같이 네 마음도 진실하냐?" 하는 것입니다.

* * *

❶❶ 그러나 무엇이 이 질문 속에 타당성 있게 함축되어 있습니까? 내가 말하는 바는 예후가 그 질문 속에서 무엇을 감추고 있었는가를 물으려고 하는 것이 아닙니다. 다만 그리스도를 따르는 사람들이 그들의 형제들에게 이 질문을 던질 때 무엇을 이해해야 하느냐 하는 점을 밝히려는 것입니다.

그 질문 속에 포함된 첫번째 사실을 다음과 같습니다. 당신의 마음이 하나님을 향하여 진실합니까? 그분의 존재와 완전하심을 믿습니까? 그분의 영원성, 무한성, 지혜, 능력을 믿습니까? 그분의 정의, 자비, 진리를 믿습니까? 그분이 지금도 능력의 말씀으로 만물을 유지한다는 사실을 믿습니까?

그리고 주님께서 하나님 자신의 영광과 하나님을 사랑하는 자녀들의 복지를 위해서 가장 미세하고 해로운 것들까지 지배하고 계신다는 사실을 믿습니까? 당신은 하나님께 속한 모든 일들에 대해서 신적인 증거와 초자연적인 확신을 가지고 있습니까? 보는 것으로가 아니라 믿음으로 행하고 있습니까? 일시적인 것을 보지 않고 영원한 것을 보고 있습니까?

* * *

❶❷ 당신은 주 예수 그리스도안에서 '하나님께서 만물을 지배하시며 영원히 축복하셨다' 는 것을 믿고 있습니까? 당신의 영혼 속에 그 분이 계시

되었습니까? 예수 그리스도께서 십자가에 못박히신 것을 알고 있습니까? 주님이 당신 안에 거하시며 당신이 주님 안에 거하십니까? 주님께서 믿음으로 당신 마음 속에 자리잡고 계십니까?

자신의 모든 행위와 모든 의를 절대적으로 부인하고 '하나님의 의'에 자신을 복종시켰습니까? 자신의 의가 아니라 믿음으로 말미암은 의를 소유함으로써 그리스도안에서 자신을 발견했습니까? 주님을 통해 당신은 '믿음의 선한 싸움을 싸우며 영원한 생명을 취하고' 있습니까?

***

❸ 당신의 믿음은 ενεργουμένη δι αγαπης 즉, 사랑의 힘으로 채워졌습니까?

'마음을 다하고 목숨을 다하고 생각을 다하고 힘을 다하여'(나는 '무엇보다도'라는 말을 하지 않겠습니다. 그것은 비성서적이며 모호한 표현이기 때문입니다) 하나님을 사랑합니까?

단지 주님 안에서만 모든 행복을 구합니까? 그래서 당신이 구하는 바를 발견합니까? 영혼은 끊임없이 주를 찬양하며, 당신의 심령은 구주 하나님을 기쁘시게 합니까? "범사에 감사하라"는 말씀을 배웠다면 감사하는 것이 기쁘고 즐거운 일이라는 것을 몸소 체험하고 있습니까?

하나님께서 당신의 영혼의 중심과 모든 열망의 총화가 되십니까? 천국의 보물을 쌓으며 그 외의 모든 것을 배설물이나 찌꺼기처럼 생각하고 있습니까? 하나님의 사랑이 당신의 영혼에서 세속적인 사랑을 몰아냈습니까?

그렇다면 당신은 '세상에 대해 못 박혔고' 땅 아래 속한 모든 것에 대해 죽었으며, 당신의 생명은 하나님 안에서 그리스도와 함께 감추어져 있습니다.

***

❹ 당신은 자신의 뜻이 아니라 당신을 보내신 '하나님의 뜻'을 따라 행하고 있습니까? 다시 말해서 당신에게 맡기신 역사를 끝나고 아버지의 집

에 올라갈 때까지 잠시 동안 이 세상에 머무르며 낯선 고장에서 몇 날을 보내도록 하신 하나님의 뜻을 따라 말입니다. '하늘에 계신 하나님의 뜻을 행하는 것이' 당신의 먹고 마시는 양식이 되고 있습니까?

당신의 눈길은 모든 일에 있어서 순전합니까? 항상 주님에게만 향하고 있습니까? 항상 예수님만을 바라보십니까? 당신이 무엇을 행하든지 즉 노동, 사업, 언행에 있어서 주님을 지향하고 있습니까? 또 무엇을 행하든지 말이나 행실에 있어서 주 예수의 이름으로 하고 그를 힘입어 하나님 아버지께 감사를 드리기까지 하나님의 영광만을 목표로 삼습니까?

* * *

❶❺ 하나님의 사랑이 당신으로 하여금 두려움으로 그분을 섬기며 경외함으로 여호와를 기뻐하도록 강요합니까? 당신은 지옥이나 죽음보다도 하나님을 기쁘시게 못하는 것을 더 두려워하십니까? 진정 하나님의 영광의 눈을 거역하려는 생각보다 더 두려운 것은 아무것도 없습니까? 당신은 땅 위에 사는 동안 하나님의 거룩하심과 완전한 율법을 위반하는 모든 악행을 미워하고 있습니까? 하나님과 사람에 대하여 '양심에 거리낌이 없도록 힘쓰고 있습니까?'

* * *

❶❻ 당신의 마음이 이웃에 대하여 진실합니까? 자기 자신과 같이 모든 인류를 사랑합니까? 만약 당신이 당신을 사랑하는 사람만을 사랑한다면 무엇을 감사하고 있다는 말입니까? 당신은 '당신의 원수'를 사랑합니까? 당신의 원수들에 대해서도 선의와 부드러운 애정이 충만합니까? 감사할 줄 모르는 불경한 하나님의 대적들까지도 사랑합니까? 마음 속 깊이 그들을 불쌍히 여깁니까? 그들을 위해 잠시 동안 저주받기를 스스로 원합니까?

"너희를 저주하는 사람을 축복하고 악의적으로 너희를 이용하는 사람들과 너희를 박해하는 사람들을 위하여 기도하라"고 하신 말씀에 따라 사랑을 실천합니까?

❶ 당신은 행동으로 사랑을 나타냅니까? 시간이 있는 대로 모든 기회를 선용하면서 참으로 이웃이나 낯선 사람이나 악한 사람이나 모든 사람들에게 선을 베풀고 있습니까? 가능한 한 그들에게 모든 선을 행합니까? 그들에게 부족한 것을 공급해 주려고 애쓰며 당신의 능력이 다하기까지 물심양면으로 도와주었습니까?

만일 당신이 이런 마음을 갖는다면, 만일 당신이 오직 열심히 그것을 바라며 그 사랑을 이루기까지 계속한다면, 모든 기독교인들은 이렇게 말할 것입니다. "내 마음이 네 마음을 향하여 진실함과 같이 네 마음도 진실하다."

❶ "그러면 나와 손을 잡자" 이 말은 '내 의견에 동의하라' 는 뜻이 아닙니다. 절대 그럴 필요는 없습니다. 나는 그것을 기대하거나 원하지도 않습니다. 그렇다고 '내가 여러분의 의견에 동의하겠다' 는 뜻도 아닙니다. 절대 그렇게 할 수 없습니다. 그것은 내 자신의 선택에 달린 문제가 아닙니다. 나는 내가 원하는 것을 볼 수 있고 들을 수 있는 것처럼 내 맘대로 생각할 수가 없습니다.

변함없이 당신은 당신의 의견을 따르고 나는 내 의견을 따를 수밖에 없습니다. 당신이 내 의견에 가까워지려고 애쓸 필요도 없고 내가 당신의 의견에 가까워지려고 애쓸 필요도 없습니다. 나는 그 문제에 대해서 논쟁하고 싶지도 않고 그것에 대해서 어떤 말을 듣거나 하고 싶지도 않습니다. 모든 의견은 그대로 두고 단지 "나와 손을 잡자"는 것입니다.

* * *

❷ 여기에서 나는 "내 예배방식을 채택하라" 라든가 내가 "여러분의 예배 방식을 받아들이겠다"라는 식으로 말하는 것이 아닙니다. 이것 역시 나

자신의 선택이나 여러분 자신의 선택에 달린 문제가 아닙니다.

우리는 모두 각자 자기의 마음에 충분히 수긍이 가는 대로 행동하지 않으면 안 됩니다. 당신은 하나님께 가장 인정받을 수 있다고 생각되는 바를 고수하십시오. 나 또한 그렇게 할 것입니다.

나는 성공회식의 교회 정치가 가장 성서적이며 사도적이라고 믿고 있습니다. 만일 당신이 장로교회나 독립교회의 제도가 더 훌륭하다고 생각한다면 거기에 맞게 행동하십시오. 나는 유아세례를 받아야 마땅하다고 믿고 있으며, 이 세례는 침례로 하든지 물을 뿌리든지 어떻게든 행할 수 있다고 생각합니다. 당신의 의견과 생각이 이와 다르다면 여전히 그 생각에 따르십시오.

나는 특히 공중 예배시에는 기도문을 사용하는 것이 대단히 좋다고 생각하고 있습니다. 만일 당신이 즉석 기도가 보다 유익하다고 판단한다면 당신의 판단대로 행동하십시오. 내 생각으로는 세례 받은 사람에게는 물의 사용을 금지하지 말아야 한다고 생각하며, 사람들에게는 죽으신 주님을 기념하면서 떡을 떼며 잔을 마시게 해야한다고 생각합니다. 그러나 당신에게 이런 사실이 납득되지 않는다면 당신의 소신대로 행하십시오.

위에서 언급한 어떤 문제에 대해서도 당신과 논쟁하고 싶은 생각은 추호도 없습니다. 이와 같이 모든 사소한 문제들을 일난 제쳐 놓도록 합시다. 더이상 그것들을 끄집어내지도 맙시다. 만일 당신의 마음이 내 마음과 같다면, 당신이 하나님과 온 인류를 사랑한다면 나는 더이상 아무것도 묻지 않겠습니다. 다만 "나와 손을 잡읍시다."

* * *

❸ 내가 의미하는 것은 첫째로 '나를 사랑하라' 는 것입니다. 그런데 그것은 당신이 온 인류를 사랑하기 때문이라든가 자신의 원수인 하나님을 대적하는 자들, 즉 당신을 미워하는 자들을 사랑해야 하기 때문에 그렇게 하라는 것은 아닙니다. '당신을 악의적으로 이용하고 박해하는 자들'을 사랑해야하기 때문이며, 이것은 악한지도 선한지도 모르는 이방인을 사

랑해 달라고 하는 말도 아닙니다. 그것만으로는 충분하지 않습니다.

"내 마음이 네 마음을 향하여 진실함과 같이 네 마음이 진실하다"면 그때는 당신의 형제보다 더 가까운 친구처럼 아주 부드러운 애정을 가지고 즉 그리스도안에서의 형제로서, 새 예루살렘의 동료 시민으로서, 우리 구원의 대장이신 주님의 휘하에서 같이 싸우는 동료병사로서, 하나님 나라에 동참하는 동료로서, 주의 영광의 같은 상속자로서 나를 사랑해 달라는 것입니다.

* * *

❹ 오래 참고 친절한 사랑으로 나를 사랑해주십시오(그러나 모든 무리의 인간을 사랑하는 것보다 더 높은 차원에서 사랑해 주십시오). 내가 무지하거나, 곁길로 가거나, 짐을 더이상 지지 않으려고 할지라도 인내와 온유와 부드러움과 그리고 자비로운 사랑으로 사랑해 주십시오. 어느 때, 만일 내가 당신보다 주님의 역사를 번창시켜 하나님을 기쁘시게 하였을지라도 시기하지 않는 사랑으로 사랑해 주십시오.

나의 우매함이나 결함이나 심지어 내 행동이 주의 뜻에 어긋난다 할지라도(당신에게 때때로 그렇게 보인다고 할지라도) 성내지 않는 사랑으로 나를 사랑해 주십시오. 나의 악행을 기억하지 않으며 나를 사랑해 주십시오. 그리고 모든 질투와 악의를 버릴 수 있을 만큼 나를 사랑해 주십시오. 모든 것을 덮어주는 사랑으로 나를 사랑해 주십시오.

즉 어떤 허물이나 결점을 결코 들춰내지 않는 사랑으로 말입니다. 모든 것을 믿는 사랑으로 말입니다. 그것은 항상 가장 좋은 점만을 생각하려하고 내 모든 언행에 대하여 가장 공정한 해석을 내리는 그런 사랑입니다. 그것은 모든 것을 바라는 사랑입니다. 일이 생각한대로 되지 않거나 말한대로 성취되지 않았다고 할지라도, 적어도 그 일이 좋은 뜻을 가지고 했거나 갑작스러운 유혹의 압력 때문에 했다고 해도 모든 것을 바라는 것이 사랑입니다.

그리하여 모든 잘못은 하나님의 은총으로 고쳐질 것이며, 예수 그리스도 안에 있는 풍성하신 자비를 통하여 결핍된 것이 무엇이든지 채워질 것이라는 희망을 끝까지 가지십시오.

* * *

❺ 둘째로, 내가 말하려고 하는 것은 언제나 당신이 하나님께 기도할 때 나를 기억해 달라는 것입니다. 주님이 내 과오를 신속하게 시정해 주시며, 나에게 결핍된 것을 보충해 주실 수 있도록 나를 위해 하나님과 씨름해 주십시오.

당신의 은총의 보좌에 가까이 있다면 내 마음도 하나님과 인간에 대해 당신의 마음과 같이 보다 진실할 수 있도록 당신 곁에 계신 주님께 간구해 주십시오. 또한 내가 보이지 않는 것들에 대해서 보다 큰 확신을 가질 수 있도록, 예수 그리스도 안에 있는 하나님의 사랑에 대해 보다 강한 소신을 가질 수 있도록 간구해 주십시오.

눈으로 보면서가 아니라 믿음으로 확고하게 살아가며, 영생을 힘껏 붙잡을 수 있도록 간고해 주십시오. 하나님께 대한 사랑과 온 인류에 대한 사랑이 내 마음 속에 좀 더 풍성히 부어질 수 있도록 기도해 주십시오. 내가 하늘에 계신 내 아버지의 뜻을 더 열심히, 그리고 적극적으로 행할 수 있도록 기도해 주십시오. 내가 보다 더 열심히 선행을 하며 보다 주의 깊게 모든 악한 모양을 멀리 할 수 있도록 기도해 주십시오.

* * *

❻ 셋째로, 내가 말하려고 하는 바는 사랑과 선행을 행하도록 일깨워 달라는 것입니다. 내 영혼의 건강을 위해서 유익하다고 믿는 것은 무엇이든지 사랑으로 충고하면서 기회가 있을 때마다 다시 한번 기도해 주십시오. 하나님께서 나에게 하라고 하신 일로 나를 일깨워 주십시오. 그리고 그것을 보다 완전하게 행할 수 있는 방법을 나에게 가르쳐 주십시오.

그 뿐만 아니라 친절하게 나를 책망하고 꾸짖어 주십시오. 무슨 일에 있어서 나를 보내신 하나님의 뜻보다는 내 자신의 뜻을 따르고 있다고 생각된다면 친절하게 나를 견책하고 꾸짖어 주십시오. 당신이 내 결점을 시정하고 내 약함을 강하게 하며 나를 사랑 안에서 일으킬 수 있다고 믿는다면, 또한 어떤 점에 있어서나 주님의 도구로써 나를 적절하게 만들 수 있다고 믿는다면, 무엇이나 다 말해주시고 주저하지 마십시오.

***

❼ 마지막으로 내가 말하려고 하는 것은 말로만이 아니라 행함과 진실함으로 나를 사랑해 달라는 말입니다. 당신 양심이 허락하는 한(자신의 견해와 하나님을 예배하는데 대한 자신의 방법을 여전히 고수하면서) 하나님의 일에 있어서 나와 협력합시다. 손에 손을 맞잡고 함께 나아갑시다. 분명히 당신도 여기까지는 행할 수 있을 것입니다.

당신이 어디 있든지 누구든지 하나님의 역사하심에 대하여 존경하는 마음으로 말하고 하나님의 사자들에게 최대한 친절하게 말하십시오. 그리고 당신의 능력으로 할 수 있다면 고통과 번민에 빠져 있는 사람들을 동정해야할 뿐만 아니라 당신을 대신하여 하나님께 영광을 돌릴 수 있도록 그들을 효과적으로 도와주십시오.

***

❽ 위에서 논의해온 마지막 문제에 대해 두 가지 사실을 생각해야 합니다. 하나는, '내 마음이 그의 마음을 향해 진실함 같이 그의 마음도 진실한 그 사람이' 어떤 사랑이든지, 어떤 사랑의 직무이든지 간에 영적이거나 세상적인 어떤 도움을 요청한다면, 하나님의 은혜로 그를 도와 줄 준비가 되어 있는가 하는 문제입니다.

그리고 다른 하나는 자신만을 위하여 이런 요구를 하는 것이 아니라 그리스도가 우리를 사랑하신 것처럼 우리가 서로를 사랑할 수 있도록 하나님과 인간에 대해 진실한 마음을 소유한 모든 사람들에게 그런 요구를 했다는 것입니다.

❶ 지금까지 우리가 논의해 온 사실로부터 중요한 몇 가지 요점을 추론해 낼 수 있습니다. 즉, 무엇이 관용정신(Catholic spirit) 인가를 배울 수 있다는 것입니다. 관용정신이란 말보다 더욱 심하게 오해되고 위험스럽게 오용된 표현은 거의 없을 것입니다.

그러나 위에서 언급한 내용들을 냉정하게 관찰해 본 사람은 이에 대한 오해를 쉽게 교정할 수 있고 또한 그런 오용을 쉽게 방지할 수 있습니다. 그 이유는 첫째, 그 사실로부터 관용정신이 사변적인 자유주의가 아니라는 사실을 배울 수 있기 때문입니다.

이러한 정신이 모든 견해에 대해서 무관심한 것은 아닙니다. 무관심은 지옥의 소산이지, 천국의 산물은 아닙니다. 무정견한 사고, 즉 '이리저리 끌려다니고 교리에 대해 바람부는 대로 동요되는' 태도는 극심한 저주이지, 축복은 아닙니다. 그것은 진정한 보편주의에 대해 화해할 수 없는 적입니다

진정한 관용정신을 가진 사람은 자신의 종교를 내세우려고 하지 않습니다. 그는 기독교 교리의 중요한 골자에 대해 태양처럼 확고한 생각을 가지고 있습니다. 이런 사람은 어떤 것이 그의 원칙에 반대되어 제시된다고 할지라도 이것을 언제나 즐겨 듣고 평가할 수 있습니다.

그러나 이러한 태도가 그의 마음 속에 어떤 동요도 일으키지 않는 것처럼 그것 또한 어떤 일을 야기시키지는 않습니다. 그는 두 가지 견해 사이에서 망설이거나 공연히 두 의견을 하나로 얼버무리려고 애쓰지도 않습니다.

당신이 어떤 정신을 가졌는가를 알지 못한다면 이것을 생각하십시오. 즉 단지 불명료한 이해를 하며, 모든 생각이 안개 속에 있고 확정되어 있지 않으며, 일관성 있는 원칙을 갖지도 못하고 모든 견해를 한데 얼버무

리기 때문에 스스로 관용 정신을 가진 자라고 자처한다면, 당신은 전혀 길을 잘못 들었으며 자신이 어디에 있는지 알지 못하고 있다는 사실을 확실히 알아야 합니다.

당신은 스스로 그리스도의 정신에 들어갔다고 생각하지만, 사실 바로 그 때에 적그리스도의 정신에 보다 가까이 있는 것입니다. 우선 당신은 가서 그리스도의 복음의 기초를 배우십시오. 그런 다음에야 비로소 관용정신이 있다는 것을 알게 될 것입니다.

* * *

❷ 두 번째로 우리가 논의해 온 사실로부터 배울 수 있는 것은 관용정신이 일종의 실천적 자유주의가 아니라는 사실입니다. 이 정신은 공중예배나 이 예배를 진행하는 외적인 방법에 대해 무관심하라는 것이 아닙니다. 이렇게 된다면 그것은 축복이 아니고 저주일 것입니다. 그런 식이라면 아무런 도움도 주지 못할 것이며, 그 상태가 지속되는 한 신령과 진정으로 하나님을 예배하는데 말할 수 없는 장애 요소가 될 것입니다.

그러나 진정한 관용 정신을 가진 사람은 모든 일을 평가해 보면서 자신이 참예하고 있는 특별한 예배방식에 대해 절대 의심하거나 주저하지 않습니다. 그는 이와 같은 형식으로 하나님을 예배하는 것이 성서적이며 동시에 합리적이라는 사실을 분명하게 확신하고 있습니다. 이 세상에서 이것보다 더 성서적이며 합리적인 것이 없다고 알고 있습니다.

그러므로 그는 부화뇌동(附和雷同)함이 없이 그것을 더욱더 고수하며 그러한 예배를 드릴 기회를 주신 하나님께 찬양을 드리는 것입니다.

* * *

❸ 세 번째로, 우리는 관용정신이 모든 회중들에게 무관심한 것이 아니라는 사실을 배울 수 있습니다. 만약 그렇지 않다면, 이것은 또 다른 부류의 자유주의이며 위에서 언급한 것 못지않게 어리석고 비성서적인 것입니다. 그뿐 아니라 그러한 태도는 진정한 관용 정신을 가진 사람과는 거리가 먼 것입니다. 이 정신을 가진 사람은 그의 원칙뿐만 아니라 그의 회

중들에게도 확고한 입장을 가지고 있습니다. 그는 정신은 물론이고 기독교적인 교제의 외적인 연결에 있어서도 하나로 결속되어 있습니다.

거기에서 그는 하나님의 모든 의식에 참예합니다. 거기에서 그는 성만찬을 받습니다. 거기에서 그는 온 마음을 공중기도에 쏟고 회중의 찬양과 감사에 참예합니다. 거기에서 그는 화해의 말씀과 하나님의 은혜로운 복음을 듣고 기뻐합니다. 가장 가까운 친지들과 가장 사랑하는 형제들과 더불어 때때로 금식을 하면서 하나님을 찾습니다. 그는 형제들이 그의 영혼을 지켜주는 것처럼 특별한 사랑으로 그들을 지켜줍니다. 즉 충고하고 권면하고 위로하고 타이르면서 믿음 안에서 서로를 일으켜 세웁니다. 그는 형제들을 자기 가족처럼 생각하면서 하나님께서 주신 능력에 따라 그들을 마땅히 돌보며 그들이 생명과 경건에 필요한 모든 것을 소유할 수 있도록 도와줍니다.

* * *

❹ 그러나 자신의 종교적인 원칙과 진리라고 믿는 바를 꾸준히 확신하고, 하나님 앞에서 가장 잘 받아들여질 수 있다고 판단되는 예배를 확고하게 고수하며, 자신과 관계된 특별한 회중들과도 친절하고 밀접하게 연결되어 있다고 한다면, 즉 아는 사람이거나 모르는 사람이거나 자신의 마음을 온 인류를 향해 활짝 열어놓고 있다면, 그는 이웃과 낯선 사람도 친구와 원수를 강렬하며 간곡한 애정으로 포옹하게 되는 것입니다.

이것이 바로 보편적이며 우주적인 사랑입니다. 왜냐하면 이런 마음을 가진 사람이야말로 관용정신의 소유자이며, 우주적인 사랑만이 이런 특징에 보증이 되기 때문입니다. 보편적인 사랑이 바로 관용정신인 것입니다.

* * *

❺ 그렇다면 엄격한 의미에서 이 말을 생각해 볼 때 관용정신을 가진 사람은 위에서 언급한 바와 같이 마음이 진실한 모든 사람들과 손을 잡는 사람이며, 가치있는 방법이 무엇인가를 아는 사람입니다.

또 하나님의 일들에 관한 지식과 하나님을 예배하는 참되고 성서적인 방법에 대하여 자신이 즐기는 모든 유익을 바르게 판단할 줄 알고 하나님께 찬양할 줄 아는 자이며 그리고 무엇보다도 하나님을 두려워하고 의를 행하는 회중들과 연합할 줄 아는 자입니다.

가장 세심한 주의를 가지고 이와 같은 축복을 보존하며 눈동자처럼 지키고, 동시에 주 예수 그리스도를 믿고 하나님과 인간을 사랑하고, 어떤 의견이나 어떤 예배나 어떤 회중이든지 간에 하나님을 기쁘시게 하기를 즐거워하고, 하나님께 범죄하는 것을 두려워하면서 조심성 있게 악을 멀리하며, 열심히 선을 행하는 모든 사람들을 친구로서, 주 안에 있는 형제로서, 그리스도의 제자와 하나님의 자녀로서, 현재의 하나님 나라의 동참자로서, 그분의 영원한 나라의 동료 상속자로서 사랑하는 사람입니다.

이 모든 것을 끊임없이 마음 속에 간직하고 그들을 위해서 말할 수 없는 온유함을 가지고 그들의 복지를 열망하여 사람들 앞에서 그들의 편을 들어줄 뿐만 아니라 하나님께 쉬지 않고 기도드리며, 그들을 위로해주고, 하나님 안에서 그들이 강해지도록 힘쓰는 사람은 참으로 관용정신을 가진 사람입니다.

그는 영육 간의 모든 일에 있어서 전력을 다하여 그들을 도와줍니다. 그는 그들을 위하여 '희생적으로 자기를 내어 줄 준비'가 되어 있습니다. 즉 그들을 위하여 자신의 생명까지도 버릴 수 있습니다.

* * *

❻ 하나님의 사람인 당신이여, 이 모든 일을 생각해 보십시오!

당신이 이미 이 길을 가고 있다면 계속해서 앞을 향해 나가십시오. 그러나 만일 당신이 잘못된 길을 가고 있었다면 지금 여러분을 돌이키게 하신 하나님께 감사하십시오. 그리고 보편적 사랑의 고귀한 길을 떠나 당신 앞에 놓여진 경주를 달리십시오.

당신의 판단이 모호해지거나 당신의 마음이 편협해지지 않도록 주의하십시오. 다만 사랑 안에 영원히 묻힐 때까지 단번에 주신 말씀에 뿌리 박으며 참된 보편적 사랑에 근거를 두고 성도들과 보조를 맞춰 나가십시오.

이러한 의견, 형식, 양식, 명칭 등 말다툼에 지치고 지쳐
길이요, 진리요, 생명이신 주님을 향하네.
그분의 사랑이 내 마음 속에 불타오르네.
그 신비한 가르치심과 함께
마침내 나는 당신께 높이 올라가
당신과 함께 살고 죽으려네.

바벨의 한가운데서 태어나게 된
정당이나 종파를 뛰어넘어서
마음은 넓게 생각은 자유롭게 되었네.
그곳에서 나는 보이지 않는 진리를 발견하였네.
숨은 진리를 간직한 기쁨에
홀로 주님의 이름을 경배한다네.

주님의 전능하신 은혜로 구원을 받아
나는 영광스러운 자유를 맛보게 되었네.
이 세상 넓은 품에 안겨 그분께 속한 무리들과 연합되고
성도들과 함께 기쁨을 맛본다네.
그들은 가장 순결한 빛 속에서
하나님과 함께 동행하는 자들이라네.

나는 작은 양떼들과 함께 휴식한다네.
그들은 주님만 의지하는 진실한 사람들이라네.
용서하는 축복을 소유한 선택된 소수라네.
그리하여 성령에 의해 기름부음 받으신
주님께서 품으셨던 마음으로 인도된다네.

신성의 깊이로 인도된다네.
내 형제, 친구 동료들이여
하늘에 계신 아버지의 뜻을 행하는 사람들이여
완전한 성결을 목표로 삼고
하나님의 뜻을 성취하고
주와 같이 되기를 갈망하며
온 마음을 다해 하나님을 사랑하는 사람들이여

이를 위해 내 몸이 쪼개지고
이 지상 어느 곳에 흩어진다 하더라도
내가 발견한 참되고 무한한 사랑은
하나님의 생명처럼 변치 않을 것일세.
여기서 솟아오르는 생명의 샘은
순결하고 평온하며 강력한 샘물이라네.

이러한 틀림없는 결속은
보이지 않는 숨은 교회와 연결되어 있네.
알기 어려운 안전과
당신의 연합된 은혜안에
알기 어려운 영광 속에 나는 홀로 거하네.
나와 모든 믿는 자들과
하늘과 땅에 사는 주님의 모든 성도들에게.

***

부록

존 웨슬리 설교 목록

웨슬리 설교 목록A
(제목을 가나다 순으로 정리함)

웨슬리 설교 목록B
(아우틀라편, 웨슬리 전집에 실린 순서)

웨슬리 설교 목록C
(영어 설교 제목순에 따름)

웨슬리 설교 목록D
(설교 출판년도에 따름)

한국 설교 제목순으로 본 웨슬리 설교목록 A

(제목을 가나다 순으로 정리함)

번호	설교제목	성경본문	설교년월일	잭슨전집 페이지
094	가정의 신앙생활에 관하여	수 24:15	1783-05-26	Ⅶ. 76-86
110	값없이 주시는 은혜	롬 8:32	1739-04-29	Ⅶ. 373-86
002	거지반(90%)의 그리스도인	행 26:28	1741-07-25	Ⅴ. 7-16
143	고발된 공중 오락	암 3:6	1732-09-03	Ⅶ. 500-508
038	고집(완고함)에 대한 경계	막 9:38~39	1750	Ⅴ. 479-92
039	관용의 정신	왕하 10:15	1750	Ⅴ. 492-504
046	광야의 상태	요 16:22	1760	Ⅵ. 71-91
074	교회에 관하여	엡 4:1~6	1785-09-28	Ⅵ. 392-401
104	교회출석에 관하여	삼상 2:17	1787-10-07	Ⅶ. 174-85
111	국가적 죄와 비극들	삼하 24:17	1775-11-07	Ⅶ. 400-408
062	그리스도의 오신 목적	요일 3:8	1781-01-20	Ⅵ. 266-77
040	그리스도인의 완전	빌 3:21	1741	Ⅵ. 1-22
050	금전의 기용	눅 16:9	1760	Ⅵ. 124-36
122	기독교가 부진한 이유들	렘 8:22	1789-07-02	Ⅶ. 281-90
124	꿈과 같은 인생	시 73:20	1789-08	Ⅶ. 318-25
079	낭비에 관하여	고전 7:15	1784-01-02	Ⅵ. 444-52
017	마음의 할례	롬 2:29	1733-01-01	Ⅴ. 202-12
060	만물의 회복	롬 8:19~22	1781-11-30	Ⅵ. 241-52
100	모든 사람을 즐겁게 하는 일에 관하여	롬 15:2	1787-05-22	Ⅶ. 139-46
097	목사에 대한 순종에 관하여	히 13:17	1785-05-18	Ⅶ. 108-16

번호	설교제목	성경본문	설교년월일	잭슨전집 페이지
106	믿음에 관하여	히 11:1	1791-01-17	Ⅶ. 326-35
006	믿음에서 나는 의	롬 10:5~8	1746	Ⅴ. 65-76
001	믿음으로 말마암는 구원	엡 2:8	1738-06-11	Ⅴ. 1-6
035	믿음으로 세워지는 율법 - Ⅰ	롬 3:31	1750	Ⅴ. 447-57
036	믿음으로 세워지는 율법 - Ⅱ	롬 3:31	1750	Ⅴ. 458-66
005	믿음으로 의롭다함을 받음	롬 4:5	1746	Ⅴ. 53-64
117	믿음을 되찾음에 관하여	히 11:1	1788-06-11	Ⅶ. 231-38
041	방황하는 생각	고후 10:5	1762	Ⅵ. 23-32
098	병자 심방에 관하여	마 25:36	1786-05-23	Ⅶ. 117-27
119	보고 걷는 것과 믿음으로 걷는 것	고후 5:7	1788-12-30	Ⅶ. 256-64
089	보다 좋은 길(은사)	고전 12:31	1787-07-08	Ⅶ. 26-37
063	복음의 보편적 전파	사 11:9	1783-04-22	Ⅵ. 277-88
088	복장에 관하여	벧전 3:3~4	1786-12-30	Ⅶ. 15-26
087	부(자)의 위험	딤전 6:9	1781-01-02	Ⅶ. 1-15
131	부를 축적하는 데 따르는 위험	시 62:10	1790-09-21	Ⅶ. 355-62
096	부모에 대한 순종에 관하여	골 3:20	1784-09-10	Ⅶ. 98-108
108	부에 관하여	마 19:24	1788-04-22	Ⅶ. 214-22
075	분열에 관하여	고전 12:25	1786-03-30	Ⅵ. 401-10
070	불편부당하게 생각해 볼 때	고전 14:20	1781-07-06	Ⅵ. 350-60
147	빛의 자녀보다 더 지혜롭게	눅 16:8	1735(?)	not present
116	사람은 무엇인가?	시 8:4	1788-05-02	Ⅶ. 225-30
128	사람의 마음의 거짓성	렘 17:9	1790-04-21	Ⅶ. 335-43
103	사람은 무엇인가?	시 8:3~4	1787-07-23	Ⅶ. 167-74

■ 웨슬리 설교목록 A

번호	설교제목	성경본문	설교년월일	잭슨전집 페이지
149	사랑에 관하여	고전 13:3	1737-02-20	Ⅶ. 492-99
042	사탄의 간계	고후 2:11	1750	Ⅵ. 32-43
055	삼위일체에 관하여	요일 5:7	1775-05-07	Ⅵ. 199-206
112	새 교회의 초석을 놓음에 있어	민 23:23	1777-04-21	Ⅶ. 419-30
064	새 창조	계 21:5	1785-11-12	Ⅵ. 288-96
052	생활습성의 개혁	시 94:16	1763-01-30	Ⅵ. 149-67
051	선량한 청지기	눅 16:2	1768-05-14	Ⅵ. 136-49
109	선한 사람의 수고와 안식	욥 3:17	1735-09-21	Ⅶ. 365-72
071	선한 천사들에 관하여	히 1:14	1783-01-02	Ⅵ. 361-70
101	성례전에 참여하는 의무	눅 22:19	1787	Ⅶ. 147-57
010	성령의 증거 - Ⅰ	롬 8:16	1746	Ⅴ. 111-23
011	성령의 증거 - Ⅱ	롬 8:16	1767-04-04	Ⅴ. 123-34
008	성령의 첫 열매	롬 8:1	1746	Ⅴ. 87-97
043	성서적 구원의 길	엡 2:8	1765	Ⅵ. 43-54
004	성서적 기독교	행 4:31	1744-08-24	Ⅴ. 37-52
080	세상과 벗하는 일에 관하여	약 4:4	1786-05-01	Ⅵ. 452-63
126	세상의 어리석음에 관하여	눅 12:20	1790-02-17	Ⅶ. 305-11
093	세월을 아끼는 일에 관하여	엡 5:16	1782-01-20	Ⅶ. 67-75
066	시대의 징조들	마 16:3	1787-08-27	Ⅵ. 304-13
045	신생	요 3:7	1760	Ⅵ. 65-77
018	신생의 표적	요 3:8	1748	Ⅴ. 212-23
041	방황하는 생각	고후 10:5	1762	Ⅵ. 23-32
098	병자 심방에 관하여	마 25:36	1786-05-23	Ⅶ. 117-27

번호	설교제목	성경본문	설교년월일	잭슨전집 페이지
119	보고 걷는 것과 믿음으로 걷는 것	고후 5:7	1788-12-30	Ⅶ. 256-64
089	보다 좋은 길(은사)	고전 12:31	1787-07-08	Ⅶ. 26-37
063	복음의 보편적 전파	사 11:9	1783-04-22	Ⅵ. 277-88
088	복장에 관하여	벧전 3:3~4	1786-12-30	Ⅶ. 15-26
087	부(자)의 위험	딤전 6:9	1781-01-02	Ⅶ. 1-15
131	부를 축적하는 데 따르는 위험	시 62:10	1790-09-21	Ⅶ. 355-62
096	부모에 대한 순종에 관하여	골 3:20	1784-09-10	Ⅶ. 98-108
108	부에 관하여	마 19:24	1788-04-22	Ⅶ. 214-22
075	분열에 관하여	고전 12:25	1786-03-30	Ⅵ. 401-10
070	불편부당하게 생각해 볼 때	고전 14:20	1781-07-06	Ⅵ. 350-60
147	빛의 자녀보다 더 지혜롭게	눅 16:8	1735(?)	not present
116	사람은 무엇인가?	시 8:4	1788-05-02	Ⅶ. 225-30
128	사람의 마음의 거짓성	렘 17:9	1790-04-21	Ⅶ. 335-43
103	사람은 무엇인가?	시 8:3~4	1787-07-23	Ⅶ. 167-74
149	사랑에 관하여	고전 13:3	1737-02-20	Ⅶ. 492-99
042	사탄의 간계	고후 2:11	1750	Ⅵ. 32-43
055	삼위일체에 관하여	요일 5:7	1775-05-07	Ⅵ. 199-206
112	새 교회의 초석을 놓음에 있어	민 23:23	1777-04-21	Ⅶ. 419-30
064	새 창조	계 21:5	1785-11-12	Ⅵ. 288-96
052	생활습성의 개혁	시 94:16	1763-01-30	Ⅵ. 149-67
051	선량한 청지기	눅 16:2	1768-05-14	Ⅵ. 136-49
109	선한 사람의 수고와 안식	욥 3:17	1735-09-21	Ⅶ. 365-72
071	선한 천사들에 관하여	히 1:14	1783-01-02	Ⅵ. 361-70

■ 웨슬리 설교목록 A

번호	설교제목	성경본문	설교년월일	잭슨전집 페이지
101	성례전에 참여하는 의무	눅 22:19	1787	Ⅶ. 147-57
010	성령의 증거 - Ⅰ	롬 8:16	1746	Ⅴ. 111-23
011	성령의 증거 - Ⅱ	롬 8:16	1767-04-04	Ⅴ. 123-34
008	성령의 첫 열매	롬 8:1	1746	Ⅴ. 87-97
043	성서적 구원의 길	엡 2:8	1765	Ⅵ. 43-54
004	성서적 기독교	행 4:31	1744-08-24	Ⅴ. 37-52
080	세상과 벗하는 일에 관하여	약 4:4	1786-05-01	Ⅵ. 452-63
126	세상의 어리석음에 관하여	눅 12:20	1790-02-17	Ⅶ. 305-11
093	세월을 아끼는 일에 관하여	엡 5:16	1782-01-20	Ⅶ. 67-75
066	시대의 징조들	마 16:3	1787-08-27	Ⅵ. 304-13
045	신생	요 3:7	1760	Ⅵ. 65-77
033	우리 주님의 산상수훈 - 13	마 7:21~27	1750	Ⅴ. 423-33
135	우리를 보호하는 천사	시 91:11	1726-09-29	not present
085	우리의 구원을 성취함에 있어서	빌 2:12~13	1785-09-10	Ⅵ. 506-13
029	우리의 의가 되신 주	렘 23:6	1765-11-24	Ⅴ. 234-46
044	원죄	창 6:5	1759	Ⅵ. 54-65
138	위선에 관하여	요 1:47	1728-01-17	not present
082	의혹에 관하여	고전 10:13	1786-10-07	Ⅵ. 475-84
123	육으로 그리스도를 아는 것에 관하여	고후 5:16	1789-08-15	Ⅶ. 291-96
034	율법의 본질 및 기능과 사용	롬 7:12	1750	Ⅴ. 433-46
016	은총의 수단	말 3:7	1746	Ⅴ. 185-201
115	부자와 나사로	눅 16:31	1788-03-25	Ⅶ. 244-55
099	의에 대한 보상	마 25:34	1777-11-23	Ⅶ. 127-38

번호	설교제목	성경본문	설교년월일	잭슨전집 페이지
065	이웃을 책망하는 일에 관하여	레 19:17	1787-07-28	VI. 296-304
140	이해에 대한 약속	요 13:7	1730-10-13	069
069	인간지식의 불완전	고전 13:9	1784-03-05	VI. 337-50
083	인내에 관하여	약 1:4	1784-03-04	VI. 484-92
057	인류의 타락에 관하여	창 3:19	1782-03-13	VI. 215-24
048	자기 부정	눅 9:23	1760	VI. 103-14
095	자녀 교육에 관하여	잠 22:6	1783-07-12	VII. 86-98
091	자선에 관하여	고전 13:1~3	1784-10-15	VII. 45-57
003	잠자는 자여 깰지어다	엡 5:14	1742-04-04	V. 17-25
136	죽은 자를 애도함에 있어서	삼하 12:23	1727-01-11	VII. 463-68
133	죽음과 그로부터의 해방	욥 3:17	1725-10-01	not present
084	중요한 질문	마 16:26	1775-09-11	VI. 493-505
102	지난 시간들에 관하여	전 7:10	1787-06-27	VII. 157-66
073	지옥에 관하여	막 9:48	1782-10-10	VI. 381-91
129	질그릇에 담긴 하늘의 보화	고후 4:7	1790-06-17	VII. 344-48
090	참 이스라엘 사람	요 1:47	1785-07-08	VII. 37-45
113	최근 북미에서의 하나님의 사역	겔 1:16	1778	VII. 409-19
015	최후의 대심판	롬 14:10	1758-03-10	V. 171-85
059	타락한 인류를 향한 하나님의 사랑	롬 5:15	1782-07-09	VI. 213-40
086	타락한 자에 대한 부르심	시 77:7~8	1778-05-50	VI. 514-27
114	플렛쳐목사의 죽음에 즈음하여	시 37:37	1785-10-24	VII. 431-49
130	하나님 없이 사는 일에 관하여	엡 2:12	1790-07-06	VII. 349-54
019	하나님께로부터 난 자의 특권	요일 3:9	1748	V. 223-33

■ 웨슬리 설교목록 A

번호	설교제목	성경본문	설교년월일	잭슨전집 페이지
134	하나님의 나라를 먼저 구하라	마 6:33	1725-11-25	not present
007	하나님의 나라에 가는 길	막 1:15	1746	V. 76-86
137	하나님의 말씀을 부패시키는 일	고후 2:17	1727-10-06	VII. 468-73
068	하나님 말씀의 지혜	롬 11:13	1784-04-28	VI. 325-37
118	하나님의 무소부재에 관하여	렘 23:24	1788-08-12	VII. 238-44
144	하나님의 사랑	막 12:30	1733-09-15	not present
067	하나님의 섭리에 관하여	눅 12:7	1786-03-03	VI. 313-25
120	하나님의 일체성	막 12:32~33	1789-04-09	VII. 264-73
107	하나님의 포도밭	사 5:4	1787-10-17	VII. 202-19
141	하나님의 형상	창 1:27	1730-11-01	not present
056	하나님이 시인하신 일들	창 1:31	1728-07-08	VI. 206-15
145	하늘에서와 같이 땅 위에서도	마 6:10	1734-04-20	not present
148	한 가지 의도	마 6:22~23	1736-02-03	not present
146	한 가지 필요한 것이 있는데	눅 10:42	1734-05	not present
127	혼인 예복에 관하여	마 22:12	1790-03-26	VII. 311-17
053	화이트 필드 목사의 서거에 즈음하여	민 23:10	1770-11-18	VI. 167-82

웨슬리 설교목록 B (아우틀러편, 웨슬리 전집에 실린 순에 따름)

* 1~33은 제 1 권에
* 34~70은 제 2 권에
* 71~114은 제 3 권에
* 115~151은 제 4 권에 수록되어 있음

번호(O)	Subjuct(제목)	설교제목	성경본문	설교년월일
001	Salvation by Faith	믿음으로 말미암는 구원	엡 2:8	1738-06-11
002	The Almost Christian	거지반(90%)의 그리스도인	행 26:28	1741-07-25
003	Awake Thou That Sleepest	잠자는 자여 깰지어다	엡 5:14	1742-04-04
004	Scriptural Christianity	성서적 기독교	행 4:31	1744-08-24
005	Justification by Faith	믿음으로 의롭다함을 받음	롬 4:5	1746
006	The Righteousness of Faith	믿음에서 나는 의	롬 10:5~8	1746
007	The Way to the Kingdom	하나님의 나라에 가는 길	막 1:15	1746
008	The First-fruits of the Spirit	성령의 첫 열매	롬 8:1	1746
009	The Spirit of Bondage and Adoption	양자의 영과 노예의 영	롬 8:15	1746
010	The Witness of the Spirit- I	성령의 증거 - I	롬 8:16	1746
011	The Witness of the Spirit- II	성령의 증거 - II	롬 8:16	1767-04-04
012	The Witness of Our Own Spirit	우리 영의 증거	고후 1:12	1746
013	On Sin in Believers	신자 안에 있는 죄에 대하여	고후 5:17	1763-03-28
014	The Repentance of Believers	신자의 회개	막 1:15	1767-04-24
015	The Great Assize	최후의 대심판	롬 14:10	1758-03-10
016	The Means of Grace	은총의 수단	말 3:7	1746
017	The Circumcision of the Heart	마음의 할례	롬 2:29	1733-01-01
018	The Marks of the New Birth	신생의 표적	요 3:8	1748
019	The Great Privilege of those that are Born of God	하나님께로부터 난 자의 특권	요일 3:9	1748

■ 웨슬리 설교목록 B

번호(0)	Subjuct(제목)	설교제목	성경본문	설교년월일
020	The Lord our Righteousness	우리의 의가 되신 주	렘 23:6	1765-11-24
021	Upon Our Lord's Sermon of the Mount, I	우리 주님의 산상수훈 - I	마 5:1~4	1748
022	Upon Our Lord's Sermon of the Mount, II	우리 주님의 산상수훈 - II	마 5:5~7	1748
023	Upon Our Lord's Sermon of the Mount, III	우리 주님의 산상수훈 - III	마 5:8~12	1748
024	Upon Our Lord's Sermon of the Mount, IV	우리 주님의 산상수훈 - IV	마 5:13~16	1748
025	Upon Our Lord's Sermon of the Mount, V	우리 주님의 산상수훈 - V	마 5:17~20	1748
026	Upon Our Lord's Sermon of the Mount, VI	우리 주님의 산상수훈 - VI	마 6:1~5	1748
027	Upon Our Lord's Sermon of the Mount, VII	우리 주님의 산상수훈 - VII	마 6:16~18	1748
028	Upon Our Lord's Sermon of the Mount, VIII	우리 주님의 산상수훈 - VIII	마 6:19~23	1748
029	Upon Our Lord's Sermon of the Mount, IX	우리 주님의 산상수훈 - IX	마 6:24~34	1748
030	Upon Our Lord's Sermon of the Mount, X	우리 주님의 산상수훈 - X	마 7:1~12	1750
031	Upon Our Lord's Sermon of the Mount, XI	우리 주님의 산상수훈 - XI	마 7:13~14	1750
032	Upon Our Lord's Sermon of the Mount, XII	우리 주님의 산상수훈 - XII	마 7:15~20	1750
033	Upon Our Lord's Sermon of the Mount, XIII	우리 주님의 산상수훈-XIII	마 7:21~27	1750
034	The Original Nature, Properties, and Use of the Law	율법의 본질, 기능과 사용	롬 7:12	1750
035	The Law Established through Faith - I	믿음으로 세워지는 율법- I	롬 3:31	1750
036	The Law Established through Faith - II	믿음으로 세워지는 율법- II	롬 3:31	1750
037	The Nature of Enthusiasm	열심의 성격	행 26:24	1750
038	A Caution against Bigotry	고집(완고함)에 대한 경계	막 9:38~39	1750
039	Catholic Spirit	관용의 정신	왕하 10:15	1750
040	Christian Perfection	그리스도인의 완전	빌 3:21	1741
041	Wandering Thoughts	방황하는 생각	고후 10:5	1762
042	Satan's Devices	사탄의 간계	고후 2:11	1750

번호(0)	Subjuct(제목)	설교제목	성경본문	설교년월일
043	The Scripture Way of Salvation	성서적 구원의 길	엡 2:8	1765
044	Original Sin	원죄	창 6:5	1759
045	The New Birth	신생	요 3:7	1760
046	The Wilderness State	광야의 상태	요 16:22	1760
047	Heaveness through Manifold Temptations	여러 시험을 당할 때의 중압감	벧전 1:6	1760
048	Self-denial	자기 부정	눅 9:23	1760
049	The Cure of Evil-speaking	악담에 대한 치유	마 18:15~17	1760
050	The Use of Money	금전의 사용	눅 16:9	1760
051	The Good Steward	선량한 청지기	눅 16:2	1768-05-14
052	The Reformation of Manners	생활습성의 개혁	시 94:16	1763-01-30
053	On the Death of George Whitefield	화이트 필드 목사의 서거에 즈음하여	민 23:10	1770-11-18
054	On Eternity	영원에 관하여	시 90:2	1786-06-28
055	On the Trinity	삼위일체에 관하여	요일 5:7	1775-05-07
056	God's Approbation of His Works	하나님이 시인하신 일들	창 1:31	1782-07-08
057	On the Fall of Man	인류의 타락에 관하여	창 3:19	1782-03-13
058	On Predestination	예정에 관하여	롬 8:29~30	1773-06-05
059	God's Love to Fallen Man	타락한 인류를 향한 하나님의 사랑	롬 5:15	1782-07-09
060	The General Deliverance	만물의 회복	롬 8:19~22	1781-11-30
061	The Mystery of iniquity	악의 신비	살후 2:7	1783-05-06
062	The End of the Christ's Coming	그리스도의 오신 목적	요일 3:8	1781-01-20
063	The General Spread of the Gospel	복음의 보편적 전파	사 11:9	1783-04-22
064	The New Creation	새 창조	계 21:5	1785-11-12
065	The Duty of Reproving our Neighbour	이웃을 책망하는 일에 관하여	레 19:27	1787-07-28

웨슬리 설교목록 B

번호(O)	Subjuct(제목)	설교제목	성경본문	설교년월일
066	The Signs of the Times	시대의 징조들	마 16:3	1787-08-27
067	On Divine Providence	하나님의 섭리에 관하여	눅 12:7	1786-03-03
068	The Wisdom of God's Counsels	하나님의 말씀의 지혜	롬 11:13	1784-04-28
069	The Imperfection of Human Knowledge	인간지식의 불완전	고전 13:9	1784-03-05
070	The Case of Reason Impartially Considered	불편부당하게 생각해 볼 때	고전 14:20	1781-07-06
071	Of Good Angels	선한 천사들에 관하여	히 1:14	1783-01-02
072	Of Evil Angels	악한 천사들에 관하여	엡 6:12	1783-01-07
073	Of Hell	지옥에 관하여	막 9:48	1782-10-10
074	Of the Church	교회에 관하여	엡 4:1~6	1785-09-28
075	On Schism	분열에 관하여	고전 12:25	1786-03-30
076	On Perfection	완전에 관하여	히 6:1	1784-12-06
077	Spiritual Worship	영적 예배	요일 5:20	1780-12-22
078	Spiritual Idolatry	영적 우상 숭배	요일 5:21	1781-01-05
079	On Dissipation	낭비에 관하여	고전 7:15	1784-01-02
080	On Friendship with the World	세상과 벗하는 일에 관하여	야 4:4	1786-05-01
081	In What Sense we are to Leave the World	어떤 의미에서 세상을 떠나야 하나?	고후 6:17~18	1784-07-17
082	On Temptation	유혹에 관하여	고전 10:13	1786-10-07
083	On Patience	인내에 관하여	야 1:4	1784-03-04
084	The Importance Question	중요한 질문	마 16:26	1775-09-11
085	On Working Out Our Own Salvation	우리의 구원을 성취함에 있어서	빌 2:12~13	1785-09-10
086	A Call to Backsliders	타락한 자에 대한 부름	시 77:7~8	1778-05-20
087	The Danger of Riches	부(자)의 위험	딤전 6:9	1781-01-02
088	On Dress	복장에 관하여	벧전 3:3~4	1786-12-90

번호(0)	Subjuct(제목)	설교제목	성경본문	설교년월일
089	The More Excellent Way	보다 좋은 길(은사)	고전 12:31	1787-07-08
090	An Israelite Indeed	참 이스라엘 사람	요 1:47	1785-07-08
091	On Charity	자선에 관하여	고전 13:1~3	1784-10-15
092	On Zeal	열심에 관하여	갈 4:18	1781-05-06
093	On Redeeming the Time	세월을 아끼는 일에 관하여	엡 5:16	1782-01-20
094	On Family Religion	사정의 신앙생활에 관하여	수 24:15	1783-05-26
095	On the Education of Children	자녀 교육에 관하여	잠 22:6	1783-07-12
096	On Obedience to Parents	모에 대한 순종에 관하여	골 3:20	1784-09-10
097	On Obedience to Pastors	목사에 대한 순종에 관하여	히 13:17	1785-05-18
098	On Visiting the Sick	병자 심방에 관하여	마 25:36	1786-05-23
099	The Reward of Righteousness	의에 대한 보상	마 25:34	1777-11-23
100	On Pleasing All Men	모든 사람을 즐겁게 하는 일에 관하여	롬 15:2	1787-05-22
101	The Duty of Constant communion	성례전에 참여하는 의무	눅 22:19	1787
102	Of Former Times	지난 시간들에 관하여	전 7:10	1787-06-27
103	What is Man?	사람은 무엇인가?	시 8:3~4	1787-07-23
104	On Attending the Church Service	교회출석에 관하여	삼상 2:17	1787-10-07
105	On Conscience	양심에 관하여	고후 1:12	1788-04-08
106	On Faith	믿음에 관하여	히 11:6	1788-04-09
107	On God's Vineyard	하나님의 포도밭	사 5:4	1787-10-17
108	On Riches	부에 관하여	마 19:24	1788-04-22
109	The Trouble and Rest of Good Men	선한 사람의 수고와 안식	욥 3:17	1735-09-21
110	Free Grace	값없이 주시는 은혜	롬 8:32	1739-04-29
111	National Sins and Miseries	국가적 죄와 비극들	삼하 24:17	1775-11-07

■ 웨슬리 설교목록 B

번호(0)	Subjuct(제목)	설교제목	성경본문	설교년월일
112	On Laying the Foundation of the New Gospel	새 교회의 초석을 놓음에 있어	민 23:23	1777-04-21
113	The Late Work of God in North America	최근 북미에서의 하나님의 사역	겔 1:16	1778
114	On the Death of John Fletcher	플렛쳐목사의 죽음에 즈음하여	시 37:37	1785-10-24
115	Dives and Lazarus	부자와 나사로	눅 16:31	1788-03-25
116	What is Man?	사람은 무엇인가?	시 8:4	1788-05-02
117	On the Discoveries of Faith	믿음을 되찾음에 관하여	히 11:1	1788-06-11
118	On the Omnipresence of God	하나님의 무소부재에 관하여	렘 23:24	1788-08-12
119	Walking by Sight and Walking by Faith	보고 걷는 것과 믿음으로 걷는 것	고후 5:7	1788-12-30
120	The Unity of the Divine Being	하나님의 일체성	막 12:32~33	1789-04-09
121	Prophets and Priests	예언자와 제사장	히 5:4	1789-05-04
122	Causes of the Inefficacy of Christianity	기독교의 부진한 이유들	렘 8:22	1789-07-02
123	On Knowing Christ after Flesh	육으로 그리스도를 아는 것에 대하여	고후 5:16	1789-08-15
124	Human Life a Dream	꿈과 같은 인생	시 73:20	1789-08
125	On a Single Eye	오로지 한 눈으로	마 6:22~23	1789-09-25
126	On Worldly Folly	세상의 어리석음에 관하여	눅 12:20	1790-02-19
127	On the Wedding Garment	혼인 예복에 관하여	마 22:12	1790-03-26
128	The Deceitfulness of the Human Heart	사람의 마음의 거짓말	렘 17:9	1790-04-21
129	Heavenly treasure in Earthen Vessels	질그릇에 담긴 하늘의 보화	고후 4:7	1790-06-17
130	On Living without God	하나님 없이 사는 일에 관하여	엡 2:12	1790-07-06
131	The Danger of Increasing Riches	부를 더하여 감에 따르는 위험	시 62:10	1790-09-21
132	On Faith	믿음에 관하여	히 11:1	1791-01-17
133	Death and Delieverance	죽음과 그에서의 예방	욥 3:17	1725-10-01
134	Seek First the Kingdom	하나님 나라를 먼저 구하라	마 6:33	1725-11-25

번호(0)	Subjuct(제목)	설교제목	성경본문	설교년월일
135	On Guardian Angeles	우리를 보호하는 천사	시 91:11	1726-09-29
136	On Mourning for the Dead	죽은 자를 애도함에 있어서	삼하 12:23	1727-01-11
137	On Corrupting the Word of God	하나님의 말씀을 부패시키는 일	고후 2:17	1727-10-06
138	On disssimulation	위선에 관하여	요 1:47	1728-01-17
139	On the Sabbath	안식일에 대하여	출 20:8	1730-07-04
140	The Promise of Understanding	이해에 대한 약속	요 13:7	1730-10-13
141	The Image of God	하나님의 형상	창 1:27	1730-11-01
142	The Wisdom of Winning Souls	영혼을 구원하는 지혜	잠 11:30	1731-07-12
143	Public Diversion Denounced	고발된 공중 오락	암 3:6	1732-09-03
144	The Love of God	하나님의 사랑	막 12:30	1733-09-15
145	In Earth as in Heaven	하늘에서 같이 땅 위에서도	마 6:10	1734-04-20
146	The One Thing Needful	한 가지 필요한 것이 있는데	눅 10:42	1734-05
147	Wiser than the Children of Light	빛의 자녀보다 더 지혜롭게	눅 16:8	1735(?)
148	A Single Intention	한 가지 의도	마 6:22~23	1736-02-03
149	On Love	사랑에 관하여	고전 13:3	1737-02-20
150	Hypocrisy in Oxford (English text)	옥스퍼드에서의 위선	사 1:21	1741-06-24
151	Hypocrisy in Oxford (Latin text)	옥스퍼드에서의 위선	사 1:21	1741-06-27

웨슬리 설교목록 C THE SERMONS OF JOHN WESLEY

(영어 설교 제목순에 따름)

Outler#	Subjuct	Bible Text	Date	Jackson#
086	A Call to Backsliders	Ps 77:7~8	1778-05-20	VI. 514-27
038	A Caution against Bigotry	Lk 9:38~39	1750	V. 479-92
148	A Single Intention	Mt 6:22~23	1736-02-03	not present
090	An Israelite Indeed	John 1:47	1785-07-08	VII. 37-45
003	Awake Thou That Sleepest	Eph 5:14	1742-04-04	V. 17-25
039	Catholic Spirit	2King 10:15	1750	V. 492-504
122	Causes of the Inefficacy of Christianity	Jer 8:22	1789-07-02	VII. 281-90
040	Christian Perfection	Phil 3:21	1741	VI. 1-22
133	Death and Delieverance	Job 3:17	1725-10-01	not present
115	Dives and Lazarus	Lk 16:31	1788-03-25	VII. 244-55
110	Free Grace	Rom 8:32	1739-04-29	VII. 373-86
056	God's Approbation of His Works	Gen 1:31	1782-07-08	VI. 206-15
059	God's Love to Fallen Man	Rom 5:15	1782-07-09	VI. 231-40
129	Heavenly treasure in Earthen Vessels	2 Cor 4:7	1790-06-17	VII. 344-48
047	Heaveness through Manifold Temptations	1 Pet 1:6	1760	VI. 91-103
124	Human Life a Dream	Ps 73:20	1789-08	VII. 318-25
150	Hypocrisy in Oxford, English text	Is 1:21	1741-06-24	VII. 452-62
151	Hypocrisy in Oxford, Latin text	Is 1:21	1741-06-27	not present
145	In Earth as in Heaven	Mt 6:10	1734-04-20	not present
081	In What Sense we are to Leave the World	1 Cor 6:17~18	1784-07-17	VI. 464-75

Outler#	Subjuct	Bible Text	Date	Jackson#
005	Justification by Faith	Rom 4:5	1746	V. 53-64
111	National Sins and Miseries	2 Sam 24:17	1775-11-07	VII. 400-408
072	Of Evil Angels	Eph 6:12	1783-01-07	VI. 370-80
102	Of Former Times	Ecc 7:10	1787-06-27	VII. 157-66
071	Of Good Angels	Heb 1:14	1783-01-02	VI. 361-70
073	Mk 9:48	Mk 9:48	1782-10-10	VI. 381-91
074	Of the Church	Eph 4:1~6	1785-09-28	VI. 392-401
125	On a Single Eye	Mt 6:22~23	1789-09-25	VII. 297-VII.
104	On Attending the Church Service	1 Sam 2:17	1787-10-07	174-85
091	On Charity	1 Cor 13:1~3	1784-10-15	VII. 45-57
105	On Conscience	2 Cor 1:12	1788-04-08	VII. 186-94
137	On Corrupting the Word of God	2 Cor 2:17	1727-10-06	VII. 468-73
138	On disssimulation	John 1:47	1728-01-17	not present
079	On Dissipation	1 Cor 7:15	1784-01-02	V. 444-25
067	On Divine Providence	Lk 12:7	1786-03-03	VI. 313-25
088	On Dress	1 Pet 3:3~4	1786-12-90	VII. 15-26
054	On Eternity	Ps 90:2	1786-06-28	VI. 189-98
106	On Faith	Heb 11:6	1788-04-09	VII. 195-
132	On Faith	Heb 11:1	1791-01-17	VII. 326-35
094	On Family Religion	Josh 24:15	1783-05-26	VII. 76-86
080	On Friendship with the World	James 4:4	1786-05-01	VI. 452-63
107	On God's Vineyard	Is 5:4	1787-10-17	VII. 202-13
135	On Guardian Angeles	Ps 91:11	1726-09-29	not presentVII.

■ 웨슬리 설교목록 C

Outler#	Subjuct	Bible Text	Date	Jackson#
123	On Knowing Christ after Flesh	2 Cor 5:16	1789-08-15	291-96
112	On Laying the Foundation of the New Gospel	Num 23:23	1777-04-21	Ⅶ. 419-30
130	On Living without God	Eph 2:12	1790-07-06	Ⅶ. 349-54Ⅶ.
149	On Love	1 Cor 13:3	1737-02-20	492-99
136	On Mourning for the Dead	2 Sam 12:23	1727-01-11	Ⅶ. 463-68
096	On Obedience to Parents	Col 3:20	1784-09-10	Ⅶ. 98-108
097	On Obedience to Pastors	Heb 13:17	1785-05-18	Ⅶ. 108-16
083	On Patience	James 1:4	1784-03-04	Ⅵ. 484-92
076	On Perfection	Heb 6:1	1784-12-06	Ⅵ. 411-24
100	On Pleasing All Men	Rom 15:2	1787-05-22	Ⅶ. 139-46
058	On Predestination	Rom 8:29~30	1773-06-05	Ⅵ. 225-30
093	On Redeeming the Time	Eph 5:16	1782-01-20	Ⅶ. 67-75
108	On Riches	Mt 19:24	1788-04-22	Ⅶ. 214-22
075	On Schism	1 Cor 12:25	1786-03-30	Ⅵ. 410-10
013	On Sin in Believers	2 Cor 5:17	1763-03-28	Ⅴ. 144-56
082	On Temptation	1 Cor 10:13	1786-10-07	Ⅵ. 475-84
053	On the Death of George Whitefield	Num 23:10	1770-11-18	Ⅵ. 167-82
114	On the Death of John Fletcher	Ps 37:37	1785-10-24	Ⅶ. 431-49
117	On the Discoveries of Faith	Heb 11:1	1788-06-11	Ⅶ. 231-38
095	On the Education of Children	Prov 22:6	1783-07-12	Ⅶ. 86-98
057	On the Fall of Man	Gen 3:19	1782-03-13	Ⅵ. 215-24
118	On the Omnipresence of God	Jer 23:24	1788-08-12	Ⅶ. 238-44
139	On the Sabbath	Ex 20:8	1730-07-04	not present

Outler#	Subjuct	Bible Text	Date	Jackson#
055	On the Trinity	1 Jn 5:7	1775-05-07	VI. 199-206
127	On the Wedding Garment	Mt 22:12	1790-03-26	VII. 311-17
098	On Visiting the Sick	Mt 25:36	1786-05-23	VII. 117-27
085	On Working Out Our Own Salvation	Phil 2:12~13	1785-09-10	VI. 506-13
126	On Worldly Folly	Lk 12:20	1790-02-19	VII. 305-11
092	On Zeal	Gal 4:18	1781-05-06	VII. 57-67
044	Original Sin	Gen 6:5	1759	VI. 54-65
121	Prophets and Priests	Heb 5:4	1789-05-04	VII. 273-81
143	Public Diversion Denounced	Amos 3:6	1732-09-03	VII. 500-508
001	Salvation by Faith	Eph 2:8	1738-06-11	V. 1-6
042	Satan's Devices	2 Cor 2:11	1750	VI. 32-43
004	Scriptural Christianity	Acts 4:31	1744-08-24	V. 37-52
134	Seek First the Kingdom	Mt 6:33	1725-11-25	not present
048	Self-denial	Lk 9:23	1760	VI. 104-14
078	Spiritual Idolatry	1 Jn 5:21	1781-01-05	VI. 435-44
077	Spiritual Worship	1 Jn 5:20	1780-12-22	VI. 424-35
002	The Almost Christian	Acts 26:28	1741-07-25	V. 7-16
070	The Case of Reason Impartially Considered	1 Cor 14:20	1781-07-06	VI. 350-60
017	The Circumcision of the Heart	Rom 2:29	1733-01-01	V. 202-12
049	The Cure of Evil-speaking	Mt 18:15~17	1760	VI. 114-24
131	The Danger of Increasing Riches	Ps 62:10	1790-09-21	VII. 355-62
087	The Danger of Riches	1 Tim 6:9	1781-01-02	VII. 1-15
128	The Deceitfulness of the Human Heart	Jer 17:9	1790-04-21	VII. 335-43

■ 웨슬리 설교목록 C

Outler#	Subjuct	Bible Text	Date	Jackson#
065	The Duty of Reproving our Neighbour	Jer 19:27	1787-07-28	Ⅵ. 296-304
101	The Duty of Constant communion	Lk 22:19	1787	Ⅶ. 147-57
062	The End of the Christ's Coming	1 Jn 3:8	1781-01-20	Ⅵ. 267-77
008	The First-fruits of the Spirit	Rom 8:1	1746	Ⅴ. 87-97
060	The General Deliverance	Rom 8:19~22	1781-11-30	Ⅵ. 241-52
063	The General Spread of the Gospel	Is 11:9	1783-04-22	Ⅵ. 277-88
051	The Good Steward	Lk 16:2	1768-05-14	Ⅵ. 136-49
015	The Great Assize	Rom 14:10	1758-03-10	Ⅴ. 171-85
019	The Great Privilege of those that are Born of God	1 John 3:9	1748	Ⅴ. 223-33
141	The Image of God	Gen 1:27	1730-11-01	not present
069	The Imperfection of Human Knowledge	1 Cor 13:9	1784-03-05	Ⅵ. 337-50
084	The Importance Question	Mt 16:26	1775-09-11	Ⅶ. 493-505
113	The Late Work of God in North America	Ezk 1:16	1778	Ⅶ. 409-19
035	The Law Established through Faith- Ⅰ	Rom 3:31	1750	Ⅴ. 447-57
036	The Law Established through Faith- Ⅱ	Rom 3:31	1750	Ⅴ. 458-66
020	The Lord our Righteousness	Jer 23:6	1765-11-24	Ⅴ. 234-46
144	The Love of God	Mk 12:30	1733-09-15	not present
018	The Marks of the New Birth	John 3:8	1748	Ⅴ. 212-23
016	The Means of Grace	Mal 3:7	1746	Ⅴ. 185-201
089	The More Excellent Way	1 Cor 12:31	1787-07-08	Ⅶ. 26-37
061	The Mystery of iniquity	2 Thess 2:7	1783-05-06	Ⅵ. 253-67
037	The Nature of Enthusiasm	Acts 26:24	1750	Ⅴ. 467-78
045	The New Birth	John 3:7	1760	Ⅵ. 65-77

Outler#	Subjuct	Bible Text	Date	Jackson#
064	The New Creation	Rev 21:5	1785-11-12	VI. 288-96
146	The One Thing Needful	Lk 10:42	1734-05	not present
034	The Original Nature, Properties, and Use of the Law	Rom 7:12	1750	V. 433-46
140	The Promise of Understanding	John 13:7	1730-10-13	not present
052	The Reformation of Manners	Ps 94:16	1763-01-30	VI. 149-67
014	The Repentance of Believers	Mk 1:15	1767-04-24	V. 156-70
099	The Reward of Righteousness	Mt 25:34	1777-11-23	VII. 127-38
006	The Righteousness of Faith	Rom 10:5~8	1746	V. 65-76
043	The Scripture Way of Salvation	Eph 2:8	1765	VI. 43-54
066	The Signs of the Times	Mt 16:3	1787-08-27	VI. 304-13
009	The Spirit of Bondage and Adoption	Rom 8:15	1746	V. 98-111
109	The Trouble and Rest of Good Men	Job 3:17	1735-09-21	VII. 365-72
120	The Unity of the Divine Being	Mk 12:32~33	1789-04-09	VII. 264-73
050	The Use of Money	Lk 16:9	1760	VI. 124-36
007	The Way to the Kingdom	Mark 1:15	1746	V. 76-86
046	The Wilderness State	John 16:22	1760	VI. 71-91
011	The Witness of the Spirit- II	Rom 8:16	1767-04-04	V. 123-34
068	The Wisdom of God's Counsels	Rom 11:13	1784-04-28	VI. 325-37
142	The Wisdom of Winning Souls	Prov 11:30	1731-07-12	not present
012	The Witness of Our Own Spirit	2 Cor 1:12	1746	V. 134-44
010	The Witness of the Spirit- I	Rom 8:16	1746	V. 111-23
021	Upon Our Lord's Sermon of the Mount, I	Mt 5:1~4	1748	V. 247-61
0267-22	Upon Our Lord's Sermon of the Mount, II	Mt 5:5~7	1748	V. 262-77

■ 웨슬리 설교목록 C

Outler#	Subjuct	Bible Text	Date	Jackson#
023	Upon Our Lord's Sermon of the Mount, III	Mt 5:8~12	1748	V. 278-94
024	Upon Our Lord's Sermon of the Mount, IV	Mt 5:13~16	1748	V. 294-310
025	Upon Our Lord's Sermon of the Mount, V	Mt 5:17~20	1748	V. 310-27
026	Upon Our Lord's Sermon of the Mount, VI	Mt 6:1~5	1748	V. 427-43
027	Upon Our Lord's Sermon of the Mount, VII	Mt 6:16~18	1748	V. 344-60
028	Upon Our Lord's Sermon of the Mount, VIII	Mt 6:19~23	1748	V. 361-77
029	Upon Our Lord's Sermon of the Mount, IX	Mt 6:24~34	1748	V. 378-93
030	Upon Our Lord's Sermon of the Mount, X	Mt 7:1~12	1750	V. 393-404
031	Upon Our Lord's Sermon of the Mount, XI	Mt 7:13~14	1750	V. 405-13
032	Upon Our Lord's Sermon of the Mount, XII	Mt 7:15~20	1750	V. 413-22
033	Upon Our Lord's Sermon of the Mount, XIII	Mt 7:15~20	1750	V. 423-33
119	Walking by Sight and Walking by Faith	2 Cor 5:7	1788-12-30	VII. 256-64
041	Wandering Thoughts	2 Cor 10:5	1762	VI. 23-32
103	What is Man?	Ps 8:3~4	1787-07-23	VII. 167-74
116	What is Man?	Ps 8:4	1788-05-02	VII. 225-30
147	Wiser than the Children of Light	Lk 16:8	1735(?)	not present

웨슬리 설교목록 D (설교를 출판 년도에 다라 정리함)

*번호는 웨슬리전집(아우틀라편)에 나타난 설교 목록순서(번호)

번호(0)	Subjuct(제목)	설교제목	성경본문	설교년월일
133	Death and Delieverance	죽음과 그에서의 예방	욥 3:17	1725-10-01
134	Seek First the Kingdom	하나님 나라를 먼저 구하라	마 6:33	1725-11-25
135	On Guardian Angeles	우리를 보호하는 천사	시 91:11	1726-09-29
136	On Mourning for the Dead	죽은 자를 애도함에 있어서	삼하 12:23	1727-01-11
137	On Corrupting the Word of God	하나님의 말씀을 부패시키는 일	고후 2:17	1727-10-06
138	On disssimulation	위선에 관하여	요 1:47	1728-01-17
139	On the Sabbath	안식일에 대하여	출 20:8	1730-07-04
140	The Promise of Understanding	이해에 대한 약속	요 13:7	1730-10-13
141	The Image of God	하나님의 형상	창 1:27	1730-11-01
142	The Wisdom of Winning Souls	영혼을 구원하는 지혜	잠 11:30	1731-07-12
143	Public Diversion Denounced	고발된 공중 오락	암 3:6	1732-09-03
144	The Love of God	하나님의 사랑	막 12:30	1733-09-15
145	In Earth as in Heaven	하늘에서 같이 땅 위에서도	마 6:10	1734-04-20
146	The One Thing Needful	한 가지 필요한 것이 있는데	눅 10:42	1734-05
147	Wiser than the Children of Light	빛의 자녀보다 더 지혜롭게	눅 16:8	1735(?)
109	The Trouble and Rest of Good Men	선한 사람의 수고와 안식	욥 3:17	1735-09-21
148	A Single Intention	한 가지 의도	마 6:22~23	1736-02-03
149	On Love	사랑에 관하여	고전 13:3	1737-02-20
001	Salvation by Faith	믿음으로 말미암는 구원	엡 2:8	1738-06-11

■ 웨슬리 설교목록 D

번호(O)	Subjuct(제목)	설교제목	성경본문	설교년월일
110	Free Grace	값없이 주시는 은혜	롬 8:32	1739-04-29
040	Christian Perfection	그리스도인의 완전	빌 3:21	1741
150	Hypocrisy in Oxford (English text)	옥스퍼드에서의 위선	사 1:21	1741-06-24
151	Hypocrisy in Oxford (Latin text)	옥스퍼드에서의 위선	사 1:21	1741-06-27
002	The Almost Christian	거지반(90%)의 그리스도인	행 26:28	1741-07-25
003	Awake Thou That Sleepest	잠자는 자여 깰지어다	엡 5:14	1742-04-04
004	Scriptural Christianity	성서적 기독교	행 4:31	1744-08-24
005	Justification by Faith	믿음으로 의롭다함을 받음	롬 4:5	1746
006	The Righteousness of Faith	믿음에서 나는 의	롬 10:5~8	1746
007	The Way to the Kingdom	하나님의 나라에 가는 길	막 1:15	1746
008	The First-fruits of the Spirit	성령의 첫 열매	롬 8:1	1746
009	The Spirit of Bondage and Adoption	양자의 영과 노예의 영	롬 8:15	1746
010	The Witness of the Spirit- I	성령의 증거- I	롬 8:16	1746
012	The Witness of Our Own Spirit	우리 영의 증거	고후 1:12	1746
016	The Means of Grace	은총의 수단	말 3:7	1746
018	The Marks of the New Birth	신생의 표적	요 3:8	1748
019	The Great Privilege of those that are Born of God	특권	요일 3:9	1748
021	Upon Our Lord's Sermon of the Mount, I	하나님께로부터 난 자의 특권	마 5:1~4	1748
022	Upon Our Lord's Sermon of the Mount, II	우리 주님의 산상수훈 -II	마 5:5~7	1748
023	Upon Our Lord's Sermon of the Mount, III	우리 주님의 산상수훈 -III	마 5:8~12	1748
024	Upon Our Lord's Sermon of the Mount, IV	우리 주님의 산상수훈 -IV	마 5:13~16	1748
025	Upon Our Lord's Sermon of the Mount, V	우리 주님의 산상수훈 -V	마 5:17~20	1748
026	Upon Our Lord's Sermon of the Mount, VI	우리 주님의 산상수훈 -VI	마 6:1~5	1748

번호(0)	Subjuct(제목)	설교제목	성경본문	설교년월일
027	Upon Our Lord's Sermon of the Mount, Ⅶ	우리 주님의 산상수훈 -Ⅶ	마 6:16~18	1748
028	Upon Our Lord's Sermon of the Mount, Ⅷ	우리 주님의 산상수훈 -Ⅶ	마 6:19~23	1748
029	Upon Our Lord's Sermon of the Mount, Ⅸ	우리 주님의 산상수훈 -Ⅸ	마 6:24~34	1748
030	Upon Our Lord's Sermon of the Mount, Ⅹ	우리 주님의 산상수훈 -Ⅹ	마 7:1~12	1750
031	Upon Our Lord's Sermon of the Mount, ⅩⅠ	우리 주님의 산상수훈 -ⅩⅠ	마 7:13~14	1750
032	Upon Our Lord's Sermon of the Mount, ⅩⅡ	우리 주님의 산상수훈 -ⅩⅡ	마 7:15~20	1750
033	Upon Our Lord's Sermon of the Mount, ⅩⅢ	우리 주님의 산상수훈-ⅩⅢ	마 7:21~27	1750
034	The Original Nature, Properties, and Use of the Law	율법의 본질, 기능과 사용	롬 7:12	1750
035	The Law Established through Faith- Ⅰ	믿음으로 세워지는 율법- Ⅰ	롬 3:31	1750
036	The Law Established through Faith- Ⅱ	믿음으로 세워지는 율법- Ⅱ	롬 3:31	1750
037	The Nature of Enthusiasm	열심의 성격	행 26:24	1750
038	A Caution against Bigotry	고집(완고함)에 대한 경계	막 9:38~39	1750
039	Catholic Spirit	관용의 정신	왕하 10:15	1750
042	Satan's Devices	사탄의 간계	고후 2:11	1750
015	The Great Assize	최후의 대심판	롬 14:10	1758-03-10
044	Original Sin	원죄	창 6:5	1759
045	The New Birth	신생	요 3:7	1760
046	The Wilderness State	광야의 상태	요 16:22	1760
047	Heaveness through Manifold Temptations	여러 시험을 당할 때의 중압감	벧전 1:6	1760
048	Self-denial	자기 부정	눅 9:23	1760
049	The Cure of Evil-speaking	악담에 대한 치유	마 18:15~17	1760
050	The Use of Money	금전의 사용	눅 16:9	1760
041	Wandering Thoughts	방황하는 생각	고후 10:5	1762

■ 웨슬리 설교목록 D

번호(0)	Subjuct(제목)	설교제목	성경본문	설교년월일
052	The Reformation of Manners	생활습성의 개혁	시 94:16	1763-01-30
013	On Sin in Believers	신자 안에 있는 죄에 대하여	고후 5:17	1763-03-28
043	The Scripture Way of Salvation	성서적 구원의 길	엡 2:8	1765
020	The Lord our Righteousness	우리의 의가 되신 주	렘 23:6	1765-11-24
011	The Witness of the Spirit-II	성령의 증거-II	롬 8:16	1767-04-04
014	The Repentance of Believers	신자의 회개	막 1:15	1767-04-24
051	The Good Steward	선량한 청지기	눅 16:2	1768-05-14
053	On the Death of George Whitefield	화이트 필드 목사의 서거에 즈음하여	민 23:10	1770-11-18
058	On Predestination	예정에 관하여	롬 8:29~30	1773-06-05
055	On the Trinity	삼위일체에 관하여	요일 5:7	1775-05-07
084	The Importance Question	중요한 질문	마 16:26	1775-09-11
111	National Sins and Miseries	국가적 죄와 비극들	삼하 24:17	112
112	On Laying the Foundation of the New Gospel	새 교회의 초석을 놓음에 있어	민 23:23	1777-04-21
099	The Reward of Righteousness	의에 대한 보상	마 25:34	1777-11-23
113	The Late Work of God in North America	최근 북미에서의 하나님의 사역	겔 1:16	1778
086	A Call to Backsliders	타락한 자에 대한 부름	시 77:7~8	1778-05-20
077	Spiritual Worship	영적 예배	요일 5:20	1780-12-22
087	The Danger of Riches	부(자)의 위험	딤전 6:9	1781-01-02
078	Spiritual Idolatry	영적 우상 숭배	요일 5:21	1781-01-05
062	The End of the Christ's Coming	그리스도의 오신 목적	요일 3:8	1781-01-20
092	On Zeal	열심에 관하여	갈 4:18	1781-05-06
070	The Case of Reason Impartially Considered	불편부당하게 생각해 볼 때	고전 14:20	1781-07-06
060	The General Deliverance	만물의 회복	롬 8:19~22	1781-11-30

번호(O)	Subjuct(제목)	설교제목	성경본문	설교년월일
093	On Redeeming the Time	세월을 아끼는 일에 관하여	엡 5:16	1782-01-20
057	On the Fall of Man	인류의 타락에 관하여	창 3:19	1782-03-13
056	God's Approbation of His Works	하나님이 시인하신 일들	창 1:31	1782-07-08
059	God's Love to Fallen Man	타락한 인류를 향한 하나님의 사랑	롬 5:15	1782-07-09
073	Of Hell	지옥에 관하여	막 9:48	1782-10-10
071	Of Good Angels	선한 천사들에 관하여	히 1:14	1783-01-02
072	Of Evil Angels	악한 천사들에 관하여	엡 6:12	1783-01-07
063	The General Spread of the Gospel	복음의 보편적 전파	사 11:9	1783-04-22
061	The Mystery of iniquity	악의 신비	살후 2:7	1783-05-06
094	On Family Religion	사정의 신앙생활에 관하여	수 24:15	1783-05-26
095	On the Education of Children	자녀 교육에 관하여	잠 22:6	1783-07-12
079	On Dissipation	낭비에 관하여	고전 7:15	1784-01-02
083	On Patience	인내에 관하여	야 1:4	1784-03-04
069	The Imperfection of Human Knowledge	인간지식의 불완전	고전 13:9	1784-03-05
068	The Wisdom of God's Counsels	하나님의 말씀의 지혜	롬 11:13	1784-04-28
081	In What Sense we are to Leave the World	어떤 의미에서 세상을 떠나야 하나?	고후 6:17~18	1784-07-17
096	On Obedience to Parents	자선에 관하여	골 3:20	1784-09-10
091	On Charity	부모에 대한 순종에 관하여	고전 13:1~3	1784-10-15
076	On Perfection	완전에 관하여	히 6:1	1784-12-06
097	On Obedience to Pastors	목사에 대한 순종에 관하여	히 13:17	1785-05-18
090	An Israelite Indeed	참 이스라엘 사람	요 1:47	1785-07-08
085	On Working Out Our Own Salvation	우리의 구원을 성취함에 있어서	빌 2:12~13	1785-09-10
074	Of the Church	교회에 관하여	엡 4:1~6	1785-09-28

■ 웨슬리 설교목록 D

번호(O)	Subjuct(제목)	설교제목	성경본문	설교년월일
114	On the Death of John Fletcher	플렛쳐목사의 죽음에 즈음하여	시 37:37	1785-10-24
064	The New Creation	새 창조	계 21:5	1785-11-12
067	On Divine Providence	하나님의 섭리에 관하여	눅 12:7	1786-03-03
075	On Schism	분열에 관하여	고전 12:25	1786-03-30
080	On Friendship with the World	세상과 벗하는 일에 관하여	야 4:4	1786-05-01
098	On Visiting the Sick	병자 심방에 관하여	마 25:36	1786-05-23
054	On Eternity	영원에 관하여	시 90:2	1786-06-28
082	On Temptation	유혹에 관하여	고전 10:13	1786-10-07
088	On Dress	복장에 관하여	벧전 3:3~4	1786-12-90
101	The Duty of Constant communion	성례전에 참여하는 의무	눅 22:19	1787
100	On Pleasing All Men	모든 사람을 즐겁게 하는 일에 관하여	롬 15:2	1787-05-22
102	Of Former Times	지난 시간들에 관하여	전 7:10	1787-06-27
089	The More Excellent Way	보다 좋은 길(은사)	고전 12:31	1787-07-08
103	What is Man?	사람은 무엇인가?	시 8:3~4	1787-07-23
065	The Duty of Reproving our Neighbour	이웃을 책망하는 일에 관하여	레 19:27	1787-07-20
066	The Signs of the Times	시대의 징조들	마 16:3	1787-08-27
104	On Attending the Church Service	교회출석에 관하여	삼상 2:17	1787-10-07
107	On God's Vineyard	하나님의 포도밭	사 5:4	1787-10-17
115	Dives and Lazarus	부자와 나사로	눅 16:31	1788-03-25
105	On Conscience	양심에 관하여	고후 1:12	1788-04-08
106	On Faith	믿음에 관하여	히 11:6	1788-04-09
108	On Riches	부에 관하여	마 19:24	1788-04-22
116	What is Man?	사람은 무엇인가?	시 8:4	1788-05-02

번호(0)	Subjuct(제목)	설교제목	성경본문	설교년월일
117	On the Discoveries of Faith	믿음을 되찾음에 관하여	히 11:1	1788-06-11
118	On the Omnipresence of God	하나님이 무소부재에 관하여	렘 23:24	1788-08-12
119	Walking by Sight and Walking by Faith	보고 걷는 것과 믿음으로 걷는 것	고후 5:7	1788-12-30
120	The Unity of the Divine Being	하나님의 일체성	막 12:32~33	1789-04-09
121	Prophets and Priests	예언자와 제사장	히 5:4	1789-05-04
122	Causes of the Inefficacy of Christianity	기독교의 부진한 이유들	렘 8:22	1789-07-02
123	On Knowing Christ after Flesh	육으로 그리스도를 아는 것에 대하여	고후 5:16	1789-08-15
124	Human Life a Dream	꿈과 같은 인생	시 73:20	1789-08
125	On a Single Eye	오로지 한 눈으로	마 6:22~23	1789-09-25
126	On Worldly Folly	세상의 어리석음에 관하여	눅 12:20	1790-02-19
127	On the Wedding Garment	혼인 예복에 관하여	마 22:12	1790-03-26
128	The Deceitfulness of the Human Heart	사람의 마음의 거짓말	렘 17:9	1790-04-21
129	Heavenly treasure in Earthen Vessels	질그릇에 담긴 하늘의 보화	고후 4:7	1790-06-17
130	On Living without God	하나님 없이 사는 일에 관하여	엡 2:12	1790-07-06
131	The Danger of Increasing Riches	부를 더하여 감에 따르는 위험	시 62:10	1790-09-21
132	On Faith	믿음에 관하여	히 11:1	1791-01-17

존 웨슬리 설교 선집

2012년 4월 27일 초판 발행

조종남 편역 · 해설

발행인 : 유석성
발행처 : 서울신학대학교 출판부
등 록 : 1988년 5월 9일 제388-2003-00049호
주 소 : 경기도 부천시 소사구 호현로 489번길 52(소사본동) 서울신학대학교
전 화 : (032)340-9106
팩 스 : (032)349-9634
홈페이지 : http://www.stu.ac.kr
Seoul Theological University Press
Printed in Korea

편집디자인 & 인쇄 : 삼영인쇄사

ISBN : 978-89-92934-32-9 93230

* 정 가 : 12,000원